Schriften zum öffentlichen Dienstrecht

Prof. Dr. Ralf Brinktrine
Prof. Dr. Timo Hebeler
Prof. Dr. Jens Kersten
Prof. Dr. Thorsten Ingo Schmidt
Prof. Dr. Hinnerk Wißmann
Prof. Dr. Heinrich Amadeus Wolff

Band 12

Dietmar Zwerger

Zwischen Stellenblockade und Bewerberschutz

Das beamtenrechtliche Konkurrentenstreitverfahren um höherwertige Ämter in der Praxis

Nomos

Onlineversion
Nomos eLibrary

Die Deutsche Nationalbibliothek verzeichnet diese Publikation in der Deutschen Nationalbibliografie; detaillierte bibliografische Daten sind im Internet über http://dnb.d-nb.de abrufbar.

Zugl.: Jena, Univ., Diss, 2021

ISBN 978-3-8487-8733-3 (Print)
ISBN 978-3-7489-3132-4 (ePDF)

1. Auflage 2022

Vorwort

Diese Monographie soll einen Beitrag zur Diskussion um die Konkurrentenstreitigkeiten aus dem Blickwinkel der Praxis beisteuern.

Die vorliegende Arbeit wurde von der Friedrich-Schiller-Universität Jena im Sommer/Herbst 2021 als Dissertation angenommen. Die mündliche Prüfung fand am 10. November 2021 statt. Literatur und Rechtsprechung sind bis Mai 2021 berücksichtigt.

Ich danke Herrn Professor Dr. Michael Brenner sehr dafür, dass er einen außergewöhnlichen Doktoranden angenommen und die Arbeit äußerst freundlich, vertrauensvoll und konstruktiv unterstützt hat. Frau Professorin Dr. Anna Leisner-Egensperger danke ich für ihre freundliche und präzise Zweitbegutachtung.

Mein Dank gilt daneben allen, die mich während der Arbeit an diesem Buch unterstützt und begleitet haben: An erster Stelle ist meine Frau Marion zu nennen, die mich in der Arbeitsphase stets in herausragender Weise unterstützt und ermutigt hat. Ohne ihre vielfältige Unterstützung und ihr Verständnis wäre dieses Werk nicht möglich gewesen. Dank gilt auch meinem Sohn, Dr. Michael Zwerger, und meiner Schwiegertochter, Dr. Luise Zwerger, die den Impuls zu dieser Dissertation gegeben haben.

Ich danke weiter allen, die auch im Kleinen und vielleicht unbewusst ihren Beitrag zum Gelingen dieser Monographie geleistet haben.

Und: Meine Katze Paula ist während der ganzen Zeit, in der ich an dem Manuskript geschrieben habe, nicht von meiner Seite gewichen.

Vorbemerkung zum Sprachgebrauch: Nach Art. 3 Abs. 2 GG sind Frauen und Männer gleichberechtigt. Alle Personen- und Funktionsbezeichnungen im folgenden Text beziehen sich in gleicher Weise auf Frauen wie Männer. Die ausschließliche Verwendung der männlichen Form dient allein der leichteren Lesbarkeit des Textes.

Inhaltsverzeichnis

A. Einführung

Die vorliegende Arbeit soll einen Blick aus der Praxis auf das Thema des beamtenrechtlichen Konkurrentenstreits um höherwertige Ämter sein. Eine Beschränkung der vorliegenden Untersuchung auf den Besetzungsstreit um höherwertige Ämter stellt eine notwendige Konzentration auf den Kern des Spannungsfeldes dar. Die Problematik hat zu intensiven Diskussionen geführt: Der Bogen spannt sich dabei zwischen der Erörterung des Rechtsschutzes rechtswidrig übergangener Bewerber[1] bis zur Befürchtung, dass sich der Rechtsstaat selbst blockiere[2]. Abstrakt gefasst treffen die Interessen des Bewerberschutzes, hinter dem eine strikt am Leistungsprinzip (Art. 33 Abs. 2 GG) ausgerichtete Bewerberauswahl steht, mit dem Interesse an einer funktionsfähigen Verwaltung (Art. 83 ff. GG) aufeinander. Eine eingehende gerichtliche Prüfung mit einem entsprechenden Prüfprogramm braucht aber die nötige Zeit. Während dieser Prüfungsphase darf die umstrittene Stelle nicht besetzt werden, um keine vollendeten Tatsachen zu schaffen. Betrifft die rechtliche Überprüfung mehrere Stellen und geht sie über mehrere Instanzen, kann das die Arbeitsfähigkeit einer Behörde stark einschränken[3].

Die Praxis versucht einen Ausgleich der beiden Interessen über die grundsätzliche Gewährung von vorläufigem Rechtsschutz, der allerdings in der Prüfungsintensität nicht hinter einem Hauptsacheverfahren zurückbleiben soll[4]. Dieser Rechtsschutz sieht sich ständiger Kritik ausgesetzt: Es wird etwa angebracht, der praktizierte Rechtsschutz sei defizitär[5] oder habe sich immer weiter von den grundlegenden verwaltungsprozessualen Regeln in anderen Rechtsbereichen des öffentlichen Rechts entfernt[6]. Das fordert einen Praktiker, der über lange Jahre dieser Rechtsprechung gefolgt ist und in dieser Form Rechtsschutz gewährt hat, zu einer Auseinandersetzung mit diesen Argumenten heraus. Es stellt sich die Frage, ob und wie diese Verfahren so durchgeführt werden können, dass ein

1 Özfirat-Skubinn, 1. Kapitel § 1 S. 31 f.
2 So der Titel einer Abhandlung zum Problem von Schlottbohm, ZBR 2015, 368 ff.
3 Seegmüller, DRiZ 2019, 218.
4 BVerwG, U.v. 4.11.2010, 2 C 16/09, BVerwGE 138, 102, juris Rn. 31 ff.
5 Burghardt, Kapitel 4, S. 159 ff.
6 Bamberger, ZBR 2019, 192/192 f.

sinnvoller Ausgleich zwischen den Gegenpolen „Stellenblockade“ und „Bewerberschutz“ gelingen kann[7]. Gleichzeitig soll versucht werden, die Flut der hierzu ergangenen Judikate[8] zu strukturieren und dogmatisch einzuordnen. Da der Schwerpunkt der Arbeit den Blick aus der Praxis auf die Thematik ausmacht, liegt das Hauptaugenmerk der Nachweise auf der Rechtsprechung. Bei der Auswahl der Literatur wurden vorzugsweise die neueren Auseinandersetzungen mit dem Thema berücksichtigt.

Der Gang der Untersuchung beginnt zunächst damit, das von der Rechtsprechung gefundene und aktuell praktizierte Modell der Rechtsschutzgewährung darzustellen (Teil B.).

Sodann ist die Entwicklung der Rechtsprechung und der Literatur zum beamtenrechtlichen Konkurrentenstreit in den Blick zu nehmen (Teil C.).

Auf dieser Basis wird die Rechtsschutzgewährung in der Praxis untersucht. Dabei werden die allgemeinen Kritikpunkte wie das Festhalten an der Ämterstabilität und deren Ausnahmen sowie der Begründung der Eilbedürftigkeit in den verschiedenen grundsätzlichen Verfahrenskonstellationen beleuchtet. In diesem Abschnitt erfolgt auch eine grundsätzliche Auseinandersetzung mit der Kritik an der von den Verwaltungsgerichten praktizierten Form der Rechtsschutzgewährung.

In den Teilen D. bis F. wird untersucht, ob und wie die Interessen von Bewerberschutz und Funktionsfähigkeit der Verwaltung in ein angemessenes Verhältnis zueinander gebracht werden können. Angelehnt an die Terminologie von Schoch[9] soll hier vom Begriff der „Determinanten“ ausgegangen werden. Dieser Begriff umreißt die jeweiligen Bezugspunkte für Überlegungen zur Gewährung effektiven Rechtsschutzes in der Praxis.

In Teil D. werden die „organisatorischen Determinanten“ untersucht. Das sind Möglichkeiten der Verfahrensgestaltung im Rahmen eines Konkurrentenstreits, die in erster Linie dem Dienstherrn eröffnet sind. Das reicht von der Möglichkeit der Übertragung der Aufgaben des umstrittenen Dienstpostens auf andere Beamte, den ausgewählten Bewerber, zum Abbruch des Besetzungsverfahrens, der Möglichkeit der Besetzung durch Umsetzung, dem Ausblick auf personalpolitische Erörterungen mit dem in einem Verfahren nicht zum Zuge gekommenen Beamten und Überlegun-

7 Seegmüller, DRiZ 2019, 218/221 – fordert „eine klare, einfache, leicht zu vollziehende Verfahrensweise, die jeweils anzuwendenden Auswahlkriterien und die Reihenfolge ihrer Berücksichtigung für den in jedem Auswahlverfahren vorzunehmenden Leistungsvergleich“.

8 So wörtlich Battis, NVwZ 2020, 283/284.

9 Schoch, § 19 A II S. 678 ff.

gen dazu, ob und wann der Dienstherr eine rechtsvereitelnde Ernennung vornehmen darf bis zur Besonderheit der Beförderung nach Ranglisten.

Gegenstand von Teil E. sind die „rechtlichen Determinanten". Zunächst werden die Voraussetzungen für die Festlegung eines Anforderungsprofils erörtert, danach die Reichweite und Bedeutung von dienstlichen Beurteilungen sowie sonstiger Auswahlmethoden für die Auswahlentscheidung. Zuletzt steht die Auswahlentscheidung als solche inmitten einer rechtlichen Betrachtung.

Teil F. behandelt mit den „forensischen Determinanten" die Gesichtspunkte, die bei der gerichtlichen Kontrolle im Konkurrentenstreitverfahren im Vordergrund stehen.

Das reicht von den Rahmenbedingungen des gerichtlichen Verfahrens über die Gestaltung des rechtlichen Gehörs, den Anforderungen an die Glaubhaftmachung von Anordnungsgrund und Anordnungsanspruch, den Voraussetzungen für die Annahme von Verwirkung und Rechtsmissbrauch, der Prüfung, in welchen Fällen eine Auswahl des unterlegenen Bewerbers in einem neuen Auswahlverfahren möglich erscheint („Kausalität") und der Frage einer Zwischenverfügung im Konkurrentenstreitverfahren bis zur Tenorierung bei einem stattgebenden Beschluss.

Die Arbeit legt im Bereich des Landesbeamtenrechts beispielhaft in erster Linie die Regelungen für den Freistaat Bayern zugrunde.

B. Das aktuelle Rechtsprechungsmodell zum beamtenrechtlichen Konkurrentenstreitverfahren

Am Beginn der Überlegungen zum beamtenrechtlichen Konkurrentenstreitverfahren steht die Darstellung, in welcher Weise die neuere Rechtsprechung dem im Auswahlverfahren unterlegenen Beamten nach derzeitigem Stand Rechtsschutz gewährt.

I. Ausgangspunkte: Bewerbungverfahrensanspruch und Ämterstabiliät

Für die gerichtliche Überprüfung einer Auswahlentscheidung um die Besetzung eines höherwertigen Amtes sind zwei grundlegende Basispunkte ausschlaggebend: Der Bewerbungsverfahrensanspruch und die Ämterstabilität.

1. Bewerbungsverfahrensanspruch

Materiell gilt es, den Bewerbungsverfahrensanspruch des unterlegenen Bewerbers abzusichern. Dieser Anspruch, der aus Art. 33 Abs. 2 GG hergeleitet wird, vermittelt den Bewerbern ein grundrechtsgleiches Recht auf leistungsgerechte Einbeziehung in die Auswahlentscheidung[10]. Damit kommt dieser Rechtsposition ein hohes Gewicht zu. Jeder Bewerber um ein Amt hat einen Anspruch darauf, dass der Dienstherr seine Bewerbung nur aus Gründen zurückweist, die durch den Leistungsgrundsatz gedeckt sind[11]. Denn nach Art. 33 Abs. 2 GG dürfen Ämter nur nach Kriterien

---

10 vgl. nur: BVerfG, B.v. 24.9.2002, 2 BvR 1181/11, NVwZ 2012, 366, juris Rn. 20 f.; BVerwG, U.v. 4.10.2011, 2 C 16/09; BVerwGE 138, 102, juris Rn. 21 f.; Jarass in: Jarass/Pieroth, Art. 33 Rn. 9 ff.

11 so ausdrücklich: BVerwG, U.v. 4.11.2010, 2 C 16/09, BVerwGE 138, 102, Rn. 21; BVerfG, B.v. 11.5.2011, 2 BvR 764/11, NVwZ 2011, 1191, juris Rn. 10; BayVGH, B.v. 17.5.2013, 3 CE 12.2469, BayVBl 2014, 84, juris Rn. 28 m.w.N.; Schnellenbach, Konkurrenzen im öffentlichen Dienst, Anh. 3 Rn. 2; Weckmann, 1. Kapitel I 1 S. 45 ff.; Thal, § 9 III 3 c, S. 244 ff.; Burghardt, Kapitel 1 II 1 a, S. 33 ff.; Kenntner, ZBR 2016, 181/182; Günther, DÖD 2006, 6/11; Wagner, ZBR 2007, 249/250.

vergeben werden, die unmittelbar Eignung, Befähigung und fachliche Leistung betreffen[12]. Diese Gesichtspunkte geben darüber Aufschluss, in welchem Umfang ein Beamter den Anforderungen des ihm übertragenen Amtes genügt und sich in einem höheren Amt voraussichtlich bewähren wird[13].

2. Ämterstabilität

Die Rechtsprechung ist der allgemeinen Ansicht, dass die Ernennung eines nach einem Besetzungsverfahren ausgewählten Bewerbers – auch wenn diese materiell fehlerhaft sein sollte – grundsätzlich[14] nicht mehr rückgängig gemacht werden[15] kann („Ämterstabilität“[16]). Diese Ansicht wird auch von den anderen Gerichten geteilt, die für Auswahlverfahren zuständig sind[17]. Auch das Bundesverfassungsgericht[18] hat das Festhalten am Prinzip Ämterstabilität nicht beanstandet[19].

II. Keine Effektivität von Rechtsbehelfen in der Hauptsache

1. Widerspruch und Klage gegen die Ernennung des Konkurrenten

Geht man von der Prämisse der Ämterstabilität aus, führt eine erfolgte Ernennung dazu, dass eine rechtliche Überprüfung der Rechtmäßigkeit dieser Ernennung durch ein von einem nicht ernannten Konkurrenten

---

12 vgl. nur Battis in: Sachs, GG, Art. 33 Rn. 40 f.

13 BVerwG, U.v. 4.11.2010, 2 C 16/09, BVerwGE 138, 102, Rn. 20; BayVGH, B.v. 17.5.2013, 3 CE 12.2469, BayVBl 2014, 84, juris Rn. 29.

14 Es sei denn, es liegt ein Grund vor, der die Nichtigkeit (§ 13 BBG, § 18 DRiG, § 11 BeamtStG) oder die Rücknahme (§ 14 BBG, § 19 DRiG, § 12 BeamtStG) einer Ernennung rechtfertigt.

15 BVerwG, U.v. 4.11.2010, 2 C 16.09, BVerwGE 138, 102, juris Rn. 31 – Grundkonzeption; U.v. 21.8.2003, 2 C 14.02, BVerwGE 118, 370, juris Rn. 16; U.v. 25.8.1988, 2 C 62.85, BVerwGE 80, 127, juris Rn. 22; BVerfG, B.v. 19.9.1989, 2 BvR 1576/88, NJW 1990, 501 f.

16 Thal, § 1 I S, 22 ff., §§ 3 – 10, S. 61 ff.

17 BGH, U.v. 6.4.1995, III ZR 183/94, BGHZ 129, 226, juris Rn. 11; BAG, U.v. 2.12.1997, 9 AZR 445/96, BAGE 87, 165, juris Rn. 23; U.v. 11.8.1998, 9 AZR 155/97, BAGE 88, 300, juris Rn. 10.

18 BVerfG, B.v. 19.9.1989, 2 BvR 1576/88, NJW 1990, 501 f.

19 Hierzu auch C III 1.

erhobenen Widerspruch oder eine Klage nicht mehr möglich ist. Durch die Ämterstabilität – die Ernennung des Beamten ist nicht mehr rückgängig zu machen – ist eine Klage (ebenso ein Widerspruch) gegen die Ernennung eines Mitbewerbers unzulässig, da es an der Klagebefugnis fehlt[20][21].

Das gilt auch für den Fall, dass Klage gegen die Ernennung erhoben wurde und mit einem Antrag auf Gewährung vorläufigen Rechtsschutzes festgestellt werden soll, dass dieser Klage aufschiebende Wirkung zukomme. Dieser Antrag ist unzulässig, da auch eine Klage gegen die Ernennung eines Konkurrenten grundsätzlich unzulässig ist[22].

Eine Klage gegen die Ernennung eines Bewerbers bietet daher keinen hinreichenden Rechtsschutz für den nicht ausgewählten Bewerber.

2. Widerspruch und Klage gegen die Auswahlentscheidung

Dem nicht zum Zuge gekommenen Bewerber muss daher vor der Ernennung des Konkurrenten Rechtsschutz gewährt werden[23]. Die der Ernennung vorgelagerte Auswahlentscheidung[24] ist der für den unterlegenen Konkurrenten entscheidende Umstand, den er angreifen muss. In positiver Hinsicht ist die Auswahlentscheidung die Voraussetzung für die Ernennung des Beamten, dem das zu besetzende Amt übertragen werden soll. Der unter Beachtung der in Art. 33 Abs. 2 GG vorgegebenen Kriterien ausgewählte Bewerber hat nach der Rechtsprechung einen Anspruch auf Verleihung des Amtes durch Ernennung[25]. In negativer Hinsicht ist die Auswahlentscheidung die Entscheidung gegenüber den anderen, nicht zum Zuge kommenden Bewerbern, dass ihnen das Amt nicht übertragen

---

20 Wernsmann, DVBl 2005, 276/281; Wiegand, B Rn. 92; Schöbener, BayVBl 2001, 321/322 es fehle auch das Rechtsschutzbedürfnis; ebenso: R. P. Schenke in: Kopp/ Schenke, § 42 Rn. 49; Laubinger, ZBR 2010, 289/292 ff.

21 Zur Sondersituation der Vereitelung von Rechtsschutz gegen die Auswahlentscheidung B III 5.

22 OVG NW, B.v. 16.11.2015, 1 B 694/15, NVwZ-RR 2016, 549, juris Rn. 2 ff.

23 BVerwG, U.v. 4.11.2010, 2 C 16/09, BVerwGE 138, 102, Rn. 31; Schnellenbach, Konkurrrenzen im öffentlichen Dienst, Anhang 3 Rn. 1.

24 Schnellenbach, Konkurrenzen im öffentlichen Dienst, Kapitel 1 Rn. 13, Anhang 3 Rn. 1, 4 ff.; Kenntner, ZBR 2016, 181/183; Rennert, DVBl 2009, 1333/1336.

25 BVerwG, U.v. 4.11.2010, 2 C 16/09, BVerwGE 138, 102, Rn. 27; B.v. 27.9.2007, 2 C 21.06, BVerwGE 129, 272 Rn. 45; Laubinger, ZBR 2010, 332/339; Weckmann, 1. Kapitel I 1 b bb S. 62 ff, I 3 S. 73; so auch Thal, § 11 II 1, S. 328; a.A. Schnellenbach, Konkurrenzen im öffentlichen Dienst, Anhang 3 Rn. 8; Burghardt, Kapitel 1 I 2, S. 39 ff.; Kenntner, ZBR 2016, 181/183.

werden soll. Aufgrund des negativen Inhalts wird diese Absage auch als „Negativmitteilung“[26] bezeichnet.

Gegen diese Auswahlentscheidung ist Rechtsschutz zu gewähren. Das bedingt, dass diese Entscheidung gegenüber den unterlegenen Mitbewerbern zur Kenntnis gebracht wird[27]. Ebenso ist die Auswahlentscheidung dem ausgewählten Bewerber bekannt zu geben, da er u.U. einen Anspruch auf Ernennung hat, den er gegebenenfalls geltend machen kann.

Gegenstand einer solchen Klage ist das Ziel, im Fall einer den Bewerbungsverfahrensanspruch verletzenden Auswahlentscheidung, den Dienstherrn unter Aufhebung der (rechtswidrigen) Auswahlentscheidung zu einer neuen Auswahlentscheidung unter Beachtung der Rechtsauffassung des Gerichts zu verpflichten[28].

Jedoch führt eine Ernennung oder eine Beförderung des ausgewählten Bewerbers grundsätzlich zur Erledigung des Konkurrentenrechtsstreits[29]. Widerspruch und Klage gegen die Auswahlentscheidung werden damit unzulässig. Es fehlt ein Rechtsschutzinteresse. Eine Erledigung tritt auch ein, wenn der unterlegene Konkurrent seine Bewerbung zurücknimmt und auf einen anderen Posten befördert wird[30]. Das ist ebenso der Fall, wenn sich der Dienstherr entschließt, den Posten überhaupt nicht zu besetzen[31] oder das Stellenbesetzungsverfahren abzubrechen[32].

---

26 Schnellenbach, Konkurrenzen im öffentlichen Dienst, Anhang 6 Rn. 1, 7 ff., 17.

27 BVerwG, U.v. 4.11.2010, 2 C 16/09, BVerwGE 138, 102, Rn. 34; U.v. 1.4.2004, 2 C 26.03, NVwZ 2004, 1257, juris Rn. 15 f.

28 BVerwG, U.v. 25.8.1988, 2 C 62/85, BVerwGE 80, 127 ff., juris Rn. 20; U.v. 4.11.2020, 2 C 16/09, BVerwGE 138, 102, juris Rn. 32: umfassende Überprüfung des Auswahlverfahrens; Laubinger, ZBR 2010, 289/296; Happ in: Eyermann, § 42 Rn. 52; siehe C III 3 b.

29 Das ist der Fall, wenn der ausgewählte Bewerber ernannt wird und der/die Mitbewerber die Möglichkeit hatten, vorläufigen Rechtsschutz gegen die Auswahlentscheidung zu beantragen. Mit der Ernennung des ausgewählten Konkurrenten geht der Bewerbungsverfahrensanspruch unter: BVerwG, U.v. 4.11.2010, 2 C 16/09, BVerwGE 138, 102, juris Rn. 27, 33; U.v. 21.8.2003, 2 C 14/02, BVerwGE 118, 370, juris Rn. 16; U.v. 25.8.1988, 2 C 62.85, BVerwGE 80, 127, juris Rn. 22 m.w.N.; so auch: BGH, U.v. 6.4.1995, III ZR 183/94, BGHZ 129, 226, juris Rn. 11; BAG, U.v. 11.8.1998, 9 AZR 155/97, BAGE 89, 300, juris Rn. 10; U.v. 2.12.1997, 9 AZR 445/96, BAGE 87, 165, juris Rn. 23 ff.; U.v. 2.12.1997, 9 AZR 668/96, BAGE 87, 171, juris Rn. 41 ff.; Bodanowitz in: Schnellenbach/Bodanowitz, Beamtenrecht, § 3 Rn. 78.

30 OVG Bremen, B.v. 25.9.2014, 2 A 140/12, NVwZ 2015, 381, juris Rn. 2.

31 BVerwG, U.v. 3.12.2014, 2 A 3/13, BVerwGE 151, 14, juris Rn. 16.

32 BVerwG, U.v. 3.12.2014, 2 A 3/13, BVerwGE 151, 14, juris Rn. 17; U.v. 29.11.2012, 2 C 6/11, BVerwGE 145, 185, juris Rn. 11; BVerfG, B.v. 28.11.2011, 2

Grundsätzlich ist der Dienstherr nicht gehindert, während des Laufs eines Konkurrentenstreits den ausgewählten Bewerber in das höherwertige Amt zu ernennen. Damit kann er eine Erledigung des Konkurrentenrechtsstreits herbeiführen. Ohne eine gerichtliche Anordnung zur Sicherung des Bewerbungsverfahrensanspruchs während des Laufs dieses Streitverfahrens oder Widerspruchsverfahrens kann der Dienstherr durch Ernennung vollendete Tatsachen schaffen. Eine rechtliche Überprüfung der Auswahlentscheidung in einem Widerspruchs- oder Klageverfahren findet dann nicht mehr statt. Ein Hauptsacheverfahren stellt daher keine hinreichende Absicherung für die Gewährung von effektivem Rechtsschutz zur Absicherung des Bewerbungsverfahrensanspruchs in einem Auswahlverfahren dar.

Das gilt auch für eine vorbeugende Unterlassungsklage gegen die bevorstehende Ernennung des ausgewählten Konkurrenten nach der Bekanntgabe der Auswahlentscheidung. Der Dienstherr ist grundsätzlich nicht gehindert, den Ausgewählten zu ernennen. Mit der Ernennung fehlt auch einer vorbeugenden Unterlassungsklage das Rechtsschutzbedürfnis[33].

3. Fortsetzungsfeststellungsklage

Eine Fortsetzungsfeststellungsklage ist auf die Feststellung der Rechtswidrigkeit eines Verwaltungsaktes gerichtet, der sich während des Laufs eines gerichtlichen Klageverfahrens erledigt. Wird ein Konkurrent während des Klageverfahrens gegen eine Auswahlentscheidung in das umstrittene höherwertige Amt ernannt, so erledigt sich der Konkurrentenrechtsstreit. Eine Fortsetzungsfeststellungsklage bietet dem Kläger die Möglichkeit, nach Erledigung die Klage auf die Feststellung der Rechtswidrigkeit der Auswahlentscheidung[34] umzustellen. Maßgeblich ist der Kerngedanke, dass die Klagepartei nicht um die „Früchte des bisherigen Prozesses gebracht werden darf"[35]. Die Fortsetzungsfeststellungsklage wird auch auf

---

BvR 1181/11, NVwZ 2012, 366, juris Rn. 22 f.; vgl. hierzu auch Schübel-Pfister in: Eyermann, § 113 Rn. 106.

33 Wernsmann, DVBl 2005, 276/279 f.

34 und damit folgende Verpflichtung zur Durchführung eines neuen Auswahlverfahrens unter Beachtung der Rechtsauffassung des Gerichts.

35 BVerwG, U.v. 4.12.2014, 4 C 33/13, BVerwGE 151, 36, juris Rn. 13; U.v. 30.6.2011, 2 C 19/10, BVerwGE 140, 83, juris Rn. 11 f.; Schübel-Pfister in: Eyermann, § 113 Rn. 87.

Verpflichtungsklagen angewendet[36]. Allerdings ist Voraussetzung für die Zulässigkeit einer Fortsetzungsfeststellungsklage, dass ein besonderes Feststellungsinteresse an der Rechtswidrigkeit besteht.

Eine Wiederholungsgefahr, die eine Fortsetzungsfeststellungsklage rechtfertigt, liegt bei der Erledigung einer beamtenrechtlichen Auswahlentscheidung um die Vergabe höherwertiger Ämter in der Regel nicht vor. Denn eine Auswahlentscheidung ist eine personell wie auch zeitlich konkretisierte Entscheidung. Es ist kaum zu besorgen, dass dieselben Umstände bei einer weiteren Auswahlsituation wieder eintreten werden[37]. Das kann nur dann der Fall sein, wenn ein Beamter befürchten müsste, in einer vergleichbaren Situation mit einer gleichgelagerten Entscheidung rechnen zu müssen[38], die eine rechtswidrige Benachteiligung darstellt[39]. Das dürfte jedoch extrem selten sein.

Von einer Absage in einem Auswahlverfahren – auch wenn dieses rechtswidrig sein sollte – geht auch grundsätzlich keine diskriminierende Wirkung aus[40]. Dass ein anderer Bewerber als geeigneter angesehen wurde, stellt keinen diskriminierenden, nach Rehabilitation verlangenden Umstand dar[41]. In der Regel können aus einem Misserfolg in einem Auswahlverfahren keine negativen Rückschlüsse auf die weitere Laufbahnentwicklung folgen[42].

Ein Fortsetzungsfeststellungsinteresse kann am ehesten noch eine beabsichtigte Schadensersatzklage im Wege des Amtshaftungsanspruchs vor den Zivilgerichten (§ 839 BGB) begründen. Diese darf aber nicht offensichtlich aussichtslos sein, sonst fehlt ein anzuerkennendes Fortsetzungsfeststellungsinteresse[43]. Falls der unterlegene Bewerber eine Schadensersatzklage ausschließlich vor den Verwaltungsgerichten beabsichtigt, be-

---

36 BVerwG, U.v. 4.12.2014, 4 C 33/13, BVerwGE 151, 36, juris Rn. 13; Schübel-Pfister in: Eyermann, § 113 Rn. 85.

37 VGH BW, B.v. 9.1.1996, 4 S 1092/94, juris Rn. 22; BayVGH, B.v. 11.1.1983, 3 B 82 A.612, NVwZ 1983, 755; Schübel-Pfister in: Eyermann, § 113 Rn. 113.

38 VG Regensburg, U,v, 18.1.2017, RO 1 K 16.802, juris Rn. 32; Günther, DÖD 1984, 161/165 f.

39 Özfirat-Skubinn, 4. Teil 1. Kapitel § 2 S. 486.

40 Özfirat-Skubinn, 4. Teil 1. Kapitel § 2 S. 485 f.

41 OVG RhPf, B.v. 30.1.2009, 10 A 10805/08, DVBl 2009, 659, juris Rn. 109 ff., VG Regensburg, U,v, 18.1.2017, RO 1 K 16.802, juris Rn. 33 f.; Günther, DÖD 1984, 161/165.

42 BVerwG, U.v. 9.3.1983, 2 C 4.87, ZBR 1989, 281, juris Rn. 23.

43 BVerwG, U.v. 10.12.2020, 2 C 12/20, juris Rn. 17; U.v. 9.5.2019, 2 C 1.18, ZBR 2020, juris Rn. 18 ff.; U.v. 16.5.2013, 8 C 14/12, BVerwGE 146, 303, juris Rn. 44; U.v. 30.6.2011, 2 C 19/10, BVerwGE 140, 83, juris Rn. 11 f.; BayVGH,

steht kein Feststellungsinteresse. Denn es kann unmittelbar beim sachnäheren Verwaltungsgericht auf die Verpflichtung des Dienstherrn zur Gewährung von Schadensersatz geklagt werden[44]. Erst recht gilt das, wenn der Kläger bereits einen Schadensersatzanspruch vor den Verwaltungsgerichten betreibt[45].

Das zeigt, dass auch eine Fortsetzungsfeststellungsklage keinen ausreichenden Rechtsschutz gegen eine Auswahlentscheidung bietet. Hinzu kommt, dass allein die Feststellung der Rechtswidrigkeit der Auswahlentscheidung selbst im Vorfeld einer Verpflichtung zu Schadensersatz dem unterlegenen Bewerber das eigentliche Ziel, eine neue Auswahlentscheidung um den höherwertigen Dienstposten herbeizuführen, nicht verschafft.

4. Schadensersatzklage

Im Fall der Rechtswidrigkeit einer Auswahlentscheidung hat der zu Unrecht nicht ausgewählte Bewerber die Möglichkeit, einen beamtenrechtlichen Schadensersatzanspruch aus dem Beamtenverhältnis als solchen geltend zu machen[46][47]. Er ist darauf gerichtet, dienst-, besoldungs- und versorgungsrechtlich so gestellt zu werden, als wäre nach rechtmäßiger Auswahlentscheidung das umstrittene höherwertige Amt übertragen worden[48]. Das setzt neben einer Verletzung des Bewerbungsverfahrensanspruchs voraus, dass der Dienstherr schuldhaft gehandelt hat. Außerdem ist festzustellen, welcher hypothetische Kausalverlauf bei rechtmäßigem Vorgehen des Dienstherrn eingetreten und ob der Beamte bei einem solchen Verlauf ausgewählt worden wäre. Zudem darf der Beamte es nicht schuldhaft un-

---

B.v. 26.6.2015, 4 ZB 15.150, NVwZ-RR 2015, 872, juris Rn. 10; Schübel-Pfister in: Eyermann, § 113 Rn. 116.

44 OVG RhPf, B.v. 30.1.2009, 10 A 10805/08, DVBl 2009, 659, juris Rn. 99; Schübel-Pfister in: Eyermann, § 113 Rn. 114; Özfirat-Skubinn, 4. Teil 1. Kapitel § 2 S. 485 – für eine vorgeschaltete, auf Feststellung der Rechtswidrigkeit der Auswahlentscheidung gerichtete Klage analog § 113 Abs. 1 Satz 4 VwGO ist daneben kein Raum.

45 BVerwG, U.v. 17.11.2016, 2 C 27/15, BVerwGE 156, 272, juris Rn. 16.

46 Vgl. nur BVerwG, U.v. 26.1.2012, 2 A 7/09, BVerwGE 141, 361, juris Rn. 15 m.w.N.; Özfirat-Skubinn, 4. Teil 1. Kapitel § 1 S. 472 ff.

47 Daneben steht auch der Weg zu den Zivilgerichten offen, um eine Amtshaftungsklage mit dem selben Ziel geltend zu machen.

48 BVerwG, U.v. 19.3.2015, 2 C 12.14, BVerwGE 151, 333, juris Rn. 12 ff.; B.v. 20.11.2009, 2 VR 2/09, juris Rn. 2.

terlassen haben, den Schaden durch Inanspruchnahme von Primärrechtsschutz gegen die Auswahlentscheidung abzuwenden (Gedanke des § 839 Abs. 3 BGB)[49]. Damit sind hohe Hürden gesetzt. Insbesondere kann es schwierig sein, dem Dienstherrn schuldhaftes Verhalten nachzuweisen. Hierbei trifft den Beamten die Beweislast[50]. In jedem Fall ist ein Schadensersatzanspruch nur ein sekundärer Anspruch. Dem Bewerber geht es eigentlich darum, den zu besetzenden Dienstposten zu erhalten. Dazu verhilft ihm auch ein Schadensersatzanspruch nicht.

Für den Fall der Rechtsschutzvereitelung gegen die Auswahlentscheidung steht einem in dieser Weise benachteiligten Bewerber nach der neueren Rechtsprechung des Bundesverwaltungsgerichts ein Primäranspruch auf Anfechtung der Ernennung zu[51], der für diese Konstellation den Schadensersatzanspruch in den Hintergrund treten lässt[52].

5. Folgenbeseitigungsanspruch

Der zu Unrecht nicht berücksichtigte Bewerber kann auch einen Folgenbeseitigungsanspruch geltend machen. Ein Folgenbeseitigungsanspruch ist ein verschuldensunabhängiger Anspruch, der auf die Beseitigung der Folgen rechtswidrigen Verwaltungshandelns gerichtet ist[53]. Für den Vollzug eines rechtswidrigen Verwaltungsakts ist das in § 113 Abs. 1 Satz 2 VwGO ausdrücklich geregelt[54]. Bei nachfolgenden Ermessensentscheidungen ist die Behörde verpflichtet, die Folgen ihres rechtswidrigen Handelns zu berücksichtigen (Folgenbeseitigungslast)[55]. Dieser Anspruch geht aber ins Leere, wenn aufgrund des Grundsatzes der Ämterstabilität eine rechtswidrige Auswahlentscheidung und die nachfolgende Ernennung erfolgt ist: Hatten die nicht ausgewählten Bewerber die Möglichkeit, gegen die Auswahlentscheidung rechtlich vorzugehen, so ist der Bewerbungsverfahrensanspruch erfüllt. Selbst wenn die Auswahlentscheidung rechtswidrig sein

---

49 BVerwG, U.v. 26.1.2012, 2 A 7/09, BVerwGE 141, 361, juris Rn. 48.

50 Schnellenbach in: Schnellenbach/Bodanowitz, Beamtenrecht, § 10 Rn. 68 ff.; Wollenschläger, 2. Teil C VII 2 a, S. 321 – mit Differenzierungen der Rechtsprechung.

51 BVerwG, U.v. 4.11.2010, 2 C 16/09, BVerwGE 138, 102, juris Rn. 37 ff.

52 Wiegand, B Rn. 112.

53 BVerwG, U.v. 11.10.2016, 2 C 11/15, BVerwGE 156, 180, juris Rn. 36 m.w.N.; Kenntner, ZBR 2016, 181/197 f.

54 Schübel-Pfister in: Eyermann, § 113 Rn. 32 ff.

55 Kenntner, ZBR 2016, 181/198; Özfirat-Skubinn, 4. Teil, 2. Kapitel § 1 S. 488 ff.

sollte, so ist die darauf folgende Ernennung nicht mehr anfechtbar. Der Bewerbungsverfahrensanspruch gibt keinen Anspruch auf eine rechtmäßige Entscheidung[56]. Nur wenn es zu einer neuen Auswahlentscheidung kommt, kann die Folgenbeseitigungslast zum Tragen kommen[57].

Damit zeigt sich, dass auch der Folgenbeseitigungsanspruch in der Regel dem zu Unrecht übergangenen Bewerber keinen hinreichenden Rechtsschutz ermöglicht[58].

III. Vorläufiger Rechtsschutz zur Verhinderung „vollendeter Tatsachen" bei Statuskonkurrenz wie Dienstpostenkonkurrenz

1. Vorläufige Verhinderung der Ernennung – Statuskonkurrenz

Wie gezeigt, gewährleisten Rechtsbehelfe in der Hauptsache, insbesondere eine Klage gegen die Auswahlentscheidung, keinen effektiven Rechtsschutz. Denn der Dienstherr ist nicht gehindert, durch die formale Übertragung des höherwertigen Dienstpostens an den ausgewählten Bewerber vollendete Tatsachen zu schaffen und die Erledigung des Rechtsstreits herbeizuführen. Hinzu kommt, dass angesichts der allgemeinen Laufzeit für Klagen sowie der gegen ein Urteil möglichen Rechtsmittel bis zu einer rechtskräftigen Entscheidung über die Dienstpostenbesetzung möglicherweise Jahre vergehen könnten. Es ist erforderlich, dass für alle Beteiligten in einer überschaubaren zeitlichen Dimension darüber entschieden wird, ob die Auswahlentscheidung rechtlich Bestand hat mit der Folge, dass der ausgewählte Bewerber ernannt wird. Ergibt eine Überprüfung der Entscheidung einen Rechtsfehler, muss andererseits verhindert werden, dass der ausgewählte Beamte ernannt wird bzw. der Dienstposten übertragen wird.

Die Rechtsprechung gewährt daher Rechtsschutz im Verfahren des vorläufigen Rechtsschutzes nach § 123 VwGO, da dies zur Sicherung der Rechtsposition des unterlegenen Bewerbers erforderlich ist.

Der nicht zum Zuge gekommene Bewerber muss die Ernennung des ausgewählten Konkurrenten so lange verhindern können, bis eine gerichtliche Überprüfung der Auswahlentscheidung abgeschlossen ist. Denn eine

56 BVerwG, U.v. 4.11.2010, 2 C 16/09, BVerwGE 138, 102, juris Rn. 33.
57 Kenntner, ZBR 2016, 181/198; Özfirat-Skubinn, 4. Teil, 2. Kapitel § 1 A II S. 491 ff.
58 so schon Schnellenbach, NVwZ 1990, 637; Wollenschläger, S. 323.

Ernennung des ausgewählten Konkurrenten führt dazu, dass der umstrittene Dienstposten an diesen unwiderruflich vergeben ist[59]. Der Bewerbungsverfahrensanspruch muss in der Weise abgesichert werden, dass dem Dienstherrn untersagt wird, bis zum Ergehen einer eventuell erforderlichen neuen Auswahlentscheidung keine vollendeten Tatsachen zu schaffen[60].

Geht ein nicht zum Zuge gekommener Konkurrent andererseits nicht gegen die Auswahlentscheidung eines Mitkonkurrenten vor, so darf der Dienstherr den ausgewählten Beamten ernennen. Das gilt ebenso, wenn die Inanspruchnahme verwaltungsgerichtlichen Eilrechtsschutzes durch den unterlegenen Bewerber keinen Erfolg hatte. Das führt dazu, dass kein Hauptsacheverfahren mehr durchgeführt wird[61]. Denn der nicht zum Zuge gekommene Beamte hatte Gelegenheit, die für ihn ungünstige Auswahlentscheidung gerichtlich überprüfen zu lassen. Der Dienstherr kann dann den ausgewählten Beamten ernennen, was zur Erledigung des Rechtsbehelfs in der Hauptsache führt.

Aus dem Blickwinkel des Dienstherrn ist dieser für die Gewährleistung einer funktionsfähigen Verwaltung darauf angewiesen, dass neu zu besetzende Stellen ohne zu große Zeitverzögerung besetzt werden. Es würde die Funktionsfähigkeit der Verwaltung beeinträchtigen, wenn Stellen über längere Zeiträume nicht zu besetzen wären. Auch dieser Aspekt ist im Rahmen von Art. 33 Abs. 2 GG zu berücksichtigen[62]. Die vertretungsweise Wahrnehmung der Dienstgeschäfte durch den Verhinderungsvertreter ist prinzipiell ein Ausnahmefall. Das gilt auch mit Blick auf den für die Vertretung des zu besetzenden Dienstpostens zuständigen Funktionsträger. Denn dieser muss in erster Linie die ihm originär zugeteilte Dienstfunktion erfüllen und die Vertretungsfunktion zusätzlich wahrnehmen.

Auch die Rechtsposition des ausgewählten Beamten erfordert, dass er den ihm möglicherweise zustehenden Anspruch auf Ernennung zeitnah geltend machen kann. Denn auch dieser Position steht ein Anspruch zur Seite. Zwar besteht grundsätzlich kein Rechtsanspruch eines Beamten auf Ernennung[63]. Das gilt jedoch dann nicht, wenn sich der Dienstherr in rechtmäßiger Weise für einen Kandidaten entschieden hat[64] und eine freie

59 so wörtlich BVerwG, U.v. 4.11.2010, 2 C 16/09, BVerwGE 138, 102, Rn. 27.

60 siehe F VIII.

61 BVerwG, U.v. 4.11.2010, 2 C 16/09, BVerwGE 138, 102, juris Rn. 31.

62 BVerwG, U.v. 12.12.2017, 2 VR 2/16, NVwZ-RR 2018, 395, juris Rn. 50.

63 BVerwG, U.v. 16.8.2001, 2 A 3/00, BVerwGE 115, 58, juris Rn. 28.

64 Also das Auswahlverfahren in der Weise beendet ist, dass die unterlegenen Konkurrenten diese nicht gerichtlich im Verfahren nach § 123 VwGO überprüfen

und besetzbare Planstelle zur Verfügung steht[65][66]. Ansonsten würde das Leistungsprinzip leerlaufen.

2. Statuskonkurrenz und Dienstpostenkonkurrenz

a) Statuskonkurrenz

Die Verhinderung der Ernennung eines ausgewählten Bewerbers ist erforderlich, wenn mit der Besetzung der Stelle unmittelbar („einaktiges Verfahren")[67] eine Beförderung verbunden ist[68]. Das wird mit dem Begriff „Statuskonkurrenz"[69] bezeichnet. Häufig sind damit auch bestimmte Leitungsfunktionen („Funktionsämter") verbunden. Bei einer Statuskonkurrenz muss der nicht zum Zuge gekommene Bewerber verhindern, dass

---

ließen – dann kann der Ausgewählte, ohne Anfechtungsmöglichkeit durch die Konkurrenten ernannt werden, oder dass eine gerichtliche Überprüfung keine Rechtsfehler der Auswahlentscheidung ergeben hat, sodass (nach Wartepflichten) der Ausgewählte ebenfalls ohne Anfechtungsmöglichkeit durch die Konkurrenten ernannt werden kann.

65 BVerwG, U.v. 4.11.2010, 2 C 16/09, BVerwGE 138, 102, juris Rn. 27 m.w.N.; Schnellenbach, Konkurrenzen im öffentlichen Dienst, Kapitel 6 Rn. 52 – Frage des Einzelfalls; Laubinger, ZBR 2010, 332/339; Weckmann, 1. Kapitel I 1 b bb S. 62 ff, I 3 S. 73; so auch Thal, § 11 II 1, S. 328; a.A. Burghardt, Kapitel 1 I 2, S. 39 ff.; Kenntner, ZBR 2016, 181/183.

66 Soweit eine Rücknahme/Widerruf des Verwaltungsakts der Auswahlentscheidung durch Kühnbach, ZBR 2012, 95/96 und Schönrock, ZBR 2013, 26/27 f. die Kompetenz des Dienstherrn zum Abbruch beschränken soll, greifen diese Bedenken nicht durch. §§ 48, 49 VwVfG setzen einen bestandskräftigen Verwaltungsakt voraus. Hat der Dienstherr einen Bewerber ausgewählt und wird diese Auswahlentscheidung bestandskräftig (u.U. nach einem Konkurrentenstreit, wobei mit einer Ernennung in der Regel nicht bis zur Bestandskraft der Auswahlentscheidung – der in der Regel keine Rechtsbehelfsbelehrung beigefügt ist – abgewartet wird, sondern gesonderte Fristen gelten: siehe B IV 2 a), dann sind keine sachlichen Gründe denkbar, die einen Abbruch des Auswahlverfahrens rechtfertigen könnten, vgl. D IV.

67 BVerwG, B.v. 7.1.2021, 2 VR 4/20, IÖD 2021, 50, juris Rn. 36.

68 Das gilt auch bei der Anhebung einer Stelle durch Verleihung eines höherwertigen Amtes bei gleichbleibenden Aufgaben, BayVGH, B.v. 9.1.2012, B.v. 3 CE 11.1690, juris Rn. 27; ebenso bei der Beförderung, wenn ein Amt im funktionellen Sinn (ausnahmsweise) mehreren statusrechtlichen Ämtern zugeordnet ist („Topfwirtschaft"), vgl. Baßlsperger, ZBR 2012, 109/112 ff.; von Roetteken, ZBR 2012, 25/29 f.

69 Günther, RiA 2010, 237.

eine Ernennung des Ausgewählten einstweilen unterbleibt. Ansonsten würde nach erfolgter Ernennung schon die Überprüfung der Auswahlentscheidung (und erst recht der Ernennung) rechtlich nicht mehr möglich sein.

b) Dienstpostenkonkurrenz

Häufig werden höherwertige Ämter als Beförderungsämter in der Weise vergeben, dass dem zu befördernden Beamten der höherwertige Dienstposten und damit die Aufgaben des höherwertigen Amtes übertragen werden und er sich darin bewähren muss. Nach dieser Erprobungs- oder Bewährungszeit[70] erfolgt auch die statusrechtliche Übertragung des höherwertigen Amtes durch Ernennung/Beförderung. Eine Konkurrenz um die Übertragung der Aufgaben des höherwertigen Amtes als Vorstufe einer Beförderung[71] wird mit dem Begriff der „Dienstpostenkonkurrenz“ umschrieben[72].

Selbst wenn der Dienstposten dem ausgewählten Beamten übertragen wird, ohne dass damit unmittelbar eine Ernennung in das mit dem Posten verbundene statusrechtliche Amt verbunden ist, wird die Position des ausgewählten Beamten in einer Weise gestärkt, welche die Gewährung von Rechtsschutz erfordert. Falls sich herausstellt, dass die Auswahlentscheidung rechtlich fehlerhaft war, muss diese wiederholt werden. Hat der ausgewählte Beamte den umstrittenen Dienstposten aber tatsächlich inne, so kann er darauf einen Erfahrungsvorsprung oder auch Bewährungsvorsprung erlangen. Denn der Ausgewählte hat die Aufgaben des Dienstpostens erfüllt, sich darauf bewährt. Bei einer erneuten Auswahlentscheidung, welche die dienstlichen Leistungen im Zeitpunkt der Auswahlentscheidung zugrunde zu legen hat, müssen die auf dem übertragenen – umstrittenen – Posten gezeigten dienstlichen Leistungen grundsätzlich berücksichtigt werden. Dieser Bewährungsvorsprung kann dazu führen, dass er den Ausschlag zugunsten des Konkurrenten gibt, der die Aufgaben des

---

70 § 22 Abs. 2 BBG, § 32 Nr. 2 BLV; Art. 16 Abs. 5 LlbG, Art. 17 Abs. 1 Satz 3 Nr. 2 LlbG.

71 Das Auseinanderfallen von Übertragung der Aufgaben eines Beförderungsamtes und der erst späteren Verleihung des damit verbunden statusrechtlichen Amtes wird auch als „gestrecktes Beförderungsverfahren“ bezeichnet, vgl. von Laffert, ZBR 2012, 76/79.

72 Schnellenbach, Konkurrenzen im öffentlichen Dienst, Kapitel 5 Rn. 10, 25 ff., 30 ff.; Günther, RiA 2010, 237/238; von Laffert, ZBR 2012, 76/79 f.

umstrittenen Dienstpostens tatsächlich über einen relevanten Zeitraum erfolgreich wahrgenommen hat. Daher ist auch die Übertragung der Aufgaben der umstrittenen Stelle durch den ausgewählten Bewerber ohne Statusveränderung zu verhindern[73]. Denn in dieser Konstellation werden für den nicht ausgewählten Bewerber „vollendete Tatsachen" geschaffen, die seine Rechtsposition in einem erneuten Auswahlverfahren beeinträchtigen können.

Die Rechtsprechung behandelt hinsichtlich der Gewährung des vorläufigen Rechtsschutzes beide Konstellationen – sowohl die „Statuskonkurrenz" wie auch die „Dienstpostenkonkurrenz" im Wesentlichen gleich[74]. Daher gelten die weiteren Darstellungen grundsätzlich für beide Varianten der Vergabe höherwertiger Dienstposten.

IV. Aktuelle Ausformung der Rechtsschutzgewährung im Wege des Verfahrens des vorläufigen Rechtsschutzes

Die Vergabe eines höherwertigen Postens ist in einzelne rechtliche Schritte[75] unterteilt:

- Die Auswahlentscheidung legt das Ergebnis des Auswahlverfahrens fest. Der (oder im Fall von Beförderungsranglisten die) Leistungsbeste(n) werden benannt. Diese Auswahlentscheidung muss den Teilnehmern des Auswahlverfahrens mitgeteilt werden.

---

73 BVerwG, U.v. 16.8.2001, 2 A 3/00, BVerwGE 115, 58 juris Rn. 30 – „Vorverlagerung" der Auslese für Beförderungsämter durch die Übertragung des höherwertigen Dienstpostens; B.v. 20.6.2013, 2 VR1/13, BVerwGE 147, 20, juris Rn. 14 ff. – Vorauswahl durch Übertragung des höherwertigen Dienstpostens mit der Möglichkeit der Bewährung; BayVGH, B.v. 1.9.2015, 3 CE 15.1327, juris Rn. 21; von Laffert, ZBR 2012, 76/77 f.

74 BVerfG, B.v. 23.6.2005, 2 BvR 221/05, ZBR 2006, 165, juris Rn. 19; BVerwG, B.v. 10.5.2016, 2 VR 2/15, BVerwGE 155, 152, juris Rn. 26; B.v. 20.6.2013, 2 VR 1/13, BVerwGE 147, 20, juris Rn. 15 f.; 27.9.2011, 2 VR 3.11, NVwZ-RR 2012, 71, juris Rn. 17; BayVGH, B.v. 19.2.2009, 3 CE 08.3027, BayVBl 2009, 665, juris Rn. 24; OVG NW, B.v. 14.3.2014, 6 B 93/14, IÖD 2014, 130, juris Rn. 4 f.; VGH BW, B.v. 1212.2013, 4 S 2153/13, VBlBW 2014, 272, juris Rn. 2; OVG RhPf, B.v. 11.6.2014, 2 B 10430/14, IÖD 2014, 175, juris Rn. 5; Schnellenbach, Konkurrenzen im öffentlichen Dienst, Kapitel 5 Rn. 25 ff, 30 ff., Kapitel 6 Rn. 7 ff.; Eckstein, ZBR 2016, 217/221; von Laffert, ZBR 2012, 76/77 f.; so schon: Wörz, ZBR 1988, 16/19; Günther, RiA 2010, 237/245 ff.; ders., DÖD 2006, 6/9 f. – zur älteren Rechtsprechung; ebenso den Aspekt des „Bewährungsvorsprungs" vernachlässigend: Schmidt-Preuß, C VIII 5 e, S. 484 ff.

75 Ronellenfitsch, VerwArch 82, 121/131.

- Die Übertragung der Aufgaben des höherwertigen Amtes im Fall einer Dienstpostenkonkurrenz bietet dem ausgewählten Bewerber die Möglichkeit der Bewährung bei der Wahrnehmung der höherwertigen Aufgaben.
- Die Ernennung verleiht das höherwertige statusrechtliche Amt.
- Die Einweisung in die Planstelle stellt lediglich den haushaltsrechtlichen Vollzug der Ernennung dar, weshalb ihr kein eigenständiger Regelungscharakter zukommt[76].

Die Rechtsprechung hat den Rechtsschutz gegen eine Auswahlentscheidung in den Bereich vorverlagert, der einer Ernennung bzw. Aufgabenübertragung des höherwertigen Amtes vorausgeht. Die Auswahlentscheidung ist Ausgangspunkt für den Rechtsschutz im Konkurrentenstreitverfahren[77]. Damit ist der gerichtliche Rechtsschutz im Zeitraum zwischen Auswahlentscheidung und Ernennung zu gewähren[78].

Die nach außen kommunizierte Auswahlentscheidung stellt den Akt dar, mit dem der Dienstherr das Ergebnis des Auswahlverfahrens den Bewerbern mitteilt. Das gibt den unterlegenen Konkurrenten Anlass, einen Antrag nach § 123 VwGO zur Sicherung ihres Bewerbungsverfahrensanspruchs zu stellen, damit der Dienstherr nicht durch eine Ernennung oder Übertragung der Aufgaben des höherwertigen Dienstpostens „vollendete Tatsachen" schafft.

1. Auswahlentscheidung – „Negativmitteilung"

Die Auswahlentscheidung ist eine „Negativmitteilung"[79] für alle nicht zum Zuge gekommenen Konkurrenten. Mit dieser Absage wird diesen Bewerbern bekannt gegeben, dass sie nicht ausgewählt wurden. Sie setzt die verwaltungsintern getroffene Auswahlentscheidung – die in der Regel in Form eines Besetzungsvermerks erfolgt – nach außen um. Diese Mitteilung kündigt die Ernennung des ausgewählten Konkurrenten nach Ablauf einer Wartefrist oder der erfolglosen Inanspruchnahme gerichtlichen Rechtsschutzes an. Sie soll unterlegenen Bewerbern Gelegenheit geben,

---

76 Schenke FS Schnapp, 655/674 Fn. 61.

77 Rennert, DVBl 2009, 1333/1335; Burghardt, Kapitel 5 I 3, S. 222 ff.

78 BVerwG, U.v. 4.11.2010. 2 C 16/09, BVerwGE 138, 102, juris Rn. 31; Wiegand, B Rn. 96.

79 so die Bezeichnung nach Schnellenbach, Konkurrenzen im öffentlichen Dienst, Anhang 6 Rn. 1.

vorbeugend gerichtlichen Rechtsschutz in Anspruch zu nehmen, um die Ernennung zu verhindern[80]. Um die mit dieser Mitteilung verbundene Funktion erfüllen zu können, muss die „Negativmitteilung“ zwei Erfordernisse erfüllen:

Die „Negativmitteilung“ muss den Konkurrenten bekannt gegeben werden. Denn dadurch wird ihnen mitgeteilt, dass die Auswahlentscheidung getroffen ist und sie nicht zum Zuge gekommen sind. Das muss gegenüber allen Mitbewerbern erfolgen, die sich beworben haben[81]. Ist eine Stelle nicht ausgeschrieben worden, so müssen alle als potentielle Kandidaten laufbahnrechtlich geeignete Bewerber informiert werden[82].

Um dem nicht ausgewählten Konkurrenten die Gelegenheit zu geben, gegen eine Auswahlentscheidung vorzugehen, muss die „Negativmitteilung“ solche Informationen beinhalten, die eine „Anstoßwirkung“ in Bezug auf die mögliche Inanspruchnahme von Rechtsschutz erzielen können. Der Adressat muss der Mitteilung entnehmen können, welcher Konkurrent[83] ausgewählt wurde sowie den wesentlichen Grund[84] für diese Entscheidung. Dabei genügt es, wenn in der „Negativmitteilung“ die Begründung für die getroffene Entscheidung in knapper Form enthalten ist. Will der nicht ausgewählte Konkurrent die Auswahlentscheidung genauer

80 BVerwG, B.v. 8.12.2011, 2 B 106/11, juris Rn. 13; BVerwG, U.v. 4.11.2010, 2 C 16/09, BVerwGE 138, 102, juris Rn. 31 – grundlegend. Das Bundesverwaltungsgericht hat mit Urteil vom 13.12.2018, 2 A 5/18, BVerwGE 164, 84, juris Rn. 27 ff. unterstrichen, dass es an dieser Rechtsprechung festhält.

81 Schnellenbach, Konkurrenzen im öffentlichen Dienst, Anhang 6 Rn. 3 f.

82 Schnellenbach, Konkurrenzen im öffentlichen Dienst, Anhang 6 Rn. 5.

83 so auch Lindner, ZBR 2012, 181/184; Schöbener, BayVBl 2001, 321/326; Wollenschläger, C III 1 d, S. 293; a.A. Schnellenbach, Konkurrenzen im öffentlichen Dienst, Anhang 6 Rn. 7 f.; Schnellenbach, ZBR 1997, 169/174; Martens, ZBR 1992, 129/132; Wittkowski, NVwZ 1995, 345/346 – nur die Information darüber sei in der Mitteilung erforderlich, ob die Ablehnung aufgrund der Nichterfüllung eines Anforderungsprofils oder aufgrund eines Leistungsvergleichs erfolgte, ohne den Namen des ausgewählten Bewerbers zu nennen. Diese Auffassung ist abzulehnen. Denn die Anstoßwirkung der „Negativmitteilung“ für den nicht erfolgreichen Beamten kann ihre Funktion nicht erfüllen, wenn weder der Name des ausgewählten Bewerbers noch der sachliche Grund genannt werden. Eine entsprechende Mitteilung, dass ein anderer Bewerber ausgewählt worden, ist quasi eine „leere Hülse“, die die ihr zugedachte Funktion nicht erfüllen kann.

84 Lindner, ZBR 2012, 181/184; Schöbener, BayVBl 2001, 321/326; Schnellenbach, Konkurrenzen im öffentlichen Dienst, Anhang 6 Rn. 7; Schnellenbach, NVwZ 1990, 637/638; Wittkowski, NJW 1993, 817/819; OVG NW, B.v. 22.12.2015, 1 B 1026/15 Rn. 6; B.v. 29.7.2010, 6 B 774/10, juris Rn. 8; OVG SH, B.v. 16.4.1993, 3 M 15/93, NVwZ-RR 1994, 350, juris Rn. 29.

prüfen, so kann er dann Einsicht in die schriftlich zu fixierenden Auswahlerwägungen nehmen. Es genügt daher etwa die Formulierung, dass das Ergebnis auf dem Prinzip der Bestenauslese beruht[85]. Denn daraus kann der unterlegene Bewerber entnehmen, dass ein Leistungsvergleich angestellt wurde, bei dem der ausgewählte Konkurrent als leistungsstärkster angesehen wurde[86]. Will der nicht zum Zuge gekommene Beamte weitere Einzelheiten hierzu erfahren, muss er dazu Einsicht in die schriftlich zu dokumentierenden Auswahlerwägungen nehmen. Insoweit gibt ihm die „Negativmitteilung" hierzu einen Anstoß.

Das gilt auch, wenn ein Bewerber bereits nicht in einen Leistungsvergleich einbezogen wurde. Dann ist dem unterlegenen Beamten dieser Grund mitzuteilen. Das ist etwa der Fall, wenn der Dienstherr eine nach Ablauf der Bewerbungsfrist eingegangene Bewerbung aus diesem Grund nicht berücksichtigt oder ein Bewerber aus anderen Gründen nicht berücksichtigt wurde. Das kann auch der Fall sein, wenn ein konstitutives Anforderungsprofil nicht erfüllt wird oder der Bewerberkreis durch Organisationsgrundentscheidung (etwa nach Ressort- oder Behördenzugehörigkeit) eingegrenzt wurde[87].

Als Form der „Negativmitteilung" empfiehlt sich die Schriftform. In der Regel werden die unterlegenen Bewerber durch ein kurzes Schreiben informiert. Da der „Negativmitteilung" eine Informationsfunktion zukommt, ist es auch denkbar, den Informationsgehalt in einem Gespräch zu übermitteln, über dessen Zeitpunkt und Inhalt allerdings eine Dokumentation erfolgen sollte. Ist ein größerer Kreis von Bewerbern zu informieren oder wenn eine Besetzung ohne vorherige Ausschreibung erfolgen soll, so bietet sich eine Bekanntgabe der Besetzungsentscheidung im Intranet einer Behörde oder behördeninternen Rundschreiben an.

Die „Negativmitteilung" stellt die nach außen kommunizierte Auswahlentscheidung an den unterlegenen Bewerberkreis dar. Sie steht damit am Endpunkt der Besetzungsentscheidung. Unterliegt eine vom Dienstherrn beabsichtigte Besetzung der Beteiligung eines Mitbestimmungsgremiums (etwa Personalrat[88] oder Präsidialrat[89]) so sollte die „Negativmitteilung"

---

85 VG München, U.v. 25.10.2016, M 5 K 16.1623, juris Rn. 23 f.

86 Damit wird andererseits auch zum Ausdruck gebracht, dass der Dienstherr der Auffassung ist, dass der unterlegene Bewerber ein konstitutives Anforderungsprofil erfüllt.

87 Schnellenbach, Konkurrenzen im öffentlichen Dienst, Anhang 6 Rn. 3 f.

88 vgl. etwa § 76 Abs. 1 Nr. 2, 3 BPersVG; Art. 75 Abs. 1 Satz 1 Nrn. 2, 3 BayPVG.

89 vgl. etwa § 55 i.V.m. § 57 DRiG; Art. 45 Abs. 1 Satz 1 Nr. 1 i.V.m. Art. 46 BayRiStAG.

(wie auch die „Positivmitteilung") nicht vor der Gremienentscheidung erfolgen. Zwar ist es rechtlich möglich, einen entsprechenden Vorbehalt der Gremienzustimmung in die „Negativmitteilung" aufzunehmen. Jedoch sollte die Gremienbeteiligung auch vom formalen Ablauf ernst genommen und nicht entwertet werden. Werden im Beteiligungsverfahren Bedenken geäußert, die u.U. sogar zu einer Änderung der Auswahlentscheidung führen, kann sich die Wirksamkeit der Auswahlentscheidung verzögern[90]. Es ist sogar möglich, dass in diesem Stadium die Besetzungsentscheidung noch geändert wird, sodass der Vorbehalt in der „Negativmitteilung" geltend gemacht werden müsste. Das begünstigt vorschnelle Erwartungen und kann zu Enttäuschungen führen.

Die „Positivmitteilung" an den ausgewählten Bewerber verschafft diesem noch keine unmittelbare Rechtsposition. Erst wenn die Auswahlentscheidung nicht angegriffen wird oder nach einer Überprüfung feststeht, dass die Entscheidung rechtmäßig war, kann sich der Beamte auf einen entsprechenden Ernennungsanspruch berufen[91]. Dem Dienstherrn steht es frei, bei einer längeren Dauer eines gerichtlichen Überprüfungsverfahrens das Auswahlverfahren aus sachlichen Gründen abzubrechen[92].

2. Rechtsschutzgewährleistung im Verfahren nach § 123 VwGO

Zur Sicherung des Rechtsschutzes des unterlegenen Bewerbers ist – wie gerade dargestellt – die Auswahlentscheidung bekannt zu geben („Negativmitteilung"). Sie gibt dem nicht ausgewählten Konkurrenten Anlass („Anstoßwirkung"), durch Einsicht in die Auswahlentscheidung für sich zu entscheiden, ob er diese Auswahl einer rechtlichen Überprüfung unterzieht.

Der unterlegene Konkurrent muss die Ernennung des ausgewählten Bewerbers verhindern. Das erfolgt über einen Antrag auf Erlass einer einstweiligen Anordnung nach § 123 Abs. 1 Satz 1 VwGO in Form der Sicherungsanordnung. Sie ist auf das Ziel gerichtet, die Ernennung des ausgewählten Bewerbers zu unterlassen, bis eine neue Auswahlentscheidung

90 Schnellenbach, Konkurrenzen im öffentlichen Dienst, Anhang 6 Rn. 9 ff.

91 BVerwG, U.v. 4.11.2010, 2 C 16/09, BVerwGE 138, 102, juris Rn. 27 m.w.N.; B.v. 27.9.2007, 2 C 21.06, BVerwGE 129, 272 Rn. 45; Laubinger, ZBR 2010, 332/339; Weckmann, 1. Kapitel I 1 b bb S. 62 ff, I 3 S. 73; so auch Thal, § 11 II 1, S. 328; a.A. Schnellenbach, Konkurrenzen im öffentlichen Dienst, Anhang 3 Rn. 8; Burghardt, Kapitel 1 I 2, S. 39 ff.; Kenntner, ZBR 2016, 181/183.

92 Schnellenbach, Konkurrenzen im öffentlichen Dienst, Anhang 6 Rn. 14 ff.

hinsichtlich der Bewerbung des Rechtsschutz suchenden Konkurrenten getroffen ist[93].

a) Zwei-Wochen-Frist für Eilantrag

Die Rechtsprechung gibt dem nicht zum Zuge gekommenen Beamten eine Zwei-Wochen-Frist, innerhalb derer er einen Antrag auf Erlass einer einstweiligen Anordnung bei Gericht stellen muss[94][95]. Erst nach Ablauf dieser (Mindest-)Frist darf eine Ernennungsurkunde ausgehändigt werden. Ansonsten setzt sich der Dienstherr dem Vorwurf aus, den Rechtsschutz des unterlegenen Bewerbers vereitelt zu haben.

Stellt der nicht berücksichtigte Stellenbewerber einen Antrag nach § 123 Abs. 1 Satz 1 VwGO, so darf während des Laufs des gerichtlichen Verfahrens keine Ernennung des ausgewählten Konkurrenten erfolgen. Das würde zu einer Vereitelung des Rechtsschutzes führen. Denn ansonsten würden während des Laufs des Rechtsschutzverfahrens durch die Ernennung vollendete Tatsachen geschaffen werden. Das gilt für das gesamte Verfahren des einstweiligen Rechtsschutzes.

Der Dienstherr hat nach einer für den nicht zum Zuge gekommenen Beamten negativen Entscheidung des Verwaltungsgerichts abzuwarten, ob innerhalb der Beschwerdefrist von zwei Wochen (§ 146 Abs. 5 VwGO) Beschwerde zum Oberverwaltungsgericht erhoben wird. Hinzu kommt noch eine Frist von einem Monat nach deren Zurückweisung für die Möglichkeit der Erhebung einer Verfassungsbeschwerde[96], die binnen eines

93 siehe hierzu C III 3 b.

94 Diese Frist von zwei Wochen stellt sich als sinnvolle Kongruenz zur zweiwöchigen Beschwerdefrist nach § 147 Abs. 1 Satz 1 VwGO dar. Wenn die Prozessordnung einem Betroffenen auferlegt, sich binnen zwei Wochen nach Bekanntgabe der beschwerenden Entscheidung zu entscheiden, hiergegen förmlich vorzugehen, kann die Länge dieser Frist auch dafür herangezogen werden, dass dem in einem beamtenrechtlichen Auswahlverfahren unterlegenen Bewerber angesonnen werden muss, förmlich gegen die Besetzungsentscheidung vorzugehen und einen Antrag auf Gewährung vorläufigen Rechtsschutzes in Anspruch zu nehmen.

95 BVerwG, U.v. 4.11.2010, 2 C 16/09, BVerwGE 138, 102, juris Rn. 34; Schnellenbach, Konkurrenzen im öffentlichen Dienst, Anhang 6 Rn. 20 m.w.N.; Tegethoff, ZBR 2004, 341/346 f.

96 Falls der unterlegene Konkurrent mit oder innerhalb von zwei Wochen nach Bekanntgabe der obergerichtlichen Entscheidung mitgeteilt hat, er werde das Bundesverfassungsgericht anrufen: BVerfG, B.v. 2.5.2016, 2 BvR 120/16, IÖD

Monats eingereicht werden muss (§ 93 Abs. 1 Satz 1 BVerfGG). Weiter muss auch die Möglichkeit eines Antrags auf Erlass einer einstweiligen Anordnung zum Bundesverfassungsgericht eingeräumt werden, bevor eine Ernennung erfolgen darf (§ 32 BVerfGG). Hat der unterlegene Bewerber nicht angekündigt, seinen Anspruch vor dem Bundesverfassungsgericht geltend zu machen, so reicht eine Frist von zwei Wochen aus, da für die Inanspruchnahme verfassungsgerichtlichen Rechtsschutzes nicht weitergehende Fristen einzuräumen sind als für Inanspruchnahme fachgerichtlichen Rechtsschutzes vor den Verwaltungsgerichten[97].

b) Sicherungsmaßnahmen des Verwaltungsgerichts

In der Praxis verständigt das Verwaltungsgericht den Dienstherrn unverzüglich nach Eingang eines Eilantrags in beamtenrechtlichen Konkurrentenschutzverfahren von der Anhängigkeit des Eilantrags. Damit soll verhindert werden, dass vollendete Tatsachen geschaffen werden, indem in Unkenntnis der Inanspruchnahme verwaltungsgerichtlichen Eilrechtsschutzes eine Ernennungsurkunde an den ausgewählten Bewerber ausgehändigt wird. Das erfolgt aufgrund der Eilbedürftigkeit regelmäßig fernmündlich oder zumindest per Telefax. Das Gericht bittet dabei um die Zusicherung (§ 38 VwVfG), dass bis zur rechtskräftigen Entscheidung über den Eilantrag die Stelle nicht mit dem ausgewählten Bewerber besetzt wird. Soll ausnahmsweise der ausgewählte Kandidat die Aufgaben des zu besetzenden Dienstpostens übernehmen, wobei ein zu erzielender Bewährungsvorsprung ausgeblendet wird[98], wird um Zusicherung gebeten, den Beamten nicht in das mit dem Dienstposten verbundene statusrechtliche Amt zu ernennen. Hierüber wird ein Vermerk gefertigt und der Inhalt der Zusage bereits als Zusatztext zu den Eingangsmitteilungen des Gerichts an die übrigen Beteiligten bekannt gegeben. Bei dieser Verfahrensweise

2016, 146, juris Rn. 6 unter Hinweis auf BVerwG, B.v. 8.12.2011, 2 B 106/11, juris Rn. 6 ff.; BVerfG, B.v. 9.7.2009, 2 BvR 706/09, NVwZ 2009, 1430, juris Rn. 4 – Verkürzung der Frist im Einzelfall bei dringenden dienstlichen Bedürfnissen möglich.

97 so: Schnellenbach, Konkurrenzen im öffentlichen Dienst, Anhang 6 Rn. 20, der eine Frist von zwei Wochen für ausreichend erachtet. Ebenso: Bodanowitz in: Schnellenbach/Bodanowitz, Beamtenrecht, § 3 Rn. 85.

98 siehe hierzu: BVerwG, B.v. 12.12.2017, 2 VR 2/16, NVwZ-RR 2018, 395, juris 28 ff; B.v. 21.12.2016, 2 VR 1.16, BVerwGE 157, 168, juris Rn. 14; B.v. 10.5.2016, 2 VR 2.15, BVerwGE 155, 152, juris Rn. 30.

hat sich die telefonische Verständigung des Dienstherrn bewährt, um möglichst rasch eine entsprechende Zusage durch die jeweilige Personalverwaltung zu erhalten.

Wird dieser Bitte um Zusicherung, die Stelle nicht mit dem ausgewählten Beamten zu besetzen bzw. diesen nicht zu ernennen, nicht entsprochen, muss das Gericht eine Zwischenverfügung[99] erlassen. Sie hat den Inhalt, dass dem Antragsgegner aufgegeben wird, es bis zum rechtskräftigen Abschluss des verwaltungsgerichtlichen Eilverfahrens zu unterlassen, die strittige Stelle mit dem ausgewählten Bewerber zu besetzen oder eine auf den umstrittenen Dienstposten bezogene Ernennungsurkunde auszuhändigen[100]. Erfolgt eine solche Zusicherung, so ist eine Zwischenverfügung nicht erforderlich[101]. An sich folgt diese Verpflichtung zur Verhinderung der Schaffung vollendeter Tatsachen bereits unmittelbar aus Art. 19 Abs. 4 GG[102], jedoch ist ohne Abgabe einer Zusicherung[103] durch den Dienstherrn der Erlass einer solchen Zwischenverfügung erforderlich, um effektiven Rechtsschutz zu gewährleisten[104].

c) „Stellenblockade“ – Wahrnehmung der Aufgaben des umstrittenen Dienstpostens

Für die Personalverwaltung des Dienstherrn bedeutet das, dass die zu besetzende Stelle grundsätzlich während des laufenden Verfahrens nicht mit dem ausgewählten Kandidaten besetzt werden kann. Die Besetzung der Stelle mit dem ausgewählten Bewerber ist blockiert. Dieses Phänomen wird mit dem Begriff der „Stellenblockade“[105] umschrieben. Das ist eine

---

99 oder auch „Schiebebeschluss“, „Hängebeschluss“: Eyermann, VwGO, § 123 Rn. 60; weitergehend: Zimmerling, RiA 2002, 165/169 Schiebebeschluss als Regelfall; siehe F VII.

100 siehe hierzu etwa: VG München, B.v. 21.3.2013, M 5 E 13.1172, juris.

101 Dann dürfte ein Schiebebeschluss unzulässig sein, vgl. Schoch in Schoch/Schneider/Bier, VwGO, § 80 Rn. 359; Burghardt, Kapitel 4 III, S. 208.

102 OVG Saarland, B.v. 29.5.2012, 1 B 161/12, NVwZ-RR 2012, 692, juris Rn. 10; SächOVG, B.v. 17.12.2003, 3 BS 399/03, NVwZ 2004, 1134, juris Rn. 10; Burghardt, Kapitel 4 III, S. 206.

103 Das gilt erst recht, wenn der Dienstherr eine Pflicht zum Unterlassen vollendeter Tatsachen bestreitet.

104 Dombert in: Finkelnburg/Dombert/Külpmann, Vorläufiger Rechtsschutz im Verwaltungsstreitverfahren, § 21 V 1 Rn. 296 f.

105 vgl. nur Steiner, BayVBl 2017, 505; Schlottbohm , ZBR 2015, 368/369 f.; Bracher, DVBl 2016, 1236/1237 f.; Herrmann, NVwZ 2017, 105/106; Schnellen-

missliche Situation, da die Aufgaben auf dem vakanten Posten durch andere Amtswalter erledigt werden müssen. Besonders schwierig wird die Situation dann, wenn mehrere zu besetzende Stellen umstritten sind bzw. sich Rechtsschutzverfahren über längere Zeit hinziehen.

Der Dienstherr muss entscheiden, welche der verschiedenen Möglichkeiten für die Aufgabenerfüllung ohne Ernennung des ausgewählten Bewerbers er wählt[106]. Mitunter kann die Dauer der Überprüfung zu ernsthaften Schwierigkeiten in der Verwaltungsorganisation führen. In der Regel lässt der Dienstherr während des Laufs des verwaltungsgerichtlichen Eilverfahrens den umstrittenen Dienstposten unbesetzt und die Aufgaben vom Verhinderungsvertreter übernehmen.

Nimmt dieser Verhinderungsvertreter als unterlegener Bewerber verwaltungsgerichtlichen Rechtsschutz in Anspruch, kann das zu der merkwürdigen Situation führen, dass dieser Bewerber die Aufgaben seines Dienstpostens (etwa als stellvertretender Behördenleiter) zu erledigen hat und zusätzlich die Aufgaben des vakanten Dienstpostens (im genannten Beispiel als Behördenleiter), auf den er sich erfolglos beworben hat. Wenn sich im Eilverfahren herausstellt, dass das Besetzungsverfahren rechtlich fehlerhaft war und der Dienstherr das Auswahlverfahren nicht umgehend neu durchführt, sondern das Hauptsacheverfahren abwartet, dabei die Aufgaben des Dienstpostens weiter vom Vertreter erledigen lässt[107], muss in einem sol-

---

bach, Konkurrenzen im öffentlichen Dienst, Kapitel 6 Rn. 7; Seegmüller, DRiZ 2019, 218.

106 siehe hierzu insbesondere D II, III.

107 So lag der Fall bei der Besetzung eines Präsidenten eines Gerichts: Der im Auswahlverfahren unterlegene Bewerber, der Vizepräsident des Gerichts war, hatte im Verfahren des vorläufigen Rechtsschutzes hinsichtlich der Auswahlentscheidung Erfolg, die zugunsten eines anderen Bewerbers ausgefallen war. Sowohl das Verwaltungsgericht München – B.v. 7.2.2017, M 5 E 16.4509, juris – wie auch auf Beschwerde des Antragsgegners der Bayerische Verwaltungsgerichtshof – B.v. 24.4.2017, 3 CE 17.434, RiA 2017, 230, juris – waren der Ansicht, dass die Auswahlentscheidung den Bewerbungsverfahrensanspruch des Antragstellers verletzt. Vgl. zum Beschluss des Bayerischen Verwaltungsgerichtshof vom 24.4.2017, 3 CE 17.434 auch Kathke, RiA 2017, 213. Der Dienstherr führte nach rechtskräftigem Abschluss des Eilverfahrens keine neue Auswahlentscheidung herbei, sondern erließ einen Widerspruchsbescheid, gegen den der nicht ausgewählte Bewerber Klage erhob. Mit Urteil vom 19.12.2017, M 5 K 17.3384, juris, verpflichtete das Verwaltungsgericht den Beklagten, über die Bewerbung des Klägers unter Beachtung der Rechtsauffassung des Gerichts neu zu entscheiden und hob die Auswahlentscheidung wie den Widerspruchsbescheid auf. Der Bayerische Verwaltungsgerichtshof lehnte mit Beschluss vom 22.2.2019, 3 ZB 18.621, juris, den durch den Beklagten gestellten Antrag auf Zulassung der

chen Fall die Aufgabenwahrnehmung des umstrittenen Dienstpostens bei einem neuen Auswahlverfahren berücksichtigt werden[108].

Das Bundesverwaltungsgericht hat in jüngerer Zeit die rechtliche Möglichkeit entwickelt, dass der Dienstherr den umstrittenen Dienstposten während des laufenden Auswahlverfahrens dem ausgewählten Bewerber „kommissarisch" übertragen kann. Allerdings soll der so gewonnene Bewährungs- oder Erfahrungsvorsprung bei der Erstellung einer Beurteilung für diesen Beamten unberücksichtigt bleiben („ausgeblendet werden")[109]. Zu Recht ist diese Option stark kritisiert worden und hat sich – auch nachdem das Bundesverwaltungsgericht die Anwendung selbst eingeschränkt hat – in der Praxis nicht durchgesetzt[110].

d) Mehrfachbewerbungen

Es ist auch rechtlich zulässig, dass sich ein Beamter auf mehrere Stellen bewirbt. Entsprechend kann er im Fall des Unterliegens mehrere Anträge auf Erlass einer einstweiligen Anordnung stellen[111]. Selbst wenn das zeitlich parallel erfolgt, kann dem Antragsteller nicht das Rechtsschutzbedürfnis für mehrere Eilverfahren abgesprochen werden. Zwar kann ein Beamter nur einen Dienstposten erhalten und ausfüllen. Es liegt in seiner Dispositionsfreiheit, sich für die für ihn am geeignetsten erscheinende Stelle zu entscheiden. Zudem ist der Verfahrensausgang verschiedener Stellenbesetzungsverfahren aufgrund der jeweils unterschiedlichen Konkurrenzsituationen grundsätzlich voneinander unabhängig. Wenn ein Beamter durch Inanspruchnahme von Rechtsschutz im Hinblick auf mehrere Stel-

---

Berufung gegen dieses Urteil zurück. Nachdem die anderen Bewerber des ursprünglichen Auswahlverfahrens ihre Bewerbung zurückgezogen hatten, wählte der Dienstherr nunmehr den Antragsteller und Kläger aus. Nachdem allerdings der Präsidialrat diesem Besetzungsvorschlag nicht zustimmte, brach der Dienstherr das Auswahlverfahren ab. Ein Antrag des ausgewählten Bewerbers auf Eilrechtsschutz hiergegen blieb erfolglos, VG München, B.v. 20.12.2019, M 5 E 19.2951, juris. Nach einem erfolglosen Konkurrentenstreitverfahren hinsichtlich einer neuen Auswahlentscheidung (VG München, B.v. 1.6.2021, M 5 E 21.316, juris; BayVGH, B.v. 30.8.2021, 3 CE 21.1648, DRiZ 2021, 426, juris) konnte die Stelle besetzt werden.

108 BayVGH, B.v. 1.9.2015, 3 CE 15.1327, juris Rn. 21.

109 BVerwG, U.v. 10.5.2016, 2 VR 2/15, BVerwGE 155, 152, juris Rn. 26.

110 siehe hierzu D III.

111 Zu Fällen von Mehrfachbewerbungen und entsprechenden mehrfachen Anträgen nach § 123 VwGO: Schlottbohm, ZBR 2015,368/369 f.

len seine Chance erhöhen will, wenigstens bei einer Stelle zum Zuge zu kommen, ist das ein prinzipiell rechtlich zulässiges Verhalten.

Entsprechend gilt das auch für die Variante, dass sich ein Beamter auf mehrere Beförderungsstellen bewirbt, die im Rahmen einer Beförderungsrangliste besetzt werden. Auch hier ist grundsätzlich der Bewerbungsverfahrensanspruch des einzelnen Bewerbers zu den übrigen für die Stelle ausgewählten Beamten zu prüfen[112][113].

e) Mehrere Antragsteller um eine umstrittene Stelle

Strengen mehrere im Auswahlverfahren um eine Stelle unterlegene Beamte gerichtliche Verfahren an, so sind diese jeweils rechtlich voneinander unabhängig zu bewerten. Das Gericht prüft, ob das Konkurrenzverhältnis zwischen dem ausgewählten Beamten – der nach § 65 Abs. 2 VwGO notwendig beizuladen ist – und dem unterlegenen Beamten, der in einem Verfahren nach § 123 VwGO der Antragsteller ist. Hat der Antrag eines Antragstellers Erfolg, ordnet das Gericht an, dass die Stelle nicht mit dem ausgewählten Bewerber besetzt werden darf, bis über die Bewerbung des Antragstellers erneut entschieden ist[114]. Damit muss das Auswahlverfahren wiederholt werden. Zwar wird in einem neuen Auswahlverfahren auch die Konkurrenz aller, auch der anderen unterlegenen Bewerber, erneut geprüft. Das hat rechtlich auf die Verfahren der anderen Antragsteller um dieselbe Stelle aber keine unmittelbare Auswirkung. Deren Verfahren können einen anderen Ausgang haben. Denn in diesen anderen Verfahren kann der Dienstherr das Konkurrenzverhältnis zwischen dem jeweiligen Antragsteller und dem Beigeladenen ohne rechtliche Beanstandung entschieden haben[115]. Der Erfolg eines unterlegenen Konkurrenten in einem gerichtlichen Verfahren führt nicht zur Erledigung der Verfahren anderer unterlegener Bewerber, die ebenfalls gerichtlichen Rechtsschutz angestrengt haben.

---

112 Wiegand, B Rn. 106.

113 siehe D VIII – zur Beförderung nach Ranglisten.

114 siehe hierzu F VIII.

115 VG München, B.v. 11.4.2012, M 5 E 12.918, juris Rn. 30, unter Hinweis auf HessVGH, 4.8.1993, 1 TG 1460/93, NVwZ 1994, 398/400; Rennert, DVBl 2009, 1333/1338; Wiegand, B Rn. 106.

f) Prüfungstiefe

Da das Ergebnis des Verfahrens des vorläufigen Rechtsschutzes nach § 123 VwGO dazu führt, dass der Dienstherr nach einer entsprechenden gerichtlichen Überprüfung das Amt an den ausgewählten Bewerber vergeben bzw. diesen ernennen kann, entfaltet es für den Bewerbungsverfahrensanspruch nach Art. 33 Abs. 2 GG, der ein grundrechtsgleiches Recht darstellt, eine herausragende Bedeutung. Dem muss die Gewährung des vorläufigen Rechtsschutzes entsprechen. Das Gebot der Gewährung effektiven Rechtsschutzes (Art. 19 Abs. 4 GG) gebietet daher, dass die Verwaltungsgerichte im Verfahren des vorläufigen Rechtsschutzes die Auswahlentscheidung hinsichtlich Prüfungsmaßstab, Prüfungsumfang und Prüfungstiefe wie in einem Hauptsacheverfahren prüfen[116]. Der Antrag hat bereits dann Erfolg, wenn der Antragsteller glaubhaft macht, dass seine Auswahl in einem erneuten Verfahren möglich erscheint[117].

3. Keine Ordnungsgeldandrohung

Die Androhung eines Ordnungsgeldes (§ 167 Abs. 1 VwGO i.V.m. § 890 ZPO) gegenüber dem Dienstherrn zur Befolgung einer einstweiligen Anordnung des Verwaltungsgerichts ist nicht erforderlich. Vereinzelt wird eine entsprechende Tenorierung beantragt. Hierfür fehlt jedoch das Rechtsschutzbedürfnis. Denn der Dienstherr ist als Körperschaft des öffentlichen Rechts aufgrund der verfassungsrechtlichen Vorgaben in Art. 19 Abs. 4 und Art. 33 Abs. 2 GG verpflichtet, sich an die gerichtliche Verpflichtung in der Entscheidung über die einstweilige Anordnung zu halten[118]. Der unterlegene Bewerber ist für den Fall, dass sich der Dienstherr über die einstweilige Anordnung hinwegsetzt, dadurch abgesichert, dass er in einem solchen Fall im Wege der Anfechtungsklage gegen die Ernennung des Mitbewerbers vorgehen kann[119]. Das Ordnungsgeld nach § 890

116 BVerfG, B.v. 24.9.2002, 2 BvR 857/02, NVwZ 2003, 200, juris 10; BVerwG, U.v. 21.8.2003, 2 C 14/02, BVerwGE 118, 370, juris Rn. 17; U.v. 4.11.2010. 2 C 16/09, BVerwGE 138, 102, juris Rn. 32; Wiegand, B Rn. 94 f.

117 BVerfG, B.v. 24.9.2002, 2 BvR 857/02, NVwZ 2003, 200, juris 13; ebenso: BVerfG, B.v. 2.10.2007, 2 BvR 2457/04, ZBR 2008, 164, juris Rn. 21.

118 BVerwG, U.v. 21.8.2003, 2 C 14.02, BVerwGE 118, 370, juris Rn. 19.

119 BVerwG, U.v. 4.11.2010, 2 C 16/09, BVerwGE 138, 102, juris Rn. 36 ff.

Abs. 2 ZPO ist ein zivilrechtliches Institut, das auf die spezifische Situation des verwaltungsgerichtlichen Rechtsschutzes nicht zugeschnitten ist[120][121].

4. Sonderform: Rechtschutz im Hauptsacheverfahren ausreichend

Es sind zwei Konstellationen möglich, in denen die Gewährung effektiven Rechtsschutzes nicht die Inanspruchnahme vorläufigen Rechtsschutzes erfordert. In diesen Fallgestaltungen liegt kein Anordnungsgrund vor, da nicht die Gefahr der Schaffung vollendeter Tatsachen besteht, der durch eine Sicherungsanordnung nach § 123 VwGO begegnet werden muss.

a) Auswahl erfolgt nicht nach Leistungsprinzip (Art. 33 Abs. 2 GG)

Das ist einmal der Fall, wenn der Dienstherr die Bewerber in unterschiedlichen Statusämtern nicht strikt nach dem Leistungsprinzip vergleicht. Es ist rechtlich möglich und muss vor dem Auswahlverfahren nach außen erkennbar verlautbart werden[122], dass nur die Bewerber, für die der angestrebte Dienstposten ein höheres Amt verbindet, am Leistungsprinzip gemessen werden. Das erfolgt naheliegend in der Ausschreibung oder in generellen Regelungen zum Besetzungsverfahren[123].

Der Dienstherr kann sich für ein Besetzungsverfahren entscheiden, bei dem Bewerber, für die eine Übertragung des Dienstpostens keine Statusänderung hinsichtlich des ihnen verliehenen Amtes darstellt – die also auf den Posten versetzt oder umgesetzt werden sollen – nicht am Leistungsprinzip gemessen werden, sondern aus besonderen dienstlichen oder zwingenden persönlichen Gründen[124]. Denn dem Dienstherrn steht im

---

120 Das zeigt auch der Blick auf § 929 Abs. 2 ZPO, der verlangt, dass innerhalb eines Monats ein Vollstreckungsantrag zu stellen ist.

121 BayVGH, B.v. 5.8.2014, 3 CE 14.771, BayVBl 2015, 127, juris Rn. 50; OVG Berlin-Brandenburg, B.v. 29.3.2007, 4 S 16.06, juris Rn. 6.

122 vgl. hierzu etwa Nr. 3 und Nr. 7 der Richtlinien über die Bestellung auf Dienstposten der Bayerischen Polizei vom 26. Oktober 2018, C3-0302.3-2, Gliederungs-Nr. 2030 2.2 (RBestPol).

123 BVerwG, U.v. 25.11.2004, 2 C 17/03, BVerwGE 122, 237, juris Rn. 15 m.w.N.; BVerfG, B.v. 28.2.2007, 2 BvR 2494/06, NVwZ 2007, 693, juris Rn. 6; BayVGH, B.v. 9.7.2012, 3 CE 12.872, juris Rn. 16.

124 Nr. 7.1 RBestPol: „Beamte und Beamtinnen, bei denen durch die Bestellung oder Beauftragung mit der Wahrnehmung der Dienstgeschäfte weder eine weitere Beförderung ermöglicht noch Beförderungswartezeiten verkürzt werden

Rahmen seiner Organisationshoheit frei, die Stellenbesetzung nicht nur im Wege der Beförderung, sondern auch durch Umsetzung oder Versetzung vorzunehmen[125]. Auch die Vorgabe, dass Dienstposten nach den dienstlichen Belangen mit dem hierfür am besten geeigneten Bewerber zu besetzen sind, führt nicht dazu, dass der Dienstherr sich auf ein an Art. 33 Abs. 2 GG zu messendes Auswahlverfahren festgelegt hätte, da sich dieses nicht auf das angestrebte Statusamt, sondern allein auf die konkreten Anforderungen des Dienstpostens bezieht[126].

In dieser Gestaltung stehen der Beamte, der bereits das mit dem erstrebten Dienstposten verbundene Amt innehat, und andere Bewerber nicht in einer strengen Konkurrenzsituation in dem Sinne, dass diese über das Prinzip der Bestenauslese gelöst werden muss. Denn die Besetzungsentscheidung erfolgt nicht nach dem Leistungsprinzip, sondern nach anderen Maßstäben[127].

Die Besetzung des umstrittenen Dienstpostens mit einem Beamten, der auf diese Stelle versetzt oder umgesetzt wurde, kann ohne weiteres rückgängig gemacht werden, wenn sich herausstellt, dass die Besetzungsentscheidung rechtlich fehlerhaft gewesen sein sollte. Denn eine Ernennung in das mit dem Posten verbundene statusrechtliche Amt steht bei diesem Funktionsträger nicht im Raum. Da auch keine Leistungskonkurrenz zwischen dem ausgewählten Beamten[128] und dem nicht zum Zuge gekommenen Bewerber besteht, stellt auch der Gesichtspunkt des Bewährungsvorsprungs durch tatsächliche Wahrnehmung der Aufgaben der Stelle keinen Umstand dar, der selbst im Fall einer erneuten Auswahlentscheidung zu einem Nachteil auf Seiten des nicht ausgewählten Bewerbers führen könnte[129].

Dieser Gedanke gilt auch im umgekehrten Fall, dass der umstrittene Posten mit einem Beamten besetzt werden soll, für den der Posten mit

---

(Umsetzungs- bzw. Versetzungsbewerber), nehmen nicht an einem Auswahlverfahren nach Nr. 3 [Hinweis des Verfassers: In Nr. 3 sind die Grundsätze der Auswahl nach dem Leistungsprinzip festgelegt] teil. Sie können jedoch vorrangig bestellt werden, wenn es besondere dienstliche Gründe erfordern. … Darüber hinaus können Umsetzungs- und Versetzungsbewerber vorrangig bestellt werden, wenn zwingende persönliche Gründe vorliegen."

125 BVerwG, U.v. 25.11.2004, 2 C 17/03, BVerwGE 122, 237, juris Rn. 15, 18.

126 BayVGH, B.v. 19.1.2018, 3 ZB 17.442, juris Rn. 7.

127 BayVGH, B.v. 1.9.2015, 3 CE 15.1327, juris Rn. 21.

128 Hierfür hat sich der Begriff des Versetzungs- oder Umsetzungsbewerbers herausgebildet.

129 BayVGH, B.v. 1.9.2015, 3 CE 15.1327, juris Rn. 21.

einer Beförderung verbunden ist und der nicht zum Zuge gekommene Bewerber ein Versetzungs- oder Umsetzungsbewerber hinsichtlich des angestrebten Dienstpostens ist[130]. Auch in diesem Verhältnis liegt keine strenge Leistungskonkurrenz der beiden Bewerber vor. Selbst ein durch die Aufgabenwahrnehmung durch Bestellung auf den Posten erlangter Bewährungsvorsprung könnte sich nicht zu Lasten des Versetzungs- oder Umsetzungsbewerbers auswirken[131]. Das gilt auch für eine Beförderung des ausgewählten Beamten durch Ernennung in das mit dem Dienstposten verbundene statusrechtliche Amt. Der nicht berücksichtigte Bewerber hat in dieser Fallgestaltung dasselbe statusrechtliche Amt inne. Sollte sich die rechtliche Fehlerhaftigkeit der Auswahlentscheidung herausstellen, würden keine vollendeten Tatsachen eintreten. Denn der ausgewählte Beamte könnte jederzeit versetzt oder umgesetzt werden[132].

b) Keine Besetzung während des Hauptsacheverfahrens

Es ist auch möglich, dass der Dienstherr dem nicht zum Zuge gekommenen Bewerber zusichert, während des Laufs eines Hauptsacheverfahrens (Widerspruchsverfahren – soweit statthaft[133] – oder Klageverfahren) die

---

130 OVG NW, B.v. 16.10.2003, 1 B 1348/03, NVwZ-RR 2004, 437, juris Rn. 13; NdsOVG, B.v. 10.4.2012, 5 ME 44/12, ZBR 2012, 347, juris Rn. 11.

131 Eine Ausnahme hiervon liegt vor, wenn der ausgewählte Beamte auf dem Dienstposten besondere Erfahrungen erlangen könnte, die ihm in einem weiteren Auswahlverfahren einen besonderen Vorteil unabhängig von einem allgemeinen Bewährungsvorsprung verschaffen könnten: BayVGH, B.v. 14.8.2015, 3 CE 15.1410, juris Rn. 20 – Möglichkeit zur Erlangung einer in der Ausschreibung als zwingendes Anforderungsprofil benannten besonderen Erfahrungszeit auf dem strittigen Dienstposten; OVG NW, B.v. 8.3.2005, 6 B 2695/04, ZBR 2005, 318 (Ls.), juris Rn. 9 – Möglichkeit zur Erlangung einer zwingend vorausgesetzten Bewährung auf dem strittigen Dienstposten („Trittsteinfunktion"), die die Beförderungschancen erhöht.

132 BayVGH, B.v. 29.9.2015, 3 CE 15.1604, juris Rn. 18 ff. Die gegenteilige Ansicht des OVG MV, B.v. 21.5.2007, 2 M 165/06, juris Rn. 21 ist abzulehnen, da der Ansatz zu weit geht, dass der ausgewählte Beförderungsbewerber einen Anspruch nicht nur auf ein abstrakt-funktionelles, sondern auch konkret-funktionelles Amt habe, was eine Rückgängigmachung nicht möglich mache.

133 § 68 Abs. 1 S. 2 Halbsatz 1 VwGO eröffnet den Ländern eine entsprechende Möglichkeit, durch Landesgesetz die Notwendigkeit eines Vorverfahrens vor Erhebung einer Klage auszuschließen, vgl. hierzu Rennert in: Eyermann, § 68 Rn. 24. Für den Freistaat Bayern ist in Art. 15 Abs. 2 Nr. 5 AGVwGO für den Bereich des Beamtenrechts ein fakultatives Widerspruchsverfahren geschaf-

Stelle nicht mit dem ausgewählten Konkurrenten zu besetzen. Dies entspricht an sich nicht dem Interesse des Dienstherrn an einer baldigen Entscheidung über die Besetzung einer Stelle. Aber in besonderen Besetzungskonstellationen kann das – ausnahmsweise – den Interessen der Beteiligten nachkommen. In der gerichtlichen Praxis sind solche Fälle äußerst selten, aber nicht von vornherein ausgeschlossen.

5. Vereitelung des Rechtsschutzes: Durchbrechung der Ämterstabilität

Es gibt Konstellationen, in denen der Dienstherr den Rechtsschutz des nicht ausgewählten Beamten vereitelt. Das ist immer dann der Fall, wenn eine Ernennung vorgenommen wird, ohne dem nicht zum Zuge gekommenen Konkurrenten die Möglichkeit gegeben zu haben, effektiven gerichtlichen Rechtsschutz gegen die Auswahlentscheidung in Anspruch zu nehmen[134]. Damit schafft der Dienstherr vollendete Tatsachen – er nimmt eine Ernennung des ausgewählten Beamten vor. An sich führt das nach der herrschenden Auffassung in der Rechtsprechung dazu, dass das Besetzungsverfahren beendet ist. Denn aufgrund des Grundsatzes der Ämterstabilität gilt die Ernennung des ausgewählten Konkurrenten durch den unterlegenen Bewerber als nicht rücknehmbar. Der nicht ausgewählte Beamte könnte daher nur einen Anspruch auf Schadensersatz geltend machen[135].

- Das kann einmal der Fall sein, indem an die Konkurrenten keine „Negativmitteilungen“ bekannt gegeben werden und der ausgewählte Beamte in das mit dem Posten verbundene abstrakte-funktionelle Amt ernannt wird. Dann wird den unterlegenen Bewerbern durch die fehlende Benachrichtigung über den Ausgang der Besetzungsentscheidung von vornherein die Möglichkeit genommen, hiergegen effektiven Rechtsschutz in Anspruch zu nehmen[136].

---

fen. Übersicht bei Zander, BDVR-Rundschreiben 2011, 26 ff.; siehe auch: Dolde/Porsch in Schoch/Schneider, § 68 Rn. 14 f.

134 BVerwG, U.v. 4.11.2010, 2 C 16/09, BVerwGE 138, 102, juris Rn. 36; Schnellenbach, Konkurrenzen im öffentlichen Dienst, Kapitel 2 Rn. 11 f.; Anhang 3 Rn. 11 f; Anhang 6 Rn. 21.

135 BVerwG, U.v. 4.11.2010, 2 C 16/09, BVerwGE 138, 102, juris Rn. 30; U.v. 25.8.1988, 2 C 62.85, BVerwGE 80, 127, juris Rn. 22; BGH, B.v. 28.11.2005, NotZ 18/05, BGHZ 165, 139, juris Rn. 6 ff.

136 so: VG München, U.v. 29.4.2014, M 5 K 12.6073, juris Rn. 30 ff.

- Das ist aber auch dann der Fall, wenn der Dienstherr die entsprechenden dienstrechtlichen Maßnahmen unter Missachtung der Wartefristen trifft. Das erfolgt, wenn die Personalverwaltung während des laufenden gerichtlichen Verfahrens – wozu auch die Wahrnehmung verfassungsrechtlichen Rechtsschutzes gehört[137] – „vollendete Tatsachen" schafft, indem sie in Bezug auf die umstrittene Stelle die Ernennung des ausgewählten Beamten vornimmt[138]. Auch die Besetzung der Stelle bzw. die Ernennung unter Einräumung einer kürzeren Wartefrist als zwei Wochen nach Bekanntgabe der Negativmitteilung ist als Vereitelung von Rechtsschutz zu bewerten[139].
- Schließlich ist es denkbar, dass sich der Dienstherr über eine gerichtliche Entscheidung hinwegsetzt, mit der aufgegeben wurde, den ausgewählten Konkurrenten bis zu einer erneuten Entscheidung über die Bewerbung des unterlegenen Mitbewerbers nicht in das umstrittene Amt zu ernennen[140][141].

In diesen Fällen gilt nach der neueren Rechtsprechung des Bundesverwaltungsgerichts der Grundsatz der Ämterstabilität ausnahmsweise nicht. Der Beamte, dem effektiver Rechtsschutz durch das Verhalten des Dienstherrn genommen wurde, muss sich nicht mit der Geltendmachung von Schadensersatz begnügen, sondern kann die Anfechtung der Ernennung des ausgewählten Beamten gerichtlich geltend machen. Denn nur so kann der gebotene Rechtsschutz – eben dann nach der Ernennung des ausgewählten Bewerbers – nachgeholt werden. Sonst hätte es der Dienstherr in der Hand, die Grundrechte unterlegener Konkurrenten durch das Schaffen „vollendeter Tatsachen" im Wege der Ernennung eines ausgewählten Beamten auszuschalten[142]. Die zunächst verfolgte Konzeption, den Dienstherrn bei Vereitelung des Rechtsschutzes gegen eine rechtswidrig erfolgte

---

137 so lag der Fall bei BVerwG, U.v. 4.11.2010, 2 C 16/09, BVerwGE 138, 102, juris.

138 Das kann auch durch Zuwiderhandlung gegen eine Zusicherung oder einen entsprechenden Schiebebeschluss des Gerichts erfolgen, die umstrittene Stelle bis zum Abschluss des gerichtlichen Eilverfahrens nicht mit dem ausgewählten Bewerber zu besetzen oder diesen zu ernennen, s.o. II. 4.

139 Schenke, FS Schnapp, 655/667.

140 so die Konstellation bei BVerwG, U.v. 21.8.2003, 2 C 14.02, BVerwGE 118, 370, juris Rn. 1 ff.

141 Überblick über die Formen der „Rechtsschutzvereitelung" bei Schnellenbach, Konkurrenzen im öffentlichen Dienst, Anhang 3 Rn. 11; Özfirat-Skubinn, 2. Teil 4. Kapitel § 2 A, S. 226 ff.

142 so ausdrücklich: BVerwG, U.v. 4.11.2010, 2 C 16/09, BVerwGE 138, 102, juris Rn. 37.

Ernennung[143], zur Wiederherstellung zu verpflichten (u.U. durch Schaffung einer weiteren Planstelle)[144], wurde seit der Grundsatzentscheidung des Bundesverwaltungsgerichts vom 4. November 2010[145] nicht mehr weiterverfolgt. Denn insbesondere bei funktionsgebundenen Ämtern könnte die Pflicht zur Wiederherstellung rechtmäßiger Zustände dazu führen, dass durch die Verpflichtung zur Schaffung einer weiteren Planstelle für dieselbe Funktion die Möglichkeit einer amtsangemessenen Beschäftigung fehlt[146].

Damit kommt der Bedeutung des effektiven Rechtsschutzes für den nicht zum Zuge gekommenen Beamten eine ganz wesentliche Aufwertung zu. Der betroffene Beamte muss den durch die Rechtsschutzvereitelung geschaffenen Zustand unter dem Gesichtspunkt der Ämterstabilität nicht hinnehmen, sondern kann dagegen vorgehen. Erweist sich die Auswahlentscheidung als rechtswidrig, ist die Ernennung aufzuheben. Ist der ernannte Beamte im Zeitpunkt der Entscheidung des Gerichts wiederum in ein anderes Amt befördert worden, so hat sich die ursprünglich erhobene Anfechtungsklage erledigt und muss auf eine Fortsetzungsfeststellungsklage umgestellt werden[147].

Diese sehr rechtsschutzfreundliche Rechtsprechung ist konsequent. Sie sichert den unterlegenen Bewerbern eine effektive Nachprüfung in einem gerichtlichen Verfahren. Der Dienstherr kann sich nicht damit begnügen, im Fall einer auf einer fehlerbehafteten Auswahlentscheidung folgenden Ernennung dem Konkurrenten, dem eine effektive gerichtliche Kontrolle vorenthalten wurde, auf die Geltendmachung von Schadensersatz zu verweisen. Denn das kongruente Gegenstück zur Schaffung „vollendeter Tatsachen“ durch vorschnelle Ernennung ist nicht der Ausgleich des finanziellen Schadens, sondern die Rückgängigmachung dieser „vollendeten Tatsachen“. Durch das Aufbrechen des Grundsatzes der Ämterstabilität für den Fall der Rechtsschutzvereitelung erhält der effektive Rechtsschutz gegen die Auswahlentscheidung eine nachhaltige Absicherung gegen das Schaffen von „vollendeten Tatsachen“. Das ist zu begrüßen. Dem Bundesverwaltungsgericht ist darin beizupflichten, dass diese neue Dimension des Rechtsschutzes aus der Sicht des Dienstherrn zu Erschwernissen führen

---

143 insbesondere durch Missachtung einer einstweiligen Anordnung, die umstrittene Stelle nicht zu besetzen.

144 BVerwG, U.v. 21.8.2003, 2 C 14.02, BVerwGE 118, 370, juris Rn. 19.

145 2 C 16/09, BVerwGE 138, 102, juris Rn. 40.

146 Schnellenbach, ZBR 2004, 104/105; dem folgend: BVerwG, U.v. 4.11.2010, 2 C 16/09, BVerwGE 138, 102, juris Rn. 40.

147 VG München, U.v. 29.4.2014, M 5 K 12.6073, juris Rn. 20.

kann. Diese kann er aber vermeiden, wenn er sich an den von der Rechtsprechung ausgeformten Rechtsschutzgewährleistungen im Konkurrentenschutz ausrichtet. Auch aus der Praxis kann das weitere Argument des Bundesgerichts bestätigt werden, dass Fälle, in denen eine Rechtsschutzverhinderung geltend gemacht wird[148], sehr selten sind.

V. Abbruch des Auswahlverfahrens

Der Dienstherr muss ein begonnenes Stellenbesetzungsverfahren nicht mit der Auswahl eines Bewerbers beenden. Es besteht auch die Möglichkeit, ein Besetzungsverfahren abzubrechen. Das bedeutet, dass die Personalverwaltung keinen der Beamten auswählt, die sich beworben haben. Vielmehr soll die Stelle in einem neuen Auswahlverfahren vergeben werden. Die Rechtsprechungspraxis spricht vom „Abbruch" des Besetzungsverfahrens.

Das kann sich negativ auf die Rechtsstellung der Beamten auswirken, die sich in dem früheren Verfahren beworben haben. Bei dem neuen Auswahlverfahren sind die zu dem dann maßgeblichen Auswahlzeitpunkt geltenden Umstände ausschlaggebend. Dabei kann sich die Ausgangsposition der früheren Bewerber verschlechtern. So kann bei einem neuen Auswahlverfahren der Bewerberkreis ein anderer sein, in dem u.U. leistungsfähigere Beamte vorhanden sind[149]. Es können sich auch die rechtlichen Rahmenbedingungen geändert haben, so dass z.B. einzelne Merkmale einer dienstlichen Beurteilung in besonderer Weise zu bewerten sind, was im vorangegangenen Auswahlverfahren noch nicht der Fall war. Es können sich auch die tatsächlichen Umstände geändert haben, etwa durch die Erstellung neuer dienstlicher Beurteilungen, die einem strengeren Beurteilungsmaßstab unterliegen[150].

Der Bewerbungsverfahrensanspruch knüpft an die erfolgte Bewerbung an. Der Dienstherr ist verpflichtet, die Auswahl nach Leistungsgrundsätzen (Art. 33 Abs. 2 GG) zu treffen. Auch wenn das Auswahlverfahren nicht mit der Entscheidung für einen Beamten endet, ist auch bei einem

148 BVerwG, U.v. 4.11.2010, 2 C 16/09, BVerwGE 138, 102, juris Rn. 37.

149 Anders ist das bei der bloßen Wiederholung des Auswahlverfahrens: Hier bleibt der Bewerberkreis gleich.

150 Schnellenbach, Konkurrenzen im öffentlichen Dienst, Anhang 1 Rn. 48.

Abbruch des Besetzungsverfahrens der Bewerbungsverfahrensanspruch der Bewerber zu beachten[151].

Dem Dienstherrn kommt zwar bei der Frage der Beendigung eines Auswahlverfahrens nach der Rechtsprechung ein weites organisations- und verwaltungspolitisches Ermessen zu. Es wird hierbei ein sachlicher Grund gefordert. Dieser muss aus Art. 33 Abs. 2 GG hergeleitet werden können[152]. Der Dienstherr kann das Auswahlverfahren etwa abbrechen, wenn es fehlerhaft ist und nicht mehr zu einer ordnungsgemäßen Auswahlentscheidung führen kann oder wenn eine erneute Ausschreibung erforderlich wird, um eine hinreichende Anzahl leistungsstarker Bewerber zu erhalten[153]. Gerade wenn einem Dienstherrn im Wege der einstweiligen Anordnung untersagt wird, den von ihm ausgewählten Bewerber zu ernennen, darf er regelmäßig den Schluss ziehen, dass seine bisherige Verfahrensweise erheblichen Zweifeln im Hinblick auf Art. 33 Abs. 2 GG begegnet. In einer solchen Situation darf das bisherige Verfahren beendet werden, damit in einem anschließenden neuen Verfahren aufgrund eines aktualisierten Bewerberkreises eine dem Art. 33 Abs. 2 GG genügende Entscheidung getroffen werden kann. Das ist eine Alternative zu einer Fortsetzung des ursprünglichen Besetzungsverfahrens durch eine neue Auswahl unter dem bestehenden Bewerberkreis[154].

Der Dienstherr kann aber auch die Absicht, die Stelle nicht mehr besetzen zu wollen, als hinreichenden Grund für einen Abbruch des Besetzungsverfahrens heranziehen[155].

Ebenso stellt die organisatorische Entscheidung, die Stelle anders zuzuschneiden, einen sachlichen Grund für den Abbruch eines Auswahlverfahrens dar. Denn der Beamte darf nicht darauf vertrauen, dass mit der Ausschreibung eine unwiderrufliche Bindung der Organisationsgewalt des Dienstherrn verbunden ist[156].

Es kann aber auch die Verweigerung einer erforderlichen Gremienzustimmung als sachlicher Grund herangezogen werden, um das ursprüngli-

---

151 BVerfG, B.v. 28.11.2011, 2 BvR 1181/11, NVwZ 2012, 366, juris Rn. 22.
152 BVerwG, U.v. 26.1.2012, 2 A 7/09, BVerwGE 141, 361, juris Rn. 27.
153 BVerwG, U.v. 3.12.2014, 2 A 3/13, BVerwGE 151, 14, juris Rn. 19.
154 BVerwG, U.v. 29.11.2012, 2 C 6/11, BVerwGE 145, 185, juris Rn. 20.
155 BVerwG, U.v. 29.11.2012, 2 C 6/11, BVerwGE 145, 185, juris Rn. 16.
156 BVerwG, U.v. 3.12.2014, 2 A 3/13, BVerwGE 151, 14, juris Rn. 26; U.v. 29.11.2012, 2 C 6/11, BVerwGE 145, 185, juris Rn. 16; B.v. 5.11.2012, 2 VR 1/12, juris Rn. 19.

che Auswahlverfahren abzubrechen und ein neues Besetzungsverfahren zu beginnen[157].

Die Gründe für den Abbruch müssen ausreichend schriftlich dokumentiert sein, soweit sie nicht offensichtlich sind („sich evident aus dem Vorgang ergeben“[158]). Sie müssen sowohl die Bewerber des abgebrochenen Verfahrens wie auch das Gericht, das die Entscheidung überprüft, in die Lage versetzen, die Gründe für den Abbruch nachzuvollziehen[159].

Die Bewerber des abgebrochenen Verfahrens müssen hierüber rechtzeitig und in geeigneter Form unterrichtet werden[160]. Das kann durch eine allgemeine Erklärung, etwa in Form einer Bekanntmachung, oder durch individuelle Mitteilung an alle Bewerber erfolgen[161].

Das Bundesverwaltungsgericht sieht als Rechtsschutzmöglichkeit einen Antrag nach § 123 VwGO für jeden Bewerber des abgebrochenen Auswahlverfahrens an. Das sei die einzig dem Rechtsschutzinteresse des Bewerbers entsprechende Rechtsschutzmöglichkeit. Denn ein Hauptsacheverfahren könne die Verpflichtung des Dienstherrn zu einer zeitnahen Fortführung des Auswahlverfahrens nicht leisten. Aus strukturellen Gründen sei daher die sofortige Verpflichtung des Dienstherrn zum Fortführen des Auswahlverfahrens nur im Wege des Eilrechtsschutzes möglich und ein entsprechender Anordnungsgrund gegeben[162].

Allerdings wird dem Bewerber in einem solchen Fall auferlegt, dass er innerhalb eines Monats nach Zugang der Mitteilung über den Abbruch einen entsprechenden Antrag nach § 123 VwGO stellt. Das wird aus dem Beamtenverhältnis als besonderen Dienst- und Treueverhältnis abgeleitet. Der Dienstherr darf nach Ablauf der Monatsfrist darauf vertrauen, dass der Bewerber des abgebrochenen Besetzungsverfahrens diese Maßnahme nicht mehr angreift. Nach Ablauf dieser Monatsfrist ist diese Rechtsschutzmöglichkeit verwirkt[163].

Macht ein Bewerber einen Antrag auf Gewährung vorläufigen Rechtsschutzes nach § 123 VwGO geltend, so ist die Situation vor allem für

157 Verweigerung der Zustimmung des Präsidialrats bei der Besetzung der Stelle eines Gerichtspräsidenten: VG München, B.v. 20.12.2019, M 5 E 19.2951, juris Rn. 31; OVG MV, B.v. 9.11.2011, 2 M 163/11, juris Rn. 12.

158 BVerwG, U.v. 26.1.2012, 2 A 7/09, BVerwGE 141, 361, juris Rn. 29.

159 BVerfG, B.v. 28.11.2011, 2 BvR 1181/11, NVwZ 2012, 366, juris Rn. 23; BVerwG, U.v. 26.1.2012, 2 A 7/09, BVerwGE 141, 361, juris Rn. 29.

160 BVerwG, U.v. 3.12.2014, 2 A 3/13, BVerwGE 151, 14, juris Rn. 19.

161 BVerwG, U.v. 26.1.2012, 2 A 7/09, BVerwGE 141, 361, juris Rn. 28.

162 BVerwG, U.v. 3.12.2014, 2 A 3/13, BVerwGE 151, 14, juris Rn. 22.

163 BVerwG, U.v. 3.12.2014, 2 A 3/13, BVerwGE 151, 14, juris Rn. 24.

den Dienstherrn schwierig. Denn die Personalverwaltung will eine Stelle besetzen und hierfür ein neues Auswahlverfahren einleiten. Dabei wird durch den Antragsteller die Zulässigkeit des neuen Verfahrens bestritten. Die Zeit, die ein neues Besetzungsverfahren benötigt, wird also zusätzlich um die gerichtliche Überprüfung verlängert, ob dieses neue Verfahren überhaupt zulässig ist. In einem solchen Verfahren des vorläufigen Rechtsschutzes ist keine Beiladung erforderlich[164], denn es gibt keinen ausgewählten Bewerber, dessen Rechtsposition durch den Abbruch betroffen wäre.

VI. Materielle Grundsätze der Auswahlentscheidung

Die verwaltungsgerichtliche Rechtsprechung hat ein Grundschema entwickelt, nach dem eine am Leistungsprinzip ausgerichtete Bewerberauswahl abzulaufen hat:

- Zunächst müssen die Bewerber die für den Dienstposten erforderlichen zwingenden Voraussetzungen erfüllen. Hierzu zählen die normativ aufgestellten Voraussetzungen, insb. die Erfüllung bestimmter Qualifikationsvoraussetzungen für eine Laufbahn. Der Dienstherr kann im Rahmen seines Organisationsermessens weitere Eignungsvoraussetzungen bestimmen, welche die Bewerber erfüllen müssen (Anforderungsprofil, z.B. besondere Fachkenntnisse für spezielle Dienstposten).
- Zwischen allen Bewerbern, die das zwingend festgelegte Anforderungsprofil erfüllen, hat ein Leistungsvergleich zu erfolgen. Dieser erfolgt auf der Grundlage aktueller, hinreichend differenzierter und auf gleichen Bewertungsmaßstäben beruhenden dienstlichen Beurteilungen. Zunächst erfolgt der Leistungsvergleich anhand des Endurteils der Beurteilung. Bei gleichem Gesamturteil müssen die dienstlichen Beurteilungen in den einzelnen Leistungskriterien ausgewertet und verglichen werden. Dem Dienstherrn steht hierbei ein Beurteilungsspielraum zu. So darf er einem Bewerber, der nicht das beste Gesamturteil aller Bewerber hat, den Vorzug geben, wenn dieser die spezifischen Anforderungen des Dienstpostens voraussichtlich am besten erfüllen wird.

164 Es ist gerade kein Bewerber ausgewählt worden, dessen Rechtsposition durch einen Antrag nach § 123 VwGO eines anderen Bewerbers betroffen würde.

Entscheidend ist, dass der Leistungsvergleich anhand aktueller dienstlicher Beurteilungen erfolgt[165].

- Weitere Erkenntnismittel können nur ergänzend, also nach Ausschöpfung der dienstlichen Beurteilungen zum Leistungsvergleich herangezogen werden. Vorstellungs- und Auswahlgespräche oder auch Assessment-Center können ergänzend zur Auswertung der dienstlichen Beurteilungen herangezogen werden. Art. 33 Abs. 2 GG verbietet nicht grundsätzlich, solche prüfungsähnliche Instrumente für einen Leistungsvergleich heranzuziehen. Diese müssen aber hinreichend dokumentiert und einer gerichtlichen Nachprüfung zugänglich sein[166]. Hier ist der Gedanke zu berücksichtigen, dass prüfungsähnliche Methoden nur ein punktuelles Bild zeichnen, während eine periodische dienstliche Beurteilung die dienstliche Leistungsfähigkeit über den gesamten Beurteilungszeitraum abbildet[167]. Bei einem Leistungsgleichstand nach Auswertung der Beurteilungen darf die Personalverwaltung zur Leistungsdifferenzierung auch auf die dienstliche Erfahrung, die Verwendungsbreite und die Leistungsentwicklung durch Vergleich mit früheren dienstlichen Beurteilungen abstellen[168].

Die Auswahlerwägungen müssen schriftlich festgehalten werden. Das folgt aus der verfahrenssichernden Funktion des grundrechtsgleichen Rechts aus Art. 33 Abs. 2 GG auf rechtsfehlerfreie Auswahl nach dem Leistungsprinzip. Ein unterlegener Bewerber muss anhand dieser Auswahlerwägungen, die in der Regel in Form eines Auswahlvermerks festgehalten sind, prüfen und entscheiden, ob er gegen die Auswahlentscheidung vorläufigen Rechtsschutz in Anspruch nehmen will oder er die Entscheidung akzeptiert. Diese formale Anforderung sichert damit auch den gerichtlichen

---

165 Grundsätzlich und ausführlich hierzu: BayVGH, B.v. 17.5.2013, 3 CE 12.2469, BayVBl 2014, 84, juris Rn. 30 ff. mit zahlreichen Nachweisen aus Rechtsprechung und Literatur; BVerwG, B.v. 22.11.2012, 2 VR 5.12, BVerwGE 145, 112, juris Rn. 25 f.

166 BVerfG, B.v. 11.5.2011, 2 BvR 764/11, NVwZ 2011, 1191, juris Rn. 12; BayVGH, B.v. 17.5.2013, 3 CE 12.2469, BayVBl 2014, 84, juris Rn. 39 ff.

167 BayVGH, B.v. 17.5.2013, 3 CE 12.2469, BayVBl 2014, 84, juris Rn. 39.

168 BVerwG, B.v. 22.11.2012, 2 VR 5.12, BVerwGE 145, 112, juris Rn. 25; B.v. 17.5.2013, 3 CE 12.2469, BayVBl 2014, 84, juris Rn. 33.

Rechtsschutz[169]. Die Auswahlerwägungen dürfen im gerichtlichen Eilverfahren nur ergänzt, nicht aber ersetzt oder gar erst nachgeholt werden[170].

169 BVerfG, B.v. 25.11.2015, 2 BvR 1461/15, NJW 2016, 309, juris Rn. 14; BVerwG, B.v. 20.11.2012, 1 WB 4/12, BVerwGE 145, 102, juris Rn. 30; U.v. 13.12.2018, 2 A 5/18, BVerwGE 164, 84, juris Rn. 45; OVG NW, B.v. 13.1.2020, 1 B 798/19, juris Rn. 8 ff.; OVG Berlin-Brandenburg, B.v. 24.4.2020, OVG 4 S 63.19, juris Rn. 3; BayVGH, B.v. 8.2.2018, 3 CE 17.2304, juris Rn. 4; BayVGH, B.v. 15.6.2010, 3 CE 10.725, juris Rn. 18; VGH BW, B.v.9.2.2016, 4 S 2578/15, NVwZ-RR 2017, 49, juris Rn. 6.

170 BVerfG, B.v. 23.6.2015, 2 BvR 161/15, NVwZ 2016, 59, juris Rn. 39; BVerwG, B.v. 20.8.2003, 1 WB 23/03, RiA 2004, 35, juris Rn. 6; BayVGH, B.v. 25.1.2016, 3 CE 15.2012, juris Rn. 30; B.v. 21.11.2007, 3 CE 07.2274, juris Rn. 51; OVG RhPf, B.v. 23.12.2013, 2 B 11209/13, DÖD 2014, 97, juris Rn. 4 f.; siehe E IV 2.

C. Vorbeugender Rechtsschutz als Form des effektiven Rechtsschutzes im beamtenrechtlichen Konkurrentenstreitverfahren um die Besetzung höherwertiger Ämter

I. Entwicklung der Rechtsprechung

Im Rahmen der vorliegenden Untersuchung reicht ein Abriss der Entwicklung der Rechtsprechung für das Verständnis der Problematik aus.

Zunächst war die Rechtsprechung der Auffassung, dass die Übertragung eines höherwertigen Dienstpostens[171] eine innerbehördliche Organisationsmaßnahme ohne Außenwirkung darstelle. Diese könnte jederzeit rückgängig gemacht werden. Der für einen Antrag nach § 123 VwGO auf Gewährung vorläufigen Rechtsschutz erforderliche Anordnungsgrund war nach dieser Ansicht nicht gegeben: Da der betroffene Beamte durch die Vergabe des höherwertigen Dienstpostens keinen Rechtsverlust erlitt, war eine eilige Entscheidung des Gerichts nicht erforderlich[172].

Einzelne Obergerichte sahen jedoch bereits frühzeitig einen Anordnungsgrund dann gegeben, wenn der Dienstherr den strittigen Dienstposten alsbald mit dem von ihm ausgewählten Beamten besetzen will. Denn mit der Ernennung wäre das Verfahren abgeschlossen, die Bewerbung wäre mit diesem Verfahrensabschluss gegenstandslos geworden[173].

---

171 Die Rechtsprechung war zunächst der Ansicht, dass die Ämtervergabe allein öffentliche Belange berühre und die betroffenen Beamten dadurch nur mittelbar betroffen seien, vgl. BVerwG, U.v. 30.8.1962, II C 16.60, BVerwGE 15, 3, juris Rn. 41 f. Erst später entwickelte sich langsam die Erkenntnis, dass die Beförderungsentscheidung auch die subjektive Rechtsstellung des einzelnen Beamten betreffe, vgl. BVerwG, U.v. 17.9.1964, II C 121.62, BVerwGE 19, 252, juris Rn. 15, siehe auch Kenntner, ZBR 2016, 181/185.

172 so noch OVG Saarland, B.v. 10.4.1989, 1 W 7/89, ZBR 1990, 27, juris Rn. 12, 14 – dort wird auch das Rechtsschutzbedürfnis verneint; weitere Nachweise bei: Külpmann in: Finkelnburg/Dombert/Külpmann, § 61 Rn. 1365; Finkelnburg/Jank, § 58 Rn. 1158.

173 HessVGH, B.v. 18.2.1985, 1 TG 252/85, NJW 1985, 1103, juris Rn. 4; B.v. 27.3.1986, 1 TG 678/86, ZBR 1986, 205, juris Rn. 47; in diese Richtung bereits: HessVGH, B.v. 6.10.1981, I TG 23/81, NVwZ 1982, 639.

Bereits in seinem Urteil vom 25. August 1988[174] hat das Bundesverwaltungsgericht die nunmehr ständig praktizierte Konzeption des beamtenrechtlichen Rechtsschutzes in Konkurrentenstreitverfahren dargelegt: Gegen die Negativmitteilung kann der betroffene Beamte mit einer Klage auf Neubescheidung vorgehen. Im Verwaltungsstreitverfahren wird die diesem Verwaltungsakt zugrundeliegende Auswahlentscheidung überprüft. Der Beamte kann auch durch Inanspruchnahme vorläufigen Rechtsschutzes zu verhindern suchen, dass durch die Ernennung eines anderen Bewerbers vollendete Tatsachen geschaffen werden. Jedoch hat das Bundesgericht die in ständiger Rechtsprechung vertretene Ansicht bekräftigt, dass „wegen der bereits vollzogenen Ernennung des Anderen seiner Bewerbung nicht mehr entsprochen werden kann. Der Verwaltungsakt, mit dem die Bewerbung eines nicht berücksichtigten Beamten abschlägig beschieden wird, "erledigt" sich“[175]. Die hiergegen erhobene Verfassungsbeschwerde hat das Bundesverfassungsgericht nicht zur Entscheidung angenommen. Der Umstand, dass der unterlegene Bewerber mit der Ernennung des ausgewählten Konkurrenten keine Klagemöglichkeit mehr gegen die Besetzung der Stelle habe, schränke den Rechtsschutz des Unterlegenen nicht in unzumutbarer Weise ein. Denn durch die Inanspruchnahme vorläufigen Rechtsschutzes könne die Schaffung vollendeter Tatsachen verhindert werden[176]. Das Bundesverwaltungsgericht nahm einen Antrag nach § 123 VwGO als statthaftes Mittel zur Sicherung des Bewerbungsverfahrensanspruchs im Rahmen des vorläufigen Rechtsschutzes an[177]. Dieser Rechtsprechung haben sich das Bundesarbeitsgericht[178] (für den Bereich des öffentlichen Dienstes) und der Bundesgerichtshof[179] (für die Vergabe von Notarstellen) angeschlossen. Damit rückte die Auswahlentscheidung als maßgeblicher Punkt für die Anknüpfung des Rechtsschutzes in den Blickpunkt[180].

---

174 BVerwG, U.v. 25.8.1988, 2 C 62/85, BVerwGE 80, 127, juris Rn. 20.

175 so wörtlich: BVerwG, U.v. 25.8.1988, 2 C 65/85, BVerwGE 80, 127, juris Rn. 22; ebenso: BVerwG, U.v. 9.3.1989, 2 C 4/87, ZBR 1990, 79, juris Rn. 18 f.; Schübel-Pfister in: Eyermann, VwGO, § 113 Rn. 106; siehe auch B II 1, 2.

176 BVerfG, B.v. 19.9.1989, 2 BvR 1576/88, NJW 1990, 501.

177 BVerwG, B.v. 10.11.1993, ER 310/93, DVBl 1994, 118, juris Rn. 10.

178 BAG, U.v. 11.8.1998, 9 AZR 155/97, BAGE 89, 300, juris Rn. 10; U.v. 2.12.1997, 9 AZR 445/96, BAGE 87, 165, juris Rn. 23 ff.; U.v. 2.12.1997, 9 AZR 668/96, BAGE 87, 171, juris Rn. 41 ff.

179 BGH, U.v. 6.4.1995, III ZR 183/94, BGHZ 129, 226, juris Rn. 11.

180 siehe B IV 1.

Die Instanzgerichte nahmen darauf einen im Wege einer einstweiligen Anordnung sicherungsfähigen Anspruch auf eine ermessensfehlerfreie Auswahlentscheidung nach Art. 33 Abs. 2 GG an[181].

Das Bundesverfassungsgericht hat mit seiner weiteren Entscheidung vom 24. September 2002[182] seine Rechtsprechung dahin fortentwickelt, dass der Anspruch auf eine ermessens- und beurteilungsfehlerfreie Entscheidung über die Bewerbung eines Beamten (Bewerbungsverfahrensanspruch) nur vor einer Ernennung des ausgewählten Konkurrenten zu sichern ist. Wird die umstrittene Stelle besetzt, so ist kein Rechtsschutz – weder im vorläufigen Rechtsschutzverfahren noch in der Hauptsache – mehr möglich. Da es nicht Aufgabe der Gerichte ist festzustellen, dass ein unterlegener Beamter an Stelle des vom Dienstherrn ausgewählten Beamten hätte ausgewählt werden müssen, sondern der Anspruch auf fehlerfreie Entscheidung über die Bewerbung den Streitgegenstand darstellt, muss es ausreichen, dass der unterlegene Beamte im Verfahren des vorläufigen Rechtsschutzes glaubhaft macht, dass seine Auswahl in einem erneuten Verfahren möglich erscheint[183]. Um einen effektiven Schutz des grundrechtsgleichen Rechts nach Art. 33 Abs. 2 GG zu gewährleisten, muss im Verfahren nach § 123 VwGO erforderlichenfalls unter eingehender tatsächlicher und rechtlicher Prüfung des im Hauptverfahren geltend gemachten Anspruchs die Auswahlentscheidung bereits auf dieser Ebene überprüft werden[184]. Aufgrund der fehlenden Möglichkeit der Rückgängigmachung der Ernennung eines ausgewählten Konkurrenten könnten vollendete Tatsachen geschaffen werden, die zu einem irreparablen Rechtsverlust des erfolglosen Konkurrenten führen würden. Das Bundesverfassungsgericht hat aus diesen Erwägungen auch den Erlass einer einstweiligen Anordnung im Verfassungsbeschwerdeverfahren (§ 32 BVerfGG) für gerechtfertigt gehalten[185].

---

181 OVG NW, B.v. 8.12.1999, 12 B 1255/99, RiA 2001, 152, juris Rn. 2; OVG Schleswig-Holstein, B.v. 27.9.1995, 3 M 67/95, juris Rn. 12; NdsOVG, B.v. 10.10.1996, 2 M 4675/96, juris Rn. 10; OVG LSA, B.v. 30.9.1997, B 3 S 198/96, ZBR 2000, 62, juris Rn. 52; ThürOVG, B.v. 15.12.1998, 2 EO 319/98, juris Rn. 32; BayVGH, B.v. 14.3.2005, 15 CE 04.2310, juris Rn. 14; OVG Berlin-Brandenburg, B.v. 29.3.2007, juris Rn. 6; OVG 4 S 16.06, juris Rn. OVG RhPf, B.v. 28.9.2007, 2 B 10825/07, juris Rn. 2.

182 BVerfG, B.v. 24.9.2002, 2 BvR 857/02, NVwZ 2003, 200, juris 9 ff.; ebenso: BVerfG, B.v. 29.7.2003, 2 BvR 311/03, NVwZ 2004, 95, juris Rn. 11.

183 BVerfG, B.v. 24.9.2002, 2 BvR 857/02, NVwZ 2003, 200, juris 13; ebenso: BVerfG, B.v. 2.10.2007, 2 BvR 2457/04, ZBR 2008, 164, juris Rn. 21.

184 BVerfG, B.v. 24.9.2002, 2 BvR 857/02, NVwZ 2003, 200, juris 10.

185 BVerfG, B.v 7.2.2007, 2 BvQ 62/06, BayVBl 2007, 368, juris Rn. 9 f.

Das Bundesverwaltungsgericht hat diese Rechtsprechungslinie weiter bekräftigt und übernommen. Der in einem Auswahlverfahren unterlegene Beamte kann seinen Anspruch auf ermessens- und beurteilungsfehlerfreie Entscheidung über seine Bewerbung wirksam mit einem Antrag auf Gewährung vorläufigen Rechtsschutzes nach § 123 VwGO sichern. Dessen Ziel ist es, die Stelle bis zu einer abschließenden Entscheidung über den geltend gemachten Bewerbungsverfahrensanspruch freizuhalten. Damit wird verhindert, dass durch die Ernennung des ausgewählten Konkurrenten vollendete Tatsachen geschaffen werden. Das erfordert eine wirksame Kontrolle, die eine eingehende tatsächliche und rechtliche Prüfung des Bewerbungsverfahrensanspruchs ermöglicht. Im Verfahren über den Antrag auf Erlass einer einstweiligen Anordnung ist derselbe Prüfungsmaßstab wie im Hauptsacheverfahren anzulegen[186]. Das Gebot effektiven Rechtsschutzes erfordert die Möglichkeit einer vollständigen rechtlichen und tatsächlichen Nachprüfung durch ein Gericht mit dem Ziel, die drohenden Rechtsverletzungen abzuwenden und geschehene Rechtsverletzungen wirksam zu beheben. Nur wenn tatsächliche Umstände oder zwingende Gründe des allgemeinen Wohls der Beseitigung des angegriffenen Verwaltungsakts entgegenstehen, kann höchst ausnahmsweise die Feststellung der Rechtswidrigkeit des angegriffenen Verwaltungsakts oder die Verweisung auf Schadensersatz genügen[187].

Das Bundesverfassungsgericht hat die Rechtsschutzposition der im Stellenbesetzungsverfahren nicht erfolgreichen Bewerber ausgebaut: Die Sicherung des Art. 33 Abs. 2 GG der unterlegenen Konkurrenten hat durch ein entsprechendes Verfahren zu erfolgen. Den nicht erfolgreichen Konkurrenten ist vor der Ernennung des erfolgreichen Konkurrenten Kenntnis vom Auswahlergebnis zu geben. Zusätzlich muss vor dessen Ernennung ein angemessener Zeitraum abgewartet werden, um den erfolglosen Bewerbern die Möglichkeit der Inanspruchnahme von vorläufigem Rechtsschutz sowie Verfassungsbeschwerde zu geben[188]. Das Verfassungsgericht hat ein Rechtsschutzbedürfnis für eine Verfassungsbeschwerde auch in dem Fall angenommen, dass der ausgewählte Konkurrent während des Verfahrens der Verfassungsbeschwerde ernannt wurde. Da die verfassungswidrige Beeinträchtigung fortwirkte, erforderte die Gewährung effekti-

---

186 BVerwG, U.v. 21.8.2003, 2 C 14/02, BVerwGE 118, 370, juris Rn. 16; BVerfG, B.v. 24.9.2002, 2 BvR 857/02, NVwZ 2003, 200, juris 10.

187 BVerwG, U.v. 21.8.2003, 2 C 14/02, BVerwGE 118, 370, juris Rn. 17.

188 BVerfG, B.v. 9.7.2007, 2 BvR 206/07, NVwZ 2007, 1178, juris Rn. 17 f.; BVerfG, B.v. 2.10.2007, 2 BvR 2457/04, NVwZ 2008, 194, juris Rn. 10 ff.

ven Rechtsschutzes die Weiterverfolgung der behaupteten Verletzung im grundrechtsgleichen Recht aus Art. 33 Abs. 2 GG[189].

In seiner Entscheidung vom 4. November 2010 präzisierte das Bundesverwaltungsgericht seine Rechtsprechung und erweiterte sie für den Fall der Rechtsschutzvereitelung. Es stellte jedoch ausdrücklich heraus, dass die Ernennung ausnahmsweise dann angefochten werden kann, wenn der Dienstherr die Inanspruchnahme vorläufigen Rechtsschutzes vereitelt[190]. Das kann etwa der Fall sein, wenn die nicht ausgewählten Bewerber nicht über den Ausgang ihrer Bewerbung informiert worden sind, auch wenn vor der Aushändigung der Ernennungsurkunde nicht die in der Rechtsprechung aufgestellten Fristen abgewartet wurden, oder wenn der Dienstherr den ausgewählten Bewerber ernennt, obwohl ihm das durch gerichtliche oder verfassungsgerichtliche Entscheidung untersagt ist[191]. Denn diese Konstellation rechtfertigt eine Ausnahme vom Postulat der Ämterstabilität[192]. Das Bundesverwaltungsgericht hat zuletzt in seinem Urteil vom 13. Dezember 2018 betont, dass es an dieser Rechtsprechung ausdrücklich festhält[193].

Zur Sicherung des Bewerbungsverfahrensanspruchs hat sich seither eine gefestigte und äußerst ausdifferenzierte Rechtsprechung der Verwaltungsgerichte entwickelt.

---

189 BVerfG, B.v. 9.7.2007, 2 BvR 206/07, NVwZ 2007, 1178, juris Rn. 13.

190 Eine mögliche Anfechtung der Ernennung des ausgewählten Bewerbers durch den im Besetzungsverfahren unterlegenen Bewerber wurde vom Bundesverwaltungsgericht bereits im Urteil vom 13.9.2001, 2 C 39.00, BVerwGE 115, 89, juris Rn. 14 angedeutet. Denn es sei schwer mit Gebot der Gewährung effektiven Rechtsschutzes vereinbar, wenn der Anspruch auf Auswahl eines nicht ausgewählten Konkurrenten durch den Vollzug einer u.U. rechtswidrigen Auswahlentscheidung untergehen würde. In seinem Urteil vom 21.8.2003, 2 C 14/02, BVerwGE 118, 370, juris Rn. 16 hat das Gericht allerdings konstatiert, dass diese Bedenken entkräftet seien. Denn das Bundesverfassungsgericht habe in seinem Beschluss vom 24.9.2002, 2 BvR 857/02, NVwZ 2003, 200, juris Rn. 13 ff. gefordert, dass es für den Erfolg des Antrags nach § 123 VwGO des nicht ausgewählten Bewerbers ausreiche, dass dessen Auswahl in einem neuen Auswahlverfahren nicht auszuschließen sei.

191 Siehe hierzu auch B IV 5.

192 BVerwG, U.v. 4.11.2010, 2 C 16/09, BVerwGE 138, 102, juris Rn. 36.

193 BVerwG, U.v. 13.12.2018, 2 A 5/18, BVerwGE 164, 84, juris Rn. 27 ff.

II. Entwicklung der Literatur

Die Literatur hat sich mit dem Themenkomplex der Gewährleistung effektiven Rechtsschutzes gegen Besetzungsentscheidungen im Beamtenrecht und damit zusammenhängend der Konkurrentenklage im Beamtenrecht umfangreich auseinandergesetzt. Dabei sind verschiedene zeitliche Phasen zu beobachten[194].

1. Erste Phase bis Anfang der 90er Jahre

Die erste Phase[195] wurde wohl mit dem Aufsatz von Solte[196] eingeleitet und war Anfang der 90er Jahre beendet. Anlass für die Diskussion gab die Entscheidung des Bundesverwaltungsgerichts vom 25. August 1988[197]. Dabei haben sich zwei unterschiedliche Ansätze herausgebildet.

Eine Linie in der Literatur hat der Entwicklung der Rechtsprechung zur Sicherung des Bewerbungsverfahrensanspruchs im Wege des vorläufigen Rechtsschutzes zugestimmt und die Auswahlentscheidung als Ausgangspunkt für die Gewährung von Rechtsschutz angesehen [198][199]. Schon in einer frühen Phase der Diskussion hat sich Günther[200] für Rechtsschutz nach § 123 VwGO ausgesprochen. Auch Schnellenbach[201] und ebenso Bracher[202] waren frühe Vertreter dieser Linie. Schmidt-Preuß[203] hat die

194 so auch: Tegethoff, ZBR 2004, 341.

195 Auflistung der Literatur bei Weiß, ZBR 1989, 273 Fn. 1; Ronellenfitsch, VerwArch 82, 121/123 Fn. 9.

196 Solte, ZBR 1972, 109.

197 2 C 65/85, BVerwGE 80, 127, juris Rn. 20; folgend: BVerfG, B.v. 19.9.1989, 2 BvR 1576/88, NJW 1990, 501.

198 Da diese Literaturlinie die Auswahlentscheidung als Ansatz für die effektive Rechtsschutzgewährung ansieht, folgt sie im Grundsatz dem Ausgangspunkt der Rechtsprechung. Sie unterstützt daher die Meinung der Rechtsprechung und sollte daher nicht als vermittelnde Ansicht – so Schoch, Vorläufiger Rechtsschutz, § 19 A II. 2 b, S. 685 – bezeichnet werden.

199 Ausführlich: Wittkowski, NJW 1993, 817/818; Wörz, ZBR 1988, 16/19.

200 Günther, DÖD 1984, 161/165; ders., NVwZ 1986, 697/699 ff.; ders., DÖD 1984, 161 ff. ; ders., ZBR 1990, 284/290 ff. – die strittige Dienstpostenvergabe stelle einen Realakt dar.

201 Schnellenbach, NJW 1989, 2227/2233; ders., DÖD 1990, 153/156; ders., NVwZ 1990, 637 f.

202 Bracher, ZBR 1989, 139/141 ff. – zur Abgrenzung von § 80 Abs. 5 VwGO und § 123 VwGO.

203 Schmidt-Preuß, C VIII 5 a, b, S. 473 ff.

Rechtsbeständigkeit der Ernennung unterstrichen, betont aber die Erforderlichkeit und Effektivität des Eilrechtsschutzes zur Überprüfung der Auswahlentscheidung vor der Ernennung.

Die andere – überwiegend vertretene – Linie in der Literatur sprach sich dagegen für eine Konkurrentenklage im Beamtenrecht aus, die die Ernennung des ausgewählten Beamten zum Gegenstand hat. Sie favorisiert nachgelagerten[204] Rechtsschutz bei beamtenrechtlichen Konkurrentenstreitigkeiten.

Hierzu hat Schoch[205] eine detaillierte Begründung gegeben, die repräsentativ für zahlreiche Stimmen in der älteren Literatur[206] steht[207]. Er sieht einen Widerspruch darin, dass der nach der herrschenden Rechtsprechung grundsätzlich nicht existierende Anspruch auf Ernennung im Wege der einstweiligen Anordnung gesichert werden können soll. Als Hauptargument verweist er darauf, dass die Ämterstabilität eine Überprüfung der Ernennung nicht ausschließe. Die beamtenrechtlich normierten Rücknahmetatbestände stünden einer Überprüfung und Aufhebung der unter Verletzung von Art. 33 Abs. 3 GG erfolgten Ernennung nicht entgegen. Denn den Gerichten komme die Kompetenz zur Überprüfung der Ernennung zu, die von der Rücknahme der Ernennung zu unterscheiden sei. Die Klage gegen die Ernennung entfalte aufschiebende Wirkung (§ 80 Abs. 1 Satz VwGO), der durch Anordnung des Sofortvollzugs entgegen gewirkt werden könnte[208]. Die Konzeption der Rechtsprechung, dem unterlegenen Bewerber Rechtsschutz durch einen Antrag auf Erlass einer einstweiligen Anordnung zu gewähren, hält er für widersprüchlich, systemwidrig – als „vorläufigen Rechtsschutz im vorbeugenden Rechtsschutz"[209]. Die Vorverlagerung des Rechtsschutzes durch die Auswahlentscheidung sieht er nur als Lösung „de lege ferenda", die selbst vielschichtige Rechtsprobleme aufwerfe[210].

---

204 im Sinn von: nach der Ernennung des ausgewählten Beamten erfolgend.

205 Schoch, Vorläufiger Rechtsschutz, § 19 A II 2 b, S. 685.

206 Hervorzuheben ist aus der Literatur die frühe und systematisch sehr klare Darstellung durch von Mutius, VerwArch 1978, 103/109 ff.; Solte, NJW 1980, 1027/1032 ff.

207 siehe zahlreiche Nachweise: Schoch, Vorläufiger Rechtsschutz, § 19 A II. 2 b, S. 685, Fn. 55.

208 Schoch, Vorläufiger Rechtsschutz, § 19 A II 2 c aa, S. 690 ff./694.

209 Schoch, Vorläufiger Rechtsschutz, § 19 A II 2 c bb, S. 695 ff./697.

210 Schoch, Vorläufiger Rechtsschutz, § 19 A II 2 c cc, S. 698 f.

2. Zweite Phase Anfang der 2000er

Eine zweite Phase der intensiveren Beschäftigung der Literatur mit dem Thema effektiver Rechtsschutz im beamtenrechtlichen Konkurrentenstreit begann im Jahr 2002 und hatte als Ansatz die Entscheidung des Bundesverwaltungsgerichts vom 13. September 2001, in der das Gericht die Effektivität des praktizierten Rechtsschutzsystems als „gedanklichen Prüfstein“ angedeutet hat[211].

In dieser Diskussion wurden die bekannten Argumente benannt und die entsprechenden Positionen untermauert[212]. Insbesondere W.–R. Schenke[213] hat seine Ansicht ausführlich begründet, warum nicht an der Ämterstabilität festzuhalten sei. Andererseits ist Özfirat-Skubinn[214] zu erwähnen, die unterstrichen hat, dass die von der Rechtsprechung entwickelte Rechtsschutzform der Inanspruchnahme vorläufigen Rechtsschutzes nach § 123 VwGO durch den unterlegenen Bewerber im Stellenbesetzungsverfahren als qualitativ gleichwertiges, wirksames Surrogat an die Stelle einer ex-post Korrektur tritt[215].

3. Dritte Phase ab 2010

Eine dritte Phase der wissenschaftlichen Diskussion zur beamtenrechtlichen Konkurrentenklage lässt sich nach der Entscheidung des Bundesverwaltungsgerichts vom 4. November 2010[216][217] feststellen. Die von der Rechtsprechung zugelassene Durchbrechung der Ämterstabilität im Fall

---

211 BVerwG, U.v. 13.9.2001, 2 C 39.00, BVerwGE 115, 89, juris Rn. 14.

212 pro Konkurrentenklage: Battis, NJW 2002, 1985; Tegethoff, ZBR 2004, 341/343 ff. m.w.N.; contra Konkurrentenklage: Schnellenbach, ZBR 2002, 180; ders., ZBR 2007, 195/196 – für Ämterstabilität; ebenso: Wernsmann, DVBl 2005, 276/281 ff.; Schmidt-Preuß, NVwZ 2005, 489/491 – der insbesondere auf die rechtssichernde Funktion des Verfahrens hinweist.

213 Schenke, FS Schnapp, 655/677 ff.

214 Özfirat-Skubinn, 2. Teil, 3. Kapitel, S. 194 ff./ 222.

215 so wörtlich: Özfirat-Skubinn, 2. Teil, 3. Kapitel, § 2, E, S. 222.

216 2 C 16/09, BVerwGE 138, 102, juris Rn. 36.

217 Besprechung dieses Urteils: Herrmann, NJW 2011, 653.

der Rechtsschutzvereitelung[218] hat die Diskussion[219] wieder angefacht[220]. Wollenschläger stimmt dem Prinzip der Ämterstabilität und dem praktizierten Rechtsschutzssystem im Verfahren des vorläufigen Rechtsschutzes grundsätzlich zu[221]. Er schlägt bereits eine ausnahmsweise Anfechtbarkeit der Ernennung bei Rechtsschutzvereitelung[222] vor. Auch Battis[223] begrüßt die Durchbrechung der Ämterstabilität, die er unter dem Blickwinkel personalwirtschaftlicher Argumente für akzeptabel hält.

Dabei sahen sich die Vertreter der Zulässigkeit der gegen die Ernennung gerichteten Konkurrentenklage durch diese Rechtsprechung in ihrer Ansicht unterstützt[224]. Insbesondere W.-R. Schenke[225] lehnt die Vorverlagerung des Rechtsschutzes in das vorläufige Rechtsschutzverfahren ab. Er plädiert für eine Verlagerung des Konkurrentenstreits in das Hauptsacheverfahren durch Zulassung der Anfechtbarkeit der Ernennung des ausgewählten Konkurrenten. Die Rechtsprechung sei einseitig an der Rechtsstellung der im Auswahlverfahren erfolglosen Mitbewerber fixiert[226].

4. Vierte Phase ab 2016

Eine weitere Phase der wissenschaftlichen Diskussion um die beamtenrechtliche Konkurrentenklage wurde mit der Entscheidung des Bundesverwaltungsgerichts vom 10. Mai 2016[227] eingeleitet.

---

218 BVerwG, U.v. 4.11.2010, 2 C 16/09, BVerwGE 138, 102, juris Rn. 36.

219 Unmittelbar vor dem Urteil vom 4.11.2010 ist der umfassende Aufsatz zu dieser Thematik von Laubinger, ZBR 2010, 289/332 zu erwähnen, der die Ämterstabilität ablehnt (S. 293 ff.).

220 Herrmann, NJW 2011, 653/654; für die Konkurrentenklage und die Durchbrechung der Ämterstabilität: Schlottbohm, ZBR 2015, 368/373 ff.; Wieland/Seulen, DÖD 2011, 69/71 f.; a.A. für Ämterstabilität: Munding, DVBl 2011, 1512/1517 ff.; Günther, RiA 2011, 49/54.

221 Wollenschläger, 2. Teil C VI 2, S. 307 ff.

222 Wollenschläger, 2. Teil C V I2 c cc, S. 316 f.

223 Battis, DVBl 2013, 673/676.

224 Schenke, NVwZ 2011, 321 ff.; Battis, NVwZ 2016, 194/196; Schönrock, ZBR 2013, 26/27 f.

225 Schenke, DVBl 2015, 137/138 ff.

226 so wörtlich: Schenke, DVBl 2015, 137/139.

227 2 VR 2/15, BVerwGE 155, 152 ff.

So fand die Ansicht, eine erfolgte Ernennung anfechtbar zu stellen und den Grundsatz der Ämterstabilität aufzugeben, neuen Auftrieb[228]. Andererseits hat etwa Kenntner[229] das praktizierte Verfahren ausführlich verteidigt, die Auswahlentscheidung als Anknüpfungspunkt der Rechtsschutzgewährung im Verfahren des vorläufigen Rechtsschutzes in den Mittelpunkt zu stellen.

5. Aktuelle Literatur

Da für die Praxis die Kommentarliteratur besonders bedeutsam ist, soll der dort vertretene Meinungsstand besonders in den Blick genommen werden.

In der *Kommentarliteratur zum Beamtenrecht* äußert sich Grigoleit[230] skeptisch zur Konzeption der Rechtsprechung, die Rechtsschutz im Rahmen des vorläufigen Rechtsschutzes gewährt. Baßlsperger[231], Eck[232], Hoffmeyer[233], Kathke[234], Lemhöfer[235], Reich[236], Schwarz[237], Voitl[238] und Zängl[239] wiederum stimmen der verwaltungsgerichtlichen Praxis zu[240].

---

228 Bracher, DVBl 2016, 1236/1242 f.; ebenso kritisch zur Ämterstabilität: Bamberger, ZBR 2019, 192/193; Hartung, RiA 2017, 49/51 f.

229 Kenntner, ZBR 2017, 181/183 ff.; ders., RiA 2017149/152 – der allerdings die Auswahlentscheidung als Verwaltungsakt mit Drittwirkung ansieht, sodass bei einer Anfechtung die Auswahlentscheidung deren sofortigen Vollziehung (§ 80 Abs. 2 Nr. 4 VwGO) angeordnet werden müsste; so auch Roetteken, ZBR 2011, 73/78; Bamberger, ZBR 2019, 192/195.

230 Grigoleit in: Battis, BBG, § 22 Rn. 16 ff.; unklar: von Roetteken/Rothländer, § 9 BeamtStG Rn. 77, 671 ff. – der wohl eine Auswahlentscheidung auf der Grundlage von Art. 33 Abs. 2 GG, § 9 BeamtStG ablehnt und vorbeugenden Rechtsschutz hinsichtlich der Vorschriften des AGG annimmt (§ 9 BeamtStG Rn. 681). Das ist jedoch abzulehnen, da diese Ansicht vom Ausgangspunkt her verfehlt ist. Art. 33 Abs. 2 GG gewährt dem Bewerber nach allgemeiner Ansicht ein grundrechtsgleiches Recht – s.o. B I 1.

231 Baßlsperger in: Weiß/Niedermaier/Summer/Zängl, § 54 BeamtStG Rn. 165 ff., 196 ff.

232 Eck in: Schütz/Maiwald, § 54 BeamtStG Rn. 178, Rn. 227 ff.

233 Hoffmeyer in: Hüllmantel/Eck/Hoffmeyer/ Luber/Weißgerber, Art. 17 Rn. 17 ff.

234 Kathke in: Hiebel/Kathke, Art. 16 LlbG Rn. 128 ff.

235 Lemhöfer in: Plog/Wiedow, § 22 BBG, 38a ff., 52 – kritisch zur Verfahrensdauer.

236 Reich, BeamtStG, § 9 Rn. 2 ff.

237 Schwarz in: in BeckOK Beamtenrecht Bund, § 9 BBG Rn. 5.

238 Voitl in: Brinktrine/Voitl, BayBG, Art. 20 Rn. 31 ff.; derselbe in: BeckOK Beamtenrecht Bayern, Art. 20 Rn. 31 ff.

239 Zängl in: GKÖD, L § 9 BBG Rn. 127 ff., 136 ff.

In der *Kommentarliteratur zur VwGO* äußern sich Gärditz[241], R. P. Schenke[242] und Schoch[243] ablehnend gegenüber dem Grundsatz der Ämterstabilität und der verwaltungsgerichtlichen Praxis der Gewährung von Rechtsschutz im Eilverfahren. Buchheister[244], Funke-Kaiser[245], Haase/Huschens[246], Happ[247], Kuhla[248], Redeker[249], Schübel-Pfister[250], Sodan[251] und Wollenschläger[252] stimmen der aktuellen Rechtsprechung zu. Bostedt[253] wiederum plädiert dafür, vorläufigen Rechtsschutz im Vorfeld der Ernennung wie auch im Fall deren Vollzugs über § 80a Abs. 1 und 3 VwGO zu gewähren.

In der *Kommentarliteratur zum GG* folgen Badura[254], Jachmann-Michel und Kaiser[255], Battis[256], Pieper[257], Hense[258] sowie Bickenbach[259] dem von der Rechtsprechung praktizierten Modell des Rechtsschutzes im beamtenrechtlichen Konkurrentenstreit. Höfling[260] lehnt den Grundansatz der Ämterstabilität ab und ist der Ansicht, dass die Ernennung des ausgewählten Bewerbers nicht zur Erledigung der Berücksichtigungsansprüche und eines eventuellen Rechtsstreits in der Hauptsache führe, sondern die Ver-

240 ebenso die Praxishandbücher: Schnellenbach, Konkurrenzen im öffentlichen Dienst, insbesondere dort Kapitel 6, Anhang 3 und 6; Funke-Kaiser in: Quaas/Zuck/Funke-Kaiser, § 4 Rn. 95 ff.

241 Gärditz in: Gärditz, § 42 Rn. 18 f.

242 R. P. Schenke in: Kopp/Schenke, § 42 Rn. 49 f.

243 Schoch in: Schoch/Schneider, § 123 Rn. 41, 42a ff.: „Mythos Ämterstabilität".

244 Buchheister in Wysk, VwGO, § 80a Rn. 3, § 123 Rn. 8.

245 Funke-Kaiser in: Bader/Funke-Kaiser/Stuhlfauth/von Albedyll, § 123 Rn. 9, 61.

246 Haase/Huschens in: Handbuch Verwaltungsverfahren und Verwaltungsprozess, § 123 Rn. 186 f. – allerdings sehr knapp.

247 Happ in: Eyermann, § 123 Rn. 15, 87.

248 Kuhla in: BeckOK VwGO, § 123 Rn. 95i; Kuhla/Hüttenbrink, K Rn. 206 ff.

249 Redeker in: Redeker/von Oertzen, § 123 Rn. 6 – sehr knapp.

250 Schübel-Pfister in: Eyermann, § 113 Rn. 106.

251 Sodan in: Sodan/Ziekow, § 42 Rn. 169 ff., Rn. 174b: Allerdings sei die Anfechtung der Ernennung nur bei Rechtsschutzvereitelung nicht dogmatisch überzeugend zu begründen.

252 Wollenschläger in: Gärditz, § 123 Rn. 216 ff.

253 Bostedt in: Fehling/Kastner/Störmer, VwGO, § 80a Rn. 2; § 123 Rn. 18.

254 Badura in: Maunz/Dürig, Art. 33 Rn. 38.

255 Jachmann-Michel/Kaiser in: von Mangoldt/Klein/Starck, Art. 33 Rn. 23 ff.

256 Battis in: Sachs, Art. 33 Rn. 41 sehr knapp, mit zahlreichen Nachweisen.

257 Pieper in: Schmidt-Bleibtreu/Klein, Art. 33 Rn. 81 ff.

258 Hense in: BeckOK Grundgesetz, Art. 33 Rn. 11.

259 Bickenbach in: von Münch/Kunig, Art. 33 Rn. 53 ff.

260 Höfling in: Bonner Kommentar, Art. 33 Abs. 1 bis 3, Rn. 365 ff.

letzung der Rechte des Mitbewerbers vertiefe. Ebenso lehnt Jarass[261] diese Auffassung der Rechtsprechung ab. Brosius-Gersdorf[262] sieht die Ämterstabilität kritisch und begrüßt die neuere Rechtsprechung des Bundesverwaltungsgerichts zur ausnahmsweisen Anfechtbarkeit der Ernennung bei Rechtsschutzvereitelung ausdrücklich.

In *jüngster Zeit* hat sich Burghardt[263] eingehender mit der Problematik befasst und ablehnend gegen das ständig praktizierte Rechtsschutzmodell geäußert. Auch Hartung[264] und Bamberger[265] stellen die Ämterstabilität in Frage. Weckmann[266] empfiehlt einen „einheitlichen aber teilbaren Auswahlentscheidungsakt", um Konkurrentenklagen in das Hauptsacheverfahren zu verlagern. Demgegenüber unterstreicht Thal[267], dass das in der Rechtsprechung praktizierte Modell der Ämterstabilität eine solide rechtliche Basis hat und insbesondere das Modell des § 123 VwGO ein schlüssiges und rechtsschutzwahrendes Konzept zur Sicherung des Bewerbungsverfahrensanspruchs darstellt. Wiegand[268] stimmt dem Modell der Rechtsprechung ebenfalls zu. Allerdings empfiehlt er eine Verschärfung der Anforderungen an die Erfolgsaussichten in einem neuen Auswahlverfahren in Richtung einer gewissen Erfolgswahrscheinlichkeit[269]. Schnellenbach[270] stimmt der aktuellen Rechtsprechung (diese referierend) zu.

III. Eigene Ansicht: Präventiver Rechtsschutz als effektives Modell zur Sicherung des Bewerbungsverfahrensanspruchs

1. Argumente für die Ämterstabilität

Kernpunkt der Kontroverse um die gebotene Rechtsschutzform für beamtenrechtliche Konkurrentenstreitigkeiten ist die Frage, ob eine erfolgte

261 Jarass in Jarass/Pieroth, GG, Art. 33 Rn. 25.
262 Brosius-Gersdorf in: Dreier, Art. 33 Rn. 135.
263 Burghardt, Kapitel 2, S. 68 ff. und Kapitel 4 III, S. 201 ff.
264 Hartung, RiA 2017, 49/51 f.
265 Bamberger, ZBR 2019, 192/193.
266 Weckmann, Kapitel 4 II 1 b, S. 269 f.; derselbe, ZBR 2020, 118/122.
267 Thal, 4. Teil § 11, II S. 325 ff. – insbesondere zum Rechtsschutz.
268 Wiegand, B V 2 Rn. 95 ff.
269 Wiegand, B V 5 Rn. 115 f.
270 Schnellenbach, Konkurrenzen im öffentlichen Dienst, Kapitel 5 Rn. 35 ff, Kapitel 6 Rn. 6 ff.; Bodanowitz in: Schnellenbach/Bodanowitz, Beamtenrecht, § 3 Rn. 80 ff.

Ernennung des ausgewählten Beamten anfechtbar sein soll oder nach dem Grundsatz der „Ämterstabiliät" eben nicht.

Zwar kann die Ämterstabilität nicht als hergebrachter Grundsatz des Berufsbeamtentums in Deutschland (Art. 33 Abs. 5 GG) benannt werden. Ämtervergaben wurden als lediglich objektiv-rechtlich verstanden, denen eine subjektiv-rechtliche Komponente zugunsten des einzelnen Beamten fehlte. Erstmals Mitte der 60er Jahre wurde der subjektiv-rechtliche Aspekt für den einzelnen Beamten im Beförderungsverfahren festgelegt[271].

Der Grundsatz der Ämterstabilität rechtfertigt sich jedoch mit Blick auf das Interesse der Funktionsfähigkeit der Verwaltung und das Gebot der Rechtssicherheit[272].

Die Auswahl für eine Beförderungsstelle ist dadurch charakterisiert, dass die Entscheidung des Dienstherrn, welcher Beamte der Bestgeeignete ist, als Akt wertender Erkenntnis des für diese Beurteilung zuständigen Organs nur eingeschränkt überprüfbar ist[273]. Wenn die Auswahlentscheidung materiell nur eingeschränkt gerichtlich überprüfbar ist, so bedingt das andererseits, dass der Anspruch auf Überprüfung der Entscheidung über eine Bewerbung jedenfalls in verfahrensrechtlicher Hinsicht effektiv abzusichern ist. Denn nur so kann gewährleistet werden, dass die Rechtsposition des Dienstherrn nicht ein zu großes Übergewicht erhält. Hinzu kommt, dass das wesentliche Element der Auswahlentscheidung – die dienstlichen Beurteilungen der Bewerber – ebenfalls nur einer eingeschränkten gerichtlichen Überprüfung unterliegen. Das gilt ebenso auch für die Bewertung von Auswahlgesprächen. Diese Beurteilungsspielräume werden hier nicht bestritten. Vorliegend geht es um die Frage der Gewährung effektiven Rechtsschutzes gegen beamtenrechtliche Auswahlentscheidungen.

Durch das Zusammenkoppeln dieser Beurteilungsspielräume hat die Personalverwaltung eines Dienstherrn einen großen materiellen Spielraum. Um ein missbräuchliches Ausnutzen dieser sehr starken Position zu verhindern[274], ist ein effektiver Rechtsschutz zwingend erforderlich. Dieser dient dazu, die nur eingeschränkte gerichtliche Überprüfung der Wertungs- und Ermessensspielräume auszugleichen. Gerade wenn Ent-

---

271 BVerwG, U.v. 17.9.1964, II C 121.62, BVerwGE 19, 252, juris Rn. 15; siehe auch C I; Kenntner, ZBR 2016, 181/185

272 Kenntner, ZBR 2016, 181/189; Thal, § 4 IV S. 79 ff.; § 10 S. 291 ff. – zum Vertrauensschutz des ernannten Beamten.

273 BVerwG, U.v. 16.8.2001, 2 A 3/00, BVerwGE 115, 58, juris Rn. 31.

274 zum „Einfallsreichtum mit kreativen Ansätzen" kommunaler Dienstherrn: Kämmerling, ZBR 2016, 224/227 ff.

scheidungsspielräume nicht mehr justiziabel sind, sondern dem Bewertungsspielraum der Verwaltung überlassen bleiben, muss die Gewährung effektiven Rechtsschutzes dafür sorgen, dass der von einer Besetzungsentscheidung nachteilig Betroffene effektiv dafür sorgen kann, dass sein Bewerbungsverfahrensanspruch angesichts der materiellen Spielräume der Personalverwaltungen nicht ins Leere läuft. Dem kann nur dadurch Rechnung getragen werden, wenn eine Möglichkeit besteht, präventiv gegen die Ernennung des von der Personalverwaltung ausgewählten Bewerbers vorzugehen. Die Gewährung effektiven vorläufigen Rechtsschutzes im Konkurrentenstreitverfahren stellt damit eine gewisse Gleichgewichtigkeit zu den dem Dienstherrn eingeräumten vielfachen Beurteilungs- und Ermessensspielräumen bei der Auswahlentscheidung und den hierfür heranzuziehenden Vergleichsmitteln her.

Auch der Umstand, dass eine erfolgte Ernennung unter dem Blickwinkel der Ämterstabilität grundsätzlich nicht mehr rückgängig gemacht werden darf, fordert eine effektive Kontrolle im vorläufigen Rechtsschutz[275].

Würde eine lediglich nachträgliche Überprüfung einer Besetzungsentscheidung durch Anfechtung der Ernennung des ausgewählten Bewerbers als ausreichend angesehen, würde das Übergewicht zugunsten des Dienstherrn weiter verstärkt. Durch eine Verlagerung des Rechtsschutzes in das Hauptsacheverfahren würden sich die Streitverfahren häufig über mehrere Instanzen und damit wohl mehrere Jahre hinziehen. Selbst wenn sich die Auswahl und damit die Ernennung eines Bewerbers als rechtswidrig erweisen würde, würde der Rechtsschutz des unterlegenen Bewerbers tatsächlich weitgehend nutzlos. Denn je länger der ausgewählte und ernannte Bewerber das Amt inne hat, desto mehr verfestigt sich faktisch dessen Position.

Der Anspruch des erfolglosen Bewerbers auf Berücksichtigung bei der Entscheidung über einen Dienstposten wird mit fortschreitender Zeit immer weiter entwertet. Die Bewerbung um eine Stelle folgt aus dem aktuellen Leistungsstand eines Beamten. Je länger sich eine letztgültige Entscheidung über diese Bewerbung – auch in einem Rechtsschutzverfahren – hinauszögert, umso mehr können sich die zwischenzeitliche berufliche und persönliche Situation, aber auch das Leistungsbild dieses Beamten verändert haben. Vereinfacht ausgedrückt bedeutet das, dass das Interesse an einer bestimmten Stelle immer mehr abnimmt, je länger diese einem

275 Auf diesen Aspekt hat bereits Günther, NVwZ 1986, 697/698 hingewiesen; statt vieler auch: Kenntner, ZBR 2016, 181/185; kritisch: Bamberger, ZBR 2019, 192/193 f.

Bewerber nicht übertragen – und im Fall einer rechtswidrigen Auswahl und Ernennung eines Konkurrenten – sogar vorenthalten wird. Stellt sich nach längerer Dauer die Rechtswidrigkeit der ursprünglichen Auswahl und Ernennung heraus, so kann sich die Situation auch in Bezug auf das Leistungsbild des nicht erfolgreichen Beamten verändert haben. Zwischenzeitlich erfolgte dienstliche Beurteilungen können das Leistungsbild stark verändern. Außerdem kann sich die Personalsituation so verändert haben, dass sich eine ganze Reihe weiterer potentiell geeigneter Kandidaten für den Posten aufdrängen, sodass ein Abbruch des ursprünglichen Besetzungsverfahrens nahe liegt.

Der faktische Stelleninhaber kann über die Laufzeit des Rechtsstreits durch seine Amtsführung vollendete Tatsachen schaffen, indem er grundsätzliche Entscheidungen trifft, etwa auch in dessen Kompetenz fallende Personalentscheidungen, die bindend sind. Nach außen – gegenüber der Öffentlichkeit – wäre es völlig unverständlich, wenn ein Stelleninhaber, dem auch das mit der Funktion verbundene Amt verliehen worden ist, nach mehreren Jahren seine Position räumen müsste.

Für den ausgewählten und ernannten Beamten ist die erlangte Position auch sehr unbefriedigend – und eigentlich unzumutbar. Er erlangt zwar das mit den übertragenen Aufgaben verbundene abstrakt-funktionelle Amt. Aber er muss nach – möglicherweise jahrelangem – Rechtsstreit damit rechnen, dass er die Stelle wieder räumen muss. Die grundsätzlich lebenslängliche Anstellung ist ein Kernelement der hergebrachten Grundsätze des Berufsbeamtentums[276]. Zwar soll ihm aus Fürsorgegründen das verliehene besoldungsrechtliche Amt nicht mehr genommen werden[277]. Aber die damit verbundenen Aufgaben – wegen derer sich der Betreffende möglicherweise gerade auf die Stelle beworben hat – muss er abgeben[278].

---

276 Das unterstreicht Kenntner, ZBR 2016, 181/188 unter Hinweis auf BVerfG, B.v. 28.5.2008, 2 BvL 11/07, BVerfGE 121, 205, juris Rn. 34 ff., wonach die Übertragung eines Amtes auf Lebenszeit den Grundsatz im Beamtenrecht darstellt; Thal, § 10 IV 2 S, 293 ff.

277 BVerwG, U.v. 4.11.2010, 2 C 16/09, BVerwGE 138, 102, juris Rn. 60: Versetzung in anderes gleichwertiges Amt vorgeschlagen.

278 Deutlich wird das daran, dass es etwa einen erheblichen Unterschied macht, ob ein Beamter das mit der Besoldungsgruppe B 3 des Bayerischen Besoldungsgesetzes bewertete Amt eines Regierungsvizepräsidenten inne hat, dem als Amtsleitung eine erhebliche eigene Entscheidungskompetenz und Außenwirkung zukommt, oder das ebenso bewertete Amt eines Ministerialrats in einem Staatsministerium, der in die Hierarchie der Behörde unterhalb der Amtsleitung eingebunden ist; vgl. insgesamt auch ähnliche Argumentation beim „Ausblenden" eines Bewährungsvorsprungs D III. 5.

Auch der Leistungsgrundsatz (Art. 33 Abs. 2 GG) würde bei der generellen Aufgabe der Ämterstabilität geschwächt. Denn es kann über einen u.U. längeren Zeitraum nicht gewährleistet werden, dass dem leistungsstärksten Bewerber die Stelle übertragen wird. Denn der Dienstherr hat einen Leistungsschwächeren für den Posten ernannt. Je länger der ernannte Beamte die Stelle und dessen Amt innehat, desto unattraktiver wird es für den Unterlegenen, den Anspruch auf das umstrittene Amt durchzusetzen. Der Amtsinhaber hat durch seine Entscheidungen und Amtsführung wesentliche Weichenstellungen in seinem Sinn geschaffen.

Andererseits dient der Grundsatz der Ämterstabilität der Gewährleistung einer bestmöglichen und unparteiischen Wahrnehmung des Amtes. Durch die Beständigkeit des verliehenen Amtes soll der Beamte zu einer sachlichen, unbeeinflussten Amtsführung befähigt werden, da er nicht um seine Stellung fürchten muss. Das gilt nicht nur für das Grundamt, sondern auch für das Beförderungsamt. Ein Beförderungsamt wird mit der Ernennung grundsätzlich unwiderruflich vergeben[279], auch wenn das den Vorgaben des Art. 33 Abs. 2 GG widersprechen sollte[280]. Der Kern der Ämterstabilität würde ausgehöhlt, wenn der ausgewählte Bewerber auch nach seiner Ernennung grundsätzlich damit rechnen müsste, dass eventuell nach Jahren die erfolgte Ernennung aufgehoben würde. Der Amtsinhaber wäre – zumindest unbewusst – einem zusätzlichen Druck ausgesetzt, dem Dienstherrn gegenüber ein dienstlichen Verhalten an den Tag zu legen, dass ihm den Verbleib in dem verliehenen Amt erleichtert. Gerade das will der Grundsatz der Ämterstabilität aber verhindern. Der Schritt von einem solchen Druck zu einem dienstlichen Wohlverhalten bis hin zu einer Einschränkung einer unbefangenen Amtsausübung ist sehr klein. Auch wenn ein in dem rechtswidrig verliehenen Amt gewonnener Erfahrungsvorsprung in einem neuen Auswahlverfahren zu berücksichtigen wäre[281], hat dieser Umstand gegenüber den Nachteilen einer

---

279 siehe hierzu auch die wohl satirisch überzeichnete Äußerung von Prantl, dass eine Ernennung „gehaltvoller als eine Spätlese", „wertbeständiger als das beste Wertpapier" und „wirksamer als jedes Arzneimittel" sei – zitiert nach Hoffmeyer in: Eck/Hoffmeyer/Hüllmantel/Luber/ Weißgerber, LlbG, Art. 17 Rn. 18.

280 Hoffmeyer in: Eck/Hoffmeyer/Hüllmantel/Luber/Weißgerber, LlbG, Art. 17 Rn. 17 f.

281 BVerwG, U.v. 4.11.2010, 2 C 16/09, BVerwGE 138, 102, juris Rn. 60; OVG NW, B.v. 10.12.2014, 1 B 1251/14, IÖD 2015, 30, juris Rn. 13 f.

möglichen Aufhebung der Ernennung, auch wenn diese lediglich für die Zukunft erfolgt[282], nur geringes Gewicht.

Auch die Schwierigkeiten bei der Rückabwicklung[283] von vollzogenen Ernennungen beeinträchtigen die Planbarkeit von Personalentscheidungen. Insbesondere dann, wenn ein verliehenes Amt nur einmal vorhanden ist, stellt sich die Frage der amtsangemessenen Beschäftigung nach der Aufhebung der Ernennung[284]. Damit dient der Grundsatz der Ämterstabilität gerade auch der Funktionsfähigkeit der Verwaltung und der Rechtssicherheit, da diese Schwierigkeiten vermieden werden[285].

Zwar ist die Ämterstabilität durch die Nichtigkeit der Ernennung (§ 11 BeamtStG) wie die Rücknahme der Ernennung (§ 12 BeamtStG) eingeschränkt. Das sind jedoch sehr seltene Fälle, die nur als Ausnahmefall zum Tragen kommen. Hinzu kommt, dass der Gesetzgeber diese gesetzlich geregelten Fälle der Ämterstabilität bislang nicht erweitert hat. Die Problematik der Ämterstabilität im Rahmen der Gewährung effektiven Rechtsschutzes bei der Vergabe von Beförderungsämtern ist – wie oben (II.) angesprochen – schon seit Anfang der 90er Jahre intensiv diskutiert worden.

In der Folgezeit wurden maßgebliche Gesetzesvorhaben im Beamtenrecht durchgeführt. So ist mit dem Beamtenstatusgesetz[286] eine gesetzliche Neuregelung geschaffen worden, die das Statusrecht der Beamtinnen und Beamten in den Ländern auf der Grundlage der neu in Art. 74 Abs. 1 Nr. 27 GG geschaffenen konkurrierenden Gesetzgebungskompetenz erstmals regelt[287]. Durch das Dienstrechtsneuordnungsgesetz[288], mit dem u.a. das Bundesbeamtengesetz neu gefasst wurde[289], sollte insbesondere ein leistungsfähiges Dienstrecht geschaffen werden, mit dem den gestiegenen Anforderungen an die Beamtinnen und Beamten in einer effizienten Ver-

282 BVerwG, U.v. 4.11.2010, 2 C 16/09, BVerwGE 138, 102, juris Rn. 39; Herrmann, NJW 2011, 653/655; Schoch, NVwZ 2011, 321/323.

283 Kenntner, ZBR 2016, 181/188 weist zu Recht auf haushaltsrechtliche Probleme hin, wenn ein Amt doppelt vorhanden ist sowie die sich verschärft stellenden Probleme bei einer dienstherrnübergreifenden Personalmaßnahme; kritisch: Bamberger, ZBR 2019, 192/193 f.

284 Kenntner, ZBR 2016, 181/188.

285 Kenntner, ZBR 2016, 181/189.

286 Gesetz zur Regelung des Statusrechts der Beamtinnen und Beamten in den Ländern (Beamtenstatusgesetz – BeamtStG) vom 17.6.2008, BGBl I S. 1010.

287 vgl. Reich, BeamtStG, Einführung Rn. 1 ff.

288 Gesetz zur Neuordnung und Modernisierung des Bundesdienstrechts (Dienstrechtsneuordnungsgesetz/DNeuG) vom 5.2.2009, BGBl I S. 160 ff.

289 Battis in Battis, BBG, Einleitung Rn. 30.

waltung Rechnung getragen sowie das Leistungsprinzip gestärkt werden sollte[290]. Es kann nicht davon ausgegangen werden, dass der Gesetzgeber bei der grundlegenden Neufassung des Beamtenrechts die rechtliche Diskussion um die Ämterstabilität nicht zur Kenntnis genommen hat. Wenn der Gesetzgeber bei diesen beamtenrechtlichen Neuregelungen zur Ämterstabilität keine Ausführungen gemacht hat, so muss davon ausgegangen werden, dass er die vorhandene Rechtsprechung akzeptiert und nicht als regelungs- oder änderungsbedürftig angesehen hat[291].

2. Durchbrechung der Ämterstabilität bei Rechtsschutzvereitelung

Die vom Bundesverwaltungsgericht richterrechtlich eingeführte weitere Ausnahme vom Prinzip der Ämterstabilität, die die Anfechtbarkeit der Ernennung bei Vereitelung von Rechtsschutz zulässt[292], mag unter einem strengen Blickwinkel problematisch erscheinen. Sie ist aber die logische und erforderliche Ergänzung des Rechtsschutzes für den unterlegenen Bewerber. Nach der Systematik der Rechtsprechung muss dem unterlegenen Beamten die Möglichkeit gegeben werden, durch Inanspruchnahme vorläufigen Rechtsschutzes gegen die Auswahlentscheidung die Schaffung vollendeter Tatsachen zu verhindern[293]. Denn Ziel des Verfahrens des einstweiligen Rechtsschutzes ist die Verhinderung der Ernennung des Ausgewählten. Wird dem Unterlegenen diese Rechtsschutzmöglichkeit vorenthalten – etwa durch fehlende Information über die Auswahlentscheidung oder Ernennung im laufenden Gerichtsverfahren – ist kein Raum mehr für den vorläufigen Rechtsschutz. Der im Auswahlverfahren unterlegene Beamte stünde völlig rechtsschutzlos, würde ihm in dieser zugespitzten Situation die Geltendmachung seines Bewerbungsverfahrensanspruchs nicht möglich sein. Um keine Rechtsschutzlücke entstehen zu lassen, muss als kongruente Ergänzung gerade im Fall der Rechtsschutzvereitelung die Anfechtung der Ernennung zugelassen sein. Denn diese ist gerade unter Missachtung der verfahrensmäßigen Absicherung der Rechts-

290 Begründung zum Dienstrechtsneuordnungsgesetz BT-Drs. 16/7076, S. 93.

291 so auch Kenntner, ZBR 2016, 181/189; Schenke, NVwZ 2011, 321/325 „beredtes Schweigen", insbesondere da mit den genannten Gesetzen auch die Regelungen über die Nichtigkeit und die Rücknahme von beamtenrechtlichen Ernennungen neu geregelt wurden.

292 BVerwG, U.v. 4.10.2010, 2 C 16.09, BVerwGE 138, 102, juris Rn. 36 ff.

293 Zusammenfassend: BVerwG, U.v. 4.10.2010, 2 C 16.09, BVerwGE 138, 102, juris Rn. 31 f.

position des nicht erfolgreichen Bewerbers erfolgt. Diese Durchbrechung des Grundsatzes der Ämterstabilität ist in dieser besonderen Konstellation auch geboten, um den Bewerbungsverfahrensanspruch des unterlegenen Konkurrenten zu sichern[294]. Der Verweis auf einen möglichen Schadensersatzanspruch stellt nur ein „minus" dar. Denn Hauptziel der Bewerbung des Konkurrenten ist die Übertragung des Amtes mitsamt den damit verbundenen Aufgaben.

Ein Schadensersatzanspruch ist nur ein finanzieller Ersatz und bleibt hinter dem eigentlichen Ziel des Bewerbers zurück. Zudem muss der übergangene Bewerber zusätzlich zur Rechtswidrigkeit der Auswahl ein Verschulden des Dienstherrn[295] nachweisen, um Schadensersatz erfolgreich geltend machen zu können.

Ein Verweis auf einen Schadensersatzanspruch würde auch dem Leistungsprinzip widersprechen. Gerade der Leistungsstärkste soll die Stelle erhalten und die damit verbunden Aufgaben erfüllen. Es würde den Dienstherrn auch allzu leicht gemacht, durch eine Ernennung des ausgewählten Bewerbers vollendete Tatsachen zu schaffen und erst im Wege des Schadensersatzes eine rechtliche Überprüfung der Auswahlentscheidung zu ermöglichen[296].

Durch die Durchbrechung der Ämterstabilität im Fall der Rechtsschutzvereitelung[297] hat das Bundesverwaltungsgericht auch einen Schritt hin zu einer „vermittelnden" Ansicht zwischen der Linie der Rechtsprechung getan, die die Ämterstabilität betont[298], und der gegenteiligen Ansicht in der Literatur, die die Ämterstabilität verneint[299]. In gewissen, klar umrissenen Fällen der Vereitelung der Rechtsschutzmöglichkeiten zur gerichtli-

294 Die Ansicht von Schenke, FS Schnapp, 655/667, dass bei einer Ernennung eines schlechter geeigneten Bewerbers der unter Vereitelung von Rechtsschutz in einer Beförderungsrunde nicht berücksichtigte Bewerber einen Anspruch auf Übertragung der Beförderungsstelle habe, geht zu weit. Denn bei einer Vereitelung von Rechtsschutz gegen die beamtenrechtliche Auswahlentscheidung geht es primär um die Wahrung von effektivem Rechtsschutz gegen die Ernennung des ausgewählten Konkurrenten. Özfirat-Skubinn, 2. Kapitel § 3 B, S. 446 ff. erörtert eine entsprechende Einschränkung der Personalhoheit ausschließlich unter dem Gesichtspunkt der Wiederherstellung.

295 nach dem Maßstab des § 276 Abs. 2 BGB, vgl. BVerwG, U.v. 17.8.2005, 2 C 37/04, BVerwGE 124, 99, juris Rn. 24 ff.

296 Özfirat-Skubinn, 2. Teil, 4. Kapitel, S. 223 f.

297 Özfirat-Skubinn, 2. Teil, 4. Kapitel, A, S. 226 ff.

298 s.o. C I.

299 s.o. C II.

chen Nachprüfung der Auswahlentscheidung vor der Ernennung[300] lässt das Bundesverwaltungsgericht die Durchbrechung der Ämterstabilität zu. Damit wird eine nachgelagerte Überprüfung der Auswahlentscheidung in einem Hauptsacheverfahren ermöglicht. Der in der Literatur verbreiteten Auffassung, die die Ämterstabilität ablehnt, kommt diese Ansicht in gewisser Weise entgegen[301]. Das gilt zwar nicht für den dogmatischen Ansatz, da am Grundsatz der Ämterstabilität als Ausgangspunkt festgehalten wird. Nur in den Fällen der Rechtsschutzvereitelung wird unter dem Gesichtspunkt des Art. 19 Abs. 4 Satz 1, Art. 33 Abs. 2 GG die Durchbrechung der Ämterstabilität zugelassen, um das grundrechtsgleiche Recht auf fehlerfreie Auswahl nicht leerlaufen zu lassen[302]. Das ist ein eleganter Weg, um die Bedeutung des Bewerbungsverfahrensanspruchs als grundrechtsgleiches Recht zu betonen, welches auch effektiv im Rahmen der Rechtsschutzgewährung durchgesetzt werden muss[303]. Wird der Effektivität des Rechtsschutzes durch eine Rechtsschutzvereitelung des Dienstherrn nicht entsprochen, so riskiert der Dienstherr, dass die auf einer rechtswidrigen Auswahlentscheidung beruhende Ernennung aufgehoben wird. Das führt nicht nur zu einem Ansehensverlust der handelnden Personalverwaltung, sondern auch zu den Schwierigkeiten bei der Rückabwicklung, die die Rechtsprechung durch die grundsätzliche Anerkennung der Ämterstabilität vermeiden will[304].

Schließlich ist die ausnahmsweise Anfechtbarkeit der vollzogenen Ernennung durch den unterlegenen Bewerber bei Rechtsschutzvereitelung eine rechtlich klare Lösung, die Schwierigkeiten bei der Begründung und dem Umfang eines Kompensationsanspruchs in diesen Fällen vermei-

300 BVerwG, U.v. 4.10.2010, 2 C 16.09, BVerwGE 138, 102, juris Rn. 33 ff.; so auch Wollenschläger, 2. Teil C VI 2 c cc, S, 316 f.; erweiternde Auflistung bei Özfirat-Skubinn, 2. Teil 4. Kapitel § 2 A, S. 226 ff.

301 Munding, DVBl 2011, 1512/1518: „vermittelnder Weg".

302 BVerwG, U.v. 4.10.2010, 2 C 16.09, BVerwGE 138, 102, juris Rn. 37.

303 Bereits Füßer, DÖV 1997, 816/820 ff. sprach sich für eine Durchbrechung der Ämterstabilität für den Fall der „dolosen Rechtsschutzvereitelung" aus, allerdings über die Annahme einer Nichtigkeit der Ernennung des ausgewählten Bewerbers; diese Rechtsprechung zur Durchbrechung der Ämterstabilität ebenso begrüßend: Bickenbach in: von Münch/Kunig, Art. 33 Rn. 56 f.; Brosius-Gersdorf in: Dreier, Art. 33 Rn. 135; Battis, DVBl 2013, 673/676.

304 Siehe III 1.

det[305]. Andererseits bietet sie dem Dienstherrn auch Reaktionsmöglichkeiten zur Verfahrensgestaltung[306].

Konsequent ist es dann aber auch, den Bewährungsvorsprung des rechtswidrig Ernannten bei einer neuen Auswahlentscheidung zu berücksichtigen[307]. Soweit das Bundesverwaltungsgericht später hiervon abgerückt ist[308], ist dem nicht zu folgen. Denn der Beamte hat die Leistungen objektiv erbracht, diese sind zu bewerten. In einem neuen Auswahlverfahren kann sich das Bewerberfeld wie auch das Leistungsniveau erheblich ändern. Hinzu kommt der Zeitablauf[309]. Die Rechtfertigung des Systems des vorläufigen Rechtsschutzes baut darauf auf, dass der Beamte mit Übertragung des höherwertigen Statusamts bzw. schon mit Übernahme der Aufgaben des höherwertigen Dienstpostens einen Bewährungsvorsprung erhält, den es grundsätzlich zu unterbinden gilt. Es ist konsequent und entspricht dem Grundsatz der Ämterstabilität, die in einem durch Ernennung übertragenen Statusamt gezeigten Leistungen zu berücksichtigen. Das hat auch zu gelten, wenn – ausnahmsweise – eine Anfechtung der Ernennung wegen Rechtsschutzvereitelung zugelassen wird. Die Einschränkung des Leistungsprinzips (Art. 33 Abs. 2 GG) ist in diesem Fall hinzunehmen. Dem Leistungsprinzip kommt kein absoluter Geltungsanspruch zu. Das gilt auch mit Blick darauf, dass der Dienstherr grundsätzlich keinem Bewerber einen Vorteil verschaffen darf, die die anderen Bewerber nicht

305 hierzu eingehend: Özfirat-Skubinn, 3. Teil, S. 249 ff., 4. Teil, S. 472 ff. Bemerkenswert ist, dass die Autorin bereits vor der Rechtsprechung des Bundesverwaltungsgerichts vom 4.11.2010, BVerwGE 138, 102 ff. einen eigenständigen beamtenrechtlichen Anspruch auf Wiederherstellung entwickelt hat, der im Fall eines herausragenden funktionsgebundenen Amtes, das nicht verdoppelt werden kann – namentlich eines Gerichtspräsidenten – die Aufhebung der Ernennung des ausgewählten Konkurrenten zum Inhalt hat: Özfirat-Skubinn, 3. Teil 4. Kapitel § 2, S. 458 ff., 4. Teil 2. Kapitel § 2, S. 545 ff. Für andere Stellen hält sie einen Folgenbeseitigungsanspruch für gegeben, der im Rahmen der Auswahlentscheidung einen Vorsprung zugunsten des zu Unrecht nicht ausgewählten „Bestbewerbers“ gegenüber gleichqualifizierten Mitbewerbern begründet: Özfirat-Skubinn, 4. Teil 2. Kapitel § 1 V, S. 506 ff., VI. S. 543 f.; ausdrücklich zustimmend: Kenntner, ZBR 2016, 181/198; Munding, DVBl 2011, 1512/1519 f.

306 siehe D VII.

307 BVerwG, U.v. 4.11.2020, 2 C 16/09, BVerwGE 138, 102, juris Rn. 60.

308 BVerwG, B.v. 10.5.2016, 2 VR 2/15, BVerwGE 155, 152, juris Rn. 27; so auch Bracher, DVBl 2016, 1236/1239.

309 so Herrmann, NJW 2011, 653/655; ders., NVwZ 2017, 105/108; von Laffert, ZBR 2012, 76/78 f.

haben[310]. Denn mit der Ausblendung des Bewährungsvorsprungs würde eine Systemwidrigkeit[311] dazu eingeführt, um dem Leistungsprinzip absolute Geltung zu verschaffen. Dieses Prinzip kann aber nicht losgelöst vom beamtenrechtlichen System der grundsätzlichen Ämterstabilität betrachtet werden. Hat der Dienstherr vollendete Tatsachen geschaffen, müssen diese für die Zukunft hingenommen werden, auch wenn eine sich später als rechtswidrig erweisende Ernennung zugrunde liegt. Denn die Ernennung bietet dem Beamten lediglich eine Möglichkeit der Leistungsentwicklung, die nicht zwangsläufig erfolgreich sein muss. Etwas Anderes wäre auch mit Blick auf den ernannten Bewerber unzumutbar. Dieser hat das Statusamt inne. Stellt sich nach einem möglicherweise mehrere Jahre dauernden Rechtsstreit heraus, dass die rechtsschutzvereitelnd erfolgte Ernennung rechtswidrig gewesen ist, so würde die von ihm erbrachte Leistung ohne Beachtung bleiben. Das zeigt auch der Blick auf die dienstliche Beurteilung des Amtsinhabers: Ist diese während des Zeitraums zu erstellen, in dem eine gerichtliche Auseinandersetzung um die Ernennung geführt wird, so ist der Beamte in dem Statusamt zu beurteilen, das ihm verliehen ist und die darin gezeigten Leistungen sind mit den anderen statusgleichen Beamten derselben Laufbahn zu vergleichen[312]. Ein Ausblenden der Leistungen wäre praktisch nicht durchführbar, da es sich von der dienstlichen Beurteilung lösen müsste. Das alles würde nur erfolgen, um keine Abstriche am Leistungsprinzip hinsichtlich der seinerzeit rechtswidrig übergangenen Bewerber bei einer neuen Auswahl zuzulassen. Damit wird die Position der nicht berücksichtigten Bewerber überdehnt. Das erscheint lebensfremd und hat keinen Bezug mehr zum Leistungsprinzip hinsichtlich des ernannten Amtsinhabers wie auch dem Prinzip der Leistungsfähigkeit der Verwaltung (Art. 83 ff. GG), dem ebenfalls Verfassungsrang zukommt. Durch ein Ausblenden der über einen längeren Zeitraum gezeigten Leistungen wird dem ernannten Beamten auch die Motivation genommen. Die Regelungen des § 14 Satz 1 BBG oder auch Art. 21 Abs. 3 BayBG, wonach eine Rücknahme der Ernennung die Rechtmäßigkeit der durch den Beamten vorgenommenen Amtshandlungen nicht berührt, müsste bei der Aufhebung der Ernennung durch ein Gericht analog angewendet werden[313]. Entsprechend ist es stimmig, wenn nicht nur die Rechtmäßig-

310 BVerwG, B.v. 10.5.2016, 2 VR 2/15, BVerwGE 155, 152, juris Rn. 25; U.v. 29.11.2011, 2 C 6/11, BVerwGE 145, 185, juris Rn. 25.

311 siehe D III 5.

312 BVerwG, B.v. 20.11.2009, 2 VR 3.09, juris Rn. 4; von Laffert, ZBR 2012, 76/78.

313 Schenke, III 2 c cc, S. 691.

keit der Amtshandlungen im Außenverhältnis unberührt bliebe, sondern auch die im Amt gezeigten Leistungen bei einem neuen Auswahlverfahren Berücksichtigung finden.

3. Effektiver Rechtsschutz im Rahmen der Prüfung der Auswahlentscheidung in Form der „Negativmitteilung"

Ist die Anfechtbarkeit der Ernennung eines Beamten vom Grundsatz her ausgeschlossen, so ist der einzig effektive Weg für die Gewährung von Rechtsschutz die Überprüfung der Auswahlentscheidung, die der Ernennung vorgelagert ist. Damit rückt die Auswahlentscheidung in den Vordergrund. Dabei ist zwischen dem Auswahlvermerk als vorbereitender Maßnahme und der „Negativmitteilung"[314] an den/die unterlegenen Bewerber zu unterscheiden, die die nach außen kommunizierte Auswahlentscheidung an den unterlegenen Bewerberkreis darstellt.

a) „Negativmitteilung" als Verwaltungsakt

Die „Negativmitteilung" stellt einen Verwaltungsakt im Sinn von § 35 Satz 1 VwVfG dar[315]. Denn diese schließt nach außen das Auswahlverfah-

314 siehe B IV 1.

315 so zu Recht ausführlich: Weckmann, 3. Kapitel, I, 1, a, aa, S. 153 ff. mit zahlreichen Nachweisen in Fußnoten 660 bis 665; derselbe, ZBR 2020, 118/121 f.; ebenso Burghardt, Kapitel 3 III., S. 119 ff.; II 1 S. 113 mit zahlreichen Nachweisen in Fußnote 380; Baßlsperger in: Weiß/Niedermaier/Summmer/Zängl, § 54 BeamtStG Rn. 180, 184, 191; Baden, PersV 2020, 164/168; Bamberger, ZBR 2019, 192/195; Kenntner, ZBR 2016, 181/183; Munding, DVBl 2011, 1512/1517; von Roetteken, ZBR 2011, 73/78; Sodan in: Sodan/Ziekow, § 42 Rn. 170; Günther, RiA 2011, 49/52; Schütz/Maiwald, § 9 BeamtStG, Rn. 21; Wiegand, B Rn. 99; Wollenschläger, 2. Teil C II 1 e, S. 295 ff.; Kühnbach, ZBR 2012, 95/96 – allerdings ist die Auswahlentscheidung, die in der Regel als Vermerk getroffen wird, als solche kein Verwaltungsakt, da ihr keine Außenwirkung zukommt. Der Auswahlvermerk stellt vielmehr eine behördeninterne Festlegung auf die Auswahl eines Bewerbers dar, die noch nach außen umgesetzt werden muss. Diese ist in der „Negativmitteilung" zu sehen, so auch HessVGH, B.v. 23.8.2011, 1 B 1284/11, NVwZ-RR 2012, 151, juris Rn. 3 (der das Besetzungsverfahren in drei Schritte unterteilt). Offen: Battis, DVBl 2013, 673/676; Schenke, FS Schnapp, 655/663, 665.

ren ab, indem dessen Ergebnis an die Bewerber mitgeteilt wird[316][317]. Diese Entscheidung beinhaltet alle Elemente eines Verwaltungsakts im Sinn des § 35 Satz 1 VwVfG. Sie stellt eine Regelung (Entscheidung über die Auswahl eines Bewerbers um eine Stelle) auf dem Gebiet des öffentlichen Rechts mit unmittelbarer Außenwirkung (gegenüber den nicht zum Zuge gekommenen Bewerbern) dar. Die Auffassung, dass es sich dabei um ein Verwaltungsinternum handelt, da sie nur die Mitteilung des Verwaltungsinternums der Auswahlentscheidung darstellen soll[318], ist abzulehnen[319].

Dabei kann die Formulierung des Bundesverwaltungsgerichts in seiner Entscheidung vom 4. November 2010[320], dass die Mitteilungen an die Bewerber die einheitliche, untrennbare Auswahlentscheidung bekannt geben würden, missverständlich aufgefasst werden. Im weiteren Kontext der Entscheidung findet sich aber keine Darstellung einer Abkehr von der bisherigen Auffassung, dass die Auswahlentscheidung einen Verwaltungsakt darstellt. Vielmehr belegt die Formulierung in diesem Urteil, „dass nicht nur die Auswahlentscheidung, sondern auch die daran anknüpfende Er-

---

316 BVerwG, U.v. 4.10.2010, 2 C 16.09, BVerwGE 138, 102, juris Rn. 25; U.v. 25.8.1988, 2 C 62.85, BVerwGE 80, 127, juris Rn. 20 ff. m.w.N.; BVerfG, B.v. 3.3.2014, 1 BvR 3606/13, NVwZ 2014, 785, juris Rn. 20 – zum Besetzungsverfahren eines Hochschulprofessors; HessVGH, B.v. 18.7.2018, 1 B 2029/17, NVwZ-RR 2019, 376, juris Rn. 18 f.; Burghardt, Kapitel 3 IV, S. 157.

317 Mitunter wird die „Negativmitteilung" ausdrücklich in Form eines Verwaltungsaktes getroffen, indem an das entsprechende Schreiben eine einem Verwaltungsakt entsprechende Rechtsbehelfsbelehrung beigefügt wird, vgl. OVG Berlin-Brandenburg, B.v. 10.1.2018, 4 S 33/17, NVwZ-RR 2018, 578, juris Rn. 6 f.. Das wird von Baßlsperger in: Weiß/Niedermaier/Summer/Zängl, § 54 BeamtStG Rn. 183, empfohlen und von Weckmann, ZBR 2020, 118/122 als Pflicht angesehen. Handelt die Behörde für den Betroffenen erkennbar in der Form eines Verwaltungsaktes, so ist diese Form maßgeblich, vgl. Happ in: Eyermann, VwGO, § 42 Rn. 7.

318 Schnellenbach, Konkurrenzen im öffentlichen Dienst, Anhang 3, Rn. 7 f., Anhang 6 Rn. 1; Bodanowitz in: Schnellenbach/Bodanowitz, Beamtenrecht, § 3 Rn. 78; Bracher, ZBR 1989, 139/142; Schönrock, ZBR 2013, 26/28 f.; Schlottbohm, ZBR 2015, 368/378; Kopp/Schenke, § 42 Rn. 50; Gärditz, § 42 Rn. 18; Hartung, RiA 2017, 49/50; Plog/Wiedow, § 22 Rn. 36b; in diese Richtung: Martens, ZBR 1992, 129/131; VGH Mannheim, B.v. 6.3.2018, 4 S 189/18, NVwZ-RR 2018, 667, juris Rn. 7; weitere Nachweise bei Weckmann, 3. Kapitel, I 1 a aa 4, S. 157 f.

319 Ebenso ist der Vorschlag von Lemhöfer in Plog/Wiedow, § 22 Rn. 36a abzulehnen, der in der Übertragung des höherwertigen Dienstpostens einen Verwaltungsakt sehen will. Das ist eine überflüssige Konstruktion, wenn die Auswahlentscheidung als Verwaltungsakt angesehen wird.

320 BVerwG, U.v. 4.10.2010, 2 C 16.09, BVerwGE 138, 102, juris Rn. 25.

nennung in die Rechte aller Bewerber aus Art. 33 Abs. 2 GG eingreift“[321], deren Regelungscharakter mit Außenwirkung der Auswahlentscheidung. Denn eine solche behördliche Entscheidung ist kein bloßes Behördeninternum, sondern ein Verwaltungsakt. Die Obergerichte gehen überwiegend weiter von der Verwaltungsaktsqualität[322] der nach außen umgesetzten Auswahlentscheidung[323] aus, ohne dass das Bundesverwaltungsgericht dies beanstandet hätte[324].

Die „Negativmitteilung“ ist auch keine bloße Verfahrenshandlung im Sinn des § 44a Satz 1 VwGO, da ihr Gehalt – Umsetzung der Auswahlentscheidung nach außen[325] – weit über einen unselbständigen Verfahrensschritt hinausgeht[326]. Eine behördliche Verfahrenshandlung kann nicht selbständig in einem verwaltungsgerichtlichen Verfahren überprüft werden, sondern erst zusammen mit der dann folgenden Sachentscheidung[327]. So stellt die Erstellung einer Berufungsliste im Rahmen der Stellenbesetzung für Professuren nur einen Zwischenschritt im Vorfeld der Auswahlentscheidung dar, erst die konkrete Absage gegenüber den unterlegenen Bewerbern mit einer „Negativmitteilung“ stellt einen Verwaltungsakt

321 BVerwG, U.v. 4.10.2010, 2 C 16.09, BVerwGE 138, 102, juris Rn. 28.

322 NdsOVG, B.v. 8.6.2011, 5 ME 91/11, NVwZ 2011, 891, juris Rn. 12; HessVGH, B.v. 23.8.2012, 1 B 1284/11, NVwZ-RR 2012, 151, juris Rn. 3; OVG Berlin-Brandenburg, B.v. 10.1.2018, OVG 4 S 33.17, NVwZ-RR 2018, 578, juris Rn. 6 ff.; VGH BW, B.v. 13.10.2011, 4 S 2597/111, ZBR 2012, 93, juris Rn. 2; so auch von Roetteken, ZBR 2011, 73/78; Kenntner, ZBR 2016,181/184; Wieland/Seulen, DÖD 2011, 69/73; a.A. SächsOVG, B.v. 4.8.2011, 2 B 34/11, DÖD 2011, 267, juris Rn. 9 – Auswahlentscheidung stelle keinen Verwaltungsakt dar, so wohl auch Schönrock, ZBR 2013, 26/29, 31.

323 „Konkurrentenmitteilung“ so OVG Berlin-Brandenburg, B.v. 10.1.2018, OVG 4 S 33.17, NVwZ-RR 2018, 578, juris Rn. 8, „Negativmitteilung“ so Schnellenbach, Konkurrenzen im öffentlichen Dienst, Anhang 6 Rn. 1 – soweit im Folgenden von „Auswahlentscheidung“ die Rede ist, ist zur sprachlichen Vereinfachung die Negativmitteilung an die unterlegenen Bewerber gemeint und nicht der Auswahlvermerk.

324 Das Bundesverwaltungsgericht ist in späteren Entscheidungen – soweit ersichtlich – nicht ausdrücklich auf diese Frage eingegangen: BVerwG, B.v. 12.12.2017, 2 VR 2/16, BVerwGE 161, 59, juris Rn. 13 ff.; U.v. 29.11.2012, 2 C 6/11, BVerwGE 145, 185, juris Rn. 12; ausdrückliches Festhalten an der Ansicht im Urteil vom 4.11.2011: U.v. 13.12.2018, 2 A 5/18, BVerwGE 164, 84, juris Rn. 27 ff.

325 Rennert, DVBl 2009, 1333/1336: „Umsetzungsakt“, der der Auswahlentscheidung erst Außenwirkung verleiht.

326 so angerissen bei Bergmann/Paehlke-Gärtner, NVwZ 2018, 110/112.

327 Hoppe in: Eyermann, § 44a Rn. 6 ff.

dar[328]. Als Beispiel für eine behördliche Verfahrenshandlung im Rahmen eines Stellenbesetzungsverfahrens ist ebenso eine das Verfahren nicht abschließende Vorabmitteilung zu sehen, dass ein Bewerber das konstitutive Anforderungsprofil nicht erfüllt und daher beim Leistungsvergleich der Bewerber nicht mehr berücksichtigt wird[329]. Allerdings muss auf diese Vorabmitteilung eine „Negativmitteilung" folgen, die dem betroffenen Bewerber die Möglichkeit der Inanspruchnahme von Rechtsschutz ermöglicht. Auch die Entscheidung der Personalverwaltung, ein Stellenbesetzungsverfahren überhaupt durchzuführen, ist eine unselbstständige behördliche Verfahrenshandlung[330]. Das gilt ebenfalls für die bloße Festsetzung eines Anforderungsprofils für eine Stelle[331]. Der Abbruch eines Besetzungsverfahrens als solches stellt ebenso eine Verfahrenshandlung dar[332].

Die Besetzungsentscheidung, die in der Regel in einem Besetzungsvermerk („Auswahlvermerk") festgehalten wird, ist allerdings als bloßes Verwaltungsinternum (§ 44a VwGO) zu qualifizieren[333]. Ihr mag zwar ein Regelungsgehalt mit dem Inhalt beigemessen werden, dass die Besetzung einer Stelle mit einem bestimmten Bewerber erfolgen soll. Die Auswahlentscheidung stellt das Ergebnis des Auswahlverfahrens fest. Das ist aber eine lediglich verwaltungsinterne Festlegung, die noch der Umsetzung nach außen bedarf. Die verwaltungsinterne Besetzungsentscheidung ist

---

328 BVerfG, B.v. 3.3.2014, 1 BvR 3606/13, NVwZ 2014, 785, juris Rn. 20.

329 VG München, B.v. 21.5.2015, M 5 E 15.1163, juris Rn. 22 f.; B.v. 1.4.2015, M 5 E 14.655, juris Rn. 19 ff.; BayVGH, B.v. 20.7.2020, 3 CE 20.1463, juris Rn. 9, 13; B.v. 30.4.2009, 7 CE 09.661, BayVBl 2010, 115, juris Rn. 21 f.

330 OVG Bremen, B.v. 20.8.2010, 2 B 162/10, juris Rn. 12 ff.; BayVGH, B.v. 4.12.2012, 7 ZB 12.1816, BayVBl 2013, 308, juris Rn. 12 ff.

331 OVG NW, B.v. 10.6.2011, 1 A 1125/09, juris Rn. 15 ff.

332 OVG Bremen, B.v. 4.5.2011, 2 B 71/11, ZBR 2011, 381; juris Rn. 32; OVG NW, B.v. 15.9.2010, 6 A 1966/08, juris Rn. 16 ff.; a.A. Bamberger, ZBR 2019, 192/195 – Verwaltungsaktsqualität. Gegen den Abbruch des Besetzungsverfahrens ist innerhalb eines Monats ein Antrag nach § 123 VwGO zu stellen mit dem Ziel, das begonnene Auswahlverfahren mit dem bestehenden Bewerberkreis fortzuführen: BVerwG, U.v. 3.12.2014, 2 A 3/13, BVerwGE 151, 14, juris Rn. 22 ff.

333 Schnellenbach, Konkurrenzen im öffentlichen Dienst, Anhang 3, Rn. 7 f., Anhang 6 Rn. 1; Bodanowitz in: Schnellenbach/Bodanowitz, Beamtenrecht, § 3 Rn. 78; Bracher, ZBR 1989, 139/142; Schönrock, ZBR 2013, 26/28 f.; Schlottbohm, ZBR 2015, 368/378; R. P. Schenke in: Kopp/Schenke, § 42 Rn. 50; Gärditz in: Gärditz, § 42 Rn. 18; Hartung, RiA 2017, 49/50; in diese Richtung: Martens, ZBR 1992, 129/131; VGH Mannheim, B.v. 6.3.2018, 4 S 189/18, NVwZ-RR 2018, 667, juris Rn. 7; Rennert, DVBl 2009, 1333/1335; weitere Nachweise bei Weckmann, 3. Kapitel, I 1 a aa 4, S. 157 f.

daher eine bloße Verfahrenshandlung, da sie die nach außen wirksame Mitteilung des Auswahlergebnisses durch die „Negativmitteilung“ an die unterlegenen Bewerber vorbereitet[334].

Die „Negativmitteilung“ stellt – wie dargestellt – eine Regelung mit Außenwirkung gegenüber den nicht ausgewählten Bewerbern mit dem Inhalt dar, dass ein konkreter Bewerber ausgewählt wurde, dem der Dienstposten übertragen werden soll. Andererseits ist das zwangsläufig mit der Ablehnung der nicht zum Zuge gekommenen Bewerber verbunden. Das erfüllt die Merkmale eines Verwaltungsaktes nach § 35 VwVfG. Die vom Bundesverwaltungsgericht als erforderlich angesehenen maßgeblichen Erwägungen des Dienstherrn für die Auswahlentscheidung[335] entspricht der Begründungspflicht eines Verwaltungsaktes (§ 39 Abs. 1 VwVfG). All diese Elemente gehen über eine bloße Verfahrenshandlung hinaus. Auch die nach dem Rechtsschutzsystem der „Negativmitteilung“ zukommende Funktion, den nicht ausgewählten Bewerbern den Ausgang des Verfahrens in positiver wie negativer Hinsicht bekannt zu geben, unterstreicht, dass es sich nicht lediglich um eine Verfahrenshandlung, sondern um eine eigenständige Entscheidung mit Außenwirkung handelt.

b) Zutreffende Rechtsschutzform im Verfahren des vorläufigen Rechtsschutzes: § 123 VwGO

Der unterlegene Konkurrent muss die Ernennung des ausgewählten Bewerbers verhindern. Das erfolgt über einen Antrag auf Erlass einer einstweiligen Anordnung nach § 123 Abs. 1 Satz 1 VwGO in Form der Sicherungsanordnung[336]. Sie ist auf das Ziel gerichtet, die Ernennung des ausgewählten Bewerbers zu unterlassen, bis eine neue Auswahlentscheidung hinsichtlich der Bewerbung des Rechtsschutz suchenden Konkurrenten

334 Würde die durch Vermerk festgehaltene Auswahlentscheidung einen angreifbaren Realakt darstellen, könnte ein Antrag nach § 123 VwGO sowohl gegen die Auswahlentscheidung wie die „Negativmitteilung“ gerichtet werden. Auch das zeigt den lediglich vorbereitenden Charakter der im Auswahlvermerk festgehaltenen Auswahlentscheidung.

335 BVerwG, U.v. 4.10.2010, 2 C 16.09, BVerwGE 138, 102, juris Rn. 25.

336 Insofern sind die Begründungen in der Rechtsprechung uneinheitlich und unscharf; sie schwanken zwischen § 123 Abs. 1 Satz 1 und Satz 2 VwGO: Burghardt, 4. Kapitel I 1 c, 171 f. und zahlreiche Nachweise in Fußnoten 624 und 625.

getroffen ist[337]. Der Antragsteller macht vorbeugend gerichtlichen Rechtsschutz geltend, um die Ernennung des ausgewählten Beamten zu verhindern[338]. Bis zum Abschluss des gerichtlichen Eilverfahrens ist der Dienstherr gehindert, den ausgewählten Bewerber zu ernennen[339]. Das folgt unmittelbar aus Art. 19 Abs. 4 GG, denn ansonsten liefe der Antrag auf Gewährung vorläufigen Rechtsschutzes ins Leere[340]. Damit handelt es sich um die Sicherung eines Rechts des unterlegenen Bewerbers, mithin um den Fall einer Sicherungsanordnung im Sinn von § 123 Abs. 1 Satz 1 VwGO[341][342].

Dem Ansatz, dass die Auswahlentscheidung einen den ausgewählten Konkurrenten begünstigenden und die nicht berücksichtigten Bewerber belastenden Verwaltungsakt darstellen soll[343], ist nicht zu folgen. Logi-

---

337 siehe hierzu F VIII 1.

338 BVerwG, B.v. 8.12.2011, 2 B 106/11, juris Rn. 13. Das ist die gebotene Form der Gewährung effektiven Rechtsschutzes auch wenn das Schoch, Vorläufiger Rechtsschutz, § 19 A II 2 c bb, S. 695 ff./697 kritisch als „vorbeugenden Rechtsschutz im vorläufigen Rechtsschutz" bezeichnet.

339 BVerwG, U.v. 29.11.2012, 2 C 6/11, BVerwGE 145, 185, juris Rn. 12; U.v. 4.11.2010, 2 C 16/09, BVerwGE 138, 102, juris Rn. 33 ff.

340 OVG Saarland, B.v. 29.5.2012, 1 B 161/12, NVwZ-RR 2012, 692, juris Rn. 10; Bodanowitz in: Schnellenbach/Bodanowitz, Beamtenrecht, § 3 Rn. 78.

341 HessVGH, B.v. 23.8.2011, 1 B 1284/11, NVwZ-RR 2012, 151, juris Rn. 3; NdsOVG, B.v. 8.6.2011, 5 ME 91/11, NVwZ 2011, 891, juris Rn. 12 ff.; VGH BW, B.v. 13.10.2011, 4 S 2597/11, ZBR 2012, 93, juris Rn. 2; SächsOVG, B.v. 4.8.2011, 2 B 34/11, DÖD 2011, 267, juris Rn. 9 – Auswahlentscheidung stelle keinen Verwaltungsakt dar; Schnellenbach, ZBR 1997, 169; Schnellenbach, Konkurrenzen im öffentlichen Dienst, Kapitel 6 Rn. 10 ff.; Bodanowitz in: Schnellenbach/Bodanowitz, Beamtenrecht, § 3 Rn. 80; Finkelnburg/Dombert/Külpmann, Vorläufiger Rechtsschutz im Verwaltungsstreitverfahren, § 61 I 1 Rn. 1343 „Sicherung eines Bewerbungsverfahrensanspruchs"; Hartung, RiA 2017, 49/50 f.; Ronellenfitsch, VerwArch 82, 121/134; Baßlsperger in: Weiß/Niedermaier/Summer/Zängl, § 54 BeamtStG Rn. 198; Battis in: Sachs, Art. 33 Rn. 41; Thal, § 11 II S. 325 ff.; Wiegand, B Rn. 99; offen: Battis, DVBl 2013, 673/676.

342 Eine Regelungsanordnung nach § 123 Abs. 1 Satz 2 VwGO hätte eine vorläufige Regelung zum Inhalt. Da es aber keine „vorläufige Ernennung" gibt, kommt eine Regelungsanordnung nicht in Betracht: Schnellenbach, Konkurrenzen im öffentlichen Dienst, Kapitel 6 Rn. 44.

343 so von Roetteken, ZBR 2011, 73/74; Weckmann, 3. Kapitel III 1 b dd, S. 225 ff.; derselbe, ZBR 2020, 118/123; Kühnbach, ZBR 2012 95/97; Baden, PersV 2020, 164/168; Bamberger, ZBR 2019, 192/195; Kenntner, ZBR 2016, 181/191 ff.; Munding, DVBl 2011, 1512/1517 f.; Schoch in: Schoch/Schneider, VwGO, § 123 Rn. 42e ff.; Sodan in: Sodan/Ziekow, § 42 Rn. 174b; Gärditz, § 80a Rn. 14; Bostedt in: Fehling/Kastner/Störmer, VwGO, § 80a Rn. 2; § 123 Rn. 18; bereits: Sieg-

sche Konsequenz dieses Gedankens ist es, dass der unterlegene Beamte mit einer kombinierten Anfechtungs- und Verpflichtungsklage vorgehen müsste. Sie verfolgte das Ziel, die (belastende) Auswahlentscheidung aufzuheben und den Dienstherrn zu verpflichten, eine erneute Auswahlentscheidung unter Beachtung der Rechtsauffassung des Gerichts zu treffen. Widerspruch (soweit statthaft) und Klage gegen die belastende Auswahlentscheidung hätten dann aufschiebende Wirkung (§ 80 Abs. 1 VwGO). Ein Antrag auf Erlass einer einstweiligen Anordnung wäre dann nach § 123 Abs. 5 VwGO unstatthaft[344]. Denn der Rechtsschutz nach §§ 80, 80a VwGO stellt die speziellere Regelung gegenüber § 123 VwGO dar. Das folgt aus der Bestimmung des § 123 Abs. 5 VwGO[345].

Die Ausführungen des Bundesverwaltungsgerichts in seinem Urteil vom 4. November 2010[346] sind insoweit missverständlich. Dort ist davon die Rede, dass die gesonderten Mitteilungen der Auswahlentscheidung an jeden Bewerber, einmal positiven, ansonsten negativen Inhalts keine inhaltlich eigenständige Entscheidungen darstellen, sondern die einheitliche, rechtlich untrennbare Auswahlentscheidung bekanntgeben[347]. Zunächst mag das nahelegen, dass auch die Auswahlentscheidung als einen den ausgewählten Konkurrenten begünstigenden und die nicht berücksichtigten Bewerber belastenden Verwaltungsakt verstanden werden könnte[348]. Hinzu kommt, dass das Bundesverwaltungsgericht die Ernennung des ausgewählten Beamten als ausdrücklichen Eingriff in die Rechte aller Bewerber aus Art. 33 Abs. 2 GG ansieht[349].

Jedoch sind diese Ausführungen bei genauerer Betrachtung nicht in diesem Sinn zu verstehen. Eine Abkehr von der bislang von den Verwaltungsgerichten verfolgten Konzeption erfolgt gerade nicht. Das Bundesverwaltungsgericht nimmt ausdrücklich auf das bisherige Rechtsschutzmodell Bezug[350]. Es hätte nahegelegen, dass das Gericht in seiner Entscheidung die bisherige Rechtsschutzpraxis der Gerichte als veränderungsbedürftig dargestellt hätte, wenn Rechtsschutz nicht mehr nach § 123 VwGO, son-

---

mund-Schultze, VerwArch 73, 137/151; VG Frankfurt/Main, B.v. 18.5.2011, 9 L 588/11.F, DVBl 2011, 1116 (Ls.), juris Rn. 3 f.

344 von Roetteken, ZBR 2011, 73/76.

345 Schübel-Pfister in: Eyermann, VwGO, § 123 Rn. 8.

346 2 C 16/09, BVerwGE 138, 102, juris Rn. 17 bis 28.

347 BVerwG, U.v. 4.11.2010, 2 C 16/09, BVerwGE 138, 102, juris Rn. 25.

348 so von Roetteken, ZBR 2011, 73/74; Kühnbach, ZBR 2012, 95/97.

349 BVerwG, U.v. 4.11.2010, 2 C 16/09, BVerwGE 138, 102, juris Rn. 28.

350 BVerwG, U.v. 4.11.2010, 2 C 16/09, BVerwGE 138, 102, juris Rn. 32.

dern nach § 80 Abs. 5 VwGO zu gewähren wäre[351]. Vielmehr sind die Ausführungen so einzuordnen, dass die „Positivmitteilung“ einen Verwaltungsakt gegenüber dem Ausgewählten darstellt sowie ebenso „Negativmitteilung“ einen Verwaltungsakt gegenüber den unterlegenen Mitbewerbern. Die Formulierung des Bundesverwaltungsgerichts, dass diese keine inhaltlich eigenständigen Entscheidungen darstellen, da sie die einheitliche Auswahlentscheidung bekanntgeben[352], sind nicht in dem Sinn zu verstehen, dass diesen kein Regelungsgehalt im Sinn eines Verwaltungsaktes zukommen würde und die eigentliche Regelung in der Auswahlentscheidung im eigentlichen Sinn – dem Auswahlvermerk – zu sehen wäre. Eine – sich in diesem Fall aufdrängende – klarstellende ausdrückliche Äußerung des Gerichts hierzu findet sich in der Entscheidung nicht[353]. Vielmehr setzen die („Positiv-/Negativ-“) Mitteilungen die Auswahlentscheidung nach außen wirkend um[354]. Das ist der ihnen zukommende Regelungsgehalt. Erst nach der Möglichkeit der Inanspruchnahme von gerichtlichem Rechtsschutz durch die unterlegenen Bewerber schließt sich als das Besetzungsverfahren abschließender Akt die Ernennung des ausgewählten Beamten an[355].

Solange der ausgewählte Konkurrent noch nicht ernannt ist[356], muss der unterlegene Bewerber eine neue Auswahlentscheidung hinsichtlich seiner Bewerbung verfolgen. Das kann er nur über eine Verpflichtungsklage geltend machen[357]. Denn bis zur Ernennung des ausgewählten Konkurrenten steht der Anspruch auf eine neue Auswahlentscheidung hinsichtlich der umstrittenen Stelle im Vordergrund. Dieser Anspruch muss über einen (Sicherungs-)Antrag nach § 123 VwGO (Unterlassung der Ernennung des ausgewählten Bewerbers) geltend gemacht werden. Erst wenn die Auswahlentscheidung mit der Aushändigung der Ernennungsurkunde umge-

---

351 NdsOVG, B.v. 8.6.2011, 5 ME 91/11, NVwZ 2011, 891, juris Rn. 14; ebenso Wiegand, B Rn. 99.

352 BVerwG, U.v. 4.11.2010, 2 C 16/09, BVerwGE 138, 102, juris Rn. 25 - wörtlich.

353 Eine entsprechende wünschenswerte Klarstellung ist leider auch in späteren Entscheidungen durch das BVerwG nicht erfolgt.

354 ausdrücklich: HessVGH, B.v. 23.8.2012, 1 B 1284/11, NVwZ-RR 2012, 151, juris Rn. 3.

355 BVerwG, U.v. 4.11.2010, 2 C 16/09, BVerwGE 138, 102, juris Rn. 31.

356 bzw. der strittige Dienstposten noch nicht übertragen ist, wobei zwar keine Ernennung erfolgt, jedoch aufgrund eines möglichen Bewährungsvorsprungs ein Anordnungsgrund anzunehmen ist, siehe hierzu C III 3 d aa (2).

357 Happ in: Eyermann, § 42 Rn. 52.

setzt ist, ist kein Raum mehr für ein Verpflichtungsbegehren[358]. Dann muss der unterlegene Bewerber die Ernennung des ausgewählten Beamten angreifen[359]. Das scheitert aber grundsätzlich an der Ämterstabilität, die dann jedoch nicht Beachtung findet, wenn dem unterlegenen Bewerber die Möglichkeit zur Inanspruchnahme vorläufigen Rechtsschutzes vereitelt worden ist[360]. Insoweit greift die Auswahlentscheidung noch nicht unmittelbar in die Rechte Dritter ein – was mit der Ernennung des Ausgewählten erfolgt, sondern bereitet diese vor[361]. Es ist also zu unterscheiden zwischen dem Regelungsgehalt der Auswahlentscheidung, die mit ihrer Ablehnungskomponente zwar die nicht ausgewählten Bewerber berührt, indem ihre Bewerbung abgelehnt wird, aber noch nicht in deren Rechte eingreift, da dies erst mit der Ernennung des ausgewählten Bewerbers erfolgt. So ist die Formulierung des Bundesverwaltungsgerichts zu verstehen, dass der Regelungsgehalt der Ernennung inhaltlich mit der Auswahlentscheidung übereinstimmt und die Ernennung die Auswahlentscheidung bestätigt, diese umsetzt und das Auswahlverfahren beendet[362]. Nur bei diesem Verständnis ist ein Festhalten am System, dass beamtenrechtlicher Konkurrentenschutz im Verfahren des vorläufigen Rechtsschutzes weiterhin nach § 123 VwGO zu gewähren ist[363], rechtlich stimmig[364].

Entsprechend ist der Rechtsschutz des unterlegenen Bewerbers nach wie vor so konzipiert, dass er sein Verpflichtungsbegehren, das Auswahlverfahren unter Beachtung der Rechtsauffassung des Gerichts durchzuführen, in der Weise durchsetzt, dass er vorbeugend die Ernennung des ausgewählten Beamten verhindert. Das ist über den Weg der Sicherungsanordnung nach

---

358 Der Verwaltungsakt, mit dem die Auswahl des unterlegenen Beamten abschlägig entschieden wird, erledigt sich, vgl. BVerwG, U.v. 25.8.1988, 2 C 65/85, BVerwGE 80, 127, juris Rn. 22; ebenso: BVerwG, U.v. 9.3.1989, 2 C 4/87, ZBR 1990, 79, juris Rn. 18 f.; Schübel-Pfister in: Eyermann, VwGO, § 113 Rn. 106; siehe auch C I.

359 Happ in: Eyermann, VwGO, § 42 Rn. 53, da „das Kontingent erschöpft ist".

360 BVerwG, U.v. 4.11.2010, 2 C 16/09, BVerwGE 138, 102, juris Rn. 29 ff.

361 HessVGH, B.v. 23.8.2012, 1 B 1284/11, NVwZ-RR 2012, 151, juris Rn. 3.

362 BVerwG, U.v. 4.11.2010, 2 C 16/09, BVerwGE 138, 102, juris Rn. 26.

363 BVerwG, U.v. 4.11.2010, 2 C 16/09, BVerwGE 138, 102, juris Rn. 31 ff.

364 Die Formulierung in BVerwG, U.v. 4.11.2010, 2 C 16/09, BVerwGE 138, 102, juris Rn. 28, „dass nicht nur die Auswahlentscheidung, sondern auch die daran anknüpfende Ernennung in die Rechte aller Bewerber aus Art. 33 Abs. 2 GG eingreift" ist daher nicht dahin zu verstehen, dass bereits die Auswahlentscheidung einen Verwaltungsakt mit Doppelwirkung im Sinn von § 80a darstellt.

§ 123 VwGO zu verfolgen[365]. Das Bundesverwaltungsgericht ist in seinen späteren Entscheidungen zum beamtenrechtlichen Konkurrentenstreitverfahren von dieser Konzeption des Rechtsschutzes nicht abgerückt[366].

Das gilt auch für die Fälle der Dienstpostenkonkurrenz, in denen keine unmittelbare Ernennung des ausgewählten Konkurrenten droht, sondern eine Übertragung der Aufgaben des umstrittenen Dienstpostens erfolgen soll. Die Sicherungskonstellation ist dieselbe, denn es muss verhindert werden, dass durch die Aufgabenwahrnehmung ein „Bewährungsvorsprung" eintreten kann[367]. Aber auch in allen anderen Konstellationen, in denen eine Vorauswahl getroffen wird, die einem Bewerber einen Vorteil gegenüber den anderen verschafft, muss dieses Schaffen vollendeter Tatsachen verhindert werden[368].

Der ausgewählte Bewerber ist notwendig beizuladen, da seine Rechtsstellung durch das Konkurrentenstreitverfahren betroffen wird (§ 65 Abs. 2 VwGO). Unterbleibt dessen Beiladung zu Unrecht, so ist der ausgewählte Bewerber an eine gleichwohl ergehende Entscheidung nicht gebunden, da er an dem gerichtlichen Verfahren nicht beteiligt war. Er kann sich gegen eine aufgrund der gerichtlichen Entscheidung ergehende Behördenentscheidung wehren, wenn er dadurch beschwert wird[369].

c) Maßgeblicher Ansatz: Auswahlentscheidung in Form der „Negativmitteilung"

Ist die Anfechtbarkeit der Ernennung eines Beamten vom Grundsatz her ausgeschlossen, so ist der einzig effektive Weg für die Gewährung von Rechtsschutz die Überprüfung der Auswahlentscheidung in Form der „Negativmitteilung", die der Ernennung vorgelagert ist. Damit rückt die Auswahlentscheidung in den Vordergrund. Diese Auswahlentscheidung

---

365 BVerwG, B.v. 8.12.2011, 2 B 106/11, juris Rn. 13; NdsOVG, B.v. 8.6.2011, 5 ME 91/11, NVwZ 2011, 891.

366 BVerwG, B.v. 12.12.2017, 2 VR 2/16, BVerwGE 161, 59, juris Rn. 13 ff.; B.v. 21.12.2016, 2 VR 1/16, BVerwGE 157, 168, juris Rn. 10; U.v. 29.11.2012, 2 C 6/11, BVerwGE 145, 185, juris Rn. 12. Das Bundesverwaltungsgericht hat im Urteil vom 13.12.2018, 2 A 5/18, BVerwGE 164, 84, juris Rn. 27 ff. betont, dass es an der Ansicht im Urteil vom 4.11.2010 ausdrücklich festhält.

367 siehe C III 3 d (2); von Laffert, ZBR 2012, 76/77 f., 81.

368 siehe C III 3 d (3).

369 BVerwG, U.v. 20.3.1997, 7 A 1/96, BVerwGE 104, 182, juris Rn. 8; Hoppe in: Eyermann, VwGO, § 65 Rn. 33.

ist der erste Akt im Rahmen der Stellenbesetzung[370]. Bereits gegen diese Maßnahme, die sich auf den unterlegenen Bewerber auswirkt, muss er sich zur Wehr setzen. Ist der ausgewählte Konkurrent ernannt[371], so steht der Grundsatz der Ämterstabilität nach herrschender Ansicht der Rechtsprechung einer Aufhebung der Ernennung durch die Klage eines Konkurrenten entgegen[372]. Zur Verhinderung einer beabsichtigten Ernennung des ausgewählten Konkurrenten, die zu einer erheblichen und irreversiblen Verletzung in seinen Grundrechten führen würde, ist hiergegen einstweiliger Rechtsschutz zu gewähren, wenn nicht ausnahmsweise gewichtige Gründe entgegenstehen[373]. Durch die verfassungsrechtlich gebotene Prüfungstiefe, die nicht hinter einem Hauptsacheverfahren zurückbleiben darf, wird auch effektiver Rechtsschutz gewährt[374].

Diese Lösung ist nicht unsystematisch bzw. sichert ein im Hauptsacheverfahren gar nicht existentes materielles Recht ab[375], denn der erfolglose Bewerber muss gegen die Auswahlentscheidung mit einem Antrag nach § 123 VwGO vorgehen, ansonsten kann der Dienstherr den nächsten Besetzungsschritt – die Ernennung des ausgewählten Bewerbers – vornehmen. Das in der Hauptsache zu sichernde Recht ist der Bewerbungsverfahrensanspruch, der durch eine Ernennung des ausgewählten Bewerbers nicht unterlaufen werden darf. Dazu ist effektiver Rechtsschutz über eine Sicherungsanordnung zu gewähren, die eine Ernennung bzw. eine Aufgabenwahrnehmung bei Dienstpostenkonkurrenz untersagt[376].

Das mag auf den ersten Blick paradox erscheinen. Es wird ein Eilverfahren durchgeführt, das aber in der Prüfungstiefe wie ein Hauptsacheverfahren ausgestaltet sein muss. Das ist die Konsequenz der vor der – grundsätzlich nicht mehr rückgängig zu machenden – Ernennung des ausgewählten

---

370 so differenziert Ronellenfitsch, VerwArch 82, 121/131 richtig zwischen: 1. Entscheidung über die Bewerbung, 2. Ernennungsakt, 3. Einweisung in die Planstelle nach Haushaltsrecht; ebenso die Auswahlentscheidung als maßgeblich betonend: Siegmund-Schultze, VerwArch 73, 137/150 ff.

371 durch Aushändigung der Ernennungsurkunde, § 8 Abs. 2 Satz 1 BeamtStG, vgl. hierzu Reich, BeamtStG, § 8 Rn. 8.

372 siehe C I - Ausnahme bei Vereitelung von Rechtsschutz gegen die Auswahlentscheidung: C III 2.

373 BVerfG, B.v. 9.7.2007, 2 BvR 206/07, NVwZ 2007, 1178, juris Rn. 16.

374 BVerwG, U.v. 21.8.2003, 2 C 14/02, BVerwGE 118, 370, juris Rn. 16; so auch: Özfirat-Skubinn, 2. Teil, 3. Kapitel, § 2, E, S. 222; HessVGH, B.v. 4.8.1993, 1 TG 1460/93, NVwZ 1194, 398, juris Rn. 6: „summarisches Hauptsacheverfahren“.

375 so Schoch, Vorläufiger Rechtsschutz, § 19 A II. 2 c bb, S. 695 ff./696 f.; Gärditz in: Gärditz, § 42 Rn. 18.

376 siehe F VIII.

Beamten durchzuführenden Überprüfung. Da es sich beim Bewerbungsverfahrensanspruch um ein grundrechtsgleiches Recht handelt, muss das Überprüfungsverfahren so ausgestaltet sein, dass es einen effektiven Schutz dieses Rechts gewährleistet[377].

d) Anordnungsgrund

Allerdings ist in der jeweils vorliegenden Konstellation genau zu prüfen, ob eine Situation vorliegt, in der durch den Vollzug der Auswahlentscheidung für den nicht ausgewählten Bewerber nicht mehr kompensierbare Nachteile entstehen. Denn nur dann besteht die Notwendigkeit zur Gewährleistung vorläufigen Rechtsschutzes. Das ist die Voraussetzung für das Vorliegen eines Anordnungsgrundes[378], der vom Antragsteller im Verfahren nach § 123 VwGO glaubhaft gemacht[379] werden muss.

aa) Auswahlverfahren

(1) Das ist (unproblematisch) der Fall, wenn unmittelbar nach der Auswahlentscheidung die Beförderung des entsprechenden Bewerbers in das statusrechtliche Amt vorgenommen werden soll[380]. Das gilt insbesondere bei Funktionsämtern, bei denen mit einer Funktion[381] ein bestimmtes statusrechtliches Amt verbunden ist[382]. Wird hier kein Eilrechtsschutz gewährt, ist mit der Ernennung des Ausgewählten die Stelle endgültig und rechtsbeständig besetzt[383].

---

377 BVerwG, U.v. 21.8.2003, 2 C 14/02, BVerwGE 118, 370, juris Rn. 16; BVerfG, B.v. 24.9.2002, 2 BvR 857/02, NVwZ 2003, 200, juris 10.

378 Schübel-Pfister in: Eyermann, § 123 Rn. 53: „Dringlichkeit der Sache".

379 § 173 VwGO i.V.m. § 294 Abs. 1 ZPO.

380 Das gilt auch bei der Anhebung einer Stelle durch Verleihung eines höherwertigen Amtes bei gleichbleibenden Aufgaben, BayVGH, B.v. 9.1.2012, B.v. 3 CE 11.1690, juris Rn. 27; ebenso bei der Beförderung, wenn ein Amt im funktionellen Sinn (ausnahmsweise) mehreren statusrechtlichen Ämtern zugeordnet ist („Topfwirtschaft"), vgl. Baßlsperger, ZBR 2012, 109/112 ff.; von Roetteken, ZBR 2012, 25/29 f.

381 z.B. Präsident eines Gerichts.

382 konkret einer Besoldungsgruppe zugewiesen in den jeweils maßgeblichen Besoldungsgesetzen.

383 BVerwG, U.v. 4.11.2010, 2 C 16.09, BVerwGE 138, 102, juris Rn. 31; OVG Berlin-Brandenburg, B.v. 14.4.2014, OVG 7 S 19.14, NVwZ-RR 2014, 655, juris

(2) Der Rechtsprechung[384] ist zuzustimmen, dass das auch für die Fälle gilt, in denen nach der Auswahl zwar keine unmittelbare Ernennung in das statusrechtliche Amt erfolgen soll, das mit der zu besetzenden Stelle verbunden ist, jedoch noch eine Erprobungszeit[385] auf der Stelle zu absolvieren ist[386]. Zwar ist mit der bloßen Übertragung des Dienstpostens noch keine Ernennung verbunden, sodass der Grundsatz der Ämterstabilität nicht greift. Die Übertragung des Dienstpostens kann aber ohne weiteres rückgängig gemacht werden. Dennoch kann der unterlegene Bewerber nicht darauf verwiesen werden, sein Ziel auf Neuverbescheidung seiner Bewerbung im Wege eines Widerspruchs oder einer Klage weiterzuverfolgen, während der ausgewählte Bewerber während des Laufs des Verfahrens den Dienstposten (ohne Ernennung) innehat. Wenn in einem solchen Fall kein Eilrechtsschutz gewährt wird, dann erlangt der Beamte, dem die Erprobung ermöglicht wird, einen uneinholbaren Vorsprung gegenüber dem unterlegenen Mitbewerber. Denn mit Antreten des Erprobungsdienstes erreicht der ausgewählte Bewerber eine von den übrigen, nicht erfolgreichen Bewerbern abgehobene Stufe vor der Ernennung, die den erfolglosen Bewerbern versagt bleibt. Hinzu kommt der Umstand, dass eine erfolgreich abgeleistete Dienstzeit während der Erprobung auf dem umstrittenen Posten bei einem neuen Auswahlverfahren als „Bewährungsvorsprung“ zugunsten dieses Beamten zu werten ist[387][388].

(3) Das gilt auch für weitere Fälle der Einengung auf einen Bewerber in einem Auswahlverfahren, um gerade diesem die Voraussetzungen für eine

---

Rn. 4; Schnellenbach, Konkurrenzen im öffentlichen Dienst, 5. Kapitel, Rn. 30, 35.

384 BVerwG, B.v. 25.10.2011, 2 VR 4.11, NVwZ-RR 2012, 241, juris Rn. 11 f.: „Nur der erfolgreich Erprobte hat die Chance auf Beförderung“; OVG Berlin-Brandenburg, B.v. 14.4.2014, OVG 7 S 19.14, NVwZ-RR 2014, 655, juris Rn. 4; Schnellenbach, Konkurrenzen im öffentlichen Dienst, 5. Kapitel, Rn. 35; Conrad in: Weiß/Niedermaier/Summer/Zängl, Beamtenrecht, Art. 16 LlbG Rn. 12; von Laffert, ZBR 2012, 76/79 f.

385 vgl. etwa § 22 Abs. 2 BBG oder Art. 16 Abs. 5 und Art. 17 Abs. 1 Satz 3 Nr. 2 LlbG („Erprobungszeit“); hierzu auch Conrad in: Weiß/Niedermaier/Summer/Zängl, Beamtenrecht, Art. 16 LlbG Rn. 44.

386 Auch die Verkürzung einer Beförderungswartezeit durch die Wahrnehmung der Aufgaben des umstrittenen Dienstpostens stellt einen solchen Vorteil dar, den die übrigen Konkurrenten nicht haben.

387 Schnellenbach, Konkurrenzen im öffentlichen Dienst, 5. Kapitel, Rn. 35.

388 zum neuen Konstrukt des Bundesverwaltungsgerichts der Übertragung der Aufgaben des umstrittenen Dienstpostens auf den ausgewählten Bewerber unter „Ausblendung“ des auf dem Posten gewonnenen Bewährungsvorsprungs siehe D III.

spätere Beförderung zu ermöglichen, auch wenn dieser nicht in ein neues statusrechtliches Amt ernannt wird.

Auch wenn kritisch hinterfragt wird, ob damit nicht eine unangemessene Ausweitung der Notwendigkeit der Gewährung vorläufigen Rechtsschutzes erfolgt, so ist der Rechtsprechung zuzustimmen, die hier einen Anordnungsgrund als gegeben ansieht. Eine solche Vorauswahl zur Ermöglichung weiterer Schritte zur Erlangung eines höherwertigen Dienstpostens für einen oder mehrere Bewerber aus einem Bewerberfeld erweist sich als der maßgebliche „Schritt nach vorn" gegenüber den anderen Mitkonkurrenten. Nach dieser Auswahlentscheidung erhält der ausgewählte Bewerber einen Vorteil gegenüber den nicht ausgewählten Bewerbern, der nicht mehr rückgängig zu machen ist. Nach der Auswahlentscheidung – auch wenn diese nicht unmittelbar zu einer Beförderung führt – verengt sich das Bewerberfeld auf den/die ausgewählten Bewerber, die nachfolgend nur noch auf ihre Person bezogene Leistungsanforderungen erfüllen müssen. Die in Bezug auf andere Mitbewerber erfolgende Auswahl wird entsprechend vorgezogen. Die vorgelagerte Auswahlentscheidung stellt sich bei dieser Verfahrenskonstellation als die für die Mitbewerber entscheidende Weichenstellung dar. Auch in diesem, der Vergabe eines statusrechtlichen Amtes relativ weit vorgelagerten Verfahrensstadium ist der Bewerbungsverfahrensanspruch maßgeblich, da die Verengung des Bewerberfeldes bereits in diesem Stadium erfolgt. Dieser muss auch effektiv durch vorläufigen Rechtsschutz gesichert werden. Die nach dieser Auswahlentscheidung folgenden Schritte bedingen eine Besserstellung gegenüber den nicht ausgewählten Konkurrenten. Diese muss vermieden werden, denn ansonsten würden der/die unterlegene/n Bewerber durch die Vorteile des ausgewählten Konkurrenten nicht mehr auszugleichende Nachteile erleiden. Daher ist ein Anordnungsgrund bei allen Konstellationen gegeben, in denen nach einer Auswahlentscheidung der/die ausgewählte/n Bewerber das Absolvieren zwingender Voraussetzungen für eine Vergabe des angestrebten Amtes[389] ermöglicht wird, was dem/n unterlegenen Bewerber/n gerade nicht eröffnet wird. Das ist in allen Konstellationen der Fall, in denen das Auswahlverfahren nach dem Leistungsprinzip (Art. 33 Abs. 2 GG) erfolgt. Denn mit der Übertragung des Amtes erlangt der ausgewählte Beamte einen Bewährungsvorsprung, der auch bei einer Rückabwicklung der Dienstpostenübertragung zu be-

389 BVerwG, B.v. 25.10.2011, 2 VR 4.11, NVwZ-RR 2012, 241, juris Rn. 11 f.; B.v. 20.6.2013, 2 VR 1.13, BVerwGE 147, 20, juris Rn. 14.

achten wäre, falls es zu einem weiteren Auswahlverfahren kommt[390][391]. Tendenzen in der Rechtsprechung, einen Anordnungsgrund bei einem Bewährungsvorsprung eher zurückhaltend zu sehen, sind daher abzulehnen[392][393]. Denn soweit nicht ausgeschlossen werden kann, dass ein Bewährungsvorsprung oder ein Erfahrungsvorsprung durch Wahrnehmung der Aufgaben des angestrebten Amtes auf Seiten des ausgewählten Beamten eintritt, entsteht den nach der Vorauswahl nicht zum Zuge gekommenen Bewerber dadurch ein nicht auszugleichender Nachteil[394]. Das gilt auch für eine Verwendungsentscheidung nach § 3 Abs. 1 SG, wenn über die Bewerbung mehrerer Soldaten um eine für sie jeweils höherwertige Verwendung ("Förderungsbewerber") zu befinden ist[395]. Ansonsten würde der Anspruch der – möglicherweise zu Unrecht – unterlegenen Bewerber auf ein erneutes Auswahlverfahren unter Wahrung gleicher Auswahlchancen vereitelt.

(4) Auch bei der Entscheidung über eine Vielzahl von Beförderungen („Massenbeförderung“[396]) besteht ein Bewerbungsverfahrensanspruch. Dieser ist grundsätzlich auch in dieser Konstellation über die Gewährung vorläufigen Rechtsschutzes nach § 123 VwGO zu gewährleisten. Das kann den Dienstherrn vor erhebliche Probleme stellen. Denn zur Sicherung des Bewerbungsverfahrensanspruchs hat der Dienstherr grundsätzlich alle Beförderungen zu unterlassen, die den Bewerbungsverfahrensanspruch des Antragstellers vereiteln könnten. Wird nach einer Beförderungsrangliste vorgegangen, so kann der Antragsteller nach der überwiegenden Ansicht der Rechtsprechung gegen die Beförderung aller im Rang vorgehenden

---

390 BayVGH, B.v.12.10.2015, 3 CE 15.1637, juris Rn. 21.

391 Das gilt auch für einen Beamten, der bereits das mit dem umstrittenen Posten verbundene Statusamt innehat, da der Bewährungsvorsprung einen Umstand darstellt, der bei einer Leistungskonkurrenz möglicherweise – jedenfalls nicht ausschließbar – zu berücksichtigen ist. Siehe hierzu BVerwG, U.v. 25.11.2004, 2 C 17/03, BVerwGE 122, 237, juris Rn. 18: Entschließt sich der Dienstherr für ein Auswahlverfahren, an dem sowohl Beförderungsbewerber als auch Umsetzungs- oder Versetzungsbewerber unterschiedslos teilnehmen, so ist er an diese „Organisationsgrundentscheidung“ gebunden und muss alle Bewerber am Leistungsgrundsatz messen (Art. 33 Abs. 2 GG).

392 VGH BW, B.v. 27.7.2016, 4 S 1083/16, NVwZ-RR 2017, 247, juris Rn. 7 ff.; Bergmann/Paehlke-Gärtner, NVwZ 2018, 110/112 „Förderlicher Dienstposten“.

393 siehe hierzu unten D. VI.

394 Kopp/Schenke, § 42 Rn. 148; § 123 Rn. 5.

395 BVerwG, B.v. 25.3.2010, 1 WB 37/09, BVerwGE 136, 204, juris Rn. 22; B.v. 30.1.2014, 1 WB 1/13, DokBer 2014, 163, juris Rn. 32.

396 zur Problematik: Schnellenbach, Konkurrenzen im öffentlichen Dienst, Kapitel 6, Rn. 7 ff.; Lindner, RiA 2012, 10 ff.; siehe D VIII.

Beamten vorgehen[397]. Das führt jedoch zu einer Übersicherung des Antragstellers. Richtigerweise genügt die Freihaltung einer Beförderungsstelle für (jeden) Antragsteller[398].

Auch die Möglichkeit, eine im Auswahlverfahren befindliche Stelle freizuhalten und nicht zu besetzen, bietet eine Handlungsoption für den Dienstherrn. Wird diese Reaktionsmöglichkeit durch die Personalverwaltung genutzt, besteht für den Antragsteller kein Anordnungsgrund. Denn für den Fall, dass die Auswahlentscheidung hinsichtlich der Beförderung rechtswidrig war und zu wiederholen ist, kann bei einer Wiederholung des Verfahrens der Antragsteller bei der frei gehaltenen Stelle zum Zuge kommen. Die Beförderung der ausgewählten Mitbewerber hat nicht zur Folge, dass dadurch eine Beförderung des Antragstellers ausgeschlossen wird[399]. Maßgeblich ist jedoch, dass die freigehaltene Stelle vor Abschluss des aktuellen Auswahlverfahrens verfügbar und bereits in das Auswahlverfahren einbezogen war[400].

397 BVerwG, B.v. 22.11.2012, 2 VR 5.12, BVerwGE 145, 112, juris Rn. 19 f. Allerdings bestimmt der Antragsteller die Reichweite seines Antrags, d.h. er kann seinen Antrag auf bestimmte Konkurrenten beschränken. OVG NW, B.v. 24.11.2015, 1 B 884/15, IÖD 2016, 5, juris Rn. 26 ff.; B.v. 1.10.2012, 1 B 691/12, juris Rn. 17 f.; OVG Berlin-Brandenburg, B.v. 5.7.2012, OVG 6 S 22.12, juris Rn. 21; OVG Saarland, B.v. 29.5.2012, 1 B 161/12, NVwZ-RR 2012, 692, juris Rn. 11; NdsOVG, B.v. 14.1.2008, 5 ME 317/07, DÖD 2008, 132, juris, Rn. 11; Schnellenbach, Konkurrenzen im öffentlichen Dienst, Kapitel 6 Rn. 7 ff.; so bereits HessVGH, B.v. 18.2.1991, 1 TG 85/91, NVwZ-RR 1992, 34, juris Rn. 7; ZBR 2013, 56; B.v. 31.3.1994, 1 TG 479/94, ZBR 1995, 310, juris Rn. 2; siehe hierzu auch kritisch Schnellenbach, ZBR 1997, 169/177 f.; a.A. Wittkowski, NVwZ 1995, 345/346 f.; ebenso noch BVerwG, B.v. 10.9.1993, 2 ER 301/93, ZBR 1994, 52, juris Rn. 21.

398 BVerwG, B.v. 10.9.1993, 2 ER 301/93, ZBR 1994, 52, juris Rn. 21; OVG Bremen, B.v. 16.2.2009, 2 B 598/09, DÖD 2009, 202, juris Rn. 6; so auch Wittkowski, NVwZ 1995, 345/346 f.

399 BayVGH. B.v. 12.9.2017, 6 CE 17.1220, RiA 2018, 29, juris Rn. 17; enger: Hoof, ZBR 2007, 156 ff.; a.A. OVG NW, B.v. 26.11.2015, 1 B 1104/15, juris Rn. 6; B.v. 24.11.2015, 1 B 884/15, IÖD 2016, 5, juris Rn. 26 ff.; B.v. 1.10.2012, 1 B 691/12, juris Rn. 17 f.; OVG Berlin-Brandenburg, B.v. 5.7.2012, OVG 6 S 22.12, juris Rn. 21; OVG Saarland, B.v. 29.5.2012, 1 B 161/12, NVwZ-RR 2012, 692, juris Rn. 11; NdsOVG, B.v. 14.1.2008, 5 ME 317/07, DÖD 2008, 132, juris, Rn. 11; Schnellenbach, Konkurrenzen im öffentlichen Dienst, Kapitel 6 Rn. 7 ff. der aber außer Acht lässt, dass eine Beförderungsstelle für den Antragsteller vorhanden ist, was den Anordnungsgrund ausschließt.

400 BayVGH. B.v. 12.9.2017, 6 CE 17.1220, RiA 2018, 29, juris Rn. 17; BVerwG, U.v. 21.8.2003, 2 C 14.02, BVerwGE 118, 370, juris Rn. 21; Wieland/Tiedge, DÖD 2011, 221/225.

bb) Sonderfall: Abbruch des Auswahlverfahrens

Einen Sonderfall stellt der Abbruch eines Besetzungsverfahrens dar. Das Bundesverwaltungsgericht sieht hier als Rechtsschutzform ebenfalls einen Antrag nach § 123 VwGO an. Dieser ist auf Fortführung des abgebrochenen Auswahlverfahrens gerichtet. Denn ein Hauptsacheverfahren könne die Verpflichtung des Dienstherrn zu einer zeitnahen Fortführung des Auswahlverfahrens nicht leisten. Aus strukturellen Gründen sei daher die sofortige Verpflichtung des Dienstherrn zum Fortführen des Auswahlverfahrens nur im Wege des Eilrechtsschutzes möglich und ein entsprechender Anordnungsgrund gegeben[401].

Es mag kritisch hinterfragt werden, ob hier ein Erfordernis für die Inanspruchnahme von vorläufigem Rechtsschutz gegeben ist[402]. Andererseits ist zu bedenken, welche Folgen der Abbruch des laufenden Auswahlverfahrens und die Durchführung eines neuen Verfahrens für die Rechtsstellung eines Bewerbers hat. Dessen Chancen in einem neuen Auswahlverfahren hängen entscheidend davon ab, welchem Konkurrentenfeld er sich gegenüber sieht. Sieht er sich nach dem abgebrochenen Verfahren anderen Bewerbern gegenüber, so kann das seine Auswahlchancen entscheidend verringern. Würde allein auf das Hauptsacheverfahren abgestellt, in dem über die Rechtmäßigkeit des Abbruchs des Besetzungsverfahrens befunden wird, und ergäbe sich nach erheblichem Zeitablauf – je nach Ausschöpfung des Instanzenzugs u. U. mehreren Jahren – dass der Abbruch rechtswidrig war und das Verfahren fortzuführen ist, wäre die Rechtsposition des Bewerbers stark entwertet. Der Dienstherr stünde vor der Situation, dass mit hoher Wahrscheinlichkeit allein aufgrund des Zeitablaufs ein völlig neues Bewerberfeld bestehen würde, sodass dieser Umstand einen sachlichen Grund für einen rechtmäßigen, erneuten Abbruch des Besetzungsverfahrens darstellen würde[403]. Ein Hauptsacheverfahren könnte daher keinen effektiven Schutz des Bewerbungsverfahrensanspruchs hinsichtlich des abgebrochenen Auswahlverfahrens gewährleisten[404]. Zudem könnte es zu gerichtlichen Parallelverfahren hinsichtlich der Besetzung derselben Stelle kommen. Das wäre dann möglich, wenn es einen Konkurrentenstreit bezüglich des Ergebnisses des neuen Auswahlverfahrens gäbe, wäh-

---

401 BVerwG, U.v. 3.12.2014, 2 A 3/13, BVerwGE 151, 14, juris Rn. 22.

402 Bamberger, ZBR 2019, 192/194.

403 BayVGH, B.v. 8.7.2011, 3 C 11.859, juris Rn. 22; allgemein: Schnellenbach, Konkurrenzen im öffentlichen Dienst, Anhang 1, Rn. 50 ff.

404 BVerwG, U.v. 3.12.2014, 2 A 3/13, BVerwGE 151, 14, juris Rn. 22.

rend gleichzeitig das Hauptsacheverfahren hinsichtlich des Abbruchs des Besetzungsverfahrens noch anhängig wäre. Solche Parallelverfahren könnten zu erheblichen Verwicklungen führen. Man denke nur an den Fall, dass der Abbruch wie auch die Neubesetzung als rechtswidrig beurteilt würden. Oder das Ergebnis des zweiten Besetzungsverfahrens würde rechtlich in erster Instanz nicht beanstandet, wäre aber noch nicht rechtskräftig im Beschwerdeverfahren entschieden, während der Abbruch als rechtswidrig beurteilt und diese Entscheidung rechtskräftig würde. Dann müsste eigentlich das als solches rechtmäßige zweite Besetzungsverfahren abgebrochen werden. Das wäre äußerst unbefriedigend, würde zu einem erheblichen Zeitverzug bei der Stellenbesetzung und auch zu Rechtsunsicherheit führen. Schließlich ist auch zu bedenken, dass der Bewerbungsverfahrensanspruch dann völlig entwertet würde, wenn das neue Besetzungsverfahren rechtsbeständig abgeschlossen und der ausgewählte Bewerber ernannt wäre. Selbst bei einer Feststellung der Rechtswidrigkeit des Abbruchs des früheren Auswahlverfahrens stünde die Ämterstabilität einer Anfechtung der Ernennung des ausgewählten Kandidaten grundsätzlich entgegen[405].

Die andere denkbare Variante wäre, die Rechtmäßigkeit des Abbruchs des Auswahlverfahrens in die Prüfung der Rechtmäßigkeit des neuen Besetzungsverfahrens zu verlagern. Das würde aber dieses Verfahren überfrachten und einen erheblichen nutzlosen Verwaltungsaufwand erzeugen, wenn festgestellt würde, dass das Besetzungsverfahren gar nicht erst hätte begonnen werden dürfen. Zudem kann sich das neue Besetzungsverfahren längere Zeit hinziehen, so dass möglicherweise erst nach entsprechendem Zeitablauf geprüft würde, ob der Abbruch rechtmäßig erfolgt ist oder nicht. Daher spricht auch der Gesichtspunkt der Rechtssicherheit[406] dafür, alsbald nach dem Abbruch des Auswahlverfahrens eine gerichtliche Klärung herbeizuführen.

Damit stellt sich auch die Möglichkeit der Inanspruchnahme von Eilrechtsschutz bei einem Abbruch des Besetzungsverfahrens als konsequente verfahrensrechtliche Absicherung des Bewerbungsverfahrensanspruchs

405 Eine Vereitelung des Rechtsschutzes durch den Dienstherrn (BVerwG, U.v. 4.11.2010, 2 C 16.09, BVerwGE 138, 102, juris Rn. 31 ff.) liegt nicht vor, da der Eilrechtsschutz gegen das neue Auswahlverfahren gewahrt wäre. Allenfalls könnte an eine erweiternde Einordnung dieser Konstellation in die Fälle zu denken sein, die eine ausnahmsweise Anfechtung der Ernennung des ausgewählten Beamten begründen könnten. Allerdings ist eine zeitnahe Klärung der Rechtmäßigkeit des Abbruchs systemgerechter und dient der Rechtssicherheit aller Beteiligten.

406 BVerwG, U.v. 3.12.2014, 2 A 3/13, BVerwGE 151, 14, juris Rn. 22.

dar. Könnte sich ein nicht zum Zuge gekommener Bewerber nicht effektiv gegen den Abbruch des ursprünglichen Besetzungsverfahrens wenden, so wäre der Bewerbungsanspruch inhaltlich entwertet. Denn ein Leistungsvergleich wird ganz entscheidend dadurch bestimmt, welche Vergleichsgruppe unter welchen rechtlichen wie auch tatsächlichen Umständen miteinander verglichen wird. Ändert sich die Vergleichsgruppe, so kann das Leistungsbild eines Bewerbers im ursprünglichen Verfahren in der neuen Gruppe im Vergleich zu neuen Bewerbern mit höheren Leistungen eine wesentlich schlechtere Position im Gesamtvergleich vermitteln. Das gilt auch bei einer Veränderung der tatsächlichen Umstände, etwa durch ein in einem neuen Verfahren geändertes Anforderungsprofil oder geänderte Auswahlmaßstäbe[407], insbesondere eine andere Gewichtung einzelner Beurteilungskriterien.

4. Effektive Rechtsschutzgewährung in der Praxis

Auch wenn gerade in jüngster Zeit angegeben wird, dass nach dem in der Rechtsprechung praktizierten Modell der Gewährung vorläufigen Rechtsschutzes vor der Ernennung des ausgewählten Bewerbers[408] von Defiziten im beamtenrechtlichen Konkurrentenstreitverfahren gesprochen werden könne[409], ist dem entschieden entgegen zu treten.

Soweit Burghardt[410] als Begründung hierfür anführt, dass bei einer rechtsschutzvereitelnden Ernennung die Auswahlentscheidung weiter existiere, verkennt die Autorin, dass die Auswahlentscheidung durch die Ernennung des ausgewählten Bewerbers gegenstandslos geworden ist. Denn mit der Ernennung des ausgewählten Konkurrenten erledigt sich die Auswahlentscheidung des unterlegenen Konkurrenten[411]. Ein Hauptsacheverfahren findet nach der Ernennung des ausgewählten Bewerbers nicht mehr statt, da dem Bewerbungsverfahrensanspruch Genüge getan wurde[412].

---

407 Schnellenbach, Konkurrenzen im öffentlichen Dienst, Anhang 1, Rn. 48, 54.

408 vgl. nur die zusammenfassende Darstellung bei BVerwG, U.v. 4.11.2010, 2 C 16/09, BVerwGE 138, 102, juris Rn. 32.

409 so aber: Bamberger, ZBR 2019, 192/193 der das Defizit im Fehlen eines Hauptsacheverfahrens sieht; Burghardt, Kapitel , I 5, S. 190 f., die sogar von einem verfassungsrechtlichen Defizit spricht.

410 Burghardt, Kapitel 4 I, 5 S. 191.

411 BVerwG, U.v. 25.8.1988, 2 C 65/85, BVerwGE 80, 127, juris Rn. 22; ebenso: BVerwG, U.v. 9.3.1989, 2 C 4/87, ZBR 1990, 79, juris Rn. 18 f.

412 BVerwG, U.v. 4.11.2010, 2 C 16/09, BVerwGE 138, 102, juris Rn. 31.

Der nicht zum Zuge gekommene Beamte erleidet auch im Fall der rechtsschutzvereitelnden Ernennung des Konkurrenten keinen Rechtsverlust, da dessen Ernennung ausnahmsweise durch ihn anfechtbar ist. In diesem Sonderfall ist die Verlagerung der Überprüfung des Auswahlverfahrens in das Hauptsacheverfahren hinzunehmen. Dadurch wird zwar die Position des unterlegenen Bewerbers faktisch entwertet, da der ausgewählte Konkurrent Amt und Funktion inne haben kann. Rechtlich betrachtet ist die Rechtsverwirklichung des unterlegenen Konkurrenten aber möglich, sein Recht auf Verleihung des strittigen Amtes geht nicht unter. Daher besteht auch kein Bedürfnis, eine geplante Ernennung vorläufig zu untersagen[413]. Die rechtsschutzvereitelnde Ernennung ist aber nicht der Regelfall, sondern die Ausnahme. Auch wenn die Anfechtbarkeit der Ernennung des ausgewählten Konkurrenten nicht die vorzugswürdige Form des Rechtsschutzes des unterlegenen Konkurrenten darstellt[414], so sichert sie die Rechtsposition des nicht zum Zuge gekommenen Bewerbers in diesem Sonderfall ab, ohne das von der Rechtsprechung praktizierte System des vorläufigen Rechtsschutzes grundsätzlich in Frage stellen zu müssen[415].

In der Regel erteilen die Dienstherren nach unverzüglicher telefonischer Mitteilung des Gerichts, dass ein beamtenrechtlicher Konkurrenten-Eilantrag eingegangen ist, eine Zusicherung (§ 38 VwVfG), dass die Stelle während des laufenden gerichtlichen Eilverfahrens nicht mit dem ausgewählten Konkurrenten besetzt wird. Ansonsten ergeht eine Zwischenverfügung mit dem Inhalt, die umstrittene Stelle nicht mit dem ausgewählten Bewerber zu besetzen oder eine auf den umstrittenen Dienstposten bezogene Ernennungsurkunde nicht auszuhändigen[416]. Der „status quo" ist während des Laufs des gerichtlichen Eilverfahrens gesichert.

Wird diese Zwischenverfügung nicht befolgt, so liegt ein Fall der „Rechtsschutzvereitelung" vor, die zur Anfechtbarkeit der Ernennung durch den unterlegenen Bewerber führt. Auch in diesem Fall erleidet der Antragsteller keinen Rechtsverlust, da die Auswahlentscheidung im

---

413 Burghardt, Kapitel 4 III, S. 207 ff.

414 Siehe C III 1.

415 Daher besteht auch kein Erfordernis, die bestandskräftige Auswahlentscheidung als eine Tatbestandswirkung für eine wirksame Ernennung zu normieren, siehe hierzu Weckmann, 3. Kapitel III 1 dd 1 a bb S. 227 ff., 4. Kapitel II 264 ff.; derselbe ZBR 2020, 118/124 f.

416 VG München, B.v. 21.3.2013, M 5 E 13.1172, juris; siehe B IV 2 b.

Rahmen der Anfechtung der Ernennung des ausgewählten Bewerbers erfolgt[417].

Auch die Ansicht, dass die Widerspruchsfrist in der Praxis defizitär behandelt würde[418], trifft nicht zu. Wird eine Auswahlentscheidung mit einer Rechtsbehelfsbelehrung versehen[419], hat der Betroffene hinreichend Veranlassung, nicht nur einen Antrag auf Erlass einer einstweiligen Anordnung zu stellen, sondern ergänzend auch den statthaften Rechtsbehelf in der Hauptsache. Unterbleibt eine Rechtsbehelfsbelehrung, so gilt dieser Gedanke entsprechend. Ist ein Beamter mit einer Maßnahme seines Dienstherrn nicht einverstanden, so drängt es sich auf, hiergegen auch mit einem Widerspruch vorzugehen, der nach § 54 Abs. 2 BeamtStG allen Klagen im Beamtenrecht vorgeschaltet ist[420]. Zudem setzt ein Widerspruch den Betroffenen – anders als eine Klage vor einem Verwaltungsgericht – keinem finanziellen Risiko aus[421][422].

Soweit Bracher[423] und Bamberger[424] kritisieren, dass dienstliche Beurteilungen im Rahmen des vorläufigen Rechtsschutzes im Konkurrentenstreitverfahren zwar intensiv überprüft würden, sich die Gerichte meist aber nur auf die Auswertung schriftlicher Unterlagen beschränken würden, so ist das der Grundkonzeption des gerichtlichen Eilrechtsschutzes geschuldet. Wenn im Verfahren nach § 123 VwGO in der Regel keine mündliche Verhandlung stattfindet, so bringt eine Entscheidung in dieser Verfahrensart aber den Vorteil einer für alle Beteiligten bedeutsamen raschen Klärung. Gemessen an der Dauer von Hauptsacheverfahren möglicherweise über mehrere Instanzen ist das ein ganz erheblicher Vorteil. Es ist sachgerecht und für den jeweiligen Antragsteller zumutbar, aus dessen Sicht vorliegende Rechtsfehler der dienstlichen Beurteilung im Rahmen der Glaubhaftmachung des Anordnungsanspruchs schlüssig und substantiiert darzulegen (§§ 123 Abs. 3 VwGO i.V.m. § 920 ZPO)[425]. In der Praxis

417 BVerwG, U.v. 4.11.2010, 2 C 16/09, BVerwGE 138, 102, juris Rn. 37 ff.

418 Burghardt, Kapitel 4 II., S. 191 ff.

419 Baßlsperger in: Weiß/Niedermaier/Summer/Zängl, § 54 BeamtStG Rn. 183.

420 Es sei denn, dass Landesrecht hierzu eine abweichende Regelung trifft, § 54 Abs. 2 Satz 3 BeamtStG.

421 Das Widerspruchsverfahren in beamtenrechtlichen Angelegenheiten ist kostenfrei. Vgl. als Beispiele § 7 Nr. 7 BGebG (Bund) und Art. 3 Abs. 1 Nr. 8 KG (Freistaat Bayern).

422 Auf die Bedeutung des Widerspruchs als schnelle und kostengünstige Form des Rechtsschutzes weist Baßlsperger, ZBR 2005, 192/195 hin.

423 Bracher, DVBl 2016, 1236/1242.

424 Bamberger, ZBR 2019, 192/193.

425 siehe hierzu E II 2.

ist es häufig ausreichend, dass der Dienstherr auf einen entsprechenden Vortrag des Antragstellers eine schriftliche Stellungnahme abgibt, die dem Gericht eine Bewertung des Vortrags ermöglicht. Das gilt gerade mit Blick darauf, dass dem Beurteiler bei dienstlichen Beurteilungen ein gerichtlich nur sehr eingeschränkt überprüfbarer Beurteilungsspielraum zukommt[426]. Eine schriftliche Plausibilisierung wird daher in der Regel ausreichen[427].

Andererseits gibt es in der Praxis vereinzelt Fälle, in denen die schriftliche Stellungnahme des Dienstherrn nicht ausreicht oder eine solche nicht vorgelegt wird. Dann führt das Gericht auch im Verfahren nach § 123 VwGO eine mündliche Verhandlung mit Beweisaufnahme durch[428]. Es ist zuzugeben, dass dies der Vorschrift des § 294 Abs. 2 ZPO widerspricht[429]. Jedoch ist mit Blick auf das verfassungsrechtliche Gebot der Gewährung effektiven Rechtsschutzes (Art. 19 Abs. 4 GG) und den Amtsermittlungsgrundsatz[430] in Ausnahmefällen eine förmliche Beweiserhebung möglich, wenn ansonsten – nur unter Zugrundelegung der schriftlichen Ausführungen der Beteiligten – keine Klärung möglich ist[431]. Wenn einerseits die Überprüfung der einer Auswahlentscheidung zugrunde liegenden dienstlichen Beurteilungen im Rahmen des Verfahrens des vorläufigen Rechtsschutzes hinsichtlich der Auswahlentscheidung erfolgt, wobei dieses Verfahren in der Prüfungsintensität nicht hinter der eines Hauptsachever-

426 vgl. nur: BVerwG, U.v. 2.3.2017, 2 C 21/16, BVerwGE 157, 366, juris Rn. 15 ff.

427 Eine solche kann auch im gerichtlichen Verfahren erfolgen, wobei sich diese an den Rügen des Beamten orientiert, vgl. BVerwG, U.v. 1.3.2018, 2 A 10/17, BVerwGE 161, 240, juris Rn. 37; a.A. Bamberger, ZBR 2019, 192/193.

428 siehe hierzu E II 1 d – Eine mündliche Verhandlung im Eilverfahren bewirkt häufig eine rasche Klärung des Sachverhalts, die zu einer konzentrierten Streitentscheidung oder gar zu unstreitiger Verfahrensbeendigung führt. Das ist etwa dann der Fall, wenn dem Antragsteller als Ergebnis der mündlichen Verhandlung die Aussichtslosigkeit seines Antrags vor Augen steht. Andererseits kann ebenso dem Dienstherrn als Ergebnis der mündlichen Verhandlung klar sein, dass die Auswahlentscheidung rechtswidrig war.

429 Bamberger, ZBR 2019, 192/193; allgemein: Happ in: Eyermann, VwGO, § 123 Rn. 56.

430 BVerfG, B.v. 25.2.2009, 1 BvR 120/09, NZS 2009, 674, juris Rn. 18; B.v. 31.3.2004, 1 BvR 356/04, NVwZ 2004, 1112, juris Rn. 24; VGH BW, B.v. 2.11.2011, 9 S 2217/11, VBlBW 2012, 147, juris Rn. 3.

431 BVerfG, B.v. 2.5.1984, 2 BvR 1413/83, BVerfGE 67, 43, juris Rn. 40; W.-R. Schenke in: Kopp/Schenke, § 123 Rn. 32; Schoch in: Schoch/Schneider, § 123 Rn. 96; Redeker in: Redeker/von Oertzen, § 123 Rn. 33; Schoch, Vorläufiger Rechtsschutz, § 45 E III, S. 1646 f.; Wollenschläger in: Gärditz, § 123 Rn. 140; ebenso Füßer, DÖV 1997, 816/819.

fahrens zurückbleiben darf[432], so müssen andererseits dem Gericht die Erkenntnis- und Beweismöglichkeiten offen stehen, die ihm in einem Hauptsacheverfahren zur Verfügung stehen[433]. Allerdings muss aufgrund des Charakters des Verfahrens des vorläufigen Rechtsschutzes eine solche Beweiserhebung zurückhaltend angewendet und auf solche Fälle beschränkt werden, in denen eine schriftliche Plausibilisierung nicht ausreicht. Das ist insbesondere dann der Fall, wenn umfangreiche Einwendungen gegen die dienstliche Beurteilung erhoben werden, auf die in einer schriftlichen Stellungnahme nicht vollständig eingegangen werden könnte. Hier ist etwa an komplizierte Beurteilungsverfahren zu denken, bei denen der Beurteiler sein Urteil unter Berücksichtigung unterschiedlicher Beurteilungsbeiträge bilden muss[434].

Die These, dass durch Nichtgewährung des verwaltungsgerichtlichen Instanzenzugs dem nicht ausgewählten Bewerber Rechtsmittel vorenthalten würden[435], ist jedenfalls aus dem Blick der Praxis nicht haltbar. Allein durch die Möglichkeit, Beschwerde gegen einen Beschluss des Verwaltungsgerichts einzulegen, ohne dass dieses Rechtsmittel einer Zulassung bedarf, ergibt für den Rechtsschutzsuchenden einen erheblichen Vorteil gegenüber einem Hauptsacheverfahren. Durch das Erfordernis der Zulassung der Berufung durch das Oberverwaltungsgericht (§ 124 Abs. 2 VwGO), wobei die Gründe für die Zulassung innerhalb von zwei Monaten nach Zustellung des vollständigen Urteils darzulegen sind (§ 124 Abs. 4 Satz 4 VwGO), erfolgt in der Praxis eine sehr starke „Filterwirkung". Anträge auf Zulassung der Berufung haben nur zu einem geringen Teil Erfolg, die überwiegende Mehrzahl der Anträge wird abgelehnt[436]. Demgegenüber kann im Verfahren des vorläufigen Rechtsschutzes ohne Beschränkung Beschwerde zum Oberverwaltungsgericht erhoben werden, wobei auch diese zu begründen ist (§ 146 Abs. 4 VwGO). Allerdings muss

---

432 vgl. nur BVerwG, U.v. 21.8.2003, 2 C 14/02, BVerwGE 118, 370, juris Rn. 16; BVerfG, B.v. 24.9.2002, 2 BvR 857/02, NVwZ 2003, 200, juris 10.

433 Ist hinsichtlich der der Auswahlentscheidung zugrunde liegenden dienstlichen Beurteilung bereits ein Klageverfahren anhängig, kann dieses Klageverfahren mit Beweiserhebung durch Zeugeneinvernahme zusammen mit dem Verfahren des vorläufigen Rechtsschutzes zu einer mündlichen Verhandlung terminiert werden. Siehe E II 1 b.

434 vgl. etwa: BVerwG, U.v. 1.3.2018, 2 A 10/17, BVerwGE 161, 240, juris Rn. 33 f.

435 Burghardt, Kapitel 4 IV, S. 211 f.

436 Dietz in: Gärditz, § 124 Rn. 3; Rudisile in: Schoch/Schneider, vor § 124 Rn. 72 ff., § 124 Rn. 1 ff.; BT-Drs. 14/6393, Begründung S. 1: „erhebliche Entlastung der Oberverwaltungsgerichte".

nicht die „Zulassungshürde" genommen werden, sondern der Beschwerdeführer kann sogleich inhaltlich gegen die erstinstanzliche Entscheidung vorgehen. Da auch die Beschwerdeinstanz die inhaltliche Vorgabe zu berücksichtigen hat, dass die verfassungsrechtlich gebotene Prüfungstiefe nicht hinter einem Hauptsacheverfahren zurückbleiben darf, wird auch hier effektiver Rechtsschutz[437] gewährt. Hinzu kommt der nicht gering zu bewertende Vorteil einer relativ zeitnahen Entscheidung in einem Verfahren des vorläufigen Rechtsschutzes, das den Beteiligten absehbar Rechtssicherheit verschafft.

Soweit Burghardt[438] angibt, dass durch das Fehlen einer Revisionsinstanz eine bundeseinheitliche Rechtsanwendung durch die Verwaltungsgerichte nicht gewährleistet sei, ist auch dieses Argument unzutreffend. Nach § 50 Abs. 1 Nr. 4 VwGO ist das Bundesverwaltungsgericht erstinstanzlich für alle Klagen zuständig, denen Vorgänge im Geschäftsbereich des Bundesnachrichtendienstes zugrunde liegen. Dazu gehören auch die beamtenrechtlichen Konkurrentenstreitigkeiten[439]. Über § 123 Abs. 2 VwGO ist das Bundesverwaltungsgericht als Gericht der Hauptsache auch für die Verfahren auf Gewährung vorläufigen Rechtsschutzes in beamtenrechtlichen Konkurrentenverfahren zuständig. Im Rahmen dieser Zuständigkeit hat das Bundesverwaltungsgericht das Konkurrentenstreitverfahren maßgeblich geprägt[440]. Es kann daher nicht davon die Rede sein, dass dem Bundesverwaltungsgericht nicht die Möglichkeit gegeben wäre, eine bundeseinheitliche Rechtsanwendung in beamtenrechtlichen Konkurrentenstreitigkeiten vorzugeben. Auch wenn das beamtenrechtliche Konkurrentenstreitverfahren im Wesentlichen im Verfahren der Gewährung vorläufigen Rechtsschutzes stattfindet, sind Hauptsacheverfahren nicht ausgeschlossen, die in der Revisionsinstanz bis zum Bundesverwaltungsgericht gelangen. Im Übrigen ist die Konzentration auf den vorläufigen Rechtsschutz kein Phänomen des Beamtenrechts. Etwa auch im Fahrerlaubnisrecht wird durch den in der Regel für sofort vollziehbar erklärten Entzug der Fahrerlaubnis Rechtsschutz bei Zweifeln an der Fahreignung (§ 3

---

437 BVerwG, U.v. 21.8.2003, 2 C 14/02, BVerwGE 118, 370, juris Rn. 16; BVerfG, B.v. 24.9.2002, 2 BvR 857/02, NVwZ 2003, 200, juris 10; so auch: Özfirat-Skubinn, 2. Teil 3. Kapitel § 2 E, S. 222; HessVGH, B.v. 4.8.1993, 1 TG 1460/93, NVwZ 1994, 398, juris Rn. 6: „summarisches Hauptsacheverfahren".

438 Burghardt, Kapitel 4 IV 2, S. 212 ff.; dieselbe, DVBl 2018, 417/420 ff.; in diese Richtung auch Schnellenbach, ZBR 1997, 169/179; Laubinger, ZBR 2010, 289/302.

439 Kraft in: Eyermann, § 50 Rn. 14.

440 siehe C I.

Abs. 1 StVG, § 46 FeV) im Wesentlichen im Eilverfahren gewährt und es gelangen nur sehr wenige Revisionsverfahren zum Bundesverwaltungsgericht[441]. Schließlich bleibt dem unterlegenen Konkurrenten auch die Möglichkeit einer Verfassungsbeschwerde zum Bundesverfassungsgericht (wobei sich der unterlegene Bewerber auf ein grundrechtsgleiches Recht berufen kann)[442], wovon in einer beträchtlichen Anzahl von Fällen Gebrauch gemacht wird[443]. Allerdings ist der fachgerichtliche Rechtsschutz auszuschöpfen. Das ist im Regelfall der Antrag auf Erlass einer einstweiligen Anordnung nach § 123 VwGO und die Beschwerde zum Oberverwaltungsgericht. Bei der Vereitelung von Rechtsschutz allerdings kann der Bewerbungsverfahrensanspruch im Hauptsacheverfahren weiter verfolgt werden[444]. Der von Seegmüller eingeworfene Gedanke, eine Rechtsbeschwerde im Konkurrentenstreitverfahren einzuführen[445], erscheint nicht sinnvoll. Das würde zur Einführung einer weiteren Instanz führen und damit zu einer weiteren zeitlichen Verzögerung. Mit Blick auf andere Rechtsbereiche, in denen sich der Rechtsschutz ebenfalls auf das Eilverfahren konzentriert, wäre eine auf beamten- und richterrechtliche Konkurrentenstreitverfahren beschränkte Rechtsbeschwerde systemfremd.

Insgesamt kann aufgrund der dargestellten Rechtsschutzmöglichkeiten nicht davon die Rede sein, dass im Beamtenrecht die einheitliche Rechtsanwendung insbesondere innerhalb der Verwaltungsgerichtsbarkeit in Gefahr sein könnte[446][447].

441 Koehl in: NK-GVR, § 46 FeV Rn. 28, 41 ff.

442 die auch mit einem Antrag auf Erlass einer einstweiligen Anordnung nach § 32 BVerfGG verbunden sein kann.

443 Steiner, BayVBl 2017, 505/507: BVerfG sei in die Rolle einer dritten (Ersatz-)Instanz eines primär verwaltungsgerichtlichen Verfahrens gerückt; Munding, DVBl 2011,1512/1519; Schenke, NVwZ 2011, 321/326; Herrmann, NJW 2011, 653/654; Laubinger, ZBR 2010, 289/302; Sodan in: Sodan/Ziekow, § 42 Rn. 174b; Battis in: Sachs, Art. 33 Rn. 41.

444 BVerfG, B.v. 24.9.2007, 2 BvR 1586/07, NVwZ 2008, 70, juris Rn. 9 f,; Munding, DVBl 2011, 1512/1515, 1519.

445 Seegmüller, DRiZ 2019, 218/221.

446 so aber: Burghardt, DVBl 2018, 420.

447 Die Uneinheitlichkeit der verwaltungsgerichtlichen Rechtsprechung ist in anderen Rechtsbereichen tatsächlich zu besorgen, insbesondere im Asylrecht und vor allem in Streitigkeiten nach der Verordnung 604/2013/EU (Dublin III–VO), in dem es bereits keine Beschwerdeinstanz gibt (§ 80 AsylG) – siehe hierzu die Stellungnahme des Bundes Deutscher Verwaltungsrichter und Verwaltungsrichterinnen zur Zulassung von Rechtsmitteln zur Beschleunigung asylrechtlicher Verfahren vom 1.6.2015, BDVR-Rundschreiben 2015, 119 f.

Wenn Bamberger[448] bemängelt, dass das Hauptsacheverfahren durch das Verfahren des vorläufigen Rechtsschutzes vorweggenommen werde, ist das die Kernkonzeption des Konkurrentenschutzes im beamtenrechtlichen Besetzungsstreit und beruht im Wesentlichen auf dem Grundsatz der Ämterstabilität. Da eine vollzogene Besetzungsentscheidung durch Ernennung nicht mehr rückgängig gemacht werden kann, ist bereits hinsichtlich der Auswahlentscheidung effektiver Rechtsschutz im Verfahren des vorläufigen Rechtsschutzes nach § 123 VwGO zu gewähren[449]. Soweit er moniert, dass insbesondere die Begründung von Auswahlentscheidungen als nicht nachholbar angesehen werde[450], folgt das aus dem dargestellten Rechtsschutzkonzept der Gewährung effektiven vorläufigen Rechtsschutzes. Dadurch wird der Rechtsschutz für den nicht ausgewählten Konkurrenten nicht erschwert, sondern dessen Position gestärkt. Die Strenge der Begründungspflicht und die Pflicht zur Gewährung effektiven Rechtsschutzes im Verfahren des vorläufigen Rechtsschutzes ist das Gegengewicht dazu, dass die Ernennung des ausgewählten Bewerbers grundsätzlich nicht anfechtbar ist[451]. Gerade durch die Verlagerung der rechtlichen Überprüfung der Auswahlentscheidung in das Verfahren der einstweiligen Anordnung besteht über die Rechtsmäßigkeit von Besetzungsentscheidungen alsbald Gewissheit. Das ist ein ganz entscheidender Faktor.

5. Verfassungswidrigkeit eines für die Auswahlentscheidung maßgeblichen Gesetzes

Soweit die Verwaltungsgerichte im Rahmen der Gewährung vorläufigen Rechtsschutzes der Auffassung sind, dass im Auswahlverfahren anzuwendende formelle Gesetze verfassungswidrig sind, so trifft die Verwaltungsgerichte keine Vorlagepflicht an das Verfassungsgericht (Art. 100 Abs. 1 GG)[452]. Vorläufiger Rechtsschutz ist im Interesse eines effektiven Rechts-

448 Bamberger, ZBR 2019, 192/193 f.; ders., NVwZ – Extra 18a/2017, 1.
449 s.o. C I.
450 zur Problematik des Nachschiebens von Gründen siehe E IV 2.
451 das betont schon Schmidt-Preuß, C VIII 5 b, S. 478 ff.; derselbe, NVwZ 2005, 489/491.
452 Happ in: Eyermann, § 123 Rn. 57.

schutzes auch in diesem Fall zu gewähren. Allerdings darf dadurch die Hauptsache nicht vorweggenommen werden[453].

Das folgt im beamtenrechtlichen Konkurrentenstreitverfahren, wenn der Antrag abgelehnt wird, sodass der ausgewählte Bewerber vom Dienstherrn ernannt werden kann. Zu einer Antragsablehnung gelangt das Gericht aber nur, wenn es keine rechtlichen Bedenken gegen die Rechtmäßigkeit der Auswahlentscheidung hat. Hält das Verwaltungsgericht eine Besetzungsentscheidung andererseits für rechtmäßig, kann keine entscheidungsrelevante Überzeugung der Verfassungswidrigkeit eines Gesetzes vorliegen. Damit können die Voraussetzungen für eine Richtervorlage nach Art. 100 Abs. 1 GG nicht vorliegen. Nur wenn das Gericht davon überzeugt ist, dass ein formelles Gesetz verfassungswidrig ist und es für die Entscheidung auf diese Norm ankommt[454] sind die Vorlagevoraussetzungen gegeben.

Die Überzeugung des Gerichts, dass ein für die Entscheidung maßgebliches Gesetz verfassungswidrig ist, kann sich auf die Rechtsstellung des nicht zum Zuge gekommenen Bewerbers auswirken. Denn die Auswahlentscheidung ist aufgrund der Überzeugung des Gerichts von der Verfassungswidrigkeit eines entscheidungserheblichen Gesetzes rechtswidrig. Die Position des Antragstellers muss daher gesichert werden. In diesem Fall kann das Gericht die Frage der Verfassungsmäßigkeit des Gesetzes auch vorlegen, das Verfahren ist auszusetzen (Art. 100 Abs. 1 GG)[455]. Es muss aber sichergestellt sein, dass der Dienstherr bis zu einer Entscheidung über den gerichtlichen Eilantrag durch das Verwaltungsgericht (nach Entscheidung über die Vorlage an das Verfassungsgericht) die Besetzung der Stelle mit dem ausgewählten Konkurrenten nicht vornimmt. Wie bereits dargelegt, wird in der Praxis nahezu durchgehend durch die Dienstherren zugesichert (§ 38 VwVfG), die Stelle bis zu einer Entscheidung über den Eilantrag nicht mit dem ausgewählten Bewerber zu besetzen (was auch dessen Ernennung einschließt)[456]. Dann besteht kein Bedürfnis für eine weitergehende Sicherung[457]. Ansonsten müsste eine gerichtliche Zwi-

---

453 BVerfG, B.v. 24.6.1992, 1 BvR 1028/91, BVerfGE 86, 382, juris Rn. 21 ff.; B.v. 5.10.1977, 2 BvL 10/75, BVerfGE 43, juris Rn. 35; vgl. zum Ganzen auch: Happ in: Eyermann, VwGO, § 123 Rn. 57.

454 Kment in: Jarass/Pieroth, Art. 100 Rn. 16 ff.

455 Happ in: Eyermann, VwGO, § 123 Rn. 57.

456 siehe B II 4.

457 Andererseits stellt eine solche Vorlage an das Verfassungsgericht einen Ausnahmefall dar. Das rechtfertigt zur Klarstellung eine entsprechende Zwischenverfügung zur Sicherung der Rechtsposition des Antragstellers.

schenverfügung ergehen, um einen effektiven Rechtsschutz zu gewährleisten[458].

Ist ein Verwaltungsgericht von der Verfassungswidrigkeit eines entscheidungserheblichen Gesetzes überzeugt[459], so kann es andererseits dem Antrag stattgeben. Denn durch eine Stattgabe werden keine vollendeten Tatsachen geschaffen, die Untersagung der Besetzung der Stelle mit dem ausgewählten Bewerber bis zu einem erneuten Auswahlverfahren kann wieder rückgängig gemacht werden[460]. Die Klärung der Verfassungsmäßigkeit des Gesetzes kann im Hauptsacheverfahren erfolgen. Diese Variante ist vorzuziehen, da diese dem Sinn und Zweck des Verfahrens des vorläufigen Rechtsschutzes als Eilverfahren gerecht wird und dieses Verfahren nicht überfrachtet.

IV. Fazit

Die Rechtsprechung sieht zur Gewährung effektiven Rechtsschutzes bei der Vergabe höherwertiger Ämter einen Antrag nach § 123 VwGO gerichtet auf vorläufiges Unterlassen der Ernennung oder Übertragung der Aufgaben des umstrittenen Dienstpostens als geeignete Form des Rechtsschutzes an. Erhebliche Teile der Literatur kritisieren diese Verlagerung in den vorläufigen Rechtsschutz und plädieren für eine Aufgabe des Grundsatzes der Ämterstabilität.

Am Grundsatz der Ämterstabilität ist ebenso festzuhalten wie an der Rechtsschutzgewährung nach § 123 VwGO. Die als Anknüpfungspunkt maßgebliche „Negativmitteilung" an den/die unterlegene/n Bewerber stellt einen Verwaltungsakt dar, der aber nicht in deren Rechte eingreift. Daher ist nicht Rechtsschutz nach § 80 VwGO zu gewähren. Das Verfahren nach § 123 VwGO hat sich bewährt und ermöglicht in der Praxis eine effektive Überprüfung der Auswahlentscheidung.

---

458 so noch OVG NW, B.v. 23.10.1990, 12 B 2298/90, ZBR 1991, 58 (aufgehoben durch Beschluss vom B.v. 10.4.1992, 12 B 2298/90, NVwZ 1992, 1226, juris Rn. 5 ff.); Froese/Kempny/Schiffbauer, DÖV 2017, 261/269 ff.; in diese Richtung: Happ in: Eyermann, VwGO, § 123 Rn. 57.

459 Füßer, DÖV 1997, 816/819 will im beamtenrechtlichen Konkurrentenstreitverfahren hierfür ernstliche Bedenken ausreichen lassen.

460 OVG Berlin, B.v. 16.4.1992, 4 S 39.91, ZBR 1992, 252, juris Rn. 4 ff.; OVG NW, B.v. 10.4.1992, 12 B 2298/90, NVwZ 1992, 1226, juris Rn. 5 ff.; VG Düsseldorf, B.v. 5.9.2016, 2 L 2866/16, ZBR 2016, 425, juris Rn. 2 ff. ohne das ausdrücklich zu thematisieren.

D. Organisatorische Determinanten

I. Grundsätzliche Vorüberlegungen

Wie gezeigt, muss der Bewerbungsverfahrensanspruch effektiv abgesichert werden. Es darf nicht zugelassen werden, dass vollendete Tatsachen geschaffen werden, sodass der Befund, dass eine Auswahlentscheidung rechtswidrig war, für den übergangenen Bewerber in Bezug auf das Auswahlverfahren „ins Leere läuft", da der Bewerbungsverfahrensanspruch nicht mehr realisiert werden kann. Andererseits muss diese Absicherung der Rechtsposition auf das notwendige Ausmaß beschränkt werden. Es darf zu keiner „Übersicherung" kommen[461].

Darüber hinaus ist zu überlegen, welche Möglichkeiten sich eröffnen, durch eine Ausfüllung der organisatorischen Gestaltungsmöglichkeiten des Dienstherrn einerseits eine effektive Rechtsschutzgewährung für den unterlegenen Konkurrenten zu ermöglichen und andererseits auch die Funktionsfähigkeit der Verwaltung zu gewährleisten. Denn durch die Inanspruchnahme von vorläufigem Rechtsschutz durch den unterlegenen Bewerber ist die Besetzung der umstrittenen Stelle zunächst nicht möglich. Die Dauer des Verfahrens nach § 123 VwGO ist zu bewältigen. Dieses Verfahren kann sich über zwei Instanzen hinziehen, wobei selbst bei sehr straffer Verfahrensgestaltung mindestens drei Monate pro Instanz einzurechnen sind[462].

Schwieriger ist die Situation für den Dienstherrn aber dann, wenn ein erstes Auswahlverfahren als rechtswidrig beanstandet wurde, sodass ein neues Besetzungsverfahren durchgeführt werden muss. Hier kommt dann die Zeitdauer des weiteren Besetzungsverfahrens sowie u.U. ein weiteres Konkurrentenstreitverfahren gegen diese Auswahlentscheidung hinzu. In einer solchen Variante kann sich die endgültige Stellenbesetzung über

---

461 Zur Tenorierung im Rahmen des § 123 VwGO siehe F VIII.

462 Siehe hierzu auch Hoof, ZBR 2007, 156/157, der im Durchschnitt zwei bis vier Monate für die erste Instanz und mit weiteren sechs bis zwölf Monaten für die zweite Instanz rechnet. Lemhöfer, ZBR 2003, 14/15 benennt ½ Jahr und mehr als Dauer der Verfahren im vorläufigen Rechtsschutz. In der aktuellen Praxis der bayerischen Verwaltungsgerichte bewegen sich die Laufzeiten durchwegs am unteren Rand dieses sehr groben Rahmens.

Jahreszeiträume hinziehen[463]. Daher sind Überlegungen anzustellen, wie weit der Dienstherr mit organisatorischen Maßnahmen gehen kann, um den Bewerbungsverfahrensanspruch nicht ins Leere laufen zu lassen, aber andererseits die Leistungsfähigkeit der Verwaltung sicherzustellen, indem die Aufgaben des zu besetzenden Dienstpostens erledigt werden.

Der nicht ausgewählte Konkurrent benötigt eine Entscheidung des Gerichts vor der Hauptsacheentscheidung über den geltend gemachten Bewerbungsverfahrensanspruch dann, wenn ansonsten die Gefahr besteht, dass sein geltend gemachtes Recht bis zu einer Entscheidung in der Hauptsache beeinträchtigt wird oder in der Weise gefährdet werden könnte, dass es „ins Leere läuft“[464].

Andererseits benötigt der nicht ausgewählte Beamte keine Sicherung seines Bewerbungsverfahrensanspruchs durch Gewährung vorläufigen Rechtsschutzes, wenn dieses Recht durch Organisationsmaßnahmen des Dienstherrn, die die Aufgabenerfüllung des strittigen Dienstpostens bis zur Entscheidung in der Hauptsache sicherstellen sollen, nicht beeinträchtigt wird. Denn es soll keine „Übersicherung“ des unterlegenen Beamten erfolgen.

Zunächst ist der Bewerbungsverfahrensanspruch während des Laufs des gerichtlichen Eilverfahrens zu sichern.

Das erfolgt durch eine Zusicherung (§ 38 VwVfG) des Dienstherrn, dass der zu besetzende Dienstposten bis zu einer Entscheidung in der Hauptsache – während des Laufs des Verfahrens des vorbeugenden Rechtsschutzes – nicht an den ausgewählten Konkurrenten vergeben wird. Das bedeutet, dass dem ausgewählten Bewerber das mit dem Dienstposten verbundene abstrakt-funktionelle Amt nicht übertragen werden darf. Es darf keine Ernennung in ein solches Amt erfolgen. Ansonsten muss das Gericht einen „Hängebeschluss“ erlassen, um die Schaffung vollendeter Tatsachen während des Laufs des gerichtlichen Eilverfahrens zu unterbinden[465].

Dem Dienstherrn bieten sich im weiteren Verfahren verschiedene Möglichkeiten, um einerseits die Erfüllung der Aufgaben der umstrittenen Stelle sicherzustellen, andererseits den Bewerbungsverfahrensanspruch des unterlegenen Bewerbers, der einen Antrag auf Erlass einer einstweiligen Anordnung nach § 123 VwGO gestellt hat, nicht zu beeinträchtigen. Diese Verfahrensvarianten sollen im Folgenden untersucht werden. Denn den

---

463 Zu den wechselnden Interessenlagen der Beteiligten je nach Entscheidung des Gerichts Hoof, ZBR 2007, 156/157.

464 siehe B III, C III 3 d.

465 siehe B IV 2 b; F VII.

Personalverwaltungen steht im Rahmen der Organisationshoheit ein Gestaltungsspielraum zu. Wenn dieser ausgenutzt wird, dann kann die Zeit eines gerichtlichen Eilverfahrens im Konkurrentenstreit häufig überbrückt werden, ohne dass es zu erheblichen Einschränkungen der Aufgabenerfüllung kommen muss.

Das ist etwa der Fall, wenn die Personalverwaltung einen Beamten, der außerhalb der Konkurrenz steht, mit der vorübergehenden Wahrnehmung des Dienstpostens betraut. Werden die Aufgaben des strittigen Postens anderen – außerhalb der Konkurrenz stehenden – Beamten übertragen, dann wird der Bewerbungsverfahrensanspruch nicht beeinträchtigt, da dem Beamten der Posten wieder entzogen werden kann, ohne dass das Auswirkungen auf die der Auswahlentscheidung zugrunde liegende Rechtsposition des unterlegenen Bewerbers hat. Die Aufgabenwahrnehmung durch den ausgewählten Konkurrenten ist jedoch grundsätzlich zu unterbinden. Problematisch ist die (bloße) Aufgabenwahrnehmung des strittigen Dienstpostens durch den ausgewählten Beamten, auch wenn dem ausgewählten Bewerber das mit der Stelle verbundene abstrakt–funktionelle Amt nicht übertragen wird.

Weiter ist zu prüfen, ob ein Abbruch des Besetzungsverfahrens eine sinnvolle Lösung sein kann, um die Funktionsfähigkeit der Verwaltung sicherzustellen.

Der Dienstherr ist jedoch nicht auf organisatorische Maßnahmen beschränkt. Er hat die Möglichkeit, mit dem unterlegenen Bewerber, der vorläufigen Rechtsschutz sucht, eine personalpolitische Strategie zu entwickeln, um auch dessen Interessen angemessen berücksichtigen zu können. So besteht die Möglichkeit, dass durch außergerichtliche Interessenabklärung ein gerichtliches Verfahren verkürzt und u.U. vermieden werden kann.

Andererseits – quasi als Gegenstück – ist zu überdenken, ob und gegebenenfalls unter welchen Bedingungen dem Dienstherrn angesonnen werden kann, trotz des laufenden Verfahrens auf Gewährung vorläufigen Rechtsschutzes oder unter Vereitelung dieser Rechtsschutzmöglichkeit[466] die Ernennung des ausgewählten Bewerbers zu vollziehen, um eine Stellenblockade[467] aufzulösen. Dadurch wird der Rechtsschutz des unterlegenen Bewerbers in das Hauptsacheverfahren verlagert.

466 siehe B IV 5.

467 vgl. zur Problematik: Schlottbohm, ZBR 2015, 368 ff.

Auch die Beförderung einer Vielzahl von Beamten nach Ranglisten wirft die Frage auf, wie weit der Bewerbungsverfahrensanspruch zu sichern ist.

II. Aufgabenübertragung des umstrittenen Dienstpostens auf andere Beschäftigte als Lösungsansatz

Der Dienstherr kann die Aufgaben der umstrittenen Stelle durch andere Beamte erledigen lassen. Die Aufgabenwahrnehmung der umstrittenen Stelle während des Laufs des Rechtsschutzverfahrens hinsichtlich der Auswahlentscheidung darf sich nicht auf den Bewerbungsverfahrensanspruch des Unterlegenen auswirken. Rechtlich unproblematisch ist das, wenn die Aufgaben des umstrittenen Postens auf Bedienstete übertragen werden, die nicht am Konkurrenzverhältnis um diese Stelle beteiligt sind. Hierfür gibt es verschiedene Varianten. Der Dienstherr hat hier bei der nötigen Umorganisation[468] einen relativ weiten Spielraum[469]. Er kann einen Beamten versetzen[470], umsetzen[471] oder abordnen[472].

468 Allerdings ist eine Aufgabenverteilung auf andere Beamte außerhalb des Konkurrenzverhältnisses nur für Dienstherren geeignet, die über einen hinreichend großen Personalkörper verfügen. Für kleinere Behörden mit einer geringen Anzahl von Beschäftigten, insbesondere kleinere Gebietskörperschaften, sind eher keine entsprechenden Möglichkeiten gegeben.

469 Herrmann, NVwZ 2017, 105/107; Lorse, ZBR 2017, 11/14.

470 Vgl. nur § 28 Abs. 2 BBG, Art. 48 Abs. 1 Satz 1 BayBG: Eine Versetzung ist ohne Zustimmung des Beamten aus dienstlichen Gründen möglich. Eine bestimmte Personalsituation stellt in der Regel einen dienstlichen Grund dar, vgl. Grigoleit in: Battis, BBG, § 28 Rn. 13; Bodanowitz in: Schnellenbach/Bodanowitz, Beamtenrecht, § 4 Rn. 15.

471 Hierbei besteht ein weites Organisationsermessen, vgl. Eck in: Brinktrine/Voitl, BayBG, Art. 47 Rn. 13; Grigoleit in: Battis, BBG, § 28 Rn. 4 f.; Bodanowitz in: Schnellenbach/Bodanowitz, Beamtenrecht, § 4 Rn. 64 ff.

472 Vgl. nur § 27 Abs. 1, 2 BBG: Eine Abordnung eines Beamten ist aus dienstlichen Gründen möglich. Ebenso Art. 47 Abs. 2 BayBG für eine Abordnung bei einer nicht dem Amt entsprechenden Tätigkeit; vgl. hierzu: Grigoleit in: Battis, BBG, § 27 Rn. 9; Bodanowitz in: Schnellenbach/Bodanowitz, Beamtenrecht, § 3 Rn. 50; für eine dem Amt entsprechende Tätigkeit reicht nach Art. 47 Abs. 1 BayBG ein dienstliches Bedürfnis aus, hierzu: Eck in: Brinktrine/Voitl, BayBG, Art. 47 Rn. 42 f.

1. Aufgabenwahrnehmung durch den Verhinderungsvertreter

a) Regelfall

Der Dienstherr lässt die auf dem Dienstposten anfallenden Aufgaben während des Zeitraums des Konkurrentenstreitverfahrens grundsätzlich durch den Verhinderungsvertreter erledigen. Das ist der Regelfall in der Praxis. Denn auch bei einer längeren sonstigen Verhinderung des Dienstposteninhabers – etwa im Fall einer länger dauernden Erkrankung – muss der Verhinderungsvertreter diese Aufgaben wahrnehmen. Eine Vertretung eines anderen Dienstpostens ist in jeder behördlichen Aufgabenverteilung geregelt und gehört zu den Aufgaben des einem Amtswalter übertragenen Postens. Insbesondere sehen die Besoldungsgesetze keine Zulagen oder sonstige Zahlungen auch für eine längere Dauer einer Verhinderungsvertretung vor[473].

Der Vorteil dieser Lösung ist, dass der Verhinderungsvertreter mit den Aufgaben des Amtes vertraut ist, d.h. es wird keine Einarbeitungszeit benötigt. Die Personalverwaltung muss auch keine weiteren Organisationsmaßnahmen ergreifen, da für den Dienstposten in der Regel ein Vertreter für den Verhinderungsfall bestellt ist. Der Nachteil besteht darin, dass diese Variante eine deutliche Zusatzbelastung für diesen Vertreter darstellt. Bei einer längeren Dauer dieser Zusatzbelastung kann das zu einer Überlastung des Betroffenen[474] führen. Die Wahrnehmung der Aufgaben durch den Verhinderungsvertreter sollte daher nur für eine überschaubare Zeit erfolgen. Zudem besteht die Gefahr, dass die Qualität der Aufgabenerledigung sinkt, da dem Verhinderungsvertreter die personelle Ressource fehlt, alle anfallenden Aufgaben mit der gebotenen Gründlichkeit zu erledigen. Die Erledigung der Arbeit auf dem zu vertretenden Dienstposten ist eine zusätzliche Aufgabe. Es ist auch zu besorgen, dass schwierige, grundsätzliche Fragen nicht gelöst werden; es „bleiben Dinge liegen“.

---

473 VG München, U.v. 14.12.2016, M 5 K 16.2209, juris Rn. 18 – zum Bayerischen Besoldungsgesetz.

474 Zur dienstlichen Überlastung: Conrad in: Weiß/Niedermaier/Summer/Zängl, § 45 BeamtStG, Rn. 97 ff.

b) Sonderfall: Verhinderungsvertreter als Bewerber

Eine besondere Variante stellt der Umstand dar, dass sich der Verhinderungsvertreter erfolglos um den Dienstposten beworben hat und als Antragsteller in einem Verfahren des vorläufigen Rechtsschutzes gegen die Auswahlentscheidung des Dienstherrn vorgeht. Problematisch ist, ob dieser Verhinderungsvertreter während des Laufs des Rechtsschutzverfahrens einen Bewährungsvorsprung erlangen kann. Das gilt insbesondere für Funktionsämter, z.B. den Stellvertreter eines Behördenleiters, der sich um den Posten des Behördenleiters bewirbt. Aus der bloßen Tatsache, dass der Antragsteller im Verfahren nach § 123 VwGO Stellvertreter des Behördenleiters ist, kann kein (unzulässiger) Bewährungsvorsprung folgen. Denn ein leistungsrelevanter Bewährungsvorsprung kann sich nur aus einer in der strittigen Funktion gezeigten relevanten Leistung ergeben[475]. Zeigt der Verhinderungsvertreter andererseits eine besondere Leistung in der Verhinderungsvertretung im Rahmen des ihm zugewiesenen Dienstpostens als Stellvertreter, so ist das in einem eventuell durchzuführenden erneuten Auswahlverfahren zu berücksichtigen. Denn der Beamte erbringt die Leistungen auf dem ihm vom Dienstherrn auch schon vor dem Auswahlverfahren zugewiesenen Dienstposten. Es ist nicht geboten, den Beamten zur Wahrung der Chancengleichheit aller Bewerber wenigstens von der Verhinderungsvertretungsfunktion für die Dauer des Konkurrentenstreitverfahrens zu entbinden. Die Bewertung der Leistungen der Bewerber erfolgt anhand der Aufgabenerfüllung auf den jeweils zugewiesenen Dienstposten. Bewirbt sich der planmäßig als Stellvertreter des Leiters einer Organisationseinheit eingesetzte Beamte um den Leitungsposten dieser Organisationseinheit, so sind in die vorrangig zu berücksichtigende dienstliche Beurteilung auch die im Beurteilungszeitraum erbrachten Leistungen als Verhinderungsvertreter eingeflossen. Entsprechendes gilt für die gezeigten Leistungen als Verhinderungsvertreter während eines gerichtlichen Eilverfahrens. Diese Leistung ist von den übrigen Bewerbern hinzunehmen, da die Verhinderungsvertretung zu den dem Stellvertreter vor dem Auswahlverfahren übertragenen Dienstpflichten gehört. Andererseits wäre es eine ungerechtfertigte Schlechterstellung des Stellvertreters, wenn ihm die Verhinderungsvertretung während des Laufs eines Konkurrentenstreitverfahrens entzogen würde. Denn dann wäre es ihm nicht möglich,

475 BayVGH, B.v. 28.4.2016, 3 CE 16.583, juris Rn. 32; B.v. 12.10.2015, 3 CE 15.1637, juris Rn. 25; B.v. 23.10.2009, 3 CE 09.2011, juris Rn. 24.

seine Leistung hinsichtlich aller ihm mit dem übertragenen Dienstposten verbundenen Aufgaben zeigen zu können[476].

2. Besondere Vertretungsregelung

Der Dienstherr kann die Aufgaben des strittigen Postens auch einem anderen Beamten übertragen, der außerhalb des Konkurrenzverhältnisses zwischen dem Antragsteller und dem ausgewählten Beamten steht[477]. Der Bewerbungsverfahrensanspruch wird dadurch nicht beeinträchtigt, da dem Beamten der Posten jederzeit wieder entzogen werden kann, ohne dass das Auswirkungen auf die der Auswahlentscheidung zugrunde liegende Rechtsposition des unterlegenen Bewerbers hat[478]. Das ist der typische Fall der vorübergehenden Aufgabenwahrnehmung[479].

Die Personalverwaltung muss Organisationsmaßnahmen ergreifen, um diese besondere Vertretungsregelung umzusetzen. Das kann etwa dadurch erfolgen, dass der Kreis der Vertreter in einer besonderen Vertretungsregelung weiter gefasst wird. Das kann auch dadurch erreicht werden, dass kleinere Aufgabenbereiche oder Kontingente des zu vertretenden Amtes mehreren Beamten zugewiesen werden. Zum Beispiel könnten bei einem Schulamt die Schulen eines zu vertretenden Schulrats auf die übrigen Schulräte – und nicht nur auf einen Verhinderungsvertreter – aufgeteilt werden. Der Vorteil dieser Lösung besteht darin, dass die Vertretungslast auf mehrere Amtsträger verteilt wird. Der Nachteil ist der organisatorische

---

476 Allerdings sollte das nicht dazu führen, dass der Dienstherr das Verfahren dadurch verlängert, dass er trotz eines für ihn ungünstigen Ausgangs des Verfahrens des vorläufigen Rechtsschutzes zeitnah kein neues Auswahlverfahren durchführt, sondern ein Hauptsacheverfahren. Zu dieser außergewöhnlichen Situation auch B IV 2 c Fn. 107.

477 Hartung, RiA 2017, 49/52 f.

478 Auch die Erwägung, dass sich der Beamte, der die Aufgaben wahrnimmt, im Fall einer erneuten Ausschreibung um den Dienstposten bewerben kann, beeinträchtigt den Bewerbungsverfahrensanspruch eines erfolglosen Bewerbers nicht, da zukünftige Umstände grundsätzlich nicht absehbar sind und entsprechend keine konkret absehbare Rechtsbeeinträchtigung vorliegt, vgl. VG München, B.v. 28.12.2016, M 5 E 16.5179, juris Rn. 17 f.

479 Der Begriff der „kommissarischen" Übertragung eines Amtes wird – obwohl weit verbreitet – hier nicht gebraucht. Denn das ist kein Rechtsbegriff, der in den beamtenrechtlichen Regelungen als Begriff für ein Rechtsinstitut verwendet wird. Der Begriff der „vorübergehenden Aufgabenwahrnehmung" ist demgegenüber klarer konturiert.

Aufwand sowie die Aufteilung der einzelnen Aufgaben des zu vertretenden Amtes, die nach dem Ende des Besetzungsstreits wieder zusammen geführt werden müssen. Außerdem ist zu besorgen, dass sich die Bediensteten gegen die Übertragung zusätzlicher Aufgaben wehren könnten. Daher bietet sich ein solches Modell einer besonderen Vertretungsregelung nur in den Fällen an, in denen sich eine längerdauernde Vakanz eines Dienstpostens abzeichnet. Zudem eignet sich diese Variante nicht für Führungs- und Leitungspositionen, deren Aufgaben gerade gebündelt bleiben sollen, um eine stringente, einheitliche Entscheidungspraxis zu gewährleisten.

Für Führungs- und Leitungspositionen ist es sinnvoll, einen konkreten Beamten mit der Wahrnehmung der Aufgaben zu betrauen, der außerhalb des Konkurrenzverhältnisses des Konkurrentenstreits steht. Um die Einarbeitung möglichst gering zu halten und auch die Akzeptanz sicherzustellen, sollte das ein Beamter sein, der bereits ein abstrakt-funktionelles Amt innehat, dem der umstrittene Dienstposten entspricht. So kann dem Leiter einer Behörde oder Organisationseinheit innerhalb einer Behörde (z.B. eines Sachgebiets) vorübergehend die Leitung einer anderen Behörde oder einer Organisationseinheit übertragen werden. Das erfolgt rechtstechnisch durch eine Abordnung[480]. Das bietet sich an, wenn die Aufgaben einer Stelle bereits einige Zeit durch den Verhinderungsvertreter wahrgenommen werden mussten und sich die Besetzung des vakanten Dienstpostens noch weiter verzögert. Ein denkbares Beispiel mag sein, dass nach einem vorläufigen Rechtsschutzverfahren das Besetzungsverfahren abgebrochen und die Stelle neu ausgeschrieben wird, wobei sich bereits ein weiteres Konkurrentenstreitverfahren abzeichnet.

Es ist auch denkbar, einem Behördenleiter oder Leiter einer Organisationseinheit vorübergehend die Leitung einer anderen Behörde oder Organisationseinheit zusätzlich zu übertragen. In der Praxis wurde etwa dem Leiter einer Schule die Leitung einer anderen Schule vorübergehend zusätzlich übertragen. Rechtlich gesehen ist das eine Teilabordnung[481]. Denn mit einem Teil seiner Arbeitskraft verbleibt der Beamte bei seiner bisherigen Dienststelle. Vorteil dieser Lösung ist es, dass ein Einarbeitungsaufwand eher gering sein dürfte. Nachteil ist, dass der von dieser Maßnahme betroffene Beamte einer Doppelbelastung unterliegt. Schließlich ist von der Personalverwaltung zu entscheiden, ob ein solcher „gespaltener" Einsatz sinnvoll ist. Denn die Aufgaben bei der abgebenden wie der aufnehmenden Dienststelle, die in der Regel zur Erledigung durch eine

480 Vgl. § 27 BBG; Art. 47 BayBG.
481 „... oder teilweise...": § 27 Abs. 1 Satz 2 BBG; Art. 47 Abs. 1 BayBG.

Vollzeitkraft vorgesehen sind, werden nur durch eine zu einem gewissen Teilzeitanteil zur Verfügung stehende Kraft wahrgenommen. Andererseits mag das bei dem gerade geschilderten Beispielsfall eines sich voraussichtlich länger hinziehenden Besetzungsstreits eine sinnvolle Variante zur Wahrnehmung einer Leitungsposition sein.

3. Vakanzvertretung, Erprobung

a) Vakanzvertretung

Möglich ist auch eine „Vakanzvertretung". Dieses Institut bezeichnet den Fall, dass ein Beamter mit einem dem zu besetzenden Amt nicht entsprechenden Statusamt in die freie Planstelle eingewiesen und ihm die höherwertige Stelle, d.h. das Amt im konkret-funktionellen Sinne (Dienstposten) übertragen wird. Die Aufgaben des höherwertigen Amtes werden in den Fällen einer Vakanzvertretung vertretungsweise wahrgenommen. Das kann auch für einen Zeitraum sein, dessen Ende weder feststeht noch absehbar ist. Die Vakanzvertretung endet, mag sie auch als zeitlich unbeschränkt oder sogar ausdrücklich als „dauerhaft" oder „endgültig" bezeichnet worden sein, erst mit der funktionsgerechten Besetzung der Stelle. Dies ist der Fall, wenn ein Beamter, dem das entsprechende Statusamt verliehen wurde, in die freie Planstelle eingewiesen und ihm die Stelle, d.h. das Amt im konkret-funktionellen Sinne (Dienstposten) übertragen wird[482].

Dieses Vorgehen ist problematisch[483], da damit der Grundsatz der funktionsgerechten Besoldung durchbrochen wird. Dieser Grundsatz fordert die dem übertragenen Amt angemessene Beschäftigung eines Beamten. Es

---

482 BVerwG, U.v. 28.4.2011, 2 C 30/09, BVerwGE 139, 368, juris Rn. 13; OVG NW, U.v. 19.11.2019, 1 A 1590/18, NVwZ-RR 2020, 503, juris Rn. 34.

483 Die Übertragung des höherwertigen Dienstpostens solle keine Auswahlentscheidung darstellen, da damit keine Auswahl oder rechtliche Vorentscheidung für die Besetzung des Dienstpostens getroffen werde: BVerwG, B.v. 27.5.2014, 1 WB 55/13, juris Rn. 46. Allerdings ist der Gesichtspunkt des Bewährungsvorsprungs zu berücksichtigen, der bei einer eventuell erforderlichen erneuten Auswahlentscheidung ausschlaggebend werden kann. Daher kann nur die Übertragung der Aufgabenwahrnehmung des höherwertigen Amtes vor der Einleitung des Auswahlverfahrens ohne rechtliche Einwände sein. Denn in diesem Fall ist die Aufgabenübertragung getrennt vom Auswahlverfahren zu sehen. Erfolgt diese während des Auswahlverfahrens, so werden die anderen Bewerber, denen eine solche Bewährungschance vorenthalten wird, unzulässig benachteiligt.

sollen Funktionsämter, d.h. Aufgabenbereiche, übertragen werden, deren Wertigkeit dem übertragenen Statusamt entspricht[484]. Wird einem Beamten auf unabsehbare Zeit als (besonderer) Vertreter ein Dienstposten übertragen, dessen Wertigkeit gegenüber dem diesem Beamten verliehenen Amt höherwertig ist, wird dieser Grundsatz durchbrochen[485][486].

b) Erprobung

Das gilt auch im Fall einer Erprobung[487][488]. Eine Erprobung oder Bewährungszeit ist die vom Dienstherrn geforderte Wahrnehmung der Aufgaben des höherwertigen Amtes unter Beibehaltung des bislang vom Beamten innegehabten abstrakt-funktionellen Amtes. Sinn dieses Instituts ist es zu bestätigen, dass ein Beamter auch den Anforderungen an das höherwertige Amt gerecht wird[489]. Erprobung oder Bewährung auf einem höherwertigen Dienstposten kann durch einen Vakanzvertreter geleistet werden, der nicht am Konkurrentenstreitverfahren um den zu besetzenden Dienstposten beteiligt ist.

Wird eine solche Erprobung oder Bewährung dem im Auswahlverfahren ausgewählten Bewerber ermöglicht, so ist das rechtlich unzulässig. Denn dieser Beamte kann unter Umständen einen Bewährungsvorsprung gegenüber den anderen Bewerbern erhalten, der die anderen Bewerber in ihrem Bewerbungsverfahrensanspruch beeinträchtigt. Das gilt auch für die Erprobung oder Bewährung durch Übertragung während des Auswahlverfahrens, etwa nach einem Abbruch eines ersten Besetzungsverfahrens.

---

484 BVerwG, U.v. 18.9.2008, 2 C 8/07, BVerwGE 132, 31, juris Rn. 16.

485 In Bayern kommt dieser Form der Vertretung ausdrücklich keine Bedeutung zu, weshalb auf eine entsprechende Regelung mit der Geltung des Neuen Dienstrechts ab 1. Januar 2011 verzichtet wurde, vgl. LT-Drs. 16/3200, S. 398.

486 Bis 31.12.2015 sah § 46 BBesG den Anspruch auf Zahlung einer Ausgleichszulage vor, wenn die Aufgaben des vorübergehend vertretungsweise übertragenen höherwertigen Amtes länger als 18 Monate ununterbrochen wahrgenommen wurden. § 46 BBesG ist durch Gesetz vom 3.12.2015, BGBl. I S. 2163, mit Wirkung vom 1.1.2016 entfallen; vgl. Buchwald in: Schwegmann/Summer, vor §§ 42 bis 51 Rn. 17.

487 zum Begriff vgl. etwa § 22 Abs. 2 BBG, § 32 Nr. 2 BLV; Grigoleit in Battis, BBG, § 22 Rn. 11; Art. 16 Abs. 5 LlbG, Art. 17 Abs. 1 Satz 3 Nr. 2 LlbG.

488 OVG NW, U.v. 19.11.2019, 1 A 1590/18, NVwZ-RR 2020, 503, juris Rn. 34.

489 BVerwG, U.v. 28.10.2004 2 C 23/03, BVerwGE 122, 147, juris Rn. 16; Hoffmeyer in: Hüllmantel/Eck/Hoffmeyer/ Luber/Weißgerber, Art. 16 LlbG Rn 9; Art. 17 Rn. 9.

Es liegt eine unzulässige Besserstellung des einen Bewerbers vor, welche sich negativ auf die Rechtsposition der übrigen Bewerber auswirken kann. Das rechtfertigt den Antrag auf Gewährung vorläufigen Rechtsschutzes, da für ein folgendes Auswahlverfahren negative Auswirkungen auf den Bewerbungsverfahrensanspruch der übrigen Bewerber möglich sind[490]. Denn dem einen Beamten wird eine Bewährungschance geboten, die ihn einen „Schritt näher" an das Beförderungsamt bringt, die den übrigen Bewerbern nicht ermöglicht wird[491].

4. Fazit

Dem Dienstherrn stehen zahlreiche Möglichkeiten zur Verfügung, während eines Konkurrentenstreits um einen Dienstposten diesen durch einen oder mehrere andere Beamte wahrnehmen zu lassen. Dabei sollten diese Beamten / dieser Beamte außerhalb des Konkurrentenkreises um die Stelle stehen. Ansonsten kann es zu einer Besserstellung eines Bewerbers durch Erlangung eines Bewährungsvorsprungs kommen, die sich negativ auf die Rechtsposition der übrigen Bewerber auswirken kann. Das ist zu unterbinden.

III. Übertragung der Aufgaben des strittigen Dienstpostens auf den ausgewählten Beamten

1. Entscheidung des Bundesverwaltungsgerichts vom 21. Mai 2016[492]

Das Bundesverwaltungsgericht hat in jüngster Zeit den Gedanken entwickelt, dass der Dienstherr den umstrittenen Dienstposten während des laufenden Auswahlverfahrens „kommissarisch" auf einen der konkurrierenden Bewerber – sogar den ausgewählten Bewerber – übertragen kann[493]. Dabei kann es sich rechtlich nur um eine Variante der Vakanzvertretung handeln, da einem Bediensteten das Amt im konkret-funktionellen Sinne (Dienstposten) bis auf weiteres – jedenfalls während des Laufs

---

490 Vgl. auch Schnellenbach, Konkurrenzen im öffentlichen Dienst, Kapitel 5 Rn. 4.

491 Siehe hierzu C III 3 d aa.

492 BVerwG, U.v. 10.5.2016, 2 VR 2/15, BVerwGE 155, 152, juris.

493 BVerwG, U.v. 10.5.2016, 2 VR 2/15, BVerwGE 155, 152, juris Rn. 26.

des offenen Besetzungsverfahrens – übertragen wird[494]. Der Konkurrent, der die Aufgaben auf dem umstrittenen Dienstposten wahrnimmt, erhält damit eine Bewährungschance, die anderen Bewerber um diese Stelle nicht eingeräumt wird. Für den Fall, dass sich zeige, dass die erfolgte Bewerberauswahl rechtswidrig gewesen sei und ein neues Auswahlverfahren durchgeführt werden müsse, dürften die von dem mit der Aufgabenwahrnehmung auf dem umstrittenen Dienstposten gezeigten Leistungen dem rechtswidrig übergangenen Beamten nicht entgegengehalten werden. Ansonsten würde das Gebot der Chancengleichheit verletzt. Das gelte auch für den Fall des Abbruchs des Auswahlverfahrens und der Durchführung eines neuen Besetzungsverfahrens. Das Bundesgericht spricht von „Ausblenden" der auf dem Dienstposten gezeigten Leistungen. Sei eine periodische dienstliche Beurteilung während der Übertragung des umstrittenen Dienstpostens zu erstellen, so sei die dienstliche Beurteilung im innegehaltenen Statusamt unter Ausblendung der übertragenen Aufgaben im höherwertigen Amt fiktiv fortzuschreiben[495].

Diese Entscheidung hat erhebliche Reaktionen in Rechtsprechung wie Literatur hervorgerufen. Nach der Konzeption des Bundesverwaltungsgerichts soll durch diese Konstruktion der Konkurrentenstreit nicht mehr dazu führen, dass die Aufgaben des umstrittenen Dienstpostens als Amt im konkret-funktionellen Sinn nicht dem ausgewählten Beamten übertragen werden dürfen. Denn durch das Ausblenden des auf diesem Posten gewonnenen Bewährungsvorsprungs sei für den unterlegenen Bewerber nicht zu besorgen, dass durch die Übertragung der Aufgaben ein Nachteil für ihn entsteht. Nach der in der Rechtsprechung herrschenden Auffassung, dass vorläufiger Rechtsschutz im beamtenrechtlichen Konkurrentenstreitverfahren über den Erlass einer einstweiligen Anordnung gewährt wird, entfällt durch diese Konstruktion der Anordnungsgrund für den Erlass einer einstweiligen Anordnung. Das Erfordernis für eine eilige Entscheidung des Gerichts fehlt, da durch das Ausblenden des Bewährungsvorsprungs kein Nachteil für den unterlegenen Bewerber entsteht.

---

494 siehe D II 3.

495 Zum Ganzen: BVerwG, U.v. 10.5.2016, 2 VR 2/15, BVerwGE 155, 152, juris Rn. 27 ff.

2. Reaktion der Obergerichte

Dieser Annahme folgt jedoch nur ein Teil der Oberverwaltungsgerichte[496]. So vertreten etwa der Verwaltungsgerichtshof Mannheim[497], der Bayerische Verwaltungsgerichtshof[498], das Oberverwaltungsgericht Berlin-Brandenburg[499], das Oberverwaltungsgericht Saarlouis[500] und das Oberverwaltungsgericht Magdeburg[501] unter Berufung auf die Entscheidung des Bundesverwaltungsgerichts die Auffassung, dass bei einer solchen Konstellation der Wahrnehmung der Aufgaben des umstrittenen Amtes durch den ausgewählten Beamten kein Anordnungsgrund für den unterlegenen Bewerber bestehe. Auch das Oberverwaltungsgericht Bautzen[502] folgt der Ansicht, dass eine vorübergehende Besetzung des Dienstpostens mit dem ausgewählten Beamten bei einem eventuell erforderlichen erneuten Auswahlverfahren auszublenden ist.

Eine Reihe von Oberverwaltungsgerichten vertritt jedoch auch mit Blick auf die neueste Rechtsprechung des Bundesverwaltungsgerichts zum Ausblenden eines Bewährungsvorsprungs[503] die Auffassung, dass einem nicht erfolgreichen Bewerber um eine Stelle auch bei einer Aufgabenübertragung des strittigen Postens auf den ausgewählten Konkurrenten im Rahmen des einstweiligen Rechtsschutzes nach § 123 VwGO ein Anordnungsanspruch zur Seite steht. So ist das Oberverwaltungsgericht Münster[504] der Auffassung, dass die Rechtsprechung des Bundesverwaltungsgerichts viele Unklarheiten aufwerfe und daher zur Gewährleistung effektiven Rechtsschutzes an der bisherigen Auffassung – Annahme eines Anordnungsgrundes im Rahmen eines Verfahrens nach § 123 VwGO bei einem mögliche Bewährungsvorsprung durch Übertragung der Aufgaben

---

496 Stuttmann, NVwZ 2017, 1146.

497 VGH BW, B.v. 27.7.2016, 4 S 1083/16, NVwZ-RR 2017, 247, juris Rn. 10 ff..

498 BayVGH, B.v. 3.11.2016, 3 CE 16.1812, juris Rn. 5 (zum bayerischen Landesbeamtenrecht); B.v. 9.1.2017, 6 CE 16.2310, juris Rn. 13 f. (zum Bundesbeamtenrecht).

499 OVG Berlin-Brandenburg, B.v. 5.1.2017, OVG 4 S 40/16, juris Rn. 6.

500 OVG Saarland, B.v. 9.9.2016, 1 B 60/16, juris Rn. 23.

501 OVG LSA, B.v. 2.8.2016, 1 M 94/16, juris Rn. 3; B.v. 25.1.2018, 1 M 5/18, juris Rn. 12.

502 SächsOVG, B.v. 14.8.2018, 2 B 2332/18, juris Rn. 18.

503 BVerwG, U.v. 10.5.2016, 2 VR 2/15, BVerwGE 155, 152, juris Rn. 27 ff.

504 OVG NW, B.v. 21.6.2016, 1 B 201/16, IÖD 2016, 164, juris Rn. 49f.; B.v. 12.7.2016, 6 B 487/16, ZBR 2017, 59, juris Rn. 18; B.v. 14.7.2016, 6 B 653/16, IÖD 2016, 223, juris Rn. 13; B.v. 15.9.2017, 6 B 639/17, juris Rn. 35; offen: OVG Bremen, B.v. 22.9.2016, 2 B 123/16, NVwZ-RR 2017, 294, juris Rn. 69.

des strittigen Dienstpostens – festgehalten werde. Auch das Oberverwaltungsgericht Koblenz[505] folgt dem Urteil des Bundesverwaltungsgerichts vom 10. Mai 2016[506] ausdrücklich nicht. Denn es lägen – anders bei der Fortschreibung einer dienstlichen Beurteilung freigestellter Personalratsmitglieder – im Fall der vorübergehenden Wahrnehmung der Aufgaben des höherwertigen Dienstpostens verwertbare dienstliche Leistungen vor. Es widerspräche dem im Art. 33 Abs. 2 GG verankerten Leistungsprinzip, die tatsächlich erbrachten Leistungen nicht zu bewerten. Weiter erfolge nach der Entscheidung des Bundesgerichts die Ausblendung des Bewährungsvorsprungs nur gegenüber dem im Verfahren des einstweiligen Rechtsschutzes erfolgreichen Antragsteller. Träten in einem weiteren Auswahlverfahren weitere Bewerber hinzu, so ergäben sich unauflösbare Konstellationen. Denn gegenüber einem Konkurrenten sei die auf dem höherwertigen Dienstposten gezeigte Leistung auszublenden, gegenüber anderen nicht. Schließlich sei fraglich, ob ein solcher Bewährungsvorsprung auch für die Bewerbung auf weitere Dienstposten ausgeblendet werden müsste. Auch das OVG Lüneburg[507] nimmt einen Anordnungsgrund bei der Übertragung der Aufgaben des höherwertigen Amtes auf den ausgewählten Bewerber an. Denn eine fiktive Beurteilungsfortschreibung sei für die Fälle vorgesehen, in denen keine dienstlichen Leistungen erbracht würden. Der Fall der Ausblendung der auf dem höherwertigen Dienstposten erbrachten Leistungen entspreche dem aber nicht. Das Bundesverwaltungsgericht habe in seiner Entscheidung vom 4. November 2010[508] betont, dass Rechtsschutz gegen die Besetzung von Beförderungsstellen mit einem Konkurrenten in erster Linie im Wege des Eilrechtsschutzes nach § 123 VwGO erfolge, der nach Prüfungsmaßstab, -umfang und -tiefe nicht hinter einem Hauptsacheverfahren zurückbleiben dürfe. Zudem wäre es praktisch kaum möglich, etwa bei strukturierten Auswahlgesprächen die durch die Wahrnehmung der Aufgaben auf dem höherwertigen Dienstposten gewonnenen Erfahrung auch bei diesem zusätzlichen Vergleichsinstrument auszublenden. Es folge auch nicht aus jedem Konkurrentenstreit eine Besorgnis der ernstlichen Beeinträchtigung der Funktionsfähigkeit der Verwaltung.

---

505 OVG RhPf, B.v. 5.5.2017, 2 B 10279/17, ZBR 2017, 389, juris Rn. 20 ff.
506 BVerwG, U.v. 10.5.2016, 2 VR 2/15, BVerwGE 155, 152, juris Rn. 27 ff.
507 NdsOVG, B.v 3.1.2017 5 ME 157/16, ZBR 2017, 274, juris Rn. 21 ff.
508 BVerwG, U.v. 4.11.2010, 2 C 16/09, BVerwGE 138, 102, juris Rn. 31 ff.

3. Standpunkte in der Literatur

Auch in der Literatur wurde diese neue Konzeption des Bundesverwaltungsgerichts abgelehnt. Zuerst wies Bracher[509] auf die Schwierigkeiten hin, die aus der Entscheidung des Bundesverwaltungsgerichts vom 10. Mai 2016 folgen. Eine Bewährung auf dem höherwertigen Dienstposten sei gegenüber allen Konkurrenten in einem neuen Auswahlverfahren auszublenden, sofern der im ersten Verfahren erfolglose Antragsteller an einer weiteren durch ihn aufgrund eines Konkurrentenstreits erzwungenen Auswahlentscheidung teilnehme. Durch die Verlagerung des Rechtsschutzes in das Hauptsacheverfahren könnte sich eine endgültige Klärung der Rechtmäßigkeit der Auswahlentscheidung über mehrere Jahre hinziehen. Er plädiert jedenfalls bei Funktionsämtern für eine Reduzierung des Prüfungsumfangs im Verfahren des vorläufigen Rechtsschutzes auf eine lediglich summarische Prüfung und als Ausgleich die Zulassung der Anfechtung der Ernennung in solchen Fällen.

Lorse[510] lehnt diese Rechtsprechung des Bundesverwaltungsgerichts ab. Es drohe, das Leistungsprinzip zu entwerten. Ein zu Unrecht übergangener Bewerber müsse u.U. jahrelange Klageverfahren über mehrere Instanzen führen müssen, um zu seinem Recht zu kommen. Die beklagte Stellenblockade durch Konkurrentenstreitverfahren werde vorschnell zu einer Frage der Funktionsfähigkeit der Verwaltung gemacht. In den meisten Fällen könnte der Dienstherr durch organisatorische Maßnahmen die Lage entschärfen. Die fiktive Fortschreibung sei bei einer vorliegenden und beurteilungsfähigen dienstlichen Leistung eines Beamten verfehlt. Denn die normativ geregelte Fortschreibung der dienstlichen Beurteilung beziehe sich auf Fälle, in denen gerade keine dienstlichen Leistungen vorlägen. Das würde dem ausgewählten Beamten einen Beurteilungsnachteil einbringen. Vom Rechtlichen losgelöst würden durch eine längere, u.U. jahrelange Wahrnehmung der Aufgaben des höherwertigen Dienstpostens vollendete Tatsachen geschaffen.

Auch Herrmann[511] weist darauf hin, dass Stellenblockaden durch Organisationsmaßnahmen entschärft werden könnten. Insbesondere sei auch ein Abbruch eines Besetzungsverfahrens in Betracht zu ziehen. Auch er hält die fiktive Fortschreibung der Beurteilung im innegehabten Statusamt unter Ausblendung der im höherwertigen Amt erbrachten Leistungen als

509 Bracher, DVBl 2016, 1236.
510 Lorse, ZBR 2017, 11.
511 Herrmann, NVwZ 2017, 105.

systematisch verfehlt. Selbst nach der neuen Konzeption sei ein Anordnungsgrund für die Inanspruchnahme vorläufigen Rechtsschutzes weiter gegeben, wenn durch die Aufgabenübertragung ein irrevisibler Nachteil für den Antragsteller drohe[512].

Rieger[513] unterstreicht den systematisch fragwürdigen Ansatz einer fiktiven Leistungsfortschreibung in diesem Fall. Denn eine tatsächlich vorliegende Leistung werde nicht gewürdigt. Schließlich erlange der ausgewählte Bewerber bei der tatsächlichen Wahrnehmung der Aufgaben einen Bewährungsvorsprung. Außerdem führe eine Verlagerung des Rechtsschutzes in das Hauptsacheverfahren dazu, dass ein Beamter möglicherweise über Jahre die Aufgaben eines Dienstpostens wahrnehme, die entsprechende Besoldung aber nicht erhalte und dann nach längerer Zeit den Posten wieder räumen müsse.

Auch Kathke[514] betont, dass die fiktive Beurteilungsnachzeichnung für Fälle entwickelt worden sei, in denen keine dienstliche Beurteilung vorliege, da keine beurteilbare Dienstleistung erfolgt sei. Eine entsprechende Anwendung dieses Instituts sei daher sehr kritisch. Das gelte erst recht mit Blick darauf, dass relativ neue Regelungen über die fiktive Beurteilungsnachzeichnung bestünden, die Konstellation einer Übertragung des streitigen Dienstpostens als Fall der fiktiven Beurteilungsnachzeichnung dort aber nicht berücksichtigt sei. Auch weist er auf Folgeprobleme hin. Etwa die Frage, ob das fiktive Ausblenden der auf dem umstrittenen Dienstposten geleisteten Leistungen nur gegenüber dem im Konkurrentenstreit erfolgreichen Bewerber wirke oder auch in anderen Auswahlverfahren. Ebenso gelte das für die unter Umständen erforderliche Rückabwicklung von Besetzungsketten.

Hartung[515] äußert sich ebenfalls ablehnend[516]. Er hält die entsprechende Anwendung des Instituts der fiktiven Fortschreibung für fragwürdig. Denn es sei für Fälle entwickelt worden und auch normativ so umrissen, in denen keine beurteilungsfähige Dienstleistung erbracht worden sei. Auch er weist auf die Problematik hin, gegenüber welchen Bewerbern die fiktive Fortschreibung und das Ausblenden der Dienstleistung auf dem streitbefangenen Dienstposten geltend gemacht werden dürfe.

---

512 Herrmann, NVwZ 2017, 105/111.

513 Rieger, ZBR 2017, 187.

514 Kathke, RiA 2017, 197.

515 Bemerkenswert ist, dass Hartung selbst Mitglied des Zweiten Senats des Bundesverwaltungsgerichts ist, der das Urteil vom 10.5.2016, 2 VR 2/15, BVerwGE 155, 152, juris Rn. 27 ff. erlassen hat.

516 Hartung, RiA 2017, 49.

Bergmann und Paehlke-Gärtner[517] bemerken, dass nur bei der Konkurrenzsituation um ämtergleiche wie für eine Beförderung förderliche Dienstposten nach der neueren Rechtsprechung des Bundesverwaltungsgerichts der Fortfall des Anordnungsgrundes im Rahmen eines Verfahrens nach § 123 VwGO folgen könne. In anderen Konstellationen führe die Übertragung der Aufgaben des umstrittenen Postens zu einer irreversiblen Besserstellung des ausgewählten Beamten: Das sei etwa der Fall, wenn es sich bei der strittigen Stelle um einen Erprobungsdienstposten handle oder wenn die Vergabe des Statusamts selbst bei der Aufgabenübertragung im Streit sei. Auch sie weisen auf die Vielzahl von Zweifelsfragen hin, die sich durch die neue Rechtsprechung ergebe.

Auch Steiner[518], Kuhla[519], R. P. Schenke[520], W.-R. Schenke[521] und Battis[522] sehen dieses Instrument eher kritisch.

Einzig Kenntner[523] hält die neue Rechtsprechung für sinnvoll[524]. Es könne auf die aktuellen Leistungen zurückgegriffen werden, die real erbracht und nicht fiktiv seien. Schließlich könne die fiktive Nachzeichnung in der Praxis ohne großen Aufwand bewerkstelligt werden[525]. Letztlich obliege es dem Dienstherrn, wie er die Nichtberücksichtigung eines rechtswidrig erlangten Bewährungsvorsprungs gewährleiste[526].

4. Einschränkung durch Urteile vom 21. Dezember 2016[527] und vom 12. Dezember 2017[528]

Das Bundesverwaltungsgericht hat diese Rechtsprechung in jüngerer Zeit wieder eingeschränkt – wohl in Reaktion auf die zum Teil deutliche Kritik an dessen Ansatz. Der Dienstherr, der sich das Ausblenden des Bewährungsvorsprungs zu Nutze machen wolle, müsse sich darauf gegenüber

---

517 Bergmann/Paehlke-Gärtner, NVwZ 2018, 110.
518 Steiner, BayVBl 2017, 505/508.
519 Kuhla in: FS Kirchberg, 477/496.
520 R. P. Schenke in: Kopp/Schenke, § 42 Rn. 50.
521 W.-R. Schenke in: Kopp/Schenke, § 123 Rn. 5.
522 Battis, NVwZ 2018, 207/208.
523 auch Kenntner ist Mitglied des Zweiten Senats des Bundesverwaltungsgerichts.
524 Kenntner, ZBR 2016, 181; ders., RiA 2017, 149 – ersichtlich eine Replik auf Hartung, RiA 2017, 49.
525 So ausdrücklich: Kenntner, ZBR 2016, 181/195.
526 So ausdrücklich: Kenntner, RiA 2017, 149/151 f.
527 BVerwG, U.v. 21.12.2016, 2 VR 1/16, BVerwGE 157, 168, juris.
528 BVerwG, U.v. 12.12.2017, 2 VR 2/16, BVerwGE 161, 59, juris.

den unterlegenen Bewerbern ausdrücklich berufen. Das bedinge, dass er diesen zusagt, dass ein eventueller Bewährungs- oder Erfahrungsvorsprung des ausgewählten Bewerbers in einem weiteren Auswahlverfahren ausgeblendet werde, sollte sich die erste Auswahlentscheidung als rechtswidrig erweisen[529]. Weiter sei die Rechtsfigur des Ausblendens des Bewährungsvorsprungs dann nicht zulässig, wenn nach der ersten Auswahlentscheidung keine weitere folge, der ausgewählte und mit der Wahrnehmung des höherwertigen Dienstpostens betraute Beamte nach Feststellung seiner Bewährung unmittelbar befördert werde[530]. Eine weitere Beschränkung dieser Konstruktion erfolgte dadurch, dass gefordert wurde, dass sich die Aufgaben des neuen Dienstpostens überhaupt dafür eigneten, eine fiktive Fortschreibung der Leistungen unter Ausblendung der Erfüllung der Aufgaben des höherwertigen Dienstpostens durchzuführen. Die Figur des Ausblendens des Bewährungsvorsprungs des ausgewählten Bewerbers sei nur dann zulässig, wenn die Aufgaben des höherwertigen Dienstpostens gegenüber den Aufgaben des bisher innegehabten, dem Statusamt entsprechenden Aufgaben nicht völlig andersartig seien und kein Urteil über die Leistungen dieses Beamten auf einen seinem bisherigen Statusamt entsprechenden Dienstposten mehr zuließen[531].

5. Eigene Ansicht

Die Möglichkeit, den ausgewählten Bewerber während des Laufs des Konkurrentenstreitverfahrens mit den Aufgaben des strittigen Dienstpostens zu betrauen, ist abzulehnen. Anstatt zu einer Entspannung und Beruhigung im Konkurrentenstreit zu führen, sorgt diese Rechtsprechung für eine weitere Verkomplizierung und Verwirrung, da eine Fülle von neuen Rechtsfragen aufgeworfen wird.

Zunächst muss darauf geachtet werden, dass der Dienstherr den Beteiligten ausdrücklich zusagt, dass er einen bei der Wahrnehmung des umstrittenen Dienstpostens gewonnenen Bewährungsvorsprung zugunsten

529 BVerwG, U.v. 21.12.2016, 2 VR 1/16, BVerwGE 157, 168, juris Rn. 14; U.v. 12.12.2017, 2 VR 2/16, BVerwGE 161, 59, juris Rn. 28.

530 BVerwG, U.v. 12.12.2017, 2 VR 2/16, BVerwGE 161, 59, juris Rn. 27.

531 BVerwG, U.v. 12.12.2017, 2 VR 2/16, BVerwGE 161, 59, juris Rn. 29 f.

des ausgewählten Bewerbers bei einer eventuell erforderlichen erneuten Auswahlentscheidung ausblenden wird [532][533].

Bereits die Reichweite dieser Rechtsprechung muss genau abgegrenzt werden. Führt die Aufgabenübertragung zu einer Besserstellung[534] des ausgewählten Beamten, so entfällt der Anordnungsgrund für ein Verfahren nach § 123 VwGO nicht. Gerade bei beamtenrechtlichen Regelungen, die eine Erprobungszeit auf einem Beförderungsdienstposten vorsehen, entfällt ein Anordnungsgrund nicht, wenn die Aufgaben eines ämtergleichen Dienstpostens übertragen werden. Denn durch die Erfüllung der Erprobungszeit kann der ausgewählte Beamte bei vorübergehender Aufgabenübertragung des umstrittenen Postens einen Vorteil erlangen[535]. Das gilt auch, wenn eine mögliche Bewährung weitere unmittelbare Folgen hat, die über die Besetzungsentscheidung des umstrittenen Dienstpostens hinausgehen. Das ist etwa der Fall, wenn die Bewährung zusätzlich zu einer Aufstiegszulassung in die nächsthöhere Laufbahn und damit zu einem weiteren Vorteil gegenüber dem nicht erfolgreichen Bewerber führt[536].

---

532 BVerwG, U.v. 21.12.2016, 2 VR 1/16, BVerwGE 157, 168, juris Rn. 14; U.v. 12.12.2017, 2 VR 2/16, BVerwGE 161, 59, juris Rn. 28.

533 Rechtstechnisch wird auch auf die Möglichkeit verwiesen, den Eilantrag des erfolglosen Bewerbers mit der Maßgabe abzulehnen, dass ein auf dem umstrittenen Dienstposten gewonnener Bewährungsvorsprung bei einer erneuten Auswahlentscheidung um diese Stelle nicht berücksichtigt werden darf bzw. eine etwaige Bewährung des Beigeladenen auf dem umstrittenen Dienstposten bei einer weiteren Auswahlentscheidung dem Antragsteller nicht entgegen gehalten werden darf (Bergmann/Paehlke-Gärtner, NVwZ 2018, 110/112 Fn. 18). Das ist aber nur möglich, wenn der Dienstherr als Antragsgegner das Ausblenden des Bewährungsvorsprungs auf dem umstrittenen Dienstposten beantragt und ein entsprechendes Vorgehen im Lauf des gerichtlichen Verfahrens zugesichert hat. Denn das Institut des Ausblendens eines auf dem umstrittenen Dienstposten gewonnenen Bewährungsvorsprungs ist eine Möglichkeit, die auch nach der neueren – umstrittenen – Rechtsprechung des Bundesverwaltungsgerichts dem Dienstherrn eine Möglichkeit eröffnen soll, die Situation während eines Konkurrentenstreits zu entschärfen. Eine Ablehnung des Antrags mit dieser Maßgabe ohne eine entsprechende Zusicherung kommt einem Verwaltungsgericht dagegen nicht zu. Denn die Möglichkeit der Abgabe dieser Zusicherung ist nur dem Dienstherrn eröffnet.

534 Bergmann/Paehlke-Gärtner, NVwZ 2018, 110/111 ff.: „Qualifizierte Vorwirkung" reicht aus.

535 VGH BW, B.v. 6.6.2017, 4 S 1055/17, NVwZ-RR 2018, 354, juris Rn. 23.

536 VGH BW, B.v. 6.12.2016, 4 S 2078/16, NVwZ 2017, 167, juris Rn. 8 f.; OVG NW, B.v. 14.3.2017, 6 B 1195/16, juris Rn. 9; OVG NW, B.v. 20.3.2017, 6 B 1218/16, juris Rn. 9 – Teilnahme an einem „Förderkreis" durch die übertragenen Aufgaben, der für Führungsfunktionen qualifiziert.

Wird mit der Übertragung der Aufgaben des umstrittenen Dienstpostens gleichzeitig das Statusamt verliehen – wenn etwa Amt und Aufgaben untrennbar miteinander verbunden sind – oder wird ohne weitere Auswahlentscheidung (u.U. nach Ablauf einer laufbahnrechtlich vorgeschriebenen Bewährungszeit) das statusrechtliche Amt verliehen, kann das Instrument des Ausblendens des Bewährungsvorsprungs von vornherein nicht zur Anwendung kommen[537]. Anders soll das jedoch sein, wenn es um die Bewährung gerade auf dem strittigen Posten geht. Denn hier könnte der gewonnene Bewährungsvorsprung bei einem neuen Leistungsvergleich ausgeblendet werden, ohne dass weitere Vorteile für den ausgewählten Bewerber entstehen könnten[538]. Das zeigt, dass die Figur des „Ausblendens des Bewährungsvorsprungs" nur in einem engen Umfang den beabsichtigten Zweck erfüllen könnte. Andererseits ist dieser Effekt mit unklaren Grenzziehungen zu Fällen verbunden, bei denen es nicht zu einem Wegfall des Anordnungsgrundes kommt.

Die Übertragung der Aufgaben der umstrittenen Stelle gerade auf den ausgewählten Bewerber birgt die Gefahr, dass der auf dem Posten tätige Beamte durch seine Amtsführung „vollendete Tatsachen" schafft – insbesondere durch Personalentscheidungen in seinem Verantwortungsbereich. Es tritt eine faktische Bindung gegenüber der Öffentlichkeit wie Entscheidungsträgern anderer Behörden ein. Weiter zieht eine solche Aufgabenübertragung auch personelle Folgeentscheidungen nach sich, die eine Rückgängigmachung erschweren. Selbst wenn sich herausstellen sollte, dass die Besetzungsentscheidung rechtsfehlerhaft gewesen ist, wird eine Änderung der Besetzungsentscheidung nur sehr schwer zu vollziehen sein[539]. Erst recht gelten diese Schwierigkeiten bei kleineren Verwaltungen, insbesondere Gebietskörperschaften, bei denen die Anzahl der Stellen überschaubar ist. Hinzu kommt in einem solchen Umfeld der Umstand, dass der um Rechtsschutz nachsuchende übergangene Bewerber sich (wenigstens) einem Rechtfertigungsdruck gegenüber dem ausgewählten Konkurrenten – der möglicherweise eine Vorgesetztenfunktion ihm gegenüber wahrnimmt – ausgesetzt sieht[540]. In der Literatur wird darauf hingewiesen,

---

537 Bergmann/Paehlke-Gärtner, NVwZ 2018, 110/112; OVG LSA, B.v. 25.10.2016, 1 M 124/16, NVwZ-RR 2017, 335, juris Rn. 5 ff. automatische Beförderung nach Ablauf der Bewährungszeit; so auch: BVerwG, U.v. 12.12.2017, 2 VR 2/16, BVerwGE 161, 59, juris Rn. 27.

538 VGH BW, B.v. 27.7.2016, 4 S 1083/16, NVwZ-RR 2018, 115, juris Rn. 7 ff.

539 Vgl. zu dieser Problematik insgesamt: Lorse, ZBR 2017, 11/19; ebenso Kathke, RiA 2016, 197/202.

540 Hartung, RiA 2017, 49/54; Lindner, NVwZ 2013, 547/550.

dass Besetzungsstreitigkeiten aus dem kommunalen Bereich von den dortigen Beschäftigten eher gescheut würden[541].

Durch die Beschränkung des vorläufigen Rechtsschutzes tritt eine Verlagerung in das Hauptsacheverfahren ein. Widerspruchs- und Klageverfahren können sich – über mehrere Instanzen – mitunter jahrelang hinziehen. Selbst wenn das Rechtsschutzverfahren nach längerer Zeit den Befund der Rechtswidrigkeit der Auswahlentscheidung ergibt, folgt eine weitere Auswahlentscheidung. Dieser Ertrag nach langem Rechtsstreit nutzt dem erfolgreichen Kläger wenig, dessen persönliche und berufliche Situation sich vielfach in diesem Zeitraum verändert hat[542].

Auch für den ausgewählten Beamten ist das keine attraktive Alternative. Er nimmt zwar die Aufgaben wahr und hat die entsprechende Verantwortung zu tragen, das damit verbundene statusrechtliche Amt bleibt ihm aber für die Dauer des Rechtsschutzverfahrens verwehrt. Mehr noch: Stellt sich seine Auswahl als rechtswidrig dar, muss er sogar befürchten, dass er nach einem weiteren Besetzungsverfahren, das zu seinen Ungunsten ausgeht, die Position wieder räumen muss[543]. Das für ihn negative weitere Auswahlverfahren ermutigt ihn möglicherweise, nun selbst gegen die Auswahlentscheidung vorzugehen. Damit wird die Besetzung der Stelle weiter in die Länge gezogen.

Schließlich ist auch der Einwand der fehlenden Effektivierung des Leistungsgrundsatzes anzuführen. Wenn einem leistungsschwächeren, aber vom Dienstherrn ausgewählten Bewerber die Aufgaben des umstrittenen Postens übertragen werden, so kann das Leistungsprinzip nicht zur Geltung kommen, da nicht der leistungsstärkste Bewerber der Konkurrenz die Aufgaben erfüllt. Im Gegenteil wird die Ämterpatronage begünstigt. Wenn der „ausersehene" Bewerber möglicherweise über einen längeren Zeitraum die Aufgaben des Postens wahrnimmt, so wird es für den unterlegenen (aber objektiv leistungsstärkeren) Beamten unattraktiv, den Dienstposten zu übernehmen. Es kommt – wie bereits dargelegt – hinzu, dass der ausgewählte Bewerber durch seine Entscheidungen und Amtsführung faktisch „vollendete Tatsachen" geschaffen hat.

Auch der Gedanke der Ausblendung des durch die Aufgabenwahrnehmung erlangten Bewährungsvorsprungs ist systemwidrig[544]. Denn der Be-

541 Kämmerling, ZBR 2016, 224/235.

542 Lorse, ZBR 2017, 11/18; Rieger, ZBR 2017, 187/190.

543 Bracher, DVBl 2016, 1236/1241.

544 Bracher, DVBl 2016, 1236/1239 ff; Lorse, ZBR 2017, 11/16; Herrmann, NVwZ 2017, 105/109 ff.; Hartung, RiA 2017, 49/53 f.

amte erbringt auf einem Dienstposten eine Leistung, die aber nicht gewürdigt wird. Ist eine neue Beurteilung zu erstellen, so ist die Leistung des die Aufgaben des strittigen Dienstposten wahrnehmenden Bewerbers unter Ausblendung dieser Leistungen fiktiv fortzuschreiben. Zu Recht wird das als „In-sich-Verstoß" gegen Art. 33 Abs. 2 GG bezeichnet[545]. Einerseits soll mit der Beurteilung die Leistung bewertet werden, die allerdings die tatsächlich auf dem wahrgenommenen Posten gezeigte Leistung ausblenden soll. Der Systembruch besteht darin, dass nach der Konzeption des Bundesverwaltungsgerichts die Beurteilung nur um einen Abschnitt ergänzt werden soll, in der die hypothetische Beurteilung der auf dem höherwertigen Dienstposten geleisteten Tätigkeit erfolgt, bei der die aus der Wahrnehmung eines höherwertigen Dienstpostens folgenden Besonderheiten aber unberücksichtigt bleiben sollen[546]. Eine Fortschreibung betrifft aber die Beurteilung als Ganzes, insbesondere mit einem Gesamturteil und nicht nur einen Teilaspekt. Es ist auch praktisch nahezu unmöglich und birgt Risiken von Rechtsfehlern, bei der Bewertung der Leistungen eines Beamten die Höherwertigkeit eines Dienstpostens auszublenden[547].

Das Institut der Fortschreibung einer dienstlichen Beurteilung ist dafür entwickelt worden, um einen laufbahnrechtlichen Nachteil für die Beamten zu vermeiden, von denen – aus unterschiedlichsten Gründen – gerade keine dienstliche Leistung vorliegt, die in Vergleich zu den anderen Beamten derselben Besoldungsgruppe und derselben Laufbahn gesetzt werden kann. Es wird gerade keine Leistung bewertet, sondern eine von der Leistung losgelöste Grundlage für Beförderungsentscheidungen geschaffen. Eine Fortschreibung der Beurteilung ist ein „aliud" gegenüber einer dienstlichen Beurteilung. Das zeigt deutlich der Standort der Regelungen für eine Fortschreibung etwa in Art. 17a LlbG in „Teil 1. Allgemeines" in engem Zusammenhang zu Art. 16 LlbG „Übertragung höherwertiger Dienstposten" und Art. 17 LlbG „Beförderungen". Gesetzliche Bestimmungen über die dienstlichen Beurteilungen finden an ganz anderer Stelle in „Teil 4. Dienstliche Beurteilung" in Art. 54 bis 65 LlbG.

Auch die Klarstellungen des Bundesverwaltungsgerichts, dass ein Ausblenden nur erforderlich sei, wenn sich an einem neuen Auswahlverfahren auch der Beamte beteilige, der die Auswahl erfolgreich bekämpft habe, und das Ausblenden andererseits ausgeschlossen sei, wenn nach der ersten

545 Rieger, ZBR 2017, 187/189.

546 BVerwG, U.v. 10.5.2016, 2 VR 2/15, BVerwGE 155, 152, juris Rn. 31; Kenntner, ZBR 2016, 181/195.

547 Herrmann, NVwZ 2017, 105/110.

Auswahlentscheidung keine weitere erfolge, vielmehr nach Feststellung der Bewährung unmittelbar befördert werde[548], ändert nichts an dem systemwidrigen Grundansatz.

Aus den genannten Gründen ist auch ein Ausblenden des Bewährungsvorsprungs nur für die Dauer des verwaltungsgerichtlichen Eilverfahrens abzulehnen. Denn auch diese zeitlich eingeschränkte Variante bedingt keine grundsätzliche Änderung der rechtlichen Konstellation bei der Besetzung des strittigen Dienstpostens mit dem ausgewählten Bewerber[549].

Nach dem Urteil vom 16. Mai 2016[550] beriefen sich einige – meist kommunale – Dienstherren vereinzelt auf die neue Rechtsprechungslinie. Diese blieben jedoch Einzelfälle. Derzeit spielt jener neue Aspekt des Bundesgerichts – soweit dem Verfasser bekannt – bei der Besetzung höherwertiger Dienstposten in der Praxis nur eine untergeordnete Rolle[551].

6. Fazit

Die Übertragung der Aufgaben des umstrittenen Dienstpostens auf den ausgewählten Bewerber unter Ausblendung eines dabei gewonnenen Bewährungsvorsprungs ist systemwidrig und führt zu unnötigen Verkomplizierungen.

IV. Abbruch des Besetzungsverfahrens

Der Abbruch eines Auswahlverfahrens bedeutet, dass das begonnene Auswahlverfahren vor der Auswahl eines Bewerbers ohne Ergebnis beendet

548 BVerwG, U.v. 12.12.2017, 2 VR 2/16, BVerwGE 161, 59, juris Rn. 25 ff.; zu Recht als problematisch gesehen: Bracher, DVBl 2016, 1236, 1238 ff.; Rieger, ZBR 2017, 187/188 f.; Herrmann, NVwZ 2017, 105/108 ff.; Bergmann/Paehlke-Gärtner, NVwZ 2018, 110/112 f.

549 a.A. HessVGH, B.v. 28.4.2017, 1 B 947/17, NVwZ 2017, 1144, juris Rn. 16.

550 BVerwG, U.v. 10.5.2016, 2 VR 2/15, BVerwGE 155, 152, juris Rn. 26 ff.

551 Die Leiterin des Personalreferats eines Bayerischen Ministeriums, das einen großen Personalkörper zu betreuen hat, teilte dem Verfasser mit, dass von der neuen Rechtsprechung mit der Möglichkeit der Ausblendung des Bewährungsvorsprungs bei Übertragung des umstrittenen Postens in der Praxis kein Gebrauch gemacht werde. Denn dieses Vorgehen sei dem Beamten, dem die Aufgaben des höherwertigen Amtes übertragen würden, nicht zumutbar.

wird. Es wird ein erneutes Besetzungsverfahren (mit einem möglicherweise neuen Bewerberfeld) begonnen.

Für ein solches Vorgehen billigt die Rechtsprechung dem Dienstherrn einen weiten Spielraum hinsichtlich der Beendigung eines eingeleiteten Bewerbungs- und Auswahlverfahrens zu. Die Durchführung einer Stellenausschreibung zwingt den Dienstherrn nicht, das Amt mit einem der Bewerber zu besetzen[552]. Es ist lediglich ein sachlicher Grund für den Abbruch des Auswahlverfahrens erforderlich. Ein solcher sachlicher Grund ist dann gegeben, wenn er der Sicherstellung des Leistungsprinzips in Art. 33 Abs. 2 GG dient[553]. Das organisatorische und verwaltungspolitische Ermessen beim Abbruch eines Besetzungsverfahrens ist ein anderes und wesentlich weiter als das bei einer Stellenbesetzung zu beachtende Auswahlermessen[554]. Das ist verfassungsrechtlich unbedenklich, da sich das Verfahren noch nicht auf die Auswahl eines Beamten verdichtet hat[555].

Vom Verfahrensabbruch zu entscheiden ist der Fall, dass die Stelle nicht mehr zur Verfügung steht oder sich der Dienstherr in Ausübung seiner Organisationsgewalt entschieden hat, das ausgeschriebene Amt so nicht zu besetzen. Damit wird das entsprechende Auswahlverfahren gegenstandslos[556].

1. Zulässigkeit – Fallgruppen

Ein sachlicher Grund für den Abbruch eines Auswahlverfahrens liegt dann vor, wenn nach Auffassung des Dienstherrn kein Bewerber seinen Erwartungen entspricht[557] oder er den einzig verbliebenen Bewerber nicht für uneingeschränkt geeignet hält[558]. Weiter liegt ein sachlicher Grund vor, wenn seit der ersten Ausschreibung ein erheblicher Zeitraum verstrichen ist und der Dienstherr den Bewerberkreis aktualisieren und vergrößern

552 BVerfG, B.v. 12.7.2011, 1 BvR 1616/11, RiA 2012, 29, juris Rn. 24 – Die Ausschreibung ist nur ein Hilfsmittel zur Gewinnung geeigneter Interessenten.

553 BVerwG, U.v. 26.1.2012, 2 A 7/09, BVerwGE 141, 361, juris Rn. 27.

554 BVerwG, U.v. 25.4.1996, 2 C 21/95, BVerwGE 101, 112, juris Rn. 21; dem folgend: BVerfG, B.v. 12.7.2011, 1 BvR 1616/11, RiA 2012, 29, juris Rn. 24.

555 BVerfG, B.v. 12.7.2011, 1 BvR 1616/11, RiA 2012, 29, juris Rn. 24 f.

556 BVerwG, U.v. 3.12.2014, 2 A 3/13, BVerwGE 151, 14, juris Rn. 16.

557 BVerwG, U.v. 26.1.2012, 2 A 7/09, BVerwGE 141, 361, juris Rn. 27.

558 BVerwG, U.v. 22.7.1999, 2 C 14/98, NVwZ-RR 2000, 172, juris Rn. 29.

will[559]. Das gilt auch, wenn der Dienstherr sich entschlossen hat, die Stelle neu zuzuschneiden[560]. Auch die Verweigerung einer erforderlichen Gremienzustimmung darf als sachlicher Grund herangezogen werden, um das ursprüngliche Auswahlverfahren abzubrechen und ein neues Besetzungsverfahren zu beginnen[561].

Darüber hinaus sind weitere Fallgestaltungen für einen mit personalwirtschaftlichen Argumenten sachlich begründeten Abbruch eines Stellenbesetzungsverfahrens denkbar[562]. Ein sachlicher Grund ist – als Gegenpol – dann nicht gegeben, wenn der Verfahrensabbruch ausschließlich dem Zweck dient, einen unerwünschten Kandidaten aus leistungsfremden Erwägungen von der weiteren Auswahl auszuschließen[563].

Ein sachlicher Grund für den Abbruch eines Auswahlverfahrens ist insbesondere dann gegeben, wenn der Dienstherr den unverändert beschriebenen Dienstposten weiterhin vergeben will, aber das bisherige Verfahren nach seiner Einschätzung an nicht behebbaren Mängeln mit der Folge leidet, dass eine den Anforderungen des Art. 33 Abs. 2 GG gerecht werdende Auswahlentscheidung allein in einem völlig neuen Auswahlverfahren denkbar erscheint[564]. Eine solche Situation liegt vor, wenn dem Dienstherrn im Wege der einstweiligen Anordnung im Konkurrentenstreit untersagt wurde, den von ihm ausgewählten Bewerber zu ernennen. Denn daraus kann regelmäßig der Schluss gezogen werden, dass das bisherige Auswahlverfahren erheblichen Zweifeln im Hinblick auf Art. 33 Abs. 2 GG begegnet. Hier darf das bisherige Verfahren abgebrochen werden, damit in einem anschließenden neuen Auswahlverfahren mit einem aktualisierten Bewerberkreis eine dem Art. 33 Abs. 2 GG entsprechende Besetzungsentscheidung getroffen werden kann[565]. Das bietet sich insbesondere an, wenn seit der ursprünglichen Auswahlentscheidung längere Zeit ver-

559 BayVGH, B.v. 8.7.2011, 3 CE 11.859, juris Rn. 24; NdsOVG, B.v. 14.9.2006, 5 ME 219/06, NVwZ-RR 2007, 404, juris Rn. 15.

560 BVerwG, B.v. 27.2.2014, 1 WB 7.13; BayVGH, B.v. 13.6.2007, 3 CE 07.807, juris.

561 Verweigerung der Zustimmung des Präsidialrats bei der Besetzung der Stelle eines Gerichtspräsidenten: VG München, B.v. 20.12.2019, M 5 E 19.2951, juris Rn. 31; OVG MV, B.v. 9.11.2011, 2 M 163/11, juris Rn. 12.

562 BayVGH, B.v. 18.2.2011, 3 CE 10.2443, juris Rn. 38; B.v. 1.2.2012, 3 CE 11.2725, juris Rn. 24.

563 BVerwG, U.v. 26.1.2012, 2 A 7/09, BVerwGE 141, 361, juris Rn. 27.

564 BVerwG, U.v. 3.12.2014, 2 A 3/13, BVerwGE 151, 14, juris Rn. 17 ff.; B.v. 10.12.2018, 2 VR 4.18, NVwZ 2019, 724, juris Rn. 18.

565 BVerwG, U.v. 31.3.2011, 2 A 2/09, NVwZ 2011, 1528, juris Rn. 19 f.; U.v. 29.11.2012, 2 C 6/11, BVerwGE 145, 185, juris Rn. 20 f.; BVerfG, B.v. 24.9.2015, 2 BvR 1686/15, NVwZ 2016, 237, juris Rn. 18.

gangen ist und sich insbesondere nach dem Ablauf eines Stichtags für periodische Beurteilungen eine neue Bewerberperspektive zeigt. Mit einem neuen Auswahlverfahren (und einem möglicherweise veränderten Bewerberkreis) kann die Besetzung effektiver durchgeführt werden. Denn die Leistungsunterschiede können unter Einbeziehung neuer Bewerber und neuer Beurteilungen deutlicher sein als im früheren Auswahlverfahren. Das könnte eine Auswahlentscheidung eindeutiger ausfallen lassen und damit auch die Rechtsschutzperspektiven der dann unterlegenen Konkurrenten entsprechend weniger erfolgversprechend erscheinen lassen.

Die für den Abbruch des Verfahrens maßgeblichen Gründe müssen schriftlich dokumentiert sein, es sei denn, dass sich das offensichtlich aus den Akten selbst ergibt[566]. Die Bewerber müssen hierüber ausdrücklich in Kenntnis gesetzt werden, sodass sie darüber informiert sind, dass ihr Bewerbungsverfahrensanspruch untergegangen ist. Diese Publizität des Verfahrensabbruchs folgt aus dem Rechtsstaatsprinzip und Art. 19 Abs. 4 GG und dient dazu, Missbrauch vorzubeugen[567].

Wird der Abbruch diesen Anforderungen nicht gerecht, so darf keine Neuausschreibung erfolgen. Andernfalls würden die Bewerber des ursprünglichen Auswahlverfahrens durch eine Auswahlentscheidung in einem neuen Auswahlverfahren in ihrem Bewerbungsverfahrensanspruch verletzt. Denn nur dann, wenn ein sachlicher Grund für den Abbruch tatsächlich vorliegt, kann der Bewerbungsverfahrensanspruch nicht verletzt sein.

2. Rechtsschutz gegen den Abbruch

Im Falle eines Abbruchs kann jeder Bewerber eine einstweilige Anordnung nach § 123 VwGO mit dem Ziel beantragen, den Dienstherrn zur Fortsetzung des Stellenbesetzungsverfahrens zu verpflichten[568], um so zu verhindern, dass das Besetzungsverfahren für die Stelle ohne sachlich gerechtfertigten Grund komplett neu durchgeführt (d.h. ausgeschrieben) wird[569]. Die Einräumung eines weiten Ermessens beim Abbruch eines Besetzungsverfahrens unterstreicht die Notwendigkeit der Gewährleistung

566 BVerfG, B.v. 12.7.2011, 1 BvR 1616/11, RiA 2012, 29, juris Rn. 26.
567 BVerwG, U.v. 26.1.2012, 2 A 7/09, BVerwGE 141, 361, juris Rn. 28 f.
568 S.o. C III 3 d bb.
569 BVerfG, B.v. 28.11.2011, 2 BvR 1181/11, juris Rn. 22; BayVGH, B.v. 15.2.2016, 3 CE 15.2405, juris Rn. 67; B.v. 5.2.2019, 3 CE 18.2608, juris.

effektiven Rechtsschutzes im Verfahren des vorläufigen Rechtsschutzes. Allerdings trifft den Bewerber die Obliegenheit, einen Antrag auf Gewährung vorläufigen Rechtsschutzes innerhalb eines Monats nach Zugang der Abbruchmitteilung zu stellen. Nach Ablauf der Monatsfrist ist selbst eine Überprüfungsmöglichkeit des Abbruchs in einem Hauptsacheverfahren verwirkt[570].

Unterbleibt die an sich gebotene Mitteilung über den Abbruch des Besetzungsverfahrens, kann die Monatsfrist für den Eilantrag auf Fortsetzung des Auswahlverfahrens erst ab anderweitiger Kenntnis des Abbruchs zu laufen beginnen. Angesichts des Erfordernisses einer zeitnahen Klärung muss es auch bei einer unterbliebenen Abbruchmitteilung bei der Einhaltung der hierfür aufgestellten Monatsfrist ab anderweitiger Kenntnis vom Abbruch des Verfahrens bleiben. Denn der an seinem beruflichen Fortkommen interessierte Bewerber, der ein Interesse an der Fortsetzung des Besetzungsverfahrens hat, muss dies auch manifestieren. Insoweit können aus dem Beamtenverhältnis als besonderen Dienst- und Treueverhältnis[571] auch entsprechende Pflichten abgeleitet werden.

Der Abbruch eines Stellenbesetzungsverfahrens nach einem erfolgreichen Konkurrenten-Eilantrag ist grundsätzlich zulässig. Der Dienstherr steht hier vor der Alternative, ein neues Auswahlverfahren mit dem Bewerberkreis des ersten Verfahrens durchzuführen oder das Verfahren abzubrechen und ein neues Besetzungsverfahren mit einem dann neuen Bewerberkreis durchzuführen. Von der Verfahrensgestaltung kann der Abbruch eine Verzögerung gegenüber einer Wiederholung des Auswahlverfahrens mit sich bringen. Denn eine neue Ausschreibung und ein neues Auswahlverfahren können etwas länger dauern als die Fortsetzung des früheren, beanstandeten Verfahrens. Zudem besteht die Möglichkeit, dass ein Bewerber des früheren Verfahrens einen Eilantrag auf Fortsetzung des abgebrochenen Auswahlverfahrens geltend macht. Die Prüfung eines solchen Antrags wiederum kann über mehrere Instanzen gehen und sich damit über einen längeren Zeitraum hinziehen.

570 BVerwG, U.v. 3.12.2014, 2 A 3/13, BVerwGE 151, 14, juris Rn. 22 f.; BayVGH, B.v. 13.11.2020, 3 CE 20.2213, DRiZ 2021, 156, juris Rn. 8 ff.

571 BVerwG, B.v. 14.3.2019, 2 VR 5/18, ZBR 2019, 384, juris Rn. 33.

3. Fazit

Der Abbruch eines Besetzungsverfahrens eignet sich nicht zur Beschleunigung eines Besetzungsvorgangs. Denn es wird ein neues Besetzungsverfahren in Gang gesetzt. Auch die Möglichkeit, den Abbruch mit einem Antrag auf Gewährung vorläufigen Rechtsschutzes anzugreifen, kann zu einer weiteren Verzögerung führen.

V. Personalpolitische Perspektive für den erfolglosen Bewerber

Die forensische Erfahrung zeigt, dass es vielen Beamten, die einen Konkurrenten-Eilantrag stellen, mitunter um die hinter dem Rechtsschutzbegehren stehende Interessenlage geht, dem Dienstherrn zu zeigen, dass „man auch einmal an der Reihe sei". Im Kern fordern diese Antragsteller eine berufliche Perspektive für ihr weiteres Fortkommen vom Dienstherrn. Der Druck, der mit einem Antrag auf Gewährung vorläufigen Rechtsschutz durch die grundsätzliche Pflicht zum Freihalten der umstrittenen Stelle auf den Dienstherrn aufgebaut wird, kommt dieser Interessenlage gerade entgegen. Mitunter macht ein Beamter Eilanträge auf mehrere Stellen anhängig und will dadurch den Druck noch erhöhen.

Auch wenn ein gerichtliches Verfahren eingeleitet ist, ist es den Personalverwaltungen nicht verboten, mit einem Antragsteller das Gespräch zu suchen, dessen Situation und Befindlichkeit zu erfassen und auf dieser Basis zu versuchen, eine personalpolitische Perspektive für den in einem Auswahlverfahren unterlegenen Beamten zu entwickeln. Gerade bei kleineren Behörden oder Verwaltungseinheiten, in denen die Anzahl der Mitarbeiter überschaubar ist und diese häufig miteinander dienstlichen Kontakt haben, ist es wichtig, dass Auswahlentscheidungen keinen ausgrenzenden Eindruck erzeugen. Aber auch in großen, sehr hierarchisch organisierten Behörden wie etwa der Polizei könnte mit einem Gespräch möglicherweise viel Konfliktstoff vermieden werden. Die Zeit und Energie, die für ein Personalgespräch aufgewendet wird, erspart möglicherweise ein Vielfaches an Verwaltungsaufwand bei der Durchführung eines (oder mehrerer) verwaltungsgerichtlicher Verfahren. Ein fast spektakuläres Beispiel liefert die Lösung des Besetzungsstreits um die Vorsitzendenstellen von drei Strafsenaten (von insgesamt fünf) beim Bundesgerichtshof. Das Bundesministerium der Justiz einigte sich schließlich mit dem Antragsteller, der in den Eilverfahren erfolgreich war. Er erhielt eine Stelle als Vorsitzender eines Strafsenats, womit die zugespitzte schwierige Personalsituation in der Strafabteilung des Bundesgerichtshofs beigelegt werden konnte[572].

Die Anweisung in § 278 Abs. 1 ZPO, dass das Gericht in jeder Lage des Verfahrens auf eine gütliche Beilegung des Rechtsstreits oder einzelner Streitpunkte bedacht sein soll, gilt über die Verweisung in § 173 Satz 1 VwGO auch im verwaltungsgerichtlichen Verfahren[573]. Als besondere Form ist hierbei das Mediationsverfahren entwickelt worden, das an den Gerichten aller Gerichtsbarkeiten angeboten wird[574]. Für den Dienstherrn bietet sich diese Methode der Streitbeilegung schon im Vorfeld einer rechtlichen Auseinandersetzung um eine Stellenbesetzung an. Damit kann nicht nur eine drohende Stellenblockade umgangen werden, sondern auch eine Befriedungsfunktion in der Behörde erreicht werden – ein nicht zu unterschätzender Aspekt, da alle Beteiligten weiter zusammen arbeiten müssen. Konsensuale Lösungen sind mitunter schneller zu erreichen und wirken befriedender als streitige gerichtliche Entscheidungen, die immer eine obsiegende und eine unterliegende Partei kennen[575].

Fazit

Der Dienstherr sollte in jedem Fall versuchen, mit dem Antragsteller eines beamtenrechtlichen Konkurrentenstreitverfahrens Lösungen für eine gütliche Einigung zu finden. Diese sind häufig schneller zu erreichen und wirken befriedender als streitige gerichtliche Entscheidungen.

VI. Vorrangige Besetzung durch Umsetzung oder Versetzung ohne Leistungsvergleich

Der Dienstherr kann einen Dienstposten nicht nur durch Beförderung, sondern auch durch Abordnung, Umsetzung oder Versetzung besetzen. Wenn in einem konkreten Stellenbesetzungsverfahren neben Beförderungsbewerbern auch Versetzungs- oder Umsetzungsbewerber berücksich-

572 Schlottbohm, ZBR 2015, 368/369.
573 Schübel-Pfister in: Eyermann, § 104 Rn. 8 a.
574 Mediationsgesetz (MediationsG) vom 21.7.2012, BGBl I S. 1577, geändert durch Verordnung vom 31.8.2015, BGBl I. S. 1474.
575 vgl. nur die Formulierung in § 154 Abs. 1 VwGO: „Der unterliegende Teil trägt die Kosten des Verfahrens.“

tigt werden sollen, so legt sich der Dienstherr grundsätzlich auch gegenüber den Umsetzungs-/Versetzungsbewerbern auf die Auswahl nach den Maßstäben der Bestenauslese (Art. 33 Abs. 2 GG) fest[576]. Stellt ein bei Anlegung des Leistungsprinzips unterlegener Bewerber einen Antrag auf Gewährung vorläufigen Rechtsschutzes, so darf der Dienstherr den umstrittenen Dienstposten während des Laufs des Eilverfahrens mit dem ausgewählten Beamten nicht besetzen und diesen auch nicht in das mit dem strittigen Dienstposten verbundene Statusamt befördern. Denn der Beamte, der den Dienstposten innehat – insbesondere, wenn es sich um einen Führungsposten handelt – kann dort einen Bewährungsvorsprung erhalten, der auch bei einer Rückabwicklung der Dienstpostenübertragung zu beachten wäre, falls es zu einem weiteren Auswahlverfahren kommt[577][578]. Das gilt auch für den Beamten, der sich (bereits) in dem Statusamt befindet, das mit dem umstrittenen Dienstposten verbunden ist[579].

Es besteht in der Rechtsprechung mitunter die Tendenz, einen auf dem strittigen Dienstposten gewonnenen Erfahrungsvorsprung nicht automatisch als einen bei einer eventuell erforderlichen neuen Besetzungsentscheidung relevanten Bewährungsvorsprung anzusehen[580]. Allerdings ist diese Tendenz skeptisch zu sehen und abzulehnen. Denn es kann nur schwer prognostiziert werden, ob bei einem zukünftigen Leistungsvergleich die auf dem umstrittenen Posten gewonnenen Erfahrungen möglicherweise sogar ausschlaggebend sein werden. Schließlich ist es dem Dienstherrn im Rahmen des Auswahlermessens nicht verwehrt, auch die

---

576 BVerwG, U.v. 26.01.2012, 2 A 7/09, BVerwGE 141, 361, juris Rn. 32 m.w.N.; U.v. 25.11.2004, 2 C 17/03, BVerwGE 122, 237, juris Rn. 15, 18; B.v. 11.5.2009, 2 VR 1/09, ZBR 2009, 411, juris Rn. 4; dem folgend etwa: BayVGH, B.v. 1.9.2015, 3 CE 15.1327, juris Rn. 20.

577 BayVGH, B.v.12.10.2015, 3 CE 15.1637, juris Rn. 21; B.v. 20.3.2009, 3 CE 08.3278, juris Rn. 32.

578 siehe C III 3 d aa.

579 Für den Bereich der Bundeswehr geht das Bundesverwaltungsgericht davon aus, dass erst ab sechs Monaten auf einem Dienstposten ein Bewährungsvorsprung erreicht werden kann: BVerwG, B.v.11.7.2019, 1 WDS-VR 4/19, juris Rn. 21 m.w.N.

580 OVG Berlin-Brandenburg, B.v. 14.4.2014, OVG 7 S 19.14, ZBR 2014, 256, juris Rn. 5 f. da eine Beförderungsentscheidung grundsätzlich am erstrebten Statusamt orientiert sein müsse – unter Bezug auf BVerwG, B.v. 20.6.2013, 2 VR 1/13, BVerwGE 147, 20, juris Rn. 28 f. wobei dort allerdings in erster Linie auf die Zulässigkeit eines konstitutiven Anforderungsprofils eingegangen wird; OVG NW, B.v. 14.3.2014, 6 B 93/14, IÖD 2014, 130, juris Rn. 6 ff. – ein zukünftig möglicherweise relevanter Erfahrungs- bzw. Kompetenzvorsprung müsse ausgeschlossen werden; vgl. auch Schnellenbach, Kapitel 5, Rn. 18 ff.

Verwendungsbreite (Spektrum der von einem Beamten innegehabten Posten) eines Bewerbers als Kriterium in die Entscheidung einzuführen[581].

Andererseits ist die Auswahlentscheidung nicht an Art. 33 Abs. 2 GG zu messen, wenn die Besetzung des Postens für keinen der Bewerber eine Statusveränderung darstellt oder auf dem Dienstposten keine Beförderungsmöglichkeit verschafft. Der Dienstherr muss aber von vornherein erkennen lassen, dass er eine Stellenbesetzung im Wege einer Umsetzung oder Versetzung vornehmen wird. Vielmehr steht dem Dienstherrn in diesem Fall Ermessen zu, das durch die Willkürschranke begrenzt ist[582].

1. Festlegung auf unterschiedliche Bewertung von Umsetzungs- und Versetzungsbewerbern gegenüber Beförderungsbewerbern

Der Dienstherr kann jedoch durch eine zusammen mit dem Stellenbesetzungsverfahren verlautbarte Bindung seines Auswahlermessens vorab festlegen, dass er Umsetzungs- und Versetzungsbewerber im Rahmen des Auswahlverfahrens nicht am Leistungsgrundsatz bemisst, sondern deren Bestellung auf den Dienstposten vorrangig im Rahmen einer Umsetzungsentscheidung bzw. Versetzungsentscheidung prüft. Das kann entweder im Ausschreibungstext oder in Richtlinien erfolgen, auf die in der Ausschreibung hingewiesen wird. Das bietet sich gerade bei größeren Personalkörpern mit einer entsprechenden Vielzahl an möglichen Bewerbern an. Damit führt eine Dienstpostenbesetzung mit einem Umsetzungs- oder Versetzungsbewerber aus dem Blickwinkel eines Beförderungsbewerbers trotz Inanspruchnahme von vorläufigem Rechtsschutz nicht zu einer Verschlechterung seiner Rechtsposition[583]. Denn die Besetzung mit dem Umsetzungs- oder Versetzungsbewerber kann jederzeit wieder rückgängig gemacht werden, ohne dass die Rechtsposition des nicht erfolgreichen Beförderungsbewerbers beeinträchtigt werden könnte. Soweit der Umsetzungs- oder Versetzungsbewerber einen Bewährungsvorsprung auf dem

---

581 Etwas Anderes kann allenfalls dann gelten, wenn die mit der übertragenen Stelle eine besondere Bewährung verbunden wäre, die die Beförderungschancen konkret verbessern („Trittsteinfunktion“ der Stelle“), so OVG NW, B.v. 8.3.2005, 6 B 2695/04, juris, Rn. 9; BayVGH, B.v. 19.3.2013, 3 CE 12.2726, juris Rn. 27. Das dürften aber seltene Ausnahmefälle sein.

582 BVerfG, B.v. 28.11.2007, 2 BvR 1431/07, NJW 2008, 909, juris Rn. 10 f. für die Stellenbesetzung durch Änderung des Geschäftsverteilungsplanes eines Gerichts.

583 siehe B IV 4 a.

streitgegenständlichen Dienstposten durch Wahrnehmung der damit verbundenen Aufgaben erreichen könnte, ist das nicht relevant. Denn der Maßstab für die Besetzung der Stelle mit dem Umsetzungs- oder Versetzungsbewerber ist das Umsetzungs- bzw. Versetzungsermessen. Ein eventuell erreichbarer Bewährungsvorsprung spielt daher bei der Frage, ob dem Umsetzungs- oder Versetzungsbewerber ohne Rechtsfehler der Dienstposten übertragen worden ist, auch im Fall einer erneuten Entscheidung keine Rolle[584]. Der nicht erfolgreiche Beförderungsbewerber kann nur geltend machen, dass die Voraussetzungen für die Besetzung der Stelle durch Umsetzung bzw. Versetzung nicht vorlägen[585]. Hierbei steht dem Dienstherrn ein sehr weit gespannter Ermessensspielraum zu[586].

Das gilt auch im umgekehrten Fall, dass ein Beförderungsbewerber aus Leistungsgesichtspunkten (Art. 33 Abs. 2 GG) vorgezogen wurde. Wenn der Dienstherr sein Umsetzungs-/Versetzungsermessen nicht so ausgeübt hat, dem Umsetzungs- oder Versetzungsbewerber den strittigen Dienstposten zu übertragen, bemisst sich die Frage der Rechtmäßigkeit der Auswahlentscheidung zu Lasten des beizuladenden Umsetzungs- oder Versetzungsbewerbers in dieser Konstellation ebenfalls nicht nach den Grundsätzen des Leistungsprinzips, sondern der ordnungsgemäßen Ausübung des Umsetzungs- oder Versetzungsermessens[587][588]. Der in dieser Konstellation nicht erfolgreiche Umsetzungs-/Versetzungsbewerber kann nur geltend machen, dass der Dienstherr zu Unrecht die besonderen Voraussetzungen für eine vorrangige Umsetzung bzw. Versetzung verneint hat[589]. Nochmals zu betonen ist, dass sich der Dienstherr aber von vornherein darauf festgelegt haben muss, Umsetzungs- oder Versetzungsbewerber bei der Stellenbesetzung nicht am Leistungsprinzip zu messen.

---

584 BayVGH, B.v. 8.1.2014, 3 CE 13.2202, juris Rn. 23.

585 Vgl. VG München, U.v. 3.12.2020, M 5 K 20.2094, juris Rn. 20ff.; U.v. 24.1.2017, M 5 K 16.1534, juris Rn. 23; U.v. 15.4.2014, M 5 K 13.4617, juris Rn. 21; BayVGH, B.v. 9.1.2015, 3 ZB 12.1126, juris Rn. 6; B.v. 14.3.2014, 3 ZB 13.1194, juris Rn. 6.

586 BayVGH, B.v. 18.10.2011, 3 CE 11.1479, juris Rn. 25 m.w.N..

587 BayVGH, B.v. 19.2.2015, 3 CE 14.2693, juris Rn. 17.

588 Das Bundesverwaltungsgericht neigt mitunter dazu, bei einem Antragsteller, für den der erstrebte Dienstposten keine Beförderungsmöglichkeit mit sich bringt, im Rahmen eines Eilantrags eher den Anordnungsanspruch zu verneinen. Es wird dabei unterstrichen, dass bei einer solchen Konstellation das Ermessen hinsichtlich der Umsetzung bzw. der Versetzung maßgeblich ist und kein Leistungsvergleich stattfindet: BVerwG, B.v. 7.12.2016, 1 WDS-VR 4/16, juris Rn. 29.

589 BayVGH, B.v. 20.3.2009, 3 CE 08.3278, juris Rn. 37 f.

2. Beispiel: Bayerische Polizei

Ein typisches Beispiel für eine solche vom Leistungsprinzip losgelöste Übertragung eines Dienstpostens auf Umsetzungs- oder Versetzungsbewerber ist in den Richtlinien über die Bestellung auf Dienstposten der Bayerischen Polizei enthalten Bestellungsrichtlinien – RBestPol)[590]. Dort ist in Nr. 7.1 Satz 1 festgelegt, dass Beamte, bei denen durch die Bestellung oder Beauftragung mit der Wahrnehmung der Dienstgeschäfte auf einem ausgeschriebenen Dienstposten weder eine weitere Beförderung ermöglicht noch Besetzungswartezeiten verkürzt werden (Umsetzungs- bzw. Versetzungsbewerber), nicht an einem am Leistungsprinzip ausgerichteten Auswahlverfahren teilnehmen. Sie können vorrangig bestellt werden, wenn es besondere dienstliche Gründe erfordern (Nr. 7.1 Satz 2 RBestPol). Umsetzungs- und Versetzungsbewerber können weiter vorrangig bestellt werden, wenn zwingende persönliche Gründe vorliegen (Nr. 7.1 Satz 4 RBestPol). Als Vortext zu jeder Ausschreibung wird auf diese generell geregelte Möglichkeit der vorrangigen Bestellung von Umsetzungs- und Versetzungsbewerbern hingewiesen. Damit besteht für Konkurrenten im Eilverfahren kein Anordnungsgrund, wenn entweder einem Umsetzungs- oder Versetzungsbewerber der strittige Dienstposten übertragen worden ist oder ein solcher Bewerber sich gegen die Besetzung des Postens mit einem anderen Beamten wendet[591]. Der Rechtsschutz verlagert sich in diesen Fällen in das Hauptsacheverfahren. Die für die Verwaltung missliche Situation, dass die Besetzungsentscheidung während des Laufs eines Konkurrentenstreitverfahrens nicht vollzogen werden darf, kann nicht eintreten. Das ist in besonderem Maß für die Polizei von Bedeutung, deren sicherheitsrelevante Aufgaben durch eine längere Vakanz von Dienstposten besonders beeinträchtigt werden könnten.

3. Fazit

Eine vom Leistungsprinzip losgelöste Stellenbesetzung durch Umsetzung oder Versetzung (oder eine solche vorbereitende Abordnung) kann die missliche Situation der Blockade einer Besetzungsentscheidung vermeiden. Denn hier ist Rechtsschutz grundsätzlich im Hauptsacheverfahren zu gewähren.

---

590 vom 26.10.2018, Az. C 3-0302.2-2.

591 Vgl. VG München, U.v. 3.12.2020, M 5 K 20.2960, juris Rn. 20 ff.

VII. Rechtsschutzvereitelnde Ernennung als Lösungsmöglichkeit bei unmittelbar drohender Beeinträchtigung der Leistungsfähigkeit der Verwaltung

1. Problemsituation der „Stellenblockade"

Das Postulat, den umstrittenen Dienstposten bis zu einer Entscheidung über den Konkurrenten-Eilantrag nicht mit dem ausgewählten Bewerber zu besetzen, kann die Verwaltung im Einzelfall in eine schwierige Situation bringen. Das gilt insbesondere dann, wenn es sich um Leitungspositionen (z.B. Behördenleiter) oder andere herausgehobene Positionen (z.B. Senatsvorsitz an einem Bundesgericht) handelt. Denn die Aufgaben von herausgehobenen Dienstposten können nur eine gewisse Zeit vom Verhinderungsvertreter (mit–)erfüllt werden, ohne dass die Aufgabenerfüllung leidet. Eine besondere Zuspitzung erfährt die Situation dann, wenn die Besetzung mehrerer herausgehobener Stellen bei einer Behörde umstritten ist und gegen die Auswahlentscheidung Anträge auf Gewährung vorläufigen Rechtsschutzes gestellt sind. Dann kommt es zu einer „Stellenblockade"[592]. Verschärft wird die Situation dadurch, dass eine Besetzungsentscheidung – gerade von herausgehobenen Posten – eine Weichenstellung für u.U. mehrere Folgeentscheidungen darstellt. Die Situation innerhalb einer Behörde kann dann prekär werden, wenn der Eilantrag eines Antragstellers Erfolg hatte und daher eine erneute Besetzungsentscheidung durchgeführt werden musste, gegen dessen Ergebnis wiederum ein Konkurrenten-Eilantrag gestellt wurde. In solchen Situationen drängt sich die Frage auf, wie die Leistungsfähigkeit der Verwaltung sichergestellt werden kann.

In seiner Entscheidung vom 4. November 2010 statuiert das Bundesverwaltungsgericht, dass die Ernennung eines Konkurrenten um ein Beförderungsamt ausnahmsweise dann angefochten werden kann, wenn der Dienstherr die Inanspruchnahme vorläufigen Rechtsschutzes vereitelt: Das kann der Fall sein, wenn die nicht ausgewählten Bewerber nicht über den Ausgang ihrer Bewerbung informiert worden sind, wenn mit der Aushändigung der Ernennungsurkunde nicht die in der Rechtsprechung aufgestellten Fristen abgewartet wurden, oder wenn der Dienstherr den ausgewählten Bewerber ernennt, obwohl ihm das durch gerichtliche oder

---

592 Lorse, ZBR 2017, 11/13; vgl. auch Schlottbohm, ZBR 2015, 368; Wiegand, A, B Rn. 115.

verfassungsgerichtliche Entscheidung untersagt ist. Denn diese Konstellation rechtfertigt eine Ausnahme vom Postulat der Ämterstabilität[593].

Wenn der Dienstherr einen Bewerber ernennt, ohne einem im Auswahlverfahren unterlegenen Bewerber die von der Rechtsprechung als gebotene Form des effektiven Rechtsschutzes (Art. 19 Abs. 4 GG) praktizierte gerichtliche Prüfung der Auswahlentscheidung im Rahmen des vorläufigen Rechtsschutzes nach § 123 VwGO zu ermöglichen, wird effektiver Rechtsschutz vereitelt. Andererseits steht der nicht zum Zuge gekommene Bewerber nicht rechtsschutzlos da. Nach der neueren Rechtsprechung des Bundesverwaltungsgerichts kann bei einer Vereitelung des Rechtsschutzes – durch fehlende Benachrichtigung vom Ausgang des Auswahlverfahrens, durch Ernennung ohne Einhaltung der gebotenen Wartefristen oder durch bewusste Ernennung unter Missachtung einer entgegenstehenden gerichtlichen Entscheidung[594] – der nicht ausgewählte Konkurrent die Ernennung des ausgewählten Konkurrenten unter Durchbrechung des Grundsatzes der Ämterstabilität anfechten[595]. Damit wird der Rechtsschutz in das Hauptsacheverfahren verlagert. Der Rechtsschutz erfolgt nachgängig[596] in dem Sinn, dass er nach der Ernennung des ausgewählten Beamten erfolgt und nicht vor dessen Ernennung.

Für den Dienstherrn – dem die Ernennungshoheit zukommt – mag daher der Gedanke nahe liegen, eine Situation der Stellenblockade durch Schaffung vollendeter Tatsachen aufzulösen. Denn in der Rechtsprechung ist anerkannt, dass die Funktionsfähigkeit der Verwaltung (Art. 83 ff. GG) ihrerseits Verfassungsrang besitzt und deren unmittelbar drohende Beeinträchtigung dem Leistungsprinzip (Art. 33 Abs. 2 GG)[597] wie auch dem Grundsatz der Gewährung effektiven Rechtsschutzes gegenüber gestellt werden kann.

Wie bereits dargestellt, ist die bloße Aufgabenübertragung auf den ausgewählten Bewerber unter Ausblendung des auf dem strittigen Dienstposten gewonnenen Bewährungsvorsprungs[598] keine sinnvolle und den Beteiligten zumutbare Alternative. Denn sie mutet dem Bewerber, dem die Aufgaben des umstrittenen Dienstpostens übertragen werden, die hö-

593 BVerwG, U.v. 4.11.2010, 2 C 16/09, BVerwGE 138, 102, juris Rn. 36.

594 siehe hierzu B IV 5.

595 BVerwG, U.v. 4.11.2010, 2 C 16/09, BVerwGE 138, 102, juris Rn. 37.

596 zum Begriff: Rennert, DVBl 2009, 1333/1336.

597 BVerwG, U.v. 9.5.2019, 2 C 1/18, ZBR 2020, 35, juris Rn. 44; U.v. 25.11.2004, 2 C 17/03, BVerwGE 122, 237, juris Rn. 14 m.w.N.; BVerfG, B.v. 2.4.1996, 2 BvR 169/93, NVwZ 1997, 54, juris Rn. 15; Lorse, ZBR 2017, 11/14.

598 BVerwG, U.v. 10.5.2016, 2 VR 2/15, BVerwGE 155, 152, juris Rn. 27 ff.

herwertige Tätigkeit zu, ohne die mit dem Amt verbundene Besoldung zu gewähren. Zudem ist ungewiss, ob dieser Beamte den Posten endgültig erhält. Es kommt hinzu, dass der gewonnene Erfahrungsvorsprung auf diesem Posten bei diesem Bewerber „ausgeblendet" werden soll, wobei diese Konstruktion dogmatisch unpassend ist und zu weiteren Unklarheiten führt[599]. Klarer ist die Variante, in bestimmten Situationen dem ausgewählten Konkurrenten den umstrittenen Dienstposten zu übertragen und (nach Ableistung einer Bewährungszeit) zu ernennen.

2. Nachteile der Verlagerung des Rechtsschutzes in ein Hauptsacheverfahren nach der Ernennung

Die Argumente, die mit Blick auf die Ämterstabilität für die Gewährung effektiven Rechtsschutzes im Rahmen vorläufigen Rechtsschutzes nach § 123 VwGO sprechen, begründen eine für den nicht ausgewählten Beamten nachteiligere Situation bei Gewährung von Rechtsschutz nach der Ernennung. Vorläufiger Rechtsschutz gegen die Auswahlentscheidung in Form der „Negativmitteilung"

- stellt eine Gleichgewichtigkeit gegenüber den dem Dienstherrn vielfach eingeräumten Beurteilungs- und Ermessensspielräumen bei der Auswahlentscheidung her,
- führt zu einer zeitnahen Klärung der Rechtmäßigkeit des Auswahlverfahrens,
- führt zu einer Verhinderung der Amtsausübung eines rechtswidrig ausgewählten Bewerbers, die zu einem Erfahrungsvorsprung führt, der bei einem erneuten Auswahlverfahren zu berücksichtigen wäre[600],
- verhindert eine Entwertung der Rechtsposition des unter Umständen zu Unrecht nicht berücksichtigten Bewerbers durch Zeitablauf und entsprechend veränderte Umstände, die möglicherweise einen Abbruch des Besetzungsverfahrens bedingen können[601].

Gerade der Aspekt einer zeitnahen Klärung verdient Beachtung[602]. Ein Klageverfahren in der Hauptsache mit einer obligatorischen mündlichen Verhandlung bedingt eine gewisse Laufzeit. Gegen ein Urteil ist grund-

---

599 siehe D III 5.

600 BVerwG, U.v. 4.11.2010, 2 C 16/09, BVerwGE 138, 102, juris Rn. 60; OVG NW, B.v. 10.12.2014, 1 B 1251/14, IÖD 2015, 30, juris Rn. 13 f.

601 Siehe D IV.

602 Gerade hierauf verweist Lemhöfer, ZBR 2003, 14/15 f.

sätzlich ein Antrag auf Zulassung der Berufung statthaft (§ 124a Abs. 4, 5 VwGO). Auch dieses Verfahren bedingt eine nicht unerhebliche Verfahrensdauer[603]. Erst recht gilt das, wenn das Oberverwaltungsgericht die Berufung zulässt (§ 124a Abs. 5 Satz 2 VwGO). Ebenso ist für den Fall einer Zulassung der Berufung durch das Verwaltungsgericht (§ 124a Abs. 1 Satz 1 VwGO) mit einer nicht unerheblichen Verfahrensdauer zu rechnen. Ergeht ein Urteil durch das Oberverwaltungsgericht im Berufungsverfahren, kann sich eine Beschwerde gegen die Nichtzulassung der Revision zum Bundesverwaltungsgericht (§ 133 VwGO) bzw. ein Revisionsverfahren aufgrund Zulassung durch das Oberverwaltungsgericht (§ 132 VwGO) oder nach Beschwerde gegen die Nichtzulassung der Revision anschließen. Auch das bedingt eine erhebliche Zeitdauer. Schließlich kann auch gegen eine die Instanz abschließende Entscheidung grundsätzlich eine Verfassungsbeschwerde erhoben werden (§ 90 Abs. 1, 2 BVerfGG). Damit kann sich ein Hauptsacheverfahren bis zu dessen rechtskräftigem Abschluss unter Umständen über mehrere Jahre hinziehen[604].

Auch für den Dienstherrn ist der nachgängige Rechtsschutz nachteiliger, da durch eine möglicherweise länger dauernde Wahrnehmung des Amtes durch einen zu Unrecht ausgewählten Bewerber

- der Leistungsgrundsatz (Art. 33 Abs. 2 GG) geschwächt würde, weil nicht der leistungsstärkste Bewerber das Amt inne hätte,
- erhebliche Schwierigkeiten bei der Rückabwicklung nach Aufhebung einer Ernennung eintreten könnten[605], insbesondere wenn ein Funktionsamt haushaltsrechtlich nur einmal vorhanden ist[606].

Für den zu Unrecht ernannten Beamten ist die Situation sehr ungünstig, wenn dessen Ernennung möglicherweise erst nach Jahren aufgehoben würde. Zwar erfolgt die Aufhebung mit Wirkung für die Zukunft[607]. Er ist jedoch erheblichen Nachteilen ausgesetzt,

603 So wurde in dem in Fußnote 107 geschilderten Fall, in dem der Dienstherr ein Hauptsacheverfahren gegen die Auswahlentscheidung durchführen ließ, der Antrag auf Zulassung der Berufung gegen das Urteil des Verwaltungsgerichts München vom 19.12.2017 (M 5 K 17.3384) durch den Bayerischen Verwaltungsgerichtshof mit Beschluss vom 22.2.2019, 3 ZB 18.621 zurückgewiesen.

604 Lemhöfer, ZBR 2003, 14/16 nennt eine Größenordnung von 3 bis 5 Jahren.

605 Das gilt nicht nur für den zu Unrecht ernannten Bewerber, für den die Folgen aus Fürsorgegründen so weit wie möglich auszugleichen sind, vgl. BVerwG, U,v, 4.11.2010, 2 C 16/09, BVerwGE 138, 102, juris Rn. 60, sondern wirkt sich möglicherweise auch auf Folge-beförderungen anderer Personen aus („Beförderungsketten“, vgl. Kathke, RiA 2017, 197).

606 siehe C III 1.

607 BVerwG, U,v, 4.11.2010, 2 C 16/09, BVerwGE 138, 102, juris Rn. 43.

- da er einen anderen Dienstposten einnehmen und unter Umständen eine Versetzung mit Ortsveränderung hinnehmen müsste,
- falls das streitbefangene funktionsbezogene Amt haushaltsrechtlich nur einmal vorhanden ist, er nicht mehr amtsangemessen beschäftigt werden könnte,
- weil er einem erheblichen Druck ausgesetzt wäre, das verliehene Amt möglicherweise wieder verlieren zu können, was (auch unbewusst) die Wahrnehmung des Amtes beeinflussen könnte,
- da er bei einer Aufhebung der Ernennung auch einem erheblichen sozialen Ansehensverlust ausgesetzt wäre[608].

Diese Nachteile hätte der ausgewählte und ernannte Beamte ohne sein Zutun in Kauf zu nehmen. Denn ausschließlich der Dienstherr hätte die Situation der ausnahmsweisen Anfechtbarkeit der Ernennung herbeigeführt. Andererseits wäre in einem neuen Auswahlverfahren die auf dem innegehabten Dienstposten gewonnene Erfahrung zu berücksichtigen[609]. Das bringt diesem Beamten zwar einen Vorteil, wiegt aber die Unsicherheit durch die Gefahr der Aufhebung der Ernennung nicht auf.

3. Ausgleich der Interessen des effektiven Rechtsschutzes (Art. 19 Abs. 4 GG), der Bindung der Verwaltung an Recht und Gesetz (Art. 20 Abs. 3 GG), des Leistungsprinzips (Art. 33 Abs. 2 GG) und einer funktionsfähigen Verwaltung (Art. 83 ff. GG) durch praktische Konkordanz

Der Dienstherr, der durch eine vereitelnde Ernennung vollendete Tatsachen schafft, verhält sich bewusst nicht rechtskonform. Er missachtet das Gebot des effektiven Rechtsschutzes (Art. 19 Abs. 4 GG) und im Fall einer Zuwiderhandlung gegen eine anderslautende gerichtliche Entscheidung die Gewaltenteilung (Art. 20 Abs. 1 GG).

Die Dienstherren sind als Teil der öffentlichen Verwaltung vollziehende Gewalt und damit an Gesetz und Recht gebunden (Art. 20 Abs. 3 GG). Das umfasst auch die Beachtung des Grundsatzes des effektiven Rechtsschutzes[610] (Art. 19 Abs. 4 GG). Jedoch besitzen weder das Leistungsprinzip (Art. 33 Abs. 2 GG) noch der Grundsatz der Gewährung effektiven

608 siehe C III 1.

609 BVerwG, U.v. 4.11.2010, 2 C 16/09, BVerwGE 138, 102, juris Rn. 60; OVG NW, B.v. 10.12.2014, 1 B 1251/14, IÖD 2015, 30, juris Rn. 13 f.

610 Jarass in: Jarass/Pieroth, Art. 19 Rn. 66 ff.

Rechtschutzes (Art. 19 Abs. 4 GG) absolute Geltung. Auch die Funktionsfähigkeit der Verwaltung (Art. 83 ff. GG) besitzt ihrerseits Verfassungsrang. Diese Interessensgegensätze sind im Konkfliktfall nach dem Grundsatz praktischer Konkordanz zu einem möglichst schonenden, verhältnismäßigen Ausgleich zu bringen[611].

Die Gewährung von effektivem Rechtsschutz (Art. 19 Abs. 4 GG) im beamtenrechtlichen Konkurrentenstreitverfahren durch Gewährung vorläufigen Rechtsschutzes vor der Ernennung eines Konkurrenten hat ein großes Gewicht. Denn sie ermöglicht eine zeitnahe und wirksame Überprüfung der Auswahlentscheidung, bevor mit der Ernennung – aufgrund des Grundsatzes der Ämterstabilität – grundsätzlich nicht mehr rückgängig zu machende Umstände geschaffen werden. Andererseits besitzt auch die Funktionsfähigkeit der Verwaltung (Art. 83 ff. GG) Verfassungsrang. Das gilt auch für die Bindung der Verwaltung an Gesetz und Recht (Art. 20 Abs. 3 GG), die das verfassungsrechtliche Gebot der Ermöglichung effektiven Rechtsschutzes (Art. 19 Abs. 4 GG) zu beachten hat.

In der Rechtsprechung ist angeführt worden, dass der Umfang der erforderlichen Rechtsschutzgewährung auch Einschränkungen unterworfen sein kann. So ist angegeben, dass höchst ausnahmsweise die Feststellung der Rechtswidrigkeit des angegriffenen Verwaltungsakts oder die Verweisung auf Schadensersatz genügen kann, wenn tatsächliche Umstände oder zwingende Gründe des allgemeinen Wohls der Beseitigung des angegriffenen Verwaltungsakts entgegenstehen[612]. Damit ist aufgezeigt, dass eine Kompensation des durch einen rechtswidrigen Verwaltungsakt beim Rechtsschutzsuchenden eingetretenen Schadens ausreichen kann, wenn einer Aufhebung tatsächliche Umstände oder zwingende Gründe des allgemeinen Wohls entgegenstehen. Entsprechend muss die Ausgestaltung effektiven Rechtsschutzes gehandhabt werden, wenn andere gewichtige Interessen von Verfassungsrang dadurch betroffen werden.

Durch die Verlagerung des Konkurrentenstreitverfahrens in ein Hauptsacheverfahren nach der Ernennung im Fall der Vereitelung von Rechtsschutz wird die Rechtsschutzsituation aller am Verfahren Beteiligter ver-

---

611 BVerwG, U.v. 9.5.2019, 2 C 1/18, ZBR 2020, 35, juris Rn. 44; B.v. 22.9.2017, 2 C 56/16, BVerwGE 160, 1, juris Rn. 126; U.v. 27.6.2013, 2 A 2/12, BVerwGE 147, 127, juris Rn. 28; BVerfG, U.v. 24.10.2010, 1 BvF 2/05, BVerfGE 128, 1, juris Rn. 147; ebenso für den beamtenrechtlichen Konkurrentenstreit: Brosius-Gersdorf in: Dreier, Art. 33 Rn. 135; allgemein: Lübbe-Wolff, FS Kirchberg, 143/152 ff.

612 BVerfG, B.v. 19.9.1989, 2 BvR 1576/88, NJW 1990, 501; BVerwG, U.v. 21.8.2003, 2 C 14/02, BVerwGE 118, 370, juris Rn. 17.

schlechtert. Denn die Gewährung effektiven vorläufigen Rechtsschutzes vor der Schaffung vollendeter Tatsachen durch Ernennung des ausgewählten Konkurrenten wird nicht ermöglicht. Andererseits wird eine Gewährung von Rechtsschutz nicht unmöglich gemacht. Die Überprüfung der Auswahlentscheidung im Rahmen der Anfechtung der Ernennung des ausgewählten Bewerbers beeinträchtigt zwar die Rechtsschutzsituation der Beteiligten. Die Gewährung von Rechtsschutz in dieser Form – die von Teilen der Literatur gefordert wird – bietet aber ebenso eine gerichtliche Kontrollmöglichkeit des Besetzungsergebnisses. Diese ist jedoch in dem Sinn graduell verschlechtert, weil eine gerichtliche Kontrolle erst nach der Ernennung erfolgt. Die durch die Ernennung geschaffenen „vollendeten Tatsachen" müssen bei einer Rechtswidrigkeit der Auswahl rechtlich wie faktisch rückgängig gemacht werden. Diese graduelle Verschlechterung der Rechtsschutzsituation darf daher nur greifen, wenn mit der Funktionsfähigkeit der Verwaltung (Art. 83 ff. GG) ein verfassungsrechtlich geschütztes Interesse ein so hohes Gewicht erlangt, dass dieses eine Einschränkung der Gewährung effektiven Rechtsschutzes (Art. 19 Abs. 4 GG) durch die Ermöglichung vorläufigen Rechtsschutzes in Form einer Sicherungsanordnung vor der Ernennung rechtfertigt.

Dadurch verhält sich der Dienstherr nicht rechtskonform, indem er die von der Rechtsprechung entwickelte Konzeption des vorläufigen Rechtsschutzes im Rahmen der Auswahlentscheidung bewusst missachtet. Insoweit wird effektiver Rechtsschutz (Art. 19 Abs. 4 GG) für die unterlegenen Konkurrenten vereitelt. Für den Dienstherrn führt ein solches rechtswidriges Verhalten dazu, dass im Fall einer rechtswidrigen Auswahlentscheidung die Ernennung des ausgewählten Bewerbers aufgehoben wird. Der Dienstherr ist dabei gehalten, die Folgen für den auswählten Bewerber so weit wie möglich auszugleichen[613]. Wie das konkret zu erfolgen hat, wird in der Rechtsprechung zwar nicht konkret dargestellt. Durch die Aufhebung der Ernennung durch das Gericht im nachgelagerten Rechtsschutzverfahren fällt der ausgewählte Beamte in sein altes Amt zurück. Der Dienstherr wird jedoch – schon um seine eigene Position nicht in Frage zu stellen[614] – für den von ihm ausgewählten Bewerber eine Verwendung suchen, die dem verliehenen statusrechtlichen Amt möglichst entspricht

613 BVerwG, U.v. 4.11.2010, 2 C 16/09, BVerwGE 138, 102, juris Rn. 60.

614 Der Dienstherr hat den von ihm ausgewählten Bewerber ja als leistungsfähigeren Bewerber gesehen.

(u.U. durch Schaffung einer weiteren Planstelle[615]). Weitere rechtliche Folgen oder Sanktionen (bis auf das Verdikt, rechtswidrig gehandelt zu haben) hat das rechtsschutzvereitelnde Verhalten für den Dienstherrn nicht.

Auch mit Blick auf diesen Umstand bietet sich nicht an, eine einstweilige Anordnung, die den Dienstherrn verpflichtet, bis zu einer erneuten Auswahlentscheidung dem ausgewählten Beamten eine auf das streitbefangene Amt bezogene Ernennungsurkunde nicht auszuhändigen, mit einer Androhung von Ordnungsgeld (§ 167 Abs. 1 VwGO i.V.m. § 890 Abs. 2 ZPO) zu verbinden. Denn das Ordnungsgeld erfasst nur die Fälle, in denen bereits eine den Dienstherrn verpflichtende einstweilige Anordnung ergangen ist. Das dürfte nur eine überschaubare Anzahl darstellen. Die Fälle, in denen unmittelbar nach Abschluss des Auswahlverfahrens oder während eines laufenden Verfahrens nach § 123 VwGO eine rechtsvereitelnde Ernennung erfolgt, können vom Ordnungsgeld nicht umfasst werden. Im Übrigen ist zu bedenken, dass in den Fällen, in denen der Dienstherr das Land ist, ein Ordnungsgeld letztlich von einer Haushaltsstelle zur anderen wechselt[616]. Das dämpft deren Sanktionscharakter erheblich.

Durch die rechtsvereitelnde Ernennung des ausgewählten Beamten werden zwar das Leistungsprinzip (Art. 33 Abs. 2 GG) wie auch das Prinzip der Gewährung effektiven Rechtsschutzes (Art. 19 Abs. 4 GG) eingeschränkt. Denn es wird möglicherweise nicht der leistungsfähigste Bewerber ernannt. Andererseits ist durch eine unabsehbar lange Vakanz der Stelle eine unmittelbar drohende Beeinträchtigung der Funktionsfähigkeit der Verwaltung zu besorgen. Auch diesem Gesichtspunkt muss erhebliches Gewicht beigemessen werden. Dem Leistungsprinzip kommt zwar eine erhebliche Bedeutung bei der Besetzung von Beamtenstellen zu. Es kann aber keine absolute Geltung beanspruchen.[617]. Wichtige Belange von

---

615 Auf die Schaffung einer weiteren, dem strittigen Amt entsprechenden Planstelle hat der zu Unrecht nicht ausgewählte Bewerber keinen Anspruch: BVerwG, U.v. 4.11.2010, 2 C 16/09, BVerwGE 138, 102, juris Rn. 40, siehe auch Schenke, NVwZ 2011, 321/324. Entsprechend kann der zu Unrecht ernannte Bewerber erst recht keinen Anspruch auf Schaffung einer weiteren amtsentsprechenden Planstelle geltend machen, um den Nachteil der rechtswidrigen Ernennung auszugleichen.

616 zum Zwangsgeld bei der Vollstreckung gegen die öffentliche Hand: BDVR-Rundschreiben 2020, 13.

617 Das wird etwa durch den Umstand unterstrichen, dass der ernannte Bewerber durch die Wahrnehmung des Amtes einen Erfahrungsvorsprung gewinnt, der in einem neuen Auswahlverfahren zu berücksichtigten wäre: BVerwG, U.v. 4.11.2010, 2 C 16/09, BVerwGE 138, 102, juris Rn. 60; OVG NW, B.v. 10.12.2014, 1 B 1251/14, IÖD 2015, 30, juris Rn. 13 f.

Verfassungsrang können dem Leistungsprinzip entgegengestellt werden und dieses relativieren. Dabei ist zu berücksichtigen, dass eine Einschränkung dieses Prinzips bei einer rechtsschutzvereitelnden Ernennung nicht unabänderlich bleibt. Gerade das Gegenteil ist der Fall: Falls sich in einem nachfolgenden (Hauptsache-)Rechtsschutzverfahren herausstellt, dass die Ernennung rechtswidrig war, ist diese ex nunc aufzuheben[618]. Damit erfolgt eine mögliche Einschränkung des Leistungsprinzips nicht auf Dauer, sondern nur für die Dauer des (nachgelagerten) Rechtsschutzverfahrens. Es ist daher gerechtfertigt, in einer zugespitzten Situation für die öffentliche Verwaltung den Leistungsgrundsatz für einen gewissen Zeitraum einzuschränken.

Für die Position des nicht zum Zuge gekommenen Bewerbers ist es in einer solchen Situation zumutbar, sich auf nachgängigen („repressiven"[619]) Rechtsschutz verweisen zu lassen[620]. Da eine außergewöhnliche Situation vorliegt, in der eine unmittelbar drohende Beeinträchtigung der Funktionsfähigkeit der Verwaltung droht, muss sich sein Interesse an der Gewährung effektiven Rechtsschutzes diesem mit Verfassungsrang ausgestatteten Belang[621] unterordnen. Denn in der konkreten Situation bedingen die zugespitzten Umstände eine Verweisung auf die Rechtsschutzgewährung im nachgängigen Verfahren. Soweit dadurch vollendete Tatsachen geschaffen werden, ist das in der konkreten Situation hinzunehmen. Denn diese erfordert gerade die wirksame und effektive Erfüllung der Funktionen des umstrittenen Dienstpostens.

Für den ernannten Bewerber ist es zwar ein Schwebezustand, dass die ausgesprochene Ernennung ausnahmsweise nicht dem Grundsatz der Ämterstabilität unterfällt und er damit rechnen muss, dass diese aufgehoben werden kann. Andererseits wird der Dienstherr auf diesen Umstand vor Aushändigung der Ernennungsurkunde hinweisen müssen. Dieser Beamte ist sich der Situation bewusst. Gegenüber einer bloßen Funktionsübertragung auf den ausgewählten Beamten[622] ist das eine wesentlich komfortablere Situation. Durch die Ernennung erhält der Amtsinhaber nicht nur die vollen Kompetenzen der Stelle nach innen und außen, sondern auch das mit dem Dienstposten verbundene Amt in abstrakt–funktionellem

---

618 BVerwG, U.v. 4.11.2010, 2 C 16/09, BVerwGE 138, 102, juris Rn. 39 ; Herrmann, NJW 2011, 653/655; Schenke, NVwZ 2011, 321/323.

619 Schoch, NVwZ 2011, 321/325.

620 BayVGH, B.v. 5.8.2014, 3 CE 14.771, BayVBl 2014, 232, juris Rn. 50.

621 BVerwG, U.v. 25.11.2004, 2 C 17/03, BVerwGE 122, 237, juris Rn. 14 m.w.N.; Lorse, ZBR 2017, 11/14.

622 BVerwG, U.v. 10.5.2016, 2 VR 2/15, BVerwGE 155, 152, juris Rn. 26.

Sinn. Er ist damit der Amtsinhaber in umfassender Sicht, auch in Bezug auf die Öffentlichkeit. Der Stelleninhaber hat die vollen Kompetenzen des Amtes und erhält durch die Verleihung des statusrechtlichen Amtes (ggflls. nach einer Bewährung) auch die entsprechenden Bezüge. Auch die Schwierigkeiten einer Ausblendung des Bewährungsvorsprungs stellen sich hier nicht. Denn der Ernannte kann sich auf einen Bewährungsvorsprung während der Wahrnehmung des höherwertigen Amtes berufen[623].

Das gilt auch für einen Richter. Denn dessen Unabhängigkeit wird durch die Aufhebung der Ernennung im Klageverfahren durch ein seinerseits wiederum unabhängiges Gericht nicht berührt[624].

Ebenso muss das bei der beabsichtigten Besetzung einer Stelle mit einem Tarifbeschäftigten gelten. Auch in dieser Konstellation einer rechtsschutzvereitelnden Stellenbesetzung und Abschluss eines Arbeitsvertrages mit dem ausgewählten Bewerber ist den übergangenen Bewerbern zu ermöglichen, ihren Bewerbungsverfahrensanspruch im Hauptsacheverfahren geltend zu machen[625].

Da es sich aber um die bewusste Vereitelung einer verfassungsrechtlich gebotenen Möglichkeit zur Inanspruchnahme effektiven Rechtsschutzes handelt, muss das Interesse der Funktionsfähigkeit der Verwaltung (Art. 83 ff. GG) ein herausragend hohes Gewicht haben, um den ebenfalls verfassungsrechtlich geschützten Interessen des Gebots des effektiven Rechtsschutzes (Art. 19 Abs. 4 GG), der Bindung der Exekutive an Recht und Gesetz (Art. 20 Abs. 3 GG) sowie des Leistungsprinzips (Art. 33 Abs. 2 GG) entgegen gestellt werden zu können. Daher darf dieses Instrument nur in Ausnahmesituationen zur Anwendung kommen.

In zugespitzten Situationen, in denen eine unmittelbar drohende Beeinträchtigung der Funktionsfähigkeit der Verwaltung droht, ist es deshalb als Ausweg gerechtfertigt, den ausgewählten Bewerber zu ernennen und die nicht erfolgreichen Bewerber auf die Anfechtung der Ernennung zu verweisen.

---

623 BVerwG, U.v. 4.11.2010, 2 C 16/09, BVerwGE 138, 102, juris Rn. 60; Herrmann, NJW 2011, 653/655. Der Ansicht, dass der Bewährungsvorsprung des zu Unrecht Ernannten bei einer Wiederholung der Auswahl nicht zu berücksichtigen sei – Özfirat-Skubinn, 2. Teil, 3. Kapitel, § 2 D, S. 221 f., widerspricht dem Leistungsprinzip. Dieses Prinzip fordert die Berücksichtigung der objektiv vorliegenden Leistungsergebnisse.

624 So im Ergebnis: BVerwG, U.v. 4.11.2010, 2 C 16/09, BverwGE 138, 102, juris Rn. 59 f.; a.A. Geiger, BayVBl 2010, 517/521.

625 BayVGH, B.v. 3.11.2016, 3 CE 16.1812, juris Rn. 3.

Das muss im Einzelfall konkret und schlüssig durch den Dienstherrn schriftlich festgehalten werden. Um Rechtmissbrauch vorzubeugen, muss ein solcher Ausnahmefall dokumentiert werden, um die Gründe für die höchst ausnahmsweise Vereitelung der Inanspruchnahme von vorläufigem Rechtsschutz zu belegen. Die besondere Interessenabwägung zugunsten der Funktionsfähigkeit der Verwaltung stellt eine außergewöhnliche Situation dar, die entsprechend zu belegen ist.

4. Fallgruppen

a) Besondere Bedeutung der Stelle

Das Interesse an einer funktionsfähigen Verwaltung (Art. 83 ff. GG) kann dann ein so überragendes Gewicht erhalten, dass es die entgegenstehenden Interessen des Gebots des effektiven Rechtsschutzes (Art. 19 Abs. 4 GG), der Bindung der Exekutive an Recht und Gesetz (Art. 20 Abs. 3 GG) sowie des Leistungsprinzips (Art. 33 Abs. 2 GG) einschränken kann, wenn es sich bei der Besetzung des umstrittenen Amtes um einen Posten handelt, der von erheblicher Bedeutung für die innere oder äußere Sicherheit des Bundes oder eines Landes ist. Hinzukommen muss, dass dieses Amt eine Kontinuität in der Amtsausübung erfordert, weshalb die Wahrnehmung durch einen anderen Beamten außerhalb des Bewerberkreises nicht zumutbar ist. Das wurde etwa für das Amt des Stellvertreters des Präsidenten der Bundespolizeidirektion am größten Flughafen Deutschlands angenommen: Die Nichtbesetzung dieser Stelle während des Laufs des Konkurrentenstreitverfahrens würde zu einer nicht hinnehmbaren Gefährdung der inneren und äußeren Sicherheit führen. Aufgrund der herausgehobenen Einsatzsituation, insbesondere zur Abwehr terroristischer Bedrohungen auch durch eine Kontrolle der Reisenden, müsse dieser Posten ständig und kontinuierlich mit einer konkreten Person besetzt werden. Das mache eine „Dritt-Interimsbesetzung“[626] durch einen anderen Beamten nicht zumutbar[627].

Dem Ergebnis dieser Entscheidung – in der es um eine Zwischenverfügung ging, mit der die vom Verwaltungsgericht untersagte Übertragung der Stelle an den Beigeladenen während des Laufs des gerichtlichen Eil-

626 So wörtlich: OVG NW, B.v. 10.12.2014, 1 B 1251/14, IÖD 2015, 30, juris Rn. 24.
627 OVG NW, B.v. 10.12.2014, 1 B 1251/14, IÖD 2015, 30, juris Rn. 23 f.

verfahrens durch das Oberverwaltungsgericht aufgehoben wurde[628] – ist zuzustimmen. Es gibt bestimmte Positionen, die aufgrund der Aufgabenfülle und -dichte ohne Unterbrechung durch einen Beamten ausgefüllt werden müssen, wobei auch eine kontinuierliche Wahrnehmung durch eine konkrete Person, gerade wenn mit der Position Abstimmungs- und Koordinierungsaufgaben verbunden sind, erforderlich ist. Insbesondere gilt das mit Blick auf herausgehobene Funktionen, die mit der Wahrung der inneren und äußeren Sicherheit des Landes verbunden sind. In diesen sehr herausgehobenen Fällen ist es zumutbar, aufgrund der besonderen, herausgehobenen Charakteristik der umstrittenen Stelle, den Besetzungsstreit in das Hauptsacheverfahren zu verlagern.

Diese Problematik dürfte sich aber auf nur sehr wenige Postionen beschränken. Denn grundsätzlich sind Dienstposten in Behörden – auch Leitungsfunktionen, denen ein Stellvertreter zur Seite gestellt ist – so ausgestaltet, dass der Verhinderungsvertreter die Aufgaben der Stelle für eine gewisse Zeit – insbesondere für den Fall auch einer längeren Erkrankung – mit erfüllen kann. Die Dauer eines Verfahrens zur Gewährung vorläufigen Rechtsschutzes im beamtenrechtlichen Konkurrentenstreitverfahren kann sich über eine längere Zeit hinziehen. Das kann über die üblichen Vakanzzeiten hinausgehen, die vom Verhinderungsvertreter zu übernehmen sind. Wenn diese Stelle eine so herausragende Bedeutung hat, dass eine kontinuierliche Aufgabenwahrnehmung zwingend erforderlich ist, dann erscheint eine rechtsvereitelnde Ernennung des ausgewählten Bewerbers und eine Verlagerung der Kontrolle der Auswahlentscheidung in das Hauptsacheverfahren zumutbar.

Eine entsprechend zugespitzte Situation, bei der das Interesse an einer funktionsfähigen Verwaltung eine herausgehobene Bedeutung erhält, liegt auch dann vor, wenn bei einer Behördenleitung der Leitungsposten und dessen Stellvertretung beide in einem Konkurrentenstreit stehen. Handelt es sich um eine entsprechend große Behörde, die eine kontinuierliche Leitung benötigt, sodass eine Aufgabenwahrnehmung durch andere, außerhalb der Konkurrenz stehende Beamte ausscheidet, so kann es auch hier gerechtfertigt sein, höchst ausnahmsweise eine Stelle unter Vereitelung der Möglichkeit zur Inanspruchnahme von vorläufigem Rechtsschutz für die nicht zum Zuge gekommenen Bewerber zu besetzen. Das gilt erst recht, wenn eine Besetzungsentscheidung wiederholt werden muss oder das Verfahren abgebrochen wird. Denn damit ist absehbar, dass die Vakanz noch

628 OVG NW, B.v. 10.12.2014, 1 B 1251/14, IÖD 2015, 30, juris Rn. 12.

länger dauern wird. Neben der Bedeutung der Stelle ist auch die Dauer des Besetzungsverfahrens in den Blick zu nehmen.

Zwar stellt sich gerade bei so herausgehobenen Positionen die Problematik der Unsicherheit für den ernannten Bewerber, der grundsätzlich bei einer Ernennung unter Vereitelung des Rechtsschutzes mit deren Aufhebung rechnen muss. Andererseits ist dies angesichts der herausgehobenen Bedeutung der Stelle die Handlungsalternative der Personalverwaltung, die eine kontinuierliche Aufgabenerfüllung auf der Stelle durch eine Person und die Gewährleistung von Rechtsschutz gegen die Besetzungsentscheidung am ehesten gewährleistet. Eine bloße Aufgabenwahrnehmung ohne Ernennung[629] nach einer Erprobungs-/Bewährungszeit auf der Stelle wäre gerade bei herausgehobenen, den Amtsinhaber fordernden Stellen keine zumutbare Alternative.

b) Kein anzuerkennendes Rechtsverfolgungsinteresse

Das Interesse an einer funktionsfähigen Verwaltung (Art. 83 ff. GG) kann auch dann ein erhebliches Übergewicht bei einem Konkurrentenstreit gegenüber den widerstreitenden Interessen des effektiven Rechtsschutzes (Art. 19 Abs. 4 GG), der Rechts- und Gesetzesbindung der Verwaltung (Art. 20 Abs. 3 GG) und des Leistungsprinzips (Art. 33 Abs. 2 GG) haben, wenn das Rechtsverfolgungsinteresse des nicht ausgewählten Bewerbers äußerst gering zu bewerten ist.

Der Maßstab für die Beurteilung einer offensichtlichen Aussichtslosigkeit muss aber sehr streng sein. Wenn unter keinem denkbaren Gesichtspunkt ein Erfolg des Rechtsbehelfs ersichtlich ist und sich die Erfolglosigkeit unter jedem denkbaren Gesichtspunkt aufdrängt[630], dann ist es

---

629 unter Ausblendung des Bewährungsvorsprungs – sofern sich der Posten für eine solche Vorgehensweise eignet, vgl. BVerwG, U.v. 10.5.2016, 2 VR 2/15, BVerwGE 155, 152, juris Rn. 27 ff.; U.v. 12.12.2017, 2 VR 2/16, BVerwGE 161, 59, juris Rn. 29 f., siehe auch D III.

630 Ebenso ist bei offensichtlicher Aussichtslosigkeit der Erlass einer Zwischenverfügung nicht gerechtfertigt: OVG NW, B.v. 4.12.2007, 6 B 1808/07, juris Rn. 6; SächsOVG, B.v. 27.7.2006, 3 BS 151/06, BDVR-Rundschreiben 2006, 158, juris Rn. 2; OVG Saarland, B.v. 1 W 33/97, juris Rn. 2 f.; VGH BW, B.v. 26.9.2017, 2 S 1916/17, NVwZ-RR 2017, 951, juris Rn. 6; BVerfG, B.v. 11.10.2013, 1 BvR 2616/13, NVwZ 2014, 363, juris Rn. 7; B.v. 4.6.1987, 1 BvR 620/87, NJW 1987, 2219, juris Rn. 4; Wollenschläger in: Gärditz, § 123 Rn. 158; Guckelberger, NVwZ 2001, 275/277.

gerechtfertigt, den Interessen an der Rechtsschutzgewährung ein entsprechend geringes Gewicht beizumessen[631].

Hier ist insbesondere die Konstellation in den Blick zu nehmen, dass ein Antrag auf Gewährung vorläufigen Rechtsschutzes durch ein Verwaltungsgericht abgelehnt worden ist, diese Entscheidung aber noch nicht rechtskräftig ist. Wenn sich aus den Entscheidungsgründen ergibt, dass der Antrag in der Weise unzulässig oder unbegründet ist, sodass der Antrag offensichtlich rechtlich aussichtslos ist, so sind die Interessen, die für eine Gewährung von Rechtsschutz streiten, entsprechend gering zu bewerten. In einem solchen Ausnahmefall ist es zulässig, den Interessen an der sofortigen Besetzung der Stelle den Vorrang von den anderen widerstreitenden Interessen einzuräumen und den ausgewählten Bewerber zu ernennen, ohne abzuwarten, ob Beschwerde gegen die Entscheidung des Verwaltungsgerichts erhoben wird bzw. die Entscheidung des Oberverwaltungsgerichts über die Beschwerde abzuwarten. Insbesondere gilt das für Konstellationen, in denen eine rechtsmissbräuchliche Inanspruchnahme des Rechtsschutzes vorliegt[632]. Hier ist eine Verlagerung des Rechtsschutzes in die Phase nach der Ernennung zumutbar.

5. Fazit

Eine rechtsvereitelnde Ernennung kann ein Ausweg aus der Situation einer Stellenblockade sein. Das ist aber auf ganz enge Konstellationen zu beschränken, in denen aufgrund der besonderen Bedeutung der Stelle, insbesondere für die innere oder äußere Sicherheit, eine ständige Aufgabenwahrnehmung durch eine kontinuierlich agierende Person erforderlich ist oder wenn alle Stellen einer Behördenleitung umstritten sind und auch hier eine kontinuierliche Aufgabenwahrnehmung notwendig ist. Auch bei einer offensichtlich unzulässigen oder unbegründeten Inanspruchnahme von Eilrechtsschutz kann nach einer entsprechenden erstinstanzlichen Ent-

---

631 Auch das Bundesverwaltungsgericht erkennt kein Schutzbedürfnis für offensichtlich aussichtlose Rechtsschutzanträge an (siehe D VIII 1): Bei Beförderung nach Ranglisten schränkt das Bundesverwaltungsgericht bei rechtsmissbräuchlichen Rechtsschutzanträgen, bei denen von vornherein ausgeschlossen werden kann, dass diese nicht der Sicherung des Bewerbungsverfahrensanspruchs dienen, sondern nur dazu, Druck auf den Dienstherrn auszuüben, die von diesem Gericht vertretene Pflicht zur Freihaltung aller Beförderungsstellen ein: BVerwG, B.v. 22.11.2012, 2 VR 5.12, BVerwGE 145, 112, juris Rn. 20.

632 Siehe F V.

scheidung eine weiteren Eilrechtsschutz vereitelnde Ernennung vorgenommen werden. Der Dienstherr muss die Gründe für sein Vorgehen aber schriftlich festhalten, um Missbrauch vorzubeugen.

VIII. Beförderung nach Ranglisten („Massenbeförderungen“)

Auch bei der Entscheidung über eine Vielzahl von Beförderungen („Massenbeförderung“[633]) besteht ein Bewerbungsverfahrensanspruch. Dieser ist grundsätzlich auch in dieser Konstellation über die Gewährung vorläufigen Rechtsschutzes nach § 123 VwGO zu gewährleisten. Wird nach einer Beförderungsrangliste vorgegangen, so kann der Antragsteller gegen die Beförderung aller im Rang vorgehenden Beamten vorgehen[634]. Das stellt die einzige Möglichkeit für den nicht ausgewählten Bewerber dar, die Beförderungsentscheidung gerichtlich überprüfen zu lassen. Denn es muss das Konkurrenzverhältnis zu jedem Beförderungskonkurrenten geprüft werden, wenn der Antragsteller seinen Rechtsschutzantrag nicht auf einzelne Bewerber bzw. Stellen beschränkt[635]. Dabei ist aber fraglich, ob auch alle Beförderungen vorrangiger Beamter zu unterlassen sind, um den Bewerbungsverfahrensanspruch nicht zu vereiteln.

1. Anordnungsgrund des nicht ausgewählten Beamten nur für eine Stelle

Daher ist fraglich, ob ein Anordnungsgrund grundsätzlich auch gegenüber der Beförderungsentscheidung aller Konkurrenten der Beförderungsrangliste besteht. Das bejaht das Bundesverwaltungsgericht in seiner neueren Rechtsprechung[636]. Es macht aber einen rechtlichen Unterschied aus, ob

633 Zur Problematik: Schnellenbach, Konkurrenzen im öffentlichen Dienst, Kapitel 6, Rn. 7 ff.; Lindner, RiA 2012, 10 ff.

634 BVerwG, B.v. 22.11.2012, 2 VR 5.12, BVerwGE 145, 112, juris Rn. 19 f. Allerdings bestimmt der Antragsteller die Reichweite seines Antrags, d.h. er kann seinen Antrag auf bestimmte Konkurrenten beschränken.

635 BVerwG, B.v. 22.11.2012, 2 VR 5.12, BVerwGE 145, 112, juris Rn. 19.

636 BVerwG, B.v. 22.11.2012, 2 VR 5.12, BVerwGE 145, 112, juris Rn. 20; OVG NW, B.v. 24.11.2015, 1 B 884/15, IÖD 2016, 5, juris Rn. 26 ff.; B.v. 1.10.2012, 1 B 691/12, juris Rn. 17 f.; OVG Berlin-Brandenburg, B.v. 5.7.2012, OVG 6 S 22.12, juris Rn. 21; OVG Saarland, B.v. 29.5.2012, 1 B 161/12, NVwZ-RR 2012, 692, juris Rn. 11; NdsOVG, B.v. 14.1.2008, 5 ME 317/07, DÖD 2008, 132, juris, Rn. 11; Schnellenbach, Konkurrenzen im öffentlichen Dienst, Kapitel 6 Rn. 7 ff.; so bereits HessVGH, B.v. 18.2.1991, 1 TG 85/91, NVwZ-RR 1992,

der unterlegene Bewerber seinen Bewerbungsverfahrensanspruch gegenüber mehreren Bewerbern geltend macht, wenn mehrere Stellen separat ausdrücklich ausgeschrieben und zu besetzen sind oder ob diese Besetzungen in Form einer Beförderungsrangliste vorgenommen werden.

Denn der erfolglose Bewerber macht im Fall der Beförderungsrangliste den Anspruch auf nur eine Stelle aus dieser Beförderungsrangliste geltend. Das unterscheidet die Situation zu einer Bewerbung auf mehrere separat ausgeschriebene Dienstposten. Bei separat ausgeschriebenen Dienstposten ist mit der Beförderung des ausgewählten Beamten dieser konkrete Posten besetzt. Bei einer Beförderungsrangliste kommt es dem Antragsteller dagegen darauf an, aus einer Vielzahl zu besetzender Beförderungsämter nur eines zu erhalten. Das ist kein Widerspruch dazu, dass der erfolglose Bewerber seinen Bewerbungsverfahrensanspruch gegenüber jedem einzelnen erfolgreichen Bewerber effektiv überprüfen lassen können muss. Denn im Fall der Auswahl nach Beförderungsranglisten besteht sein Rechtsschutzziel von vornherein darin, für eine der Stellen aus deren Vielzahl ausgewählt zu werden bzw. die Auswahl diesbezüglich überprüfen zu lassen. Der Anordnungsgrund muss aber auf das jeweilige Rechtsschutzziel bezogen sein, um eine „Übersicherung" des Antragstellers zu vermeiden. Denn nur die Besetzung einer der zur Verfügung stehenden Beförderungsstellen mit dem in der Rangliste an letzter Stelle stehenden Beamten ist für den Antragsteller dringlich. Solange noch mehrere Stellen zur Verfügung stehen, kann der nicht ausgewählte Bewerber die Auswahl mit einem Hauptsacherechtsbehelf (Widerspruch oder Klage) zur Überprüfung stellen. Dringlich in dem Sinn, dass mit der Stellenbesetzung eine Erledigung der Ablehnung des nicht berücksichtigten Beamten droht[637], ist die Situation erst mit der Besetzung der letzten zu vergebenden Beförderungsstelle. Das ist die Stelle des Beamten, der an letzter Position der Rangliste steht. Würden die Beförderungen auf mehrere Stellen oder sogar die ganze Beförderungsliste untersagt, so käme es zu einer „Übersicherung" des Antragstellers. Denn von der Vielzahl der zu besetzenden Beförderungsstellen beansprucht er nur eine einzige.

34, juris Rn. 7; B.v. 23.4.2012, 1 B 2284/11, ZBR 2013, 56, juris Rn. 3; B.v. 31.3.1994, 1 TG 479/94, ZBR 1995, 310, juris Rn. 2; siehe hierzu auch kritisch Schnellenbach, ZBR 1997, 169/177 f.; a.A. Wittkowski, NVwZ 1995, 345/346 f.; ebenso noch BVerwG, B.v. 10.9.1993, 2 ER 301/93, ZBR 1994, 52, juris Rn. 21.

637 BVerwG, U.v. 25.8.1988, 2 C 65/85, BVerwGE 80, 127, juris Rn. 22; ebenso: BVerwG, U.v. 9.3.1989, 2 C 4/87, ZBR 1990, 79, juris Rn. 18 f.; Schübel-Pfister in: Eyermann, VwGO, § 113 Rn. 106; siehe auch B II 2, III 2 a.

Dem kann nicht entgegen gehalten werden, dass der unterlegene Beamte seinen Bewerbungsverfahrensanspruch auch gegenüber anderen – und nicht nur einer – Beförderungsstelle effektiv müsse durchsetzen können. Denn er sei möglicherweise gegenüber mehreren Bewerbern zu Unrecht nicht ausgewählt worden. Das gelte erst recht mit Blick auf die Konstellation eines Abbruchs. Würden andere Bewerber befördert, der Antragsteller und der (an letzter Stelle der Liste stehende) noch nicht beförderte Konkurrent aber nicht, so wären diese beiden bei einem Abbruch des Besetzungsverfahrens gegenüber den anderen – rechtswidrig – bevorzugten Konkurrenten unangemessen benachteiligt[638]. Diese Argumentation verliert den Blick auf die Reichweite der Sicherung des Bewerbungsverfahrensanspruchs bei einer Beförderung nach Listen und überbetont die Gewährleistung objektiver Rechtmäßigkeit. Denn dem Antragsteller geht es um die Sicherung seines Bewerbungsverfahrensanspruchs. Im Erfolgsfall kann er nur eine der Beförderungsstellen erhalten, entsprechend ist die Reichweite seines Anspruchs auf Gewährung effektiven Rechtsschutzes eingeschränkt. Werden andere Bewerber möglicherweise rechtswidrig befördert, so ist effektiver Rechtsschutz so lange möglich, als eine Beförderungsmöglichkeit offen ist. Wenden sich mehrere Antragsteller gegen eine Beförderungsrunde, so besteht ein Anordnungsgrund entsprechend nur hinsichtlich der Zahl der Antragsteller für die entsprechende Anzahl der am Ende der Beförderungsliste stehenden Beamten.

Das gilt auch für das Argument, dass im Fall einer rechtswidrigen Auswahl das Besetzungsverfahren zu wiederholen sei und sich dann eine völlig neue Beförderungsreihenfolge ergeben könnte, die dazu führen könnte, dass andere, bislang nicht berücksichtigte Bewerber dem Antragsteller im Rang vorgehen würden[639]. Denn mit einer solchen Konstellation hat ein nicht ausgewählter Bewerber bei einer Wiederholung des Auswahlverfahrens immer zu rechnen.

Die frühere Argumentation des Bundesverwaltungsgerichts, dass ein Freihalten von mehr als einer Planstelle als unverhältnismäßiger Eingriff in die Personaldisposition des Dienstherrn sowie in die Interessen der anderen beteiligten Beamten angesehen werden müsste[640], ist zutreffend. Eine Freihaltung aller Beförderungsplanstellen führt zu einer „Übersiche-

638 So: NdsOVG, B.v. 14.1.2008, 5 ME 317/07, DÖD 2008, 132, juris, Rn. 11.

639 OVG Berlin-Brandenburg, B.v. 5.7.2012, OVG 6 S 22.12, juris Rn. 21.

640 So: BVerwG, B.v. 10.9.1993, 2 ER 301/93, ZBR 1994, 52, juris Rn. 21; OVG Bremen, B.v. 16.2.2009, 2 B 598/09, DÖD 2009, 202, juris Rn. 6 so auch Wittkowski, NVwZ 1995, 345/346 f.; Plog/Wiedow, § 22 Rn. 46.

rung“ des Antragstellers mit Blick auf sein Rechtsschutzziel, die Auswahlentscheidung nur für eine Beförderungsstelle zur rechtlichen Überprüfung zu stellen. Hat sein Antrag Erfolg, so genügt es, eine Beförderungsstelle aus der Rangliste freizuhalten, um seinem Rechtsschutzbegehren entsprechen zu können.

Soweit das Bundesverwaltungsgericht in seinem Urteil vom 22. November 2012[641] die Verpflichtung zum Freihalten von mehreren Stellen einschränkt, zeigt sich in der unscharfen Grenzziehung deutlich die „Übersicherung“ im Rahmen der Verpflichtung zur Freihaltung aller Beförderungsstellen: Falls sich der Rechtsschutzantrag als rechtsmissbräuchlich darstelle, da von vornherein ausgeschlossen sei, dass die Beförderung der Mitbewerber den Bewerbungsverfahrensanspruch des Antragstellers nicht verletze und daher nicht der Sicherung des Bewerbungsverfahrensanspruchs des Antragstellers, sondern dazu diene, Druck auf den Dienstherrn auszuüben, soll eine Pflicht zur Freihaltung aller Beförderungsstellen entfallen. Es ist schwierig zu beurteilen, in welchen Fällen ein Rechtsschutzantrag des einzelnen unterlegenen Bewerbers offensichtlich aussichtslos ist. Hinzu kommt, dass gerade dann, wenn gegen die Rechtmäßigkeit allgemeiner Auswahlgrundlagen, insbesondere gegen Beurteilungsrichtlinien argumentiert wird, eine Abgrenzung zu den Fällen, in denen der Bewerbungsverfahrensanspruch des Antragstellers offensichtlich nicht verletzt wird, kaum möglich ist.

2. Freihaltung einer Beförderungsstelle

Die Möglichkeit, eine im Auswahlverfahren befindliche Stelle freizuhalten und nicht zu besetzen, bietet auch mit Blick auf die neuere Rechtsprechung des Bundesverwaltungsgerichts[642] hier einen Ausweg für den Dienstherrn. Wird diese Reaktionsmöglichkeit durch die Personalverwaltung genutzt, besteht für den Antragsteller kein Anordnungsgrund. Denn für den Fall, dass die Auswahlentscheidung hinsichtlich der Beförderung rechtswidrig war und zu wiederholen ist, kann bei einer Wiederholung des Verfahrens der Antragsteller bei der frei gehaltenen Stelle zum Zuge kommen. Die Beförderung der ausgewählten Mitbewerber hat nicht zur Folge, dass dadurch eine Beförderung des Antragstellers ausgeschlossen

---

641 2 VR 5.12, BVerwGE 145, 112, juris Rn. 20.
642 BVerwG, B.v. 22.11.2012, VR 5.12, BVerwGE 145, 112, juris Rn. 19 f.

wird[643]. Maßgeblich ist jedoch, dass die freigehaltene Stelle vor Abschluss des aktuellen Auswahlverfahrens verfügbar und bereits in das Auswahlverfahren einbezogen war[644].

Soweit gegen diese Möglichkeit eingewandt wird[645], dass sich der Bewerbungsverfahrensanspruch gegen alle Beförderungsstellen der Rangliste richte, geht das über das Rechtsschutzziel des einzelnen Beförderungsbewerbers hinaus. Dessen Rechtsposition ist durch die Freihaltung einer Beförderungsplanstelle hinreichend abgesichert. Die unter 1. angeführte Argumentation gilt hier entsprechend.

3. Fazit

Bei einer Beförderung nach Ranglisten geht es dem Bewerber nur um den Erhalt einer Stelle von mehreren zu besetzenden Stellen. Entsprechend ist ein Anordnungsgrund nur für eine – die an letzter Position stehende – zu vergebende Stelle anzuerkennen. Dem Dienstherrn steht auch die Möglichkeit offen, eine vor Abschluss des aktuellen Auswahlverfahrens verfügbare und in das Auswahlverfahren einbezogene Stelle freizuhalten.

---

643 BayVGH. B.v. 12.9.2017, 6 CE 17.1220, RiA 2018, 29, juris Rn. 17; enger: Hoof, ZBR 2007, 156 ff.

644 BayVGH. B.v. 12.9.2017, 6 CE 17.1220, RiA 2018, 29, juris Rn. 17; BVerwG, U.v. 21.8.2003, 2 C 14.02, BVerwGE 118, 370, juris Rn. 21; Wieland/Tiedge, DÖD 2011, 221/225; a.A. Schnellenbach, Konkurrenzen im öffentlichen Dienst, Kapitel 6 Rn. 8 f., der aber außer Acht lässt, dass eine Beförderungsstelle für den Antragsteller vorhanden ist, was den Anordnungsgrund ausschließt.

645 OVG NW, B.v. 26.11.2015, 1 B 1104/15, juris Rn. 6; B.v. 24.11.2015, 1 B 884/15, IÖD 2016, 5, juris Rn. 26 ff.; B.v. 1.10.2012, 1 B 691/12, juris Rn. 17 f.; OVG Berlin-Brandenburg, B.v. 5.7.2012, OVG 6 S 22.12, juris Rn. 21; OVG Saarland, B.v. 29.5.2012, 1 B 161/12, NVwZ-RR 2012, 692, juris Rn. 11; NdsOVG, B.v. 14.1.2008, 5 ME 317/07, DÖD 2008, 132, juris, Rn. 11; Schnellenbach, Konkurrenzen im öffentlichen Dienst, Kapitel 6 Rn. 7 ff.

E. Rechtliche Determinanten

Effektiver Rechtsschutz sollte im Idealfall nicht nur gründlich, sondern auch zeitnah erfolgen[646]. Andererseits hängt die Frage der Dauer eines gerichtlichen Verfahrens auch davon ab, wie umfangreich das Prüfprogramm ist, dem eine behördliche Maßnahme unterzogen wird.

Unter diesem Aspekt ist zu untersuchen, welcher Prüfungsumfang für die Gewährung effektiven Rechtsschutzes erforderlich ist, ohne den Blick darauf zu verlieren, dass es sich bei beamtenrechtlichen Konkurrentenverfahren um Eilrechtsschutz handelt.

I. Anforderungsprofil

1. Konstitutives Anforderungsprofil

Bewerber um eine bestimmte Stelle müssen zunächst die gesetzlich geregelten Voraussetzungen erfüllen[647]. So müssen etwa Bewerber um ein Amt als Richter die Befähigung zum Richteramt besitzen (§ 9 Nr. 3 DRiG). Entsprechendes gilt für die Laufbahnbefähigung von Beamten (§ 7 Abs. 1 Nr. 3 BeamtStG). Darüber hinaus kann der Dienstherr bestimmen, dass Bewerber für einen konkreten Dienstposten bestimmte zwingende fachliche Anforderungen erfüllen müssen[648]. Insofern konkretisiert der Dienst-

---

646 Statt Vieler: Günther, NVwZ 1986, 697/704: „bis dat, qui cito dat".

647 Ausnahmen vom Leistungsgrundsatz sowie dessen Einschränkungen wie z.B. eine im Beförderungsamt verbleibende Restdienstzeit bedürfen als wesentliche Entscheidung hinsichtlich der Einschränkung des grundrechtsgleichen Rechts aus Art. 33 Abs. 2 GG einer gesetzlichen Grundlage, vgl. BVerfG, B.v. 12.7.2019, 2 BvR 612/19, NVwZ 2019, 1760, juris Rn. 25, 30; B.v. 21.4.2015, 2 BvR 1322/12, BVerfGE 139, 19, juris Rn. 52 ff.; BVerwG, B.v. 28.3.2018, 1 WB 8.17, NVwZ 2018, 1140, juris Rn. 20 ff.; OVG NW, B.v. 26.11.2008, 6 B 1743/08, ZBR 2009, 275, juris Rn. 4.

648 Dem vorgelagert ist die Grundentscheidung, bestimmten Statusgruppen (etwa Soldaten oder Beamten) einen Dienstposten zuzuordnen. Das ist eine Organisationsentscheidung, die nicht den Bewerbungsverfahrensanspruch des einzelnen Beamten einschränkt, vgl. BVerwG, B.v. 27.4.2016, 2 B 104/15, ZBR 2016, 384, juris Rn. 11 ff.; vgl. auch Lorse, ZBR 2016, 361/367 ff.

herr bereits auf dieser Stufe die Kriterien der Eignung, Befähigung und fachlichen Leistung[649].

Mit der Festlegung eines zwingenden Anforderungsprofils hat der Dienstherr eine wichtige Vorentscheidung über die Bewerberauswahl in der Hand. Denn mit einem solchen „konstitutiven" Anforderungsprofil legt er fest, welche Voraussetzungen Bewerber aufweisen müssen, um in die weitere Auswahl nach Leistungsgesichtspunkten zu gelangen. Es wirkt wie ein „Filter": Bewerber, die ein solches konstitutives Anforderungsprofil nicht erfüllen, kommen für die Auswahl von vornherein nicht in Betracht, selbst wenn sie besser dienstlich beurteilt sein sollten als andere Kandidaten. Erst wenn es um eine Auswahl unter mehreren, das konstitutive Anforderungsprofil erfüllende Beamte geht, kommt den dienstlichen Beurteilungen Bedeutung zu[650].

Legt der Dienstherr etwa für die Vergabe eines Beförderungsamtes eine Mindestnote in der Qualifikationsprüfung fest, so wird ein Bewerber, auch wenn er die beste Beurteilung aller im Bewerberfeld aufweisen kann, auf dieser ersten Stufe des Auswahlverfahren ausgeschieden. Die zweite Stufe des Leistungsvergleichs erreicht er nicht[651].

Eine solche von der Leistungsbewertung abgekoppelte Auswahlmöglichkeit ist für die Personalverwaltungen eine Option, die Auswahl eines favorisierten Bewerbers zu forcieren. Denn je enger ein konstitutives Anforderungsprofil gefasst ist, desto weniger Bewerber können es voraussichtlich erfüllen. Im Extremfall wird es so zugeschnitten, dass es nur von einem Bewerber erfüllt wird. Damit besteht die Gefahr, dass über dieses Element Ämterpatronage begünstigt wird[652]. Daher ist eine verwaltungsgerichtliche Kontrolle erforderlich um zu gewährleisten, dass ein konstitutives Anforderungsprofil nicht missbraucht wird.

649 BVerfG, B.v. 25.11.2011, 2 BvR 2305/11, NVwZ 2012, 368, juris Rn. 15; B.v. 26.11.2010, 2 BvR 2345/10, NVwZ 2011, 746, juris Rn. 13; Schnellenbach, Konkurrenzen im öffentlichen Dienst, Anhang 1 Rn. 24 ff.; Schmiemann in: FS Driehaus, S. 390; Zeiler, ZBR 2010, 191/192 – „antizipierte Auswahlentscheidung".

650 BayVGH, B.v. 25.5.2011, 3 CE 11.605, BayVBl 2011, 565, juris Rn. 33; B.v. 15.4.2014, 3 ZB 12.765, juris Rn. 14; Schnellenbach, Konkurrenzen im öffentlichen Dienst, Anhang 1 Rn. 23.

651 So lag der Fall bei VG München, B.v. 11.10.2016, M 5 E 16.3321, BayVBl 2017, 351, juris Rn. 26 ff. – Besetzung der Stelle eines Seminarlehrers.

652 Statt vieler: Kämmerling, ZBR 2016, 224/229; Zeiler, ZBR 2010, 191/194, 196.

a) Entwicklung der Rechtsprechung

Bei der Kontrolle der Aufstellung eines konstitutiven Anforderungsprofils war die Rechtsprechung zunächst zurückhaltend. Dem Dienstherrn wurde ein weites Organisationsermessen zugestanden, von den Bewerbern um eine Stelle die Erfüllung zwingender Voraussetzungen zu fordern[653]. Damit reichten sachgerechte Argumente aus, um die Aufstellung eines konstitutiven Anforderungsprofils als rechtmäßig zu rechtfertigen[654]. In dem eingangs geschilderten Fall[655] – Berücksichtigung von Bewerbern um eine Beförderungsstelle nur bei Erfüllen einer bestimmten Prüfungsnote in der Qualifikationsprüfung – könnte die Kultusverwaltung nach diesem Maßstab dieses Anforderungsprofil als rechtmäßig begründen. Denn für die Tätigkeit eines Seminarlehrers, der Lehramtsreferendare ausbildet, kann es als sachgerecht im Sinn der Ausübung eines weiten Organisationsermessens angesehen werden, einen gewissen theoretisch-fachlichen Kenntnisstand auch zu Beginn der Tätigkeit zu fordern, der über die Prüfungsnote nachgewiesen wird.

In jüngerer Zeit hat die Rechtsprechung dem Dienstherrn bei der Aufstellung eines konstitutiven Anforderungsprofils jedoch kein (weites) Organisationsermessen mehr zugebilligt. Vielmehr wird gefordert, dass ein konstitutives Anforderungsprofil nur dann aufgestellt werden darf, wenn die Aufgaben eines Dienstpostens zwingend besondere Kenntnisse oder Fähigkeiten voraussetzen, die ein Laufbahnbewerber regelmäßig nicht mitbringt und sich in angemessener Zeit auch nicht verschaffen kann. Solche dienstpostenbezogene Ausnahmeanforderungen können insbesondere in bestimmten Fachausbildungen bestehen, die Bewerber um einen solchen Dienstposten erfüllen müssen. Diese Voraussetzungen sind durch das Gericht vollständig überprüfbar. Ein Organisationsermessen wird dem Dienstherrn nicht mehr zugebilligt. Ein zwingendes Anforderungsprofil muss vor Beginn der Auswahlentscheidung festgelegt werden. Nur so sind

653 BayVGH, B.v. 25.9.2007, 3 CE 07.1954, juris Rn. 23; OVG RhPf, B.v. 30.6.1997, 2 B 11323/97, 2 B 11653/97, NVwZ-RR 1999, 49, juris Rn. 3; Schmiemann in: FS Driehaus, S. 391 ff.

654 Grenze allerdings überschritten, wenn ein Bewerberkreis ohne sachlichen Grund auf bestimmte Tätigkeitsbereiche eingeengt wird: OVG NW, B.v. 16.12.2003, 1 B 2117/03, NVwZ-RR 2004, 277, juris Rn. 6 ff.

655 VG München, B.v. 11.10.2016, M 5 E 16.3321, BayVBl 2017, 351, juris Rn. 26 ff.

die Gründe für dessen Festlegung transparent und einer Überprüfung zugänglich[656].

Nach dem Laufbahnprinzip wird ein Beamter aufgrund seiner Befähigung für eine bestimmte Laufbahn regelmäßig als geeignet angesehen, jedenfalls diejenigen Dienstposten auszufüllen, die seinem Statusamt entsprechen oder dem nächsthöheren Statusamt zugeordnet sind. Es kann grundsätzlich erwartet werden, dass der Beamte imstande ist, sich in die Aufgaben dieser Dienstposten einzuarbeiten[657]. Andererseits kann sich ein Bewerber nicht darauf berufen, dass das konstitutive Anforderungsprofil zu weit gefasst sei und hätte enger gefasst werden müssen, sodass es auf diesen Bewerber hinausläuft[658].

Der dargestellten neueren Rechtsprechung ist zuzustimmen. Zwar hat das Gericht tendenziell eine eingehende Prüfung vorzunehmen, wenn die Rechtfertigung des konstitutiven Anforderungsprofils vollständig geprüft werden muss. Dieser strengere Prüfungsmaßstab für die Aufstellung eines konstitutiven Anforderungsprofils ist jedoch sachgerecht und geboten. Das gilt auch mit Blick auf die Rechtsprechung des Bundesarbeitsgerichts, das dem Arbeitgeber bei der Festlegung eines konstitutiven Anforderungsprofils einen Beurteilungsspielraum zubilligt[659]. Angesichts des ansonsten dem Dienstherrn eingeräumten Beurteilungsspielraums bei der Auswahlentscheidung ist es sachgerecht, das konstitutive Anforderungsprofil, das gerade das Prinzip der Bestenauslese nicht zum Tragen kommen lässt, genau – und auch um den Preis einer Ausweitung des rechtlichen Prüfprogramms des Gerichts – zu prüfen. Das muss von den Gerichten geleistet werden, da sich die Nichterfüllung eines konstitutiven Anforderungsprofils äußerst strikt auf den unterlegenen Bewerber auswirkt.

---

656 BayVGH, B.v. 22.11.2016, 3 CE 16.1912, juris Rn. 20 ff; B.v. 15.2.2016, 3 CE 15.2405, juris Rn. 75; B.v. 4.2.2015, 6 CE 14.2477, juris Rn. 16.

657 BVerwG, B.v. 20.6.2013, 2 VR 1.13, BVerwGE 147, 20, juris Rn. 28; B.v. 19.12.2014, 2 VR 1.14, IÖD 2015, 38, juris Rn. 25; dem folgend etwa nur: BayVGH, B.v. 14.8.2015, 3 CE 15.1410, juris Rn. 18; OVG NW, B.v. 16.7.2014, 1 B 253/14, juris Rn. 19 ff.; B.v. 17.12.2014, 6 B 1138/14, RiA 2015, 74, juris Rn. 8 ff.; B.v. 15.6.2016, 6 B 253/16, ZBR 2017, 61, juris Rn. 15 ff.

658 VG München , B.v. 25.11.2019, M 5 E 19.4017, juris Rn. 52 ff.

659 BAG, U.v. 7.4.2011, 8 AZR 679/09, NZA-RR 2011, 494, juris Rn. 43 ff. – dabei betont auch das Bundesarbeitsgericht, dass das Anforderungsprofil der Stelle dem Leistungsprinzip entsprechen muss. Die Konstellation im Arbeitsrecht ist insofern nicht mit der im Beamtenrecht zu vergleichen, da im Arbeitsrecht häufig keine ausdifferenzierten dienstlichen Beurteilungen wie im Beamtenrecht vorliegen.

Wie der Beispielsfall zeigt, kann die Einräumung eines Organisationsspielraums oder eines Organisationsermessens dazu führen, dass das Anforderungsprofil zu einer zu strikten Einengung des Bewerberkreises führt. Andererseits sind die besonderen Voraussetzungen und Fähigkeiten auf einem bestimmten Dienstposten, die mit einem konstitutiven Anforderungsprofil beschrieben werden, bei entsprechender Darstellung der Besonderheiten des Dienstpostens ohne größeren Aufwand für das Gericht überprüfbar. Dabei liegt es in der Sphäre des Dienstherrn, auf eine entsprechende Rüge hin darzulegen, dass die Voraussetzungen für ein konstitutives Anforderungsprofil bei einer bestimmten Stelle vorliegen.

b) Angriffspunkte gegen ein konstitutives Anforderungsprofil

Das konstitutive Anforderungsprofil bietet dem unterlegenen Bewerber drei mögliche Argumentationslinien:

1. Ein im Auswahlverfahren am konstitutiven Anforderungsprofil gescheiterter Beamter kann zum einen anführen, dass der Dienstherr zu Unrecht ein konstitutives Anforderungsprofil aufgestellt hat.

2. Ein nicht zum Zug gekommener Bewerber kann sich weiter darauf berufen, dass er das konstitutive Anforderungsprofil tatsachlich erfülle, obwohl der Dienstherr davon ausgegangen ist, dass er es nicht erfüllt.

3. Schließlich kann der unterlegene Beamte bei Erfüllung des konstitutiven Anforderungsprofils geltend machen, dass er das zwingende Anforderungsprofil erfülle, der ausgewählte Konkurrent jedoch nicht. Denn der ausgewählte Konkurrent hätte schon auf der ersten Stufe des Auswahlverfahrens ausgeschieden werden müssen und nicht in einen Leistungsvergleich mit anderen einbezogen werden dürfen. Das verletzt den Bewerbungsverfahrensanspruch des übergangenen Beamten[660].

Ein unterlegener Bewerber kann sich jedoch nicht darauf berufen, dass das konstitutive Anforderungsprofil zu weit gefasst wurde, sondern hätte enger gefasst werden müssen, u.U. mit der Folge, dass nur noch er hätte ausgewählt werden dürfen. Denn die Festsetzung eines konstitutiven Anforderungsprofils erfolgt im öffentlichen Interesse einer leistungsfähigen und effektiven Verwaltung. Setzt ein Dienstposten spezifische Anforderungen voraus und rechtfertigt daher die Festlegung eines konstitutiven Anforderungsprofils, kann der Dienstherr dies in die Stellenausschreibung

660 BayVGH, B.v. 17.8.2017, 3 CE 17.815, juris Rn. 31; B.v. 14.8.2015, 3 CE 15.1410, juris Rn. 18.

aufnehmen[661]. Durch die Festlegung eines angeblich zu weiten konstitutiven Anforderungsprofils kann ein Bewerber nicht in seinem Bewerbungsverfahrensanspruch verletzt werden. Ein Beamter kann sich einem Leistungsvergleich als zentralem Element der Auswahl nicht durch die Geltendmachung eines engeren Zuschnitt eines konstitutiven Anforderungsprofils entziehen[662].

c) Nichterfüllung des konstitutiven Anforderungsprofils durch alle Bewerber

Erfüllt keiner der Bewerber das konstitutive Anforderungsprofil, kann der Dienstherr das Stellenbesetzungsverfahren abbrechen und neu ausschreiben. Er kann aber auf die Einhaltung des Anforderungsprofils verzichten, dieses insbesondere als nachholbar ansehen und das Auswahlverfahren fortsetzen. Dabei ist jedoch darauf zu achten, dass der Verzicht gegenüber allen Bewerbern einheitlich und gleichmäßig gehandhabt wird[663].

d) Beispielsfälle

Typischerweise stellt die Fächerkombination bei Lehrern ein konstitutives Anforderungsprofil dar. Denn die Lehrbefähigung für konkrete Unterrichtsfächer ist Voraussetzung für bestimmte Lehrerstellen etwa im Gymnasialbereich[664]. Auch die Festlegung einer Mindestnote in der dienstlichen Beurteilung als Nachweis einer überdurchschnittlichen fachlichen und pädagogischen Qualifikation für eine herausgehobene Stelle (Fachreferent bei einem Ministerialbeauftragten für Gymnasien) begegnet im Grundsatz keinen rechtlichen Bedenken[665].

Ebenfalls hält es sich im dargestellten rechtlichen Rahmen, wenn etwa für eine Stelle als Sachbearbeiter in der Verkehrsplanung ein Abschluss als Dipl.-Ingenieur (FH) der Fachrichtung Bauwesen oder staatlich geprüfter Techniker mit mehrjähriger einschlägiger Berufserfahrung oder vergleich-

661 BVerwG, B.v. 20.6.2013, 2 VR 1.13, BVerwGE 147, 20, juris Rn. 25.
662 BayVGH, B.v. 20.1.2020, 3 CE 19.2457, juris Rn. 16.
663 BVerwG, B.v. 26.4.2018, 1 WB 23/17, juris Rn. 30.
664 BVerwG, U.v. 25.2.2010, 2 C 22.09, BVerwGE 136, 140, juris Rn. 17 m.w.N.
665 BayVGH, B.v. 20.6.2016, 3 CE 16.126, juris Rn. 14; SächsOVG, B.v. 15.08.2011, 2 B 93/11, juris Rn. 15 ff.

barer Abschluss gefordert wird, wenn auf dem Dienstposten auch die fachliche Beurteilung von Bauanträgen und Tiefbauprojekten im Hinblick auf die Verkehrsplanung geleistet werden muss[666].

Auch die Forderung nach der Erfüllung einer in der dienstlichen Beurteilung festgestellten bestimmten Verwendungseignung, etwa als Schulleiter, stellt die zulässige Aufstellung eines konstitutiven Anforderungsprofils dar. Denn ein Schulleiter hat über die pädagogischen Aufgaben eines Lehrers hinausgehende, von der Unterrichtserteilung abgehobene Tätigkeiten repräsentativer, organisatorischer und verwaltungstätigkeitsbezogener Art wahrzunehmen. Diese stellen sogar den Schwerpunkt seines Aufgabenfeldes dar[667]. Auch die Forderung nach Erfüllung einer Verwendungsbreite („mindestens zwei Verwendungen in unterschiedlichen Verwendungsbereichen des gehobenen Polizeivollzugsdienstes")[668] als Statuierung einer hinreichenden dienstlichen Erfahrung als Voraussetzung für die Vergabe eines konkreten höherwertigen Dienstpostens ist rechtlich nicht zu beanstanden[669].

e) Transparenz durch Richtlinien

Hier besteht für den Dienstherrn die Möglichkeit, durch den Erlass von Richtlinien einheitliche rechtskonforme Grundsätze für die Formulierung konstitutiver Anforderungsprofile – etwa in einer katalogartigen Auflistung für bestimmte Dienstposten – besondere Voraussetzungen und Fähigkeiten zu benennen, die dann in die jeweilige Stellenausschreibung als konstitutives Anforderungsprofil übernommen werden. Als Beispiel sind hier die Richtlinien über die Bestellung auf Dienstposten der Bayerischen Polizei zu nennen[670]. Dort ist in Nr. 4.1 angegeben, dass fachspezifische Dienstposten mit einem konstitutiven Anforderungsprofil ausgeschrieben werden können. Das ist aber als Ausnahmefall dargestellt, der insbesondere in Betracht kommt, wenn das Aufgabenprofil so spezifisch ist, dass die zur Erfüllung notwendigen Kenntnisse und/oder Fähigkeiten von den

666 VG München, B.v. 5.2.2018, M 5 E 17.3715, juris Rn. 33.

667 VG München, B.v. 31.8.2016, M 5 E 16.3596, juris Rn. 26.

668 vgl. Nr. 9.1.2.3 des Personalentwicklungskonzepts in der Bundespolizei, BT-Drs. 18/7935, S. 13/40.

669 BayVGH, B.v. 25.8.2017, 6 CE 17.1550, juris Rn. 14 f.; für den richterlichen Bereich: BayVGH, B.v. 25.5.2011, 3 CE 11.605, BayVBl 2011, 565, juris Rn. 33 ff.

670 Richtlinien über die Bestellung auf Dienstposten der Bayerischen Polizei (Bestellungsrichtlinien – RBestPol) vom 26. Oktober 2018.

regulär ausgebildeten Bewerbern oder Bewerberinnen nicht in einem vertretbaren Zeitraum erlernt und/oder erworben werden können, oder das Aufgabengebiet für die Aufrechterhaltung der öffentlichen Sicherheit und Ordnung so kritisch ist, dass die bei Dienstpostenwechseln übliche Einarbeitungszeit vertretbarerweise nicht eingeräumt werden kann. Die fachspezifischen Dienstposten mit dem jeweiligen konstitutiven Anforderungsprofil sind in einer Anlage 2 mit den entsprechenden spezifischen Anforderungen abschließend aufgeführt[671].

Diese Darstellung stellt ein hohes Maß an Transparenz und Entscheidungssicherheit für die Personalbehörden her. Entsprechend wird eine gerichtliche Kontrolle erleichtert. Allerdings ist dabei zu konstatieren, dass es sich bei der Bayerischen Polizei um einen relativ großen Personalkörper handelt, wobei zudem im Polizeibereich zum Teil sehr spezifische Dienstposten (z.B. im Sprengstoff- oder Waffenbereich) bestehen. Daher ist es möglich und sinnvoll, von vornherein entsprechend spezifische Anforderungen an spezielle Stellen vorab zu formulieren.

2. Deskriptives Anforderungsprofil

Anders als das konstitutive (oder zwingende) Anforderungsprofil werden in der Stellenausschreibung oder allgemeinen Besetzungsrichtlinien auch häufig Merkmale und Fähigkeiten beschrieben, die bei der Aufgabenerfüllung einer Stelle von besonderer Bedeutung sind. Dieses deskriptive (oder beschreibende[672]) Anforderungsprofil gewinnt erst im Rahmen des Leistungsvergleichs an Bedeutung. Wenn sich nach einem Beurteilungsvergleich die Bewerber als im Wesentlichen gleich herausstellen, kann auf die Erfüllung des deskriptiven Anforderungsprofils abgestellt werden, wenn die spezifischen Anforderungen des Dienstpostens über die Merkmale hinausgehen, die in der dienstlichen Beurteilung berücksichtigt sind[673][674].

---

671 Nr. 4.1 Satz 3 i.V.m. Anlage 2 der Richtlinien über die Bestellung auf Dienstposten der Bayerischen Polizei (Bestellungsrichtlinien – RBestPol) vom 26. Oktober 2018.

672 Schmiemann in: FS Driehaus, S. 389.

673 BVerwG, B.v. 20.6.2013, 2 VR 1/13, juris Rn. 37 ff.; B.v. 27.9.2011, 2 VR 3/11, NVwZ-RR 2012, 71, juris Rn. 25; BVerfG, B.v. 4.10.2012, 2 BvR 1120/12, NVwZ 2013, 573, juris Rn. 17.

674 Daher darf dieses Anforderungsprofil nicht völlig undifferenziert sein: VG Frankfurt/Main, B.v. 26.6.2009, 9 L 338/09 F, juris Rn. 4; Zeiler, ZBR 2010, 191/192.

So kann ein Bewerber, der einen Beurteilungsrückstand gegenüber einem anderen Bewerber aufweist, durch das Erfüllen des deskriptiven Anforderungsprofils diesen Rückstand wettmachen oder sich sogar als der für den konkreten Dienstposten als der besser geeignete Kandidat herausstellen. Das liegt innerhalb des Auswahlermessens des Dienstherrn, das aber einer besonderen Begründung bedarf[675]. Allerdings müssen die dienstlichen Beurteilungen zuvor umfassend ausgewertet werden, um festzustellen, ob es sich um wesentlich gleiche Beurteilungen im Gesamtergebnis handelt. Denn die Gesamtaussage der dienstlichen Beurteilungen muss immer im Vordergrund stehen und darf nicht durch einen Rückgriff auf Einzelfeststellungen übergangen werden[676]. Das spezifische Anforderungsprofil muss sich aber in sachgerechter Weise an den Aufgaben der zu besetzenden Stelle orientieren. Es muss verhindert werden, dass durch dieses Mittel die für den Posten besonders bedeutsamen Eigenschaften gerade auf einen „Wunschkandidaten" zugeschnitten sind[677].

3. Abgrenzungsfragen

Kritisch ist die rechtliche Beurteilung von Anforderungsprofilen, die in einer Weise formuliert sind, dass sie sowohl als konstitutives wie auch als deskriptives Anforderungsmerkmal verstanden werden können. Das erschwert und verkompliziert die rechtliche Prüfung. Denn das Gericht muss in einem solchen Fall untersuchen, ob ein Anforderungsprofil strikte, „bindende" Voraussetzungen im Sinn eines konstitutiven Anforderungsprofils aufstellt. Das muss zum einen anhand einer Auslegung des Ausschreibungstextes entsprechend § 133 BGB am Empfängerhorizont ermittelt werden[678]. Darüber hinaus ist auch der Auswahlvermerk heranzuziehen. Diesem Text muss sich entnehmen lassen, ob ein Anforderungsprofil im Sinn von zwingend zu erfüllenden Voraussetzungen gehandhabt

---

675 BVerwG, B.v. 25.10.2011, 2 VR 4/11, NVwZ-RR 2012, 241, juris Rn. 18, 30; BayVGH, B.v. 25.5.2011, 3 CE 11.605, BayVBl 2011, 565, juris Rn. 48; siehe auch E IV 4 b bb (2) (a).

676 BVerfG, B.v. 4.10.2012, 2 BvR 1120/12, NVwZ 2013, 573, juris Rn. 14: Gesamtergebnis darf durch Einzelfeststellungen „nicht überspielt werden".

677 VG Wiesbaden, B.v. 30.1.2009, 6 G 1624/02, NVwZ-RR, 582; Zeiler, ZBR 2010, 191/194.

678 BVerwG, B.v. 20.6.2013, 2 VR 1/13, BVerwGE 147, 20, juris Rn. 32; Schnellenbach, Konkurrenzen im öffentlichen Dienst, Anhang 1 Rn. 25; Zeiler, ZBR 2010, 191/192 f. - zu den Abgrenzungsschwierigkeiten.

wurde oder im Sinn eines weiteren Vergleichsmittels im Rahmen des Leistungsvergleichs[679].

Als entsprechendes Beispiel kann die Formulierung in der Stellenausschreibung einer Meisterschule für Mode angeführt werden. Dort war formuliert, dass „Branchenkenntnisse im Bereich Mode und Kommunikationsdesign“ als fachliche Kompetenz „erwartet werden“. Zwar können solche besonderen Kenntnisse als konstitutives Anforderungsprofil vom Dienstherrn aufgestellt werden. Es ist aber auch möglich, diese Anforderungen nur als deskriptives Anforderungsprofil auszugestalten, das erst im Rahmen eines Leistungsvergleichs zur Anwendung kommt. Maßgeblich hierfür ist der Gestaltungswille des Dienstherrn, der sowohl in der Formulierung des Ausschreibungstextes wie auch der Handhabung des Merkmals zum Ausdruck kommt. Der Bayerische Verwaltungsgerichtshof kam in diesem Fall zu einem Verständnis als deskriptives Anforderungsprofil, da der Ausschreibungstext neben zwingenden Voraussetzungen für Bewerber die genannten Anforderungen unter der Überschrift „Was erwarten wir weiterhin?“ aufgeführt war. Die Branchenkenntnisse wurden im Auswahlvermerk auch nicht als zwingendes (konstitutives) Anforderungsprofil angewendet, sondern als weiteres Vergleichsinstrument[680].

Ebenso kann als Unterscheidungsmerkmal herangezogen werden, ob das Anforderungsprofil einen Wertungsspielraum für den Dienstherrn eröffnet oder sich als feste Größe darstellt, die anhand objektiv überprüfbarer Fakten von allen Bewerbern strikt und ohne Spielraum zu erfüllen ist[681].

Hierfür mag die Formulierung als Beispiel dienen, dass von Bewerbern um die Stelle eines Fachbetreuers für das Fach Sport an einem Gymnasium, das sich im Profil der schulischen Ausbildung von Fußballtalenten verpflichtet fühlt („Eliteschule des Fußballs“), eine „profunde Kenntnis der sportlichen und organisatorischen Bedingungen der Eliteschule des Fußballs“ erwartet wird. Zwar sind damit relativ strikt umrissene Vorkenntnisse gefordert, aus der Wertungsmöglichkeit der „profunden Kenntnis“ kann aber abgleitet werden, dass es sich hier ebenfalls um ein deskriptives Anforderungsprofil handelt[682]. Auch die Voraussetzung einer „langjährigen

---

679 BayVGH, B.v. 25.5.2011, 3 CE 11.605, BayVBl 2011, 565, juris Rn. 38.

680 Zum Ganzen: BayVGH, B.v. 11.5.2009, 3 CE 09.596, juris Rn. 19 f.; anders noch: VG München, B.v. 23.2.2009, M 5 E 09.275, juris Rn. 17 f. – konstitutives Anforderungsprofil.

681 VGH BW, B.v. 7.12.2010, 4 S 2057/10, NVwZ-RR 2011, 290, juris Rn. 4.

682 BayVGH, B.v. 16.9.2011, 3 CE 11.1132, juris Rn. 31.

Erfahrung“ in einer bestimmten Funktion eröffnet hinsichtlich des Merkmals „langjährig“ einen Wertungsspielraum und ist daher als deskriptives Anforderungsprofil anzusehen[683]. Wenn im Anforderungsprofil formuliert ist, dass eine Eigenschaft „möglichst“ erfüllt werden soll, so wird aus dieser gerade nicht als unabdingbar formulierten Voraussetzung abgeleitet, dass es sich um ein lediglich deskriptives Anforderungsprofil handelt.[684]

Diese Beispiele zeigen, dass die Ermittlung der Rechtsqualität des Anforderungsprofils einen deutlichen Prüfungs- und Begründungsaufwand darstellen kann, der eine Entscheidung in einem Stellenbesetzungsverfahren erschwert. Denn die entsprechende Argumentation erfolgt im Rahmen eines Verfahrens des vorläufigen Rechtsschutzes in der Regel im schriftlichen Verfahren anhand von Schriftsätzen, die ausgewertet und den anderen Beteiligten zur Stellungnahme zugeleitet werden müssen. Je komplexer und umfangreicher die Argumentaton ist – gerade bei der Interpretation unklarer Sachverhalte (wie hier der Ermittlung der Qualität des Anforderungsprofils), desto eher ziehen sich Verfahren im einstweiligen Rechtsschutz hin. Hinzu kommt, dass sich bei unklaren Formulierungen divergierende Rechtsansichten unterschiedlicher Gerichte ergeben können. Damit wird etwa bei einem erstinstanzlich unterlegenen Beteiligten die Tendenz verstärkt, die Streitsache in die nächsthöhere Instanz zu tragen.

4. Fazit

Ein konstitutives Anforderungsprofil lenkt die Bewerberauswahl durch die „Filterwirkung“ des vor einem Leistungsvergleich stehenden Ausscheidens von Bewerbern, die das konstitutive Anforderungsprofil nicht erfüllen, ganz erheblich. Andererseits muss zu Recht eine strikte Prüfung der Erforderlichkeit eines solchen zwingenden Anforderungsprofils erfolgen, um einer Ämterpatronage vorzubeugen. Dieser Aufwand kann erheblich reduziert und die Transparenz deutlich erhöht werden, wenn der Dienstherr für spezifische Dienstposten in Richtlinien zwingend zu erfüllende Voraussetzungen benennt.

Die Abgrenzung zwischen konstitutivem und deskriptivem Anforderungsprofil kann in der Praxis zu Auslegungsschwierigkeiten führen. Da-

683 OVG Schleswig, B.v. 17.06.2019, 2 MB 32/18, juris Rn 18 f.

684 OVG NW, B.v. 15.4.2014, 1 B 29/14, DRiZ 2015, 34, juris Rn. 24 dort als „weiche“ Formulierung benannt.

her sollten Anforderungsprofile bereits im Ausschreibungstext so formuliert werden, dass bereits aus diesem Text klar hervorgeht, ob es sich um ein konstitutives (zwingendes oder bindendes) Anforderungsprofil handelt oder um ein deskriptives (beschreibendes) Anforderungsprofil.

II. Dienstliche Beurteilungen

Dienstliche Beurteilungen stellen das vorrangige Erkenntnismittel zum Leistungsvergleich konkurrierender Beamter dar[685]. Denn eine dienstliche Beurteilung wird gerade zu dem Zweck erstellt, den Leistungsstand eines Beamten im Vergleich mit den übrigen Beamten seiner Besoldungsgruppe in derselben Laufbahn unter Zugrundelegung eines einheitlichen Maßstabs zu bewerten. Hinzu kommt der Blick über den Beurteilungszeitraum, der nicht nur einen punktuellen Eindruck erbringt, sondern die Leistung über einen längeren Zeitraum der Beurteilungsperiode bewertet. Zudem sind die dienstlichen Beurteilungen so aufgebaut, dass sie eine Endbewertung als Gesamturteil beinhalten und für standardisierte Leistungskriterien einzelne Bewertungen enthalten (Beurteilungsmerkmale). Daher sind sie als erstes Vergleichsmittel vor allen anderen Erkenntnisgrundlagen bei einer Konkurrenz um einen Dienstposten heranzuziehen[686].

1. Inzidentprüfung der dienstlichen Beurteilungen

Zunächst stellt sich die Frage, ob eine dienstliche Beurteilung, die dem Leistungsvergleich dient, im Rahmen des Stellebesetzungsverfahrens inzident mit überprüft werden muss. Denn nur eine rechtmäßige Beurteilung kann ihrerseits zu einer rechtlich nicht zu beanstandenden Bewerberauswahl führen. Damit wird das Prüfprogramm des Gerichts im Stellenbesetzungsverfahren allerdings massiv erhöht. In der Praxis ist mittlerweise kaum mehr ein Konkurrentenstreitverfahren zu beobachten, in dem nicht

---

685 Vgl. nur Kenntner, ZBR 2016, 181/196 m.w.N.

686 BVerwG, B.v. 22.11.2012, 2 VR 5/12, BVerwGE 145, 112, juris Rn. 24 ff.; B.v. 24.5.2016, 1 WB 26/15, juris Rn. 37; BayVGH, B.v. 17.5.2013, 3 CE 12.2469, BayVBl 2014, 84, juris Rn. 31 ff.; BayVerfGH, B.v. 4.7.2005, Vf.85-VI-02, ZBR 2006, 46, juris Rn. 19; zusammenfassend: Günther, RiA 2014, 101/103 f.

gegen die der Auswahl zugrunde liegenden dienstlichen Beurteilungen Rechtsverstöße geltend gemacht werden.

Eine rechtliche Überprüfung der dienstlichen Beurteilungen, die der Auswahlentscheidung zugrunde liegen, im Rahmen des verwaltungsgerichtlichen Eilverfahrens weitet den Prüfungsumfang erheblich aus und belastet somit die Gerichte.

a) Tendenz zur Trennung der gerichtlichen Kontrolle zwischen dienstlicher Beurteilung und Besetzungsentscheidung

Es entsprach einer in der älteren Rechtsprechung verbreiteten Auffassung, dass „Angriffe des Antragstellers im vorläufigen Rechtsschutz wegen einer Auswahlentscheidung, die die Rechtmäßigkeit seiner dienstlichen Beurteilung betreffen, grundsätzlich nicht berücksichtigt werden können", wobei eine Willkürlichkeit der Beurteilung im konkreten Fall ausgeschlossen werden musste[687]. Dieser Lösung ist sicherlich die Effektivität nicht abzusprechen – den Gerichten bliebe viel Prüfungsaufwand erspart.

Hierzu könnte allgemein darauf hingewiesen werden, dass eine Auswahlentscheidung für eine Stellenbesetzung getrennt von der Beurteilung zu sehen ist. Dabei kann argumentiert werden, dass eine dienstliche Beurteilung ein eigenes beamtenrechtliches Institut ist, das unproblematisch im Wege der Klage überprüft werden kann, sodass das Beurteilungsergebnis so lange einem Auswahlverfahren zugrunde zu legen ist, bis die Beurteilung aufgehoben wird.

So wird etwa jüngst der Gedanke ins Spiel gebracht, der dienstlichen Beurteilung im Beamtenrecht allgemein den Charakter eines Verwaltungsaktes nach § 35 VwVfG zu verleihen[688]. Damit könnte eine dienstliche Beurteilung Bestandskraft erlangen mit der Folge, dass deren Bewertungen ohne Prüfung in einem beamtenrechtlichen Auswahlverfahren zugrunde zu legen wären. Insbesondere wäre eine dienstliche Beurteilung dann auch in einem gerichtlichen Verfahren nach § 123 VwGO gegen die Auswahlentscheidung nicht mehr inzident zu überprüfen. Das ist aber abzulehnen. Beamtenrechtliche Beurteilungen sind keine Verwaltungsakte, da es am Element der Regelung fehlt. Sie können daher nicht in Bestandskraft

687 So etwa wörtlich: BayVGH, B.v. 9.5.1996, 3 CE 96.506, ZBR 1997, 194; B.v. 4.3.1998, 3 ZE 98.569, juris Rn. 23.

688 Kathke, RiA 2016, 197/202 f.; Kenntner, ZBR 2016, 181/196.

erwachsen[689]. Daran ist festzuhalten. Auch unter Praktikabilitätsgründen kann einer dienstlichen Beurteilung kein Regelungsgehalt beigemessen werden. Die Bewertung der dienstlichen Leistungen eines Beamten im Vergleich mit den anderen Beamten derselben Besoldungsgruppe und Laufbahn führt zu einem Werturteil und hat keinen Inhalt, dem ein regelnder Charakter beigemessen werden kann. Soweit eine dienstliche Beurteilung im Soldatenrecht in Bestandskraft erwächst, wenn sie nicht fristgerecht mit den in der Wehrbeschwerdeordnung vorgesehenen Rechtsbehelfen angegriffen wird[690], liegt dem die gesetzliche Sonderregelung der Wehrbeschwerdeordnung zugrunde[691].

b) Effektiver Rechtsschutz nur bei Inzidentprüfung der dienstlichen Beurteilung

Die kategorische Trennung der Prüfung der Rechtmäßigkeit der Besetzungsentscheidung und der zugrunde liegenden Beurteilung mag den Vorzug haben, dass der Prüfungsumfang der Verwaltungsgerichte im vorläufigen Rechtsschutzverfahren erheblich verringert würde. Andererseits vermag diese Lösung nicht zu überzeugen. Denn gerichtlicher Rechtsschutz bedeutet auch effektiven Rechtsschutz. Der Aspekt der Gewährung effektiven Rechtsschutzes bedingt auch die inzidente Prüfung der einer Konkurrenzentscheidung zugrunde liegenden Vergleichsmittel. Die Prüfung einer Besetzungsentscheidung müsste grob unvollständig sein, wenn nicht auch die der Entscheidung zugrunde liegenden Vergleichsgrundlagen rechtlich mit überprüfbar wären. Und das sind in erster Linie die zugrunde liegenden dienstlichen Beurteilungen. Bildlich gesprochen wäre die Überprüfung einer Besetzungsentscheidung quasi „amputiert“, wenn

---

689 BVerwG, U.v. 9.11.1967, 2 C 107.64, BVerwGE 28, 191, juris Rn. 21 f., U.v. 13.11.1975, 2 C 16.72, BVerwGE 49, 351, juris Rn. 25 ff.; U.v. 17.3.2016, 2 A 4.15, NVwZ 2016, 1648, juris Rn. 16; Bodanowitz in: Schnellenbach/Bodanowitz, Beamtenrecht, § 11 Rn. 56.

690 Beschwerde innerhalb eines Monats: § 6 Abs. 1 WBO, weitere Beschwerde innerhalb eines Monats: § 16 Abs. 1 WBO, Antrag auf Entscheidung des Truppendienstgerichts innerhalb eines Monats: § 17 Abs. 4 Satz 1 WBO.

691 BVerwG, B.v. 23.2.2010, 1 WB 36/09, BVerwGE 136, 119, juris Rn. 49 ff – in Rn. 62 wird die zügige Herstellung von Klarheit und Rechtssicherheit mit Blick auf die Ausgestaltung des Beurteilungswesens der Bundeswehr betont; B.v. 4.6.2014, 2 B 108/13, juris Rn. 6 ff. – unter Betonung des Unterschieds zur dienstlichen Beurteilung eines Beamten in Rn. 11.

nicht auch die der Auswahl maßgeblich zugrunde liegenden dienstlichen Beurteilungen inzident mit überprüft werden könnten. Der Gedanke der Gewährleistung effektiven Rechtsschutzes (Art. 19 Abs. 4 GG) gewinnt insbesondere unter dem Blickwinkel an Bedeutung, dass dem Dienstherrn bei der Auswahlentscheidung sowohl ein Beurteilungs- wie auch ein Ermessensspielraum eingeräumt ist, zusätzlich bei dienstlichen Beurteilungen ein Beurteilungsspielraum, der vom Gericht nur eingeschränkt überprüft werden darf (entsprechend § 114 Satz 1 VwGO). Würde angesichts dieser weitreichenden Bewertungsspielräume, die gerichtlich nicht überprüfbar sind, die Inzidentkontrolle der dienstlichen Beurteilung bei einem Besetzungsstreit nicht ermöglicht, so würde der Rechtsschutz des unterlegenen Bewerbers erschwert. Insoweit dient die Ermöglichung der Inzidentkontrolle von einer Auswahlentscheidung zugrunde liegenden Beurteilungen der Herstellung eines Gleichgewichts zwischen der Position des Dienstherrn auf der einen und des nicht zum Zuge gekommenen Konkurrenten auf der anderen Seite[692].

Der Gedanke, dass eine dienstliche Beurteilung ausschließlich in einem eigenen Klageverfahren zu überprüfen sein soll und nicht inzident im Rahmen des Stellenbesetzungsverfahrens, in dem diese eine Rolle spielt, könnte auch mit weiteren Nachteilen verbunden sein. So ist es nicht fernliegend, dass vielfach Klagen gegen dienstliche Beurteilungen quasi „auf Vorrat" erhoben würden. Denn ein an seinem beruflichen Fortkommen interessierter Beamter müsste seine Beurteilung einer gerichtlichen Kontrolle zuführen, wenn er mit dieser nicht völlig einverstanden ist. Dieser Beamte müsste immer damit rechnen, dass die Beurteilung bei einer zukünftigen Bewerbung eine ausschlaggebende Rolle spielen könnte[693]. Auch müsste das Klageverfahren gegen eine Beurteilung möglicherweise vorgezogen und entschieden werden, wenn in einem Stellenbesetzungsverfahren rechtliche Einwände gegen eine dienstliche Beurteilung erhoben werden. Das würde eher zu einer zusätzlichen Be– statt einer Entlastung der Gerichte führen. Wenn gleichzeitig mit dem Antrag auf Gewährung vorläufigen Rechtsschutzes hinsichtlich einer Auswahlentscheidung Klage

---

692 BayVGH, B.v. 3 CE 15.1947, juris Rn. 28; B.v. 28.2.2014, 3 CE 14.32, juris Rn. 25; OVG NW, B.v. 6.5.2008, 1 B 1786/07, juris Rn. 34 ff.; BVerwG, U.v. 18.4.2002, 2 C 19/01, NVwZ-RR 2002, 620, juris Rn. 15; Kuhla in: BeckOK VwGO, § 123 Rn. 94b.19.

693 Hierzu mag auch der Umstand beitragen, dass das Kostenrisiko bei einer mit dem Regelstreitwert (nach § 52 Abs. 2 GKG derzeit 5.000,– EUR) bewerteten Klage gegen eine dienstliche Beurteilung (Nr. 10.5 der Empfehlungen des Streitwertkatalogs für die Verwaltungsgerichtsbarkeit) überschaubar ist.

gegen die der Auswahl zugrunde liegende dienstliche Beurteilung erhoben würde, läge es nahe, eine mündliche Verhandlung anzuberaumen und beide Streitsachen zur gemeinsamen Verhandlung zu verbinden, wenn eine Beweisaufnahme notwendig erscheint. Gerade wenn erhebliche Argumente gegen eine dienstliche Beurteilung vorgebracht werden, wäre es rechtlich unbefriedigend, zwischen Auswahlentscheidung und Beurteilung strikt zu trennen.

Dieser Gedanke wird dadurch unterstrichen, dass häufig Anlassbeurteilungen die Grundlage von Auswahlentscheidungen darstellen. Diese Beurteilungen werden in zeitlich engem Zusammenhang mit der Auswahlentscheidung erstellt. Würde gerade bei Anlassbeurteilungen (auf substantiierte Rüge hin) keine Inzidentkontrolle im Rahmen der Auswahlentscheidung möglich, so würde das Verfahren kompliziert und möglicherweise verzögert. Denn dann wäre die Anlassbeurteilung Gegenstand eines eigenen Hauptsacheverfahrens, das parallel zum Verfahren des vorläufigen Rechtsschutzes hinsichtlich der Auswahlentscheidung („Negativmitteilung") laufen würde. Das zeigt, wie sehr die Überprüfung der Auswahlentscheidung und der zugrunde liegenden (Anlass-)Beurteilung miteinander verzahnt sind.

Bei einer Trennung der Überprüfungsverfahren hinsichtlich der Auswahlentscheidung einerseits, die eine vorliegende dienstliche Beurteilung als Auswahlgrundlage zugrunde legen müsste, und einem hiervon getrennten Hauptsacheverfahren hinsichtlich der dienstlichen Beurteilungen andererseits, könnte es zu Verwerfungen kommen. Die Gewährung effektiven Rechtsschutzes wäre auch nicht mehr gewährleistet. Ergäbe sich im Hauptsacheverfahren betreffend die dienstliche Beurteilung ein Ergebnis, das in Widerspruch zu einem rechtskräftigen Beschluss im Rahmen des Verfahrens des vorläufigen Rechtsschutzes hinsichtlich der Auswahlentscheidung stünde[694], so könnte analog § 80 Abs. 7 VwGO der im Verfahren nach § 123 VwGO ergangene Beschluss geändert werden[695]. Das dürfte aber regelmäßig nicht mehr zum erstrebten Ziel führen. Da der Dienstherr nach Ausschöpfung der Möglichkeiten des vorläufigen Rechtsschutzes durch den unterlegenen Bewerber den ausgewählten Konkurrenten

---

694 Etwa in der Konstellation, dass das Gericht für das Verfahren des vorläufigen Rechtsschutzes im Konkurrentenstreit die dienstliche Beurteilung als rechtmäßige Auswahlgrundlage zugrunde legt und den Antrag rechtskräftig ablehnt. Im Hauptsacheverfahren gegen die dienstliche Beurteilung ergibt sich rechtskräftig, dass die Beurteilung rechtswidrig war.

695 Happ in: Eyermann, § 123 Rn. 77 ff.

ernennen darf, geht mit diesem Akt der Bewerbungsverfahrensanspruch unter[696]. Eine effektive Überprüfung der Auswahlentscheidung, die in der Regel maßgeblich auf den dienstlichen Beurteilungen der Konkurrenten beruht, liefe ins Leere. Das soll aber das Gebot des effektiven Rechtsschutzes (Art. 19 Abs. 4 GG) verhindern.

Zwar unterliegt die Bewertung der dienstlichen Leistung als solche einem gerichtlich nur eingeschränkt überprüfbaren Beurteilungsspielraum des Dienstherrn (vgl. § 114 Satz 1 VwGO[697]). Das Gericht prüft insoweit lediglich, ob der Dienstherr gegen Verfahrensvorschriften verstoßen hat, von einem unrichtigen Sachverhalt ausgegangen ist, die anzuwendenden Begriffe oder den gesetzlichen Rahmen verkannt, allgemein gültige Wertmaßstäbe nicht beachtet oder sachfremde Erwägungen angestellt hat[698]. Die gerichtliche Prüfung einer dienstlichen Beurteilung ist aber in der Praxis häufig mit einem erheblichen Aufwand verbunden. Gerade bei größeren Behörden ist das Beurteilungsverfahren höchst komplex[699].

Erfolgt eine entsprechend substantiierte Rüge, dass das Verfahren nicht ordnungsgemäß eingehalten worden sei, muss das Gericht dieser nachgehen. Auch die Überprüfung etwa der Ermittlung des Sachverhalts sowie die Ausübung des Beurteilungsspielraums als solchen sind komplexe Sachverhalte, die eine intensive Auseinandersetzung mit dem Vorbringen der Beteiligten bedingen. Nach den Beurteilungsrichtlinien für Bayerische Beamtinnen und Beamte wird eine dienstliche Beurteilung durch den Beurteiler unterzeichnet und der unmittelbare Vorgesetzte erklärt durch Ankreuzen, ob er mit der Beurteilung einverstanden ist oder nicht[700].

696 BVerwG, U.v. 4.11.2010, 2 C 16/09, BVerwGE 138, 102, juris Rn. 27, 33; U.v. 21.8.2003, 2 C 14/02, BVerwGE 118, 370, juris Rn. 16; U.v. 25.8.1988, 2 C 62.85, BVerwGE 80, 127, juris Rn. 23 ff.; siehe auch B II 2.

697 Rennert in: Eyermann, § 114 Rn. 51 ff., 69.

698 Ständige Rechtsprechung, vgl. nur BVerwG, U.v. 21.3.2007, 2 C 2.06, RiA 2007, 275, juris Rn. 7; BayVGH, B.v. 11.3.2013, 3 ZB 10.602, juris Rn. 4 jeweils m.w.N.

699 Bei der Bayerischen Polizei etwa werden die Beurteilungen durch Verzahnung der Leistungsreihungen der untersten Ebene über die nächsthöhere bis zur beurteilungsrelevanten Präsidiumsebene „von unten nach oben" entwickelt, vgl. hierzu BayVGH, U.v. 7.5.2014, 3 BV 12.2594, RiA 2014, 277, juris Rn. 16 ff.

700 Abschnitt 3 (Dienstliche Beurteilung – allgemeine Beurteilungsrichtlinien) der Verwaltungsvorschriften zum Beamtenrecht (VV-BeamtR), Bekanntmachung des Bayerischen Staatsministeriums der Finanzen vom 13.7.2009, FMBl 2009, 190, zuletzt geändert durch Bekanntmachung vom 19.10.2017, FMBl 2017, 510: Nach Abschnitt 3 Nrn. 11.1 und 11.4 der Verwaltungsvorschriften zum Beamtenrecht (VV-BeamtR) wird eine dienstliche Beurteilung durch den Beurteiler unterzeichnet, der unmittelbare Vorgesetzte erklärt durch Ankreuzen des

Weit verbreitet ist die gerichtliche Überprüfung anhand von vorgelegten dienstlichen Stellungnahmen der an der Erstellung der Beurteilung beteiligten Vorgesetzten. Häufig ermöglichen diese allein dem Gericht aber nicht eine rechtliche Prüfung der Beurteilung. Sinnvollerweise erfolgt die Aufklärung im Klageverfahren vielfach durch Einvernahme des Beurteilers sowie des unmittelbaren Vorgesetzten als Zeugen. Dabei kann der Streitstoff aufgearbeitet werden. Eine mündliche Verhandlung führt in diesen Fällen oft auch zu einer Konfliktbereinigung. Die Belastung des Gerichts lässt sich dadurch in Grenzen halten, indem solche Verfahren weitgehend auf den Einzelrichter übertragen werden. Denn in der weit überwiegenden Zahl der Fälle geht es um die Klärung der Rechtmäßigkeit einer Beurteilung im Einzelfall, die keine besonderen Schwierigkeiten tatsächlicher oder rechtlicher Art (§ 6 Abs. 1 Satz 1 Nr. 1 VwGO) wie auch keine grundsätzliche Bedeutung der Sache aufweist (§ 6 Abs. 1 Satz 1 Nr. 2 VwGO).

c) Inzidentkontrolle auch der Beurteilung des ausgewählten Bewerbers

Die inzidente Überprüfung der Beurteilung des nicht zum Zuge gekommenen Bewerbers im Rahmen des Rechtsschutzes gegen die Auswahlentscheidung führt zum nächsten Punkt: der Prüfung der Rechtmäßigkeit der Beurteilung des ausgewählten Bewerbers. Auch hier drängt sich der Gedanke auf, dass der Rechtsschutz unvollkommen wäre (quasi „amputiert"), wenn nicht auch beide Anknüpfungspunkte des Leistungsvergleichs inzident überprüft werden können. Denn die Rechtswidrigkeit der Auswahlentscheidung kann nicht nur darin liegen, dass der nicht ausgewählte Bewerber (der Antragsteller im vorläufigen Rechtsschutzverfahren) mit einer rechtswidrigen Beurteilung bedacht wurde, wobei dessen Auswahl in einem weiteren Verfahren möglich erscheint. Sie kann auch darin begründet sein, dass der ausgewählte Bewerber (der Beigeladene im Rechtsschutzverfahren) eine rechtswidrig zu positive Beurteilung erhalten hat, die dazu führen kann, dass die Auswahl des in diesem Verfahren nicht ausgewählten Antragstellers in einem neuen Verfahren wiederum möglich erscheint. Insbesondere ist das geboten, wenn dem ausgewählten Beamten starke Leistungssteigerungen („Leistungssprünge") attestiert werden. Gerade hier gilt es, eine Ämterpatronage zu verhindern, indem dem erwünsch-

---

entsprechenden Feldes im Beurteilungsformblatt, ob er mit der Beurteilung einverstanden ist oder nicht.

ten Kandidaten eine so gute Beurteilung erteilt wird, die den anderen Bewerbern praktisch alle Chancen auf einen Erfolg nimmt. Der effektive Rechtsschutz gebietet es, im Konkurrentenstreitverfahren auch die dienstliche Beurteilung des ausgewählten Bewerbers inzident auf Rechtsfehler zu überprüfen[701].

Andererseits muss dieses Ergebnis hinterfragt werden. Die rechtliche Prüfung der Beurteilung eines anderen Beamten kann im Hauptsacheverfahren selbstständig nicht erreicht werden. Ein Beamter kann mit einer Klage nur gegen seine – ihn betreffende – Beurteilung vorgehen. Das stellt aber keinen Widerspruch zu einer umfassenderen Prüfung im Rahmen eines Konkurrentenstreitverfahrens dar. Das Verfahren des vorläufigen Rechtsschutzes im Stellenbesetzungsverfahren geht insoweit nicht über die Rechtsschutzmöglichkeiten im Hauptsachverfahren betreffend eine dienstliche Beurteilung hinaus. Denn Streitgegenstand im Konkurrentenstreitverfahren ist nicht die dienstliche Beurteilung des ausgewählten Konkurrenten, sondern die Auswahlentscheidung. Und diese basiert auf dem Leistungsvergleich zwischen dem Antragsteller und dem ausgewählten Beamten als Beigeladenen. In einem Hauptsacheverfahren betreffend eine Stellenbesetzung (was allerdings äußerst selten ist, da das Verfahren des vorläufigen Rechtsschutzes die Funktion des Hauptsacheverfahrens übernimmt), bei der ein Leistungsvergleich maßgeblich ist, würden ebenso die zugrunde liegenden dienstlichen Beurteilungen des nicht ausgewählten Beamten und des ausgewählten Beamten inzident überprüft, falls dies erforderlich wäre.

d) Ausnahmsweise Beweiserhebung im Verfahren des vorläufigen Rechtsschutzes

Muss eine solche Überprüfung der dienstlichen Beurteilungen im Rahmen des vorläufigen Rechtsschutzes erfolgen, sprengt das fast die Grenzen dieses Rechtsschutzverfahrens. Insbesondere in den Fällen, in denen eine Rechtskontrolle der relevanten Umstände mit den vorliegenden schriftli-

701 BayVGH, B.v. 1.12.2015, 3 CE 15.1947, juris Rn. 29 unter ausdrücklicher Aufgabe der früher vertretenen anderen Ansicht in BayVGH, B.v. 10.1.1995, 3 CE 94.3316, ZBR 1995, 204; OVG LSA, B.v. 18.8.2011, 1 M 65/11, ZBR 2012, 106, juris Rn. 8; OVG MV, B.v. 2.9.2009, 2 M 97/09, juris Rn. 12; OVG NW, B.v. 6.5.2008, 1 B 1786/07, juris Rn. 45.

chen Stellungnahmen nicht möglich ist[702][703], kommt das Gericht nicht an einer mündlichen Verhandlung mit Zeugeneinvernahme vorbei, will es sich nicht dem Vorwurf aussetzen, nicht mit der verfassungsrechtlich gebotenen Tiefe geprüft zu haben. Denn das Verfahren des vorläufigen Rechtsschutzes darf nach Prüfungsmaßstab, –umfang und –tiefe nicht hinter einem Hauptsacheverfahren zurückbleiben. Es ist eine umfassende tatsächliche und rechtliche Überprüfung der Bewerberauswahl verfassungsrechtlich geboten[704].

Muss die Rechtmäßigkeit der zugrunde liegenden dienstlichen Beurteilungen geprüft werden, ist eine entsprechend aufwändige Prüfung geboten. Wenn nach dem verfassungsrechtlichen Gebot der Gewährung effektiven Rechtsschutzes im beamtenrechtlichen Konkurrentenstreitverfahren (Art. 19 Abs. 4 i.V.m. Art. 33 Abs. 2 GG) eine Prüfungstiefe gefordert wird, die nicht hinter dem eines Hauptsachverfahrens zurückbleiben darf und die Funktion des Hauptsacheverfahrens übernimmt[705], müssen dem Gericht andererseits dieselben Erkenntnis- und Beweismöglichkeiten wie im Hauptsacheverfahren offen stehen. Ansonsten kann diesem Prüfungsanspruch nicht nachgekommen werden. Denn das Gericht darf (und muss) bei der insoweit geforderten Prüfungstiefe den geltend gemachten Anspruch wie in einem Hauptsacheverfahren prüfen. Insoweit überlagert diese verfassungsrechtlich nach Art. 19 Abs. 4 GG gebotene Prüfungstiefe das im Rahmen des § 123 VwGO grundsätzlich zu beachtende Verbot von Beweiserhebungen, die ein besonderes Verfahren erfordern[706][707]. Das gilt namentlich bei komplexen Beurteilungsprodukten, etwa wenn Zwischen-

702 in dem Sinn, dass dem Gericht eine hinreichende Beurteilung die Argumente der Antragstellerpartei nicht möglich erscheint.

703 Geht der Antragsgegner jedoch gar nicht auf die Argumente der Antragstellerpartei ein, obwohl das geboten wäre, ist dem Antrag stattzugeben. Denn dann bleibt es bei der Glaubhaftmachung der relevanten Umstände durch die Antragstellerpartei.

704 So wörtlich: BVerwG, U.v. 4.11.2010, 2 C 16/09, BVerwGE 138, 102, juris Rn. 32; vgl. auch BVerwG, U.v. 21.8.2003, 2 C 14/02, BVerwGE 118, 370, juris Rn. 16; BVerfG, B.v. 24.9.2002, 2 BvR 857/02, NVwZ 2003, 200, juris 10.

705 BVerwG, U.v. 21.8.2003, 2 C 14/02, BVerwGE 118, 370, juris Rn. 16; BVerfG, B.v. 24.9.2002, 2 BvR 857/02, NVwZ 2003, 200, juris 10.

706 BVerfG, B.v. 2.5.1984, 2 BvR 1413/83, BVerfGE 67, 43, juris Rn. 40; für allgemeine Zulässigkeit der Beweiserhebung im Verfahren nach § 123 VwGO: W.-R. Schenke in: Kopp/Schenke, § 123 Rn. 32; Schoch in: Schoch/Schneider, § 123 Rn. 96; Redeker in: Redeker/von Oertzen, § 123 Rn. 33; Schoch, Vorläufiger Rechtsschutz, § 45 E III, S. 1646 f.; Wollenschläger in: Gärditz, § 123 Rn. 140; ebenso Füßer, DÖV 1997, 816/819; a.A. Happ in: Eyermann, § 123 Rn. 56.

707 Siehe C III 4.

beurteilungen anderer Behörden vom zuständigen Beurteiler in dessen Beurteilung eingearbeitet werden müssen und vorgetragen wird, eine sehr gut ausgefallene Zwischenbeurteilung einer Behörde sei nicht mit dem entsprechenden Gewicht in diese dienstliche Beurteilung eingegangen[708]. Hier wird das Gericht auch im Eilverfahren eine mündliche Verhandlung anberaumen und eine Beweiserhebung durch Zeugeneinvernahme durchführen müssen[709].

e) Beachtung des Charakters des Verfahren des vorläufigen Rechtsschutzes

Jedoch muss dem Charakter des Verfahrens des vorläufigen Rechtsschutzes entsprochen werden, ohne den effektiven Rechtsschutz zu verhindern. Denn ansonsten würden die Konturen zwischen Eilverfahren und Hauptsacheverfahren verschwimmen. Das bedeutet nicht, das verfassungsrechtlich gebotene Postulat der umfassenden tatsächlichen und rechtlichen Überprüfung der Bewerberauswahl zu negieren. Diese Kontrolle muss sich aber in die Vorgaben eines Verfahrens des einstweiligen Rechtsschutzes einfügen, mit dem eine Eilbedürftigkeit der Sache grundsätzlich verbunden ist.

Daher ist zu prüfen, wie die gerichtliche Überprüfung von dienstlichen Beurteilungen im Rahmen eines beamtenrechtlichen Konkurrentenstreitverfahrens erfolgen kann, die die verfassungsrechtlich geforderte Prüfungstiefe im Konkurrentenstreitverfahren gewährleistet, dabei andererseits aber dem Charakter des vorläufigen Rechtsschutzverfahrens zu entsprechen, das unter dem grundsätzlichen Gebot der Eilbedürftigkeit steht.

---

708 so etwa VG München, B.v. 23.7.2019, M 5 E 19.1817, juris Rn. 31 ff. – Es erfolgte keine schriftliche Stellungnahme zu dem sehr umfangreichen Vortrag der Antragstellerpartei, eine Zwischenbeurteilung über ¾ des Beurteilungszeitraums sei nicht entsprechend bei der Erstellung der dienstlichen Beurteilung berücksichtigt worden.

709 Vgl. Füßer, DÖV 1997, 816/819.

2. Mitwirkungspflicht: Darlegung von Beurteilungsfehlern

a) Mitwirkungspflicht der Antragstellerpartei

Im Verfahren nach § 123 VwGO ist der Anordnungsanspruch – das Bestehen oder Nichtbestehen der geltend gemachten Rechtsposition – grundsätzlich strikt zu prüfen. Eine lediglich summarische Prüfung von Rechtsfragen reicht hier nicht aus[710]. Wie bereits dargelegt[711], gilt im beamtenrechtlichen Konkurrentenstreitverfahren eine verfassungsrechtlich gebotene Prüfungstiefe wie im Hauptsacheverfahren.

Allerdings ist hier auch die Reichweite der Amtsermittlungspflicht des Gerichts in den Blick zu nehmen. Das Gericht erforscht zwar nach § 86 Abs. 1 Satz 1 VwGO den Sachverhalt von Amts wegen; die Beteiligten sind dabei jedoch heranzuziehen. Aufklärungsmaßnahmen durch das Gericht sind nur dann erforderlich, wenn sich diese nach den Umständen des Einzelfalls aufdrängen. Es besteht daher ohne konkrete Anhaltspunkte keine Verpflichtung für das Gericht, Ermittlungen anzustellen, ob sich ein bislang nicht gesehener Umstand auf die Rechtmäßigkeit des Behördenhandelns auswirken könnte. Insbesondere muss das Gericht nicht aufgrund allgemein geäußerter Zweifel an der Rechtmäßigkeit einer Maßnahme quasi „ungefragt auf Fehlersuche gehen"[712]. Nur offensichtliche Umstände, die klar vorliegen, sind im Rahmen der Amtsermittlungspflicht des Gerichts ohne Weiteres zu berücksichtigen.

Im Rahmen des vorläufigen Rechtsschutzes nach § 123 VwGO gilt der Amtsermittlungsgrundsatz entsprechend. Allerdings ist im Hinblick auf die grundsätzliche Eilbedürftigkeit bzw. Dringlichkeit des geltend gemachten Rechtsschutzes – wie er im Anordnungsgrund zum Ausdruck kommt – zu konstatieren, dass langwierige Ermittlungen diese Eilbedürftigkeit konterkarieren. Der grundsätzlichen Pflicht zur Mitwirkung der Beteiligten, hier namentlich des Antragstellers kommt daher besonderes Gewicht zu[713]. Auch wenn die für das Klageverfahren geltende Vorschrift des § 82

710 Siehe hierzu nur Happ in: Eyermann, § 123 Rn. 48 m.w.N.

711 C I, E II 1 d.

712 Schübel-Pfister in: Eyermann, § 86 Rn. 34; Wimmer in: Gärditz, § 86 Rn. 30; BVerwG, B.v. 4.10.2006, 4 BN 26/06, NVwZ 2007, 223, juris Rn. 7.

713 Happ in: Eyermann, § 123 Rn. 56; Dombert in: Finkelnburg/Dombert/Külpmann, Vorläufiger Rechtsschutz im Verwaltungsstreitverfahren, Rn. 323; zur Mitwirkungspflicht der Beteiligten im Verwaltungsprozess (§ 86 Abs. 1 Satz 1 Halbsatz 2 VwGO): Wimmer in: Gärditz, § 86 Rn. 45 ff.; W.-R. Schenke in: Kopp/Schenke, § 86 Rn. 11 f.

Abs. 1 VwGO im Verfahren nach § 123 VwGO nur dem Charakter des vorläufigen Rechtsschutzverfahrens entsprechend zurückhaltend anzuwenden ist[714], fordert sie doch auch hier die wesentlichen Angaben für das zu sichernde Recht.

Davon zu unterscheiden ist die Glaubhaftmachung einer entscheidungserheblichen Tatsache. Das betrifft den geringeren Grad an richterlicher Überzeugung von deren Vorliegen. Nach §§ 123 Abs. 3 VwGO i.V.m. § 920 Abs. 2 ZPO reicht im Verfahren des Erlasses einer einstweiligen Anordnung aus, dass das Vorliegen entscheidungserheblicher Tatsachen glaubhaft gemacht wird (§ 173 VwGO, § 294 ZPO). Damit reicht eine überwiegende Wahrscheinlichkeit für das Vorliegen einer Tatsache im Verfahren nach § 123 VwGO aus[715], es muss nicht der volle Beweis erbracht werden[716].

b) Konkrete Rügepflicht hinsichtlich der Beurteilung der Antragstellerpartei

Das gilt grundsätzlich auch im beamtenrechtlichen Konkurrentenstreitverfahren. Gerade mit Blick auf die Rüge von Rechtsfehlern hinsichtlich der dienstlichen Beurteilung kommt dem Antragsteller eine besondere Mitwirkungspflicht zu. Es muss vom Antragsteller verlangt werden, dass er dem Gericht schlüssig vorträgt, aus welchen Gründen er seine dienstliche Beurteilung für rechtswidrig hält und entsprechende Tatsachen hierfür gegenüber dem Gericht darlegt[717]. Denn der Antragsteller in einem beamtenrechtlichen Konkurrentenstreitverfahren steht seiner Beurteilung am nächsten. Er hat aus den Akten entnehmen können, welcher Leistungsabstand zum ausgewählten Bewerber besteht. Daraus ergibt sich für ihn die Darlegungspflicht, aus welchen konkreten Gründen er seine dienstliche Beurteilung rechtlich nicht für tragfähig hält. Er steht auch den Verhältnissen an der Dienststelle näher als das Gericht, weshalb dem rügenden Beamten auch die Glaubhaftmachung der seine Rüge tragenden tatsächli-

---

714 Happ in: Eyermann, § 123 Rn. 33.

715 Happ in: Eyermann, § 123 Rn. 51.

716 Kraft in: Eyermann, VwGO, § 108 Rn. 15 ff. – Überzeugungsgewissheit: ohne ernsthaften Zweifel.

717 BayVGH, B.v. 17.3.2015, 3 CE 14.2503, juris Rn. 29; B.v. 28.2.2014, 3 CE 14.32, juris Rn. 26 unter Hinweis auf BVerfG, B.v. 29.7.2003, 2 BvR 311/03, NVwZ 2004, 95, juris Rn. 16; ähnlich: OVG NW, B.v. 5.6.2012, 1 B 368/12, juris Rn. 8.

chen Umstände zuzumuten ist. Für das Gericht sind solche Umstände nicht ersichtlich. Nur bei offensichtlichen Umständen, die ohne Weiteres erkennbar sind, hat das Gericht diese von Amts wegen zu berücksichtigen[718] und es besteht keine Rügepflicht durch die Antragstellerpartei. Dem Gericht bleibt es unbenommen, von Amts wegen im Eilverfahren solche offensichtlichen Umstände zu berücksichtigen, die sich aus den beigezogenen Behördenakten ergeben. Denn die Sachaufklärungsbefugnis des Gerichts besteht auch im Verfahren des einstweiligen Rechtsschutzverfahrens[719].

Dem Antragsteller ist unter Berücksichtigung der Darlegungslast im Verwaltungsprozess aufzugeben, Rechtsmängel schlüssig und konkret geltend zu machen und die hierfür als Beleg dienenden Tatsachen so darzulegen, dass das Gericht von deren überwiegender Wahrscheinlichkeit ausgehen kann. Das entspricht dem Maßstab der Glaubhaftmachung (§ 173 VwGO, § 294 ZPO). Das Gericht seinerseits ist nur verpflichtet, diese konkret geltend und glaubhaft gemachten Umstände bei der inzidenten Überprüfung der dienstlichen Beurteilung zu berücksichtigen. Damit wird dem betroffenen Beamten nichts Unzumutbares auferlegt. Denn insbesondere mit Blick auf den der Behörde zustehenden Beurteilungsspielraum bei der Bewertung der dienstlichen Beurteilung muss dem Antragsteller auferlegt werden, die Umstände sustantiiert geltend zu machen, die nach seiner Ansicht einen Rechtsfehler der Beurteilung ihn betreffend begründen, insbesondere was die Ausübung des Beurteilungsspielraums betrifft. Der Beamte steht diesen Umständen am nächsten. Dabei ist auch zu bedenken, dass der vorläufige Rechtsschutz im Konkurrentenstreitverfahren verfassungsrechtlich geboten eine umfassende tatsächliche und rechtliche Überprüfung der Bewerberauswahl zu leisten hat[720]. Korrespondierend zu diesem Prüfungsumfang muss allerdings auch die Mitwirkungspflicht des um Rechtsschutz suchenden Beamten stehen. Eine umfassende tatsächliche und rechtliche Überprüfung bedingt, dass die Beteiligten – insbesondere die Antragstellerpartei – entsprechend weitreichende Mitwirkungspflichten haben. Soll eine Überprüfung der Bewerberauswahl hinsichtlich Prüfungsumfang und –tiefe dem Hauptsacheverfahren entsprechen, so muss sich auch die Mitwirkungspflicht namentlich des Antragstellers hieran orientieren. Das gilt für die inzidente Überprüfung von dienstlichen Beurteilungen im Stellenbesetzungsverfahren. Der Antragsteller muss die

718 Zum Prüfungsverfahren: Jeremias in: Niehues/Fischer/Jeremias, Rn. 214.
719 VGH BW, B.v. 2.11.2011, 9 S 2217/11, VBlBW 2012, 147, juris Rn. 3.
720 BVerwG, U.v. 4.11.2010, 2 C 16/09, BVerwGE 138, 102, juris Rn. 32.

von ihm für gegeben erachteten Rechtsmängel schlüssig darlegen und die zum Nachweis dienenden Tatsachen glaubhaft machen.

Diese grundsätzliche Pflicht des Antragstellers als Beteiligter im vorläufigen Rechtsschutzverfahren zur Glaubhaftmachung von Rechtsfehlern bei der Auswahlentscheidung und den hierfür ausschlaggebenden Beurteilungen hat auch das Bundesverfassungsgericht angesprochen[721]: Der Antragsteller hat die Fehlerhaftigkeit des Auswahlverfahrens glaubhaft zu machen und die den Anordnungsanspruch begründenden Tatsachen so darzulegen, dass das Gericht von ihrer überwiegenden Wahrscheinlichkeit ausgehen kann[722]. Das steht mit den grundsätzlichen prozessualen Pflichten eines Antragstellers im Rahmen eines Antrags auf vorläufigen Rechtsschutz in Einklang. Wie oben angesprochen besteht für das Gericht eine Veranlassung zur Prüfung im Rahmen der Amtsermittlungspflicht nur dann, wenn entsprechende konkrete Anhaltspunkte für offensichtliche, also keine weitere Ermittlung erfordernden Umstände bestehen, die die Rechtswidrigkeit einer dienstlichen Beurteilung begründen können. Das wird zusätzlich im Konkurrentenstreit nach § 123 VwGO noch unterstrichen, in dessen Rahmen der Antragsteller glaubhaft machen muss, dass die Auswahl nicht nur rechtswidrig ist, sondern seine Auswahl in einem erneuten Verfahren möglich erscheint[723].

Der Beamte muss also von ihm gesehene angebliche Rechtsmängel seiner dienstlichen Beurteilung konkret rügen und die belegenden Tatsachen glaubhaft machen. Der Antragsteller, der seine dienstliche Beurteilung im Rahmen eines Verfahrens des vorläufigen Rechtsschutzes bei einem Konkurrentenstreitverfahren rügt, muss konkret darlegen, aus welchem Grund die Beurteilung fehlerhaft ist und warum dieser Mangel auf das Ergebnis der Auswahlentscheidung durchschlägt. In der Rechtsprechung[724] wird diese Argumentation ohne nähere Begründung praktiziert. Es ist mit Blick auf die Amtsermittlungspflicht des Gerichts einerseits und die Mitwirkungspflicht des Antragstellers andererseits in erster Linie Sache des Beamten, Rechtsmängel schlüssig und konkret geltend zu machen, hält er solche für gegeben. Erst dann hat der Dienstherr die Pflicht, die Beurteilung zu plausibilisieren[725]. Das entspricht der Mitwirkungspflicht

---

721 BVerfG, B.v. 29.7.2003, 2 BvR 311/03, NVwZ 2004, 95, juris Rn. 16.

722 BVerfG, B.v. 29.7.2003, 2 BvR 311/03, NVwZ 2004, 95, juris Rn. 16.

723 BVerfG, B.v. 24.9.2002, 2 BvR 857/02, NVwZ 2003, 200, juris 13; B.v. 2.10.2007, 2 BvR 2457/04, ZBR 2008, 164, juris Rn. 21.

724 BayVGH, B.v. 17.3.2015, 3 CE 14.2503, juris Rn. 29; OVG NW, B.v. 5.6.2012, 1 B 368/12, juris Rn. 8 – dort aber auf die spezifische Situation bezogen.

725 BayVGH, B.v. 18.4.2018, 3 CE 18.618, IÖD 2018, 134, juris Rn. 5.

im Verfahren des vorläufigen Rechtsschutzes nach § 123 VwGO. Insbesondere wird dem Beamten damit nicht abverlangt, seine Beurteilung quasi „ins Blaue hinein“ angreifen zu müssen. Er steht seiner dienstlichen Beurteilung am nächsten, ihm ist daher aufzuerlegen, konkrete Rechtsmängel zu rügen.

Andererseits findet die Mitwirkungspflicht des Antragstellers dort ihre Grenzen, wo die Umstände außerhalb der Sphäre des Beamten liegen. Die Anforderungen an die Glaubhaftmachung dürfen insoweit nicht überspannt werden[726]. Das ist etwa bei Einzelheiten des Beurteilungsverfahrens der Fall oder der allgemeinen Anwendung des Beurteilungsmaßstabs[727]. Das muss aber auch gelten, wenn der Beamte die Beurteilung seiner Leistung auf ihn bezogen rügt, etwa warum sich eine Verschlechterung oder ein gleichbleibendes Prädikat ergeben hat. Insbesondere wenn es um das Erreichen von Spitzennoten bei einer Vielzahl von Bewerbern geht, muss der Dienstherr die rechtskonforme Ausübung seines Beurteilungsspielraums darlegen[728]. Dem Beamten sind hierzu keine näheren Angaben möglich.

Eine solche „Rügeobliegenheit“ für eine substantiierte Einwendung gegen eine Bewertung ist im Prüfungsrecht[729] anerkannt. Auch dort geht es bei der Bewertung einer Prüfungsleistung darum, ob die Prüfer ihren Bewertungsspielraum in rechtlich relevanter Weise verletzt haben[730]. Diese Grundsätze können auf die vorliegende Konstellation der (Inzident-)Kontrolle dienstlicher Beurteilungen übertragen werden. Denn es geht auch hier um die Überprüfung einer Bewertung, die von dem Betroffenen in Zweifel gezogen und einer gerichtlichen Kontrolle unterzogen wird. Der Beamte steht wie der Prüfungskandidat dem Sachverhalt am nächsten.

Erst wenn diese Mitwirkungspflicht erfüllt ist, muss das Gericht den geltend gemachten Fehlern der dienstlichen Beurteilung nachgehen. Zunächst wird sich das Gericht – auch um dem Charakter des vorläufigen Rechtsschutzverfahrens als Eilverfahren gerecht zu werden – um eine

---

726 BVerfG, B.v. 4.2.2016, 2 BvR 2223/15, NVwZ 2016, 764, juris Rn. 83 f.; B.v. 1.8.2006, 2 BvR 2364/03, NVwZ 2006, 1401, juris Rn. 17.

727 So: BVerfG, B.v. 29.7.2003, 2 BvR 311/03, NVwZ 2004, 95, juris 17.

728 BVerfG, B.v. 29.7.2003, 2 BvR 311/03, NVwZ 2004, 95, juris Rn. 17; Wollenschläger in: Gärditz, § 123 Rn. 116.

729 BVerwG, U.v. 24.2.1993, 2 CC 35/92, BVerwGE 92, 132, juris Rn. 27; Fischer in: Niehues/Fischer/Jeremias, Rn. 855 ff., 886.

730 BVerwG, U.v. 12.7.1995, 6 C 12.93, BVerwGE 99, 74, juris Rn. 16; BVerfG, B.v. 17.4.1991, 1 BvR 419/81 und 213/83, BVerfGE 84, 34, juris Rn. 55 f.; Fischer in: Niehues/Fischer/Jeremias, Rn. 855 ff.

Aufklärung anhand von schriftlichen Darstellungen des Antragsgegners sowie des Beurteilers bemühen. Können diese Erkenntnismittel nicht die geforderte richterliche Überzeugungsbildung erbringen, so muss auch im Eilverfahren eine Beweisaufnahme erfolgen. Das Verfahren des vorläufigen Rechtsschutzes darf nach Prüfungsmaßstab, -umfang und -tiefe in Bezug auf die Überprüfung der Bewerberauswahl nicht hinter einem Hauptsacheverfahren zurückbleiben[731]. Für die dienstlichen Beurteilungen bedeutet das eine komplette Überprüfung in Bezug auf die konkret und schlüssig gerügten Mängel der Beurteilungen, soweit sich diese auf die Auswahlentscheidung auswirken können.

c) Rügepflicht hinsichtlich der Beurteilung des ausgewählten Bewerbers

Entsprechendes muss auch für die Rüge hinsichtlich der dienstlichen Beurteilung des ausgewählten Beamten gelten. Dem Antragsteller ist grundsätzlich aufzuerlegen, auch hierzu Angaben zu machen, warum er die Beurteilung des Beigeladenen als rechtsfehlerhaft ansieht. Insoweit ist die schlüssige Darlegung konkreter Gründe zu fordern. Denn er steht im Konkurrenzverhältnis zu dem ausgewählten Bewerber und muss aus seiner Sicht darlegen, warum der Beigeladene im Verhältnis zum Antragsteller eine rechtsfehlerhafte (zu gute) Beurteilung erhalten haben soll. Insbesondere wird der um Rechtsschutz suchende Beamte etwa rügen müssen, dass beim ausgewählten Beamten im Gesamtergebnis die nach dem Beurteilungssystem erreichbare Höchstnote vergeben wurde, die plausibel zu machen ist. Entsprechendes gilt für eine deutliche oder gar markante Steigerung des Endprädikats gegenüber vorangegangenen Beurteilungen oder der Vergabe von Spitzennoten in Einzelmerkmalen.

Jedoch muss die Mitwirkungspflicht des Antragstellers hier wesentlich engere Grenzen haben. Dem Antragsteller fehlt grundsätzlich die Kenntnis der näheren Umstände des Zustandekommens der Beurteilung des Beigeladenen. Daher kann ihm in der Regel nicht auferlegt werden, hierzu nähere Angaben zu machen. Denn diese Umstände fallen in die Sphäre des Dienstherrn. Der einzelne Beamte, der sich um einen Dienstposten beworben hat, kann zur Leistung eines anderen Beamten keine weitere Kenntnis haben. Etwas anderes mag nur gelten, wenn im Einzelfall Antragsteller und Beigeladener in derselben Organisationseinheit einer Behörde über längere Zeit zusammen gearbeitet haben und der Antragsteller auf diese

731 BVerwG, U.v. 4.11.2010, 2 C 16/09, BVerwGE 138, 102, juris Rn. 32.

Weise – ausnahmsweise – nähere Kenntnis zu den vom ausgewählten Bewerber erbrachten Leistungen hat. In jedem Fall genügt eine pauschale Rüge nicht, dass die Beurteilung rechtswidrig sei. Der Beamte muss einen konkreten Grund für die Rechtswidrigkeit der dienstlichen Beurteilung angeben und darlegen, warum sich dieser Fehler auf die Auswahlentscheidung auswirken kann[732].

d) Keine „Offensichtlichkeit" der Mängel erforderlich

Dem in der Rechtsprechung ebenfalls vertretenen Ansatz, dass ein Beurteilungsfehler nur dann zum Erfolg des Eilantrags in einem Konkurrentenverfahren führt, wenn dieser Fehler in einer Weise glaubhaft gemacht wird, dass er für das Gericht offensichtlich ist[733], kann nicht gefolgt werden. Eine solche zur Glaubhaftmachung zusätzlich geforderte „Offensichtlichkeit" des Fehlers einer Beurteilung geht über die gesetzlichen Anforderungen an die Glaubhaftmachung hinaus. Dabei ist bereits fraglich, wie im Einzelnen der Begriff der „Offensichtlichkeit" zu verstehen ist. Eine Beschränkung auf offensichtliche Mängel entspricht nicht dem gesetzlichen Maßstab der Glaubhaftmachung (§ 173 VwGO i.V.m. 294 ZPO). Denn die Glaubhaftmachung bedeutet, dass vom Bestehen einer Tatsache mit überwiegender Wahrscheinlichkeit ausgegangen werden kann. Der Maßstab wird überspannt, wenn gefordert wird, dass die Tatsache offensichtlich besteht. Auch ein Verständnis in dem Sinn, dass sich die Offensichtlichkeit nicht auf Tatsachen, sondern auf rechtliche Umstände bezieht, entspricht nicht dem verfassungsrechtlich gebotenen Prüfungsmaßstab im Konkurrentenstreitverfahren. Denn aus Gründen des effektiven Rechtsschutzes ist eine umfassende tatsächliche und rechtliche Überprüfung der Bewerberauswahl verfassungsrechtlich geboten[734]. Eine Beschränkung auf offensichtliche Fehler entspricht dem nicht.

Offensichtliche, ohne weitere Ermittlung offen zutage tretende Mängel sind vielmehr ohne Rügepflicht der Antragstellerpartei vom Gericht von Amts wegen zu berücksichtigen.

---

732 BayVGH, B.v. 28.2.2014, 3 CE 14.32, juris Rn. 28.

733 OVG RhPf, B.v. 2.9.2015, 2 B 10765/15, juris Rn. 31, 73; SächsOVG, B.v. 12.10.2004, 3 BS 174/04, SächsVBl 2005, 23, juris Rn. 2, 8; Wagner, ZBR 2007, 249/255; eine Beschränkung auf offensichtliche Fehler ablehnend: OVG NW, B.v. 20.7.2017, 1 B 1417/16, juris Rn. 8.

734 BVerwG, U.v. 4.11.2010, 2 C 16/09, BVerwGE 138, 102, juris Rn. 32.

3. Verwirkung der Kontrolle von Beurteilungen

Eine mögliche Beschränkung des Überprüfungsprogramms des Gerichts im Rahmen der Kontrolle der dienstlichen Beurteilungen als Auswahlinstrument kann das Rechtsinstitut der Verwirkung darstellen. Die Verwirkung kann allerdings nur gegenüber der dienstlichen Beurteilung des nicht zum Zuge gekommenen Bewerbers in Betracht kommen. Denn gegen die Beurteilung eines anderen Beamten kann ein Beamter selbstständig rechtlich nicht vorgehen.

a) Verwirkung auch bei Inzidentkontrolle

Das Recht auf selbstständige Überprüfung einer dienstlichen Beurteilung mittels Widerspruch und Klage unterliegt – ebenso wie die Überprüfung der Auswahlentscheidung[735] – der Verwirkung[736]. Die Verwirkung ist dabei auch zu beachten, wenn es um eine inzidente Überprüfung einer dienstlichen Beurteilung geht[737]. Das Gericht ist bei Verwirkung des Rechts auf Überprüfung einer dienstlichen Beurteilung nicht verpflichtet, die Rechtmäßigkeit der Beurteilung im Rahmen des Stellenbesetzungsverfahrens zu kontrollieren. Dem ist zuzustimmen, da es widersinnig wäre, eine inzidente Überprüfung einer dienstlichen Beurteilung im Rahmen eines Streits um eine Auswahlentscheidung vorzunehmen, obwohl das Recht auf eine selbstständige gerichtliche Überprüfung in einem eigenen Verfahren verwirkt wäre.

---

735 BVerwG, U.v. 30.8.2018, 2 C 10/17, BVerwGE 163, 36, juris Rn. 19 f.: Der Bewerbungsverfahrensanspruch folgt aus Art. 33 Abs. 2 GG und Art. 19 Abs. 4 GG. Dieser Anspruch beinhaltet das Recht des unterlegenen Bewerbers, dass über seine Bewerbung nur aus sachlichen Gründen unter Beachtung des Leistungsprinzips entschieden wird. Der prozessuale Aspekt berechtigt den unterlegenen Beamten dazu, die Einhaltung des rechtlichen Maßstabs gerichtlich überprüfen zu lassen. Dieses subjektiv-öffentliche Recht unterliegt der Verwirkung.

736 OVG NW, B.v. 31.7.2019, 6 B 714/19, NWVBl 2020, 29, juris Rn. 14; BayVGH, B.v. 25.11.2019, 3 CE 19.1926, DRiZ 2020, 68, juris Rn. 8; B.v. 22.5.2014, 3 ZB 14.284, juris Rn. 7 ff.; VGH BW, B.v. 4.6.2009, 4 S 213/09, NVwZ-RR 2009, 967 juris Rn. 17.

737 OVG SH, B.v. 2.8.2016, 2 MB 16/16, juris Rn. 19.

Verwirkung ist von Amts wegen zu berücksichtigen. Es ist also nicht erforderlich, dass sich der Verpflichtete darauf beruft[738][739].

b) Maßstab der Verwirkung: Jahresfrist und Umstände

Verwirkung tritt dann ein, wenn ein Recht längere Zeit nicht mehr ausgeübt wurde und besondere Umstände vorliegen, die die verspätete Geltendmachung im Hinblick auf das beim Verpflichteten (oder auch Dritten) daraus erwachsene Vertrauen als Verstoß gegen Treu und Glauben erscheinen lassen. Es bedarf also des Verstreichens eines längeren Zeitraums – „Zeitmoment" – sowie, dass der Berechtigte unter Verhältnissen untätig geblieben ist, unter denen vernünftigerweise etwas zur Wahrung (oder Durchsetzung) des Rechts unternommen wird – „Umstandsmoment". Aus der Kombination beider Elemente folgt die Situation, dass der Verpflichtete oder ein Dritter darauf vertrauen darf, dass der Anspruch nicht mehr geltend gemacht wird und sich dessen Durchsetzung vielmehr als Verstoß gegen Treu und Glauben darstellt. Ohne das „Umstandsmoment", das ein entsprechendes Vertrauen auf die Nichtgeltendmachung eines Rechts erwachsen lässt, tritt auch bei sehr langer Dauer der Nichtgeltendmachung eine Verwirkung in der Regel nicht ein[740]. Denn die Verwirkung als Institut, das auf dem Gedanken von Treu und Glauben aufbaut, muss von den gesetzlichen Verjährungsfristen – bei denen es nur auf den Fristablauf ankommt – unterschieden werden. Es bedarf für die Annahme der Verwirkung dreier Voraussetzungen: „Zeitmoment" – Untätigsein des Betroffenen – „Umstandsmoment"[741].

Maßgeblich, ob Verwirkung eingetreten ist, sind die Umstände des Einzelfalls. Dabei ist sowohl das Zeit– wie kumulativ auch das Umstandsmoment zu betrachten[742]. Als Zeitmoment kommt bei der Verwirkung des Rechts auf Überprüfung der Beurteilung die Spanne von einem Jahr in Betracht. Dabei ist zu betonen, dass eine dienstliche Beurteilung für einen Beamten keinen Verwaltungsakt im Sinn von § 35 VwVfG darstellt[743]. Die

738 Grüneberg in: Palandt, BGB, § 242 Rn. 96.

739 Anders bei der Verjährung, die nur auf Einrede im Prozess berücksichtigt wird: Ellenberger in: Palandt, BGB, Überblick vor § 194 BGB Rn. 13.

740 Vgl. zum Ganzen: BVerwG, U.v. 30.8.2018, 2 C 10/17, BVerwGE 163, 36, juris Rn. 21 f.

741 Grüneberg in: Palandt, BGB, § 242 BGB Rn. 93, 94, 95.

742 BVerwG, B.v. 15.1.2020, 2 B 38.19, IÖD 2020, 103, juris Rn. 12.

743 BVerwG, U.v. 13.11.1975, 2 C 16.72, BVerwGE 49, 351, juris Rn. 23 ff.

Widerspruchsfrist (§ 70 Abs. 1 Satz 1 VwGO) bzw. Klagefrist (§ 74 Abs. 1 Satz 1 VwGO) bzw. die Jahresfrist (§ 58 Abs. 2 Satz 1 VwGO) für den Fall des Unterbleibens einer ordnungsgemäßen Rechtsbehelfsbelehrung gilt hier nicht[744][745].

Die Jahresfrist bietet eine zeitliche Orientierung. Das bedeutet, dass ab einem Zeitraum von einem Jahr – mit Blick auf die Jahresfrist des § 58 Abs. 2 Satz 1 VwGO bei fehlender oder unrichtiger Rechtsbehelfsbelehrung eines Verwaltungsakts – nach Eröffnung der dienstlichen Beurteilung eine Verwirkung des Überprüfungsrechts möglich sein kann. Das bedeutet andererseits nicht, dass nach Ablauf eines Jahres automatisch eine Verwirkung eintritt. Das würde das Umstandsmoment unbeachtet lassen. Für die Jahresfrist spricht zum einen, dass sowohl dem Dienstherrn wie auch dem betroffenen Beamten die zentrale Bedeutung der dienstlichen Beurteilungen für Auswahlentscheidungen nach dem Leistungsprinzip bewusst ist. Beide Seiten haben ein erhebliches Interesse daran, dass die Stellenbesetzungsentscheidungen nicht mit Unsicherheiten belastet werden, falls die der Auswahl zugrunde liegenden Entscheidungen noch über einen längeren Zeitraum angegriffen werden können. Zum anderen wird eine Überprüfung der Beurteilung erschwert, je länger der Beurteilungsstichtag zurückliegt. Denn die Erinnerung der beteiligten Vorgesetzten verblasst mit zunehmendem Zeitablauf immer mehr[746]. Schließlich spricht auch ein öffentliches Interesse an der Erhaltung des Rechtsfriedens dafür, ein gerichtliches Überprüfungsrecht nach Ablauf einer längeren Zeitspanne als unzulässig anzusehen[747].

Dabei dient die Jahresfrist als Anhaltspunkt. Es muss ein Umstandsmoment hinzukommen, dass umso weniger ausgeprägt sein muss, je länger der Beamte untätig geblieben ist. So ist etwa das Klagerecht gegen eine dienstliche Beurteilung als verwirkt angesehen worden, wenn ein Beamter 14 Monate nach Eröffnung der Beurteilung hiergegen vorgeht, aber

744 BVerwG, U.v. 13.11.1975, 2 C 16.72, BVerwGE 49, 351, juris Rn. 33.

745 Anders im Soldatenrecht (siehe oben E II 1 a): Dort erwächst eine dienstliche Beurteilung in Bestandskraft, wenn der Soldat nicht unter Beachtung der in § 6 WBO geregelten Frist (frühestens nach Ablauf einer Nacht, längstens innerhalb eines Monats nach Kenntnis) gegen sie Beschwerde erhoben hat, BVerwG, B.v. 23.2.2010, 1 WB36/09, BVerwGE 136, 119, juris Rn. 49 ff. unter Abgrenzung zur dienstlichen Beurteilung im Beamtenrecht.

746 OVG NW, B.v. 31.7.2019, 6 B 714/19, NWVBl 2020, 29, juris Rn. 21; BVerwG, B.v. 4.6.2014, 2 B 108.13, juris Rn. 11.

747 BayVGH, B.v. 12.5.2020, 3 ZB 19.1003, juris Rn. 11 unter Hinweis auf BVerfG, B.v. 26.1.1972, 2 BvR 255/67, BVerfGE 32, 305, juris Rn. 19.

eine unter Verwendung der strittigen Beurteilung negative Besetzungsentscheidung hingenommen hat[748]. Auch ist das Überprüfungsrecht verwirkt, wenn über sieben Jahre nach Zurückweisung von Einwendungen nichts gegen die Beurteilung unternommen wird[749]. Das gilt auch dann, wenn bei einem dreijährigen Beurteilungsturnus eine Klage gegen die zeitnah eröffnete Beurteilung einen Tag vor Ablauf der neuen Beurteilungsperiode erhoben wird. Denn das Vertrauensmoment folgt aus dem fortschreitenden Zeitablauf. Der Dienstherr darf mit dem Verstreichen eines längeren Zeitraums darauf vertrauen, dass der Beamte nicht mehr gegen seine Beurteilung vorgehen wird[750].

Die Ansicht, dass eine Verwirkung erst nach Ablauf der regulären Beurteilungsperiode (in der Regel drei Jahre) angenommen werden kann, überzeugt nicht[751]. Denn sie negiert die besondere Bedeutung der dienstlichen Beurteilung für die Auswahlentscheidung und setzt diese einer unnötigen Unsicherheit aus. Vielmehr ist dem an seinem beruflichen Fortkommen interessierten Beamten – auch mit Blick auf das Beamtenverhältnis als besonderes Dienst- und Treueverhältnis – aufzuerlegen, in zeitlich nicht zu großem Abstand gegen eine ihn aus seiner Sicht belastende Beurteilung vorzugehen.

Andererseits ist zu betonen, dass in die Gesamtbetrachtung auch eingestellt werden muss, ob der von der Verwirkung Begünstigte (der Dienstherr) die Untätigkeit des Anfechtungsberechtigten in unredlicher Weise veranlasst hat bzw. davon ausgehen muss, dass der Berechtigte von dem ihm zustehenden Anspruch keine Kenntnis hat. In diesem Fall besteht keine Schutzwürdigkeit des Vertrauens des durch die Verwirkung Begünstigten[752].

4. Beurteilungsspielraum

Da es sich bei der Ausgestaltung der dienstlichen Beurteilungen um Laufbahnrecht handelt, fällt die konkrete Ausgestaltung für die Beamten des Bundes in dessen Kompetenz, für die dem Landesrecht unterfallenden

---

748 BayVGH, B.v. 22.5.2014, 3 ZB 14.284, juris Rn. 10.

749 BayVGH, B.v. 25.11.2019, 3 CE 19.1926, DRiZ 2020, 68, juris Rn. 8.

750 BayVGH, B.v. 12.5.2020, 3 ZB 19.1003, juris Rn. 10.

751 so: VGH BW, B.v. 4.6.2009, 4 S 213/09, NVwZ-RR 2009, 967 juris Rn. 17; OVG LSA, B.v. 23.1.2014, 1 L 138/13, NVwZ-RR 2014, 481, juris Rn. 11 m.w.N.

752 BVerwG, B.v. 15.1.2020, 2 B 38.19, IÖD 2020, 103, juris Rn. 12; U.v. 30.8.2018, 2 C 10.17, BVerwGE 163, 36, juris Rn. 22.

Beamten in die Kompetenz der Länder[753]. Grundsätzlich werden dabei die dienstlichen Leistungen der Beamten regelmäßig zu bestimmten Stichtagen beurteilt (periodische dienstliche Beurteilung). Es hat sich in jüngster Zeit bei Beamten ein dreijähriger Beurteilungszeitraum für eine periodische dienstliche Beurteilung herausgebildet.

Eine dienstliche Beurteilung ist von den Verwaltungsgerichten nur beschränkt nachprüfbar, da dem Dienstherrn bei der Erstellung einer dienstlichen Beurteilung ein der gerichtlichen Prüfung entzogener Beurteilungsspielraum (entsprechend § 114 Satz 1 VwGO) zukommt. Die Rechtmäßigkeitskontrolle hat sich darauf zu beschränken, ob die Verwaltung den anzuwendenden Begriff oder den gesetzlichen Rahmen, in dem sie sich frei bewegen kann, verkannt hat, ob sie von einem unrichtigen Sachverhalt ausgegangen ist, allgemeingültige Wertmaßstäbe nicht beachtet, sachfremde Erwägungen angestellt oder gegen Verfahrensvorschriften verstoßen hat[754].

Im Rahmen der vorliegenden Untersuchung ist ein detailliertes Eingehen auf mögliche rechtlich relevante Beurteilungsfehler nicht geboten. Für das Thema sind Rechtsfehler einer Beurteilung nur insoweit von Belang, als der wesentliche Inhalt und damit auch die Grenzen des gerichtlichen Überprüfungsrahmens anzusprechen sind. Denn die Gewährung effektiven Rechtsschutzes muss immer auch die materiellen Grenzen der gerichtlichen Überprüfungskompetenz im Blick haben. Daher sind in diesem Rahmen nur die rechtlichen Grenzen des Beurteilungsspielraums relevant.

a) Bedeutung von Beurteilungsrichtlinien

Die Kontrolle einer dienstlichen Beurteilung ist für das Gericht umso weniger aufwändig, je mehr an Regelungen für die Erstellung von dienstlichen Beurteilungen durch den Dienstherrn in Richtlinien vorgegeben ist. Dann ergibt sich das konkrete Prüfprogramm für die Überprüfung der Übereinstimmung einer dienstlichen Beurteilung mit den materiellrechtlichen Vorgaben nicht erst aus einer Herleitung aus dem Leistungs-

---

753 Eck in: Hüllmantel/Eck/Hoffmeyer/Luber/Weißgerber, vor Art. 54 Rn. 1 ff., 11; Bodanowitz in: Schnellenbach/Bodanowitz, Dienstliche Beurteilung, B Rn. 93.

754 Vgl. nur BVerwG, U.v. 9.5.2019, 2 C 1/18, ZBR 2020, 35, juris Rn. 40 mit zahlreichen weiteren Nachweisen; Rennert in: Eyermann, § 114 Rn. 69, 77 ff. mit zahlreichen weiteren Nachweisen.

grundsatz (Art. 33 Abs. 2 GG), sondern aus dessen konkreter Umsetzung in Form von (einfachen) Gesetzen und vor allem Verwaltungsvorschriften.

Hat die Verwaltung aufgrund verwaltungsinterner Regelungen die Bewertung anhand relativ klar umrissener Einzelkriterien und abstrakter Beurteilungsmaßstäbe vorzunehmen, so kann gerade bei größeren Personalkörpern eine einheitliche und transparente Beurteilung erfolgen. So werden etwa nach den allgemein für die Beurteilungen der Beamten des Freistaats Bayern geltenden Richtlinien[755] 16 Punkte als maximal erreichbar vorgegeben, die in fünf Bewertungsstufen untergliedert sind. Diese Bewertungsstufen sind verbal umschrieben. Damit kann der Beurteiler den Erfüllungsgrad der dienstlichen Leistungen zunächst einer Bewertungsstufe nachvollziehbar zuordnen und innerhalb der Bewertungsstufe je nach Leistungstendenz eine konkrete Punktezahl vergeben. Der Katalog der zu bewertenden Einzelkriterien ist in Art. 58 Abs. 3 LlbG vorgegeben. Einzelne Ressorts wie auch Körperschaften können für ihren Geschäftsbereich abweichende Einzelkriterien bestimmen (Art. 58 Abs. 6 Sätze 2 und 3 LlbG). So kann der Beurteiler anhand der zu bewertenden Einzelmerkmale (Beurteilungskriterien) das Prädikat der Beurteilung herleiten. Dabei ist aber zu betonen, dass die vergebene Endpunktzahl nicht dem arithmetischen Mittel der Einzelbewertungen entsprechen muss, da eine dienstliche Beurteilung keine Berechnung, sondern eine wertende Betrachtung darstellt[756]. Andere Beurteilungssysteme sehen statt Punkten verbale Umschreibungen vor[757], manche verbale Umschreibungen in den Beurteilungskriterien und die Vergabe einer Punktzahl im Gesamtergebnis[758].

---

755 Abschnitt 3 (Dienstliche Beurteilung – allgemeine Beurteilungsrichtlinien) der Verwaltungsvorschriften zum Beamtenrecht (VV-BeamtR), Bekanntmachung des Bayerischen Staatsministeriums der Finanzen vom 13.7.2009, FMBl 2009, 190, zuletzt geändert durch Bekanntmachung vom 19.10.2017, FMBl 2017, 510, Abschnitt 3 Nr. 3.2.2.

756 BVerwG, U.v. 27.9.2015, 2 C 27.14, BVerwGE 153, 48, juris Rn. 33.

757 So etwa nach den Richtlinien für die dienstliche Beurteilung und die Leistungsfeststellung der staatlichen Lehrkräfte an den Schulen in Bayern, Bekanntmachung des Bayerischen Staatsministeriums für Unterricht und Kultus vom 7.9.2011, KWMBl 2011, 306, zuletzt geändert durch Bekanntmachung vom 15.7.2015, KWMBl 2015, 121 – sieben Bewertungsstufen. Nr. 8.4.1 der Richtlinien für die dienstliche Beurteilung der Beamtinnen/Beamten und Arbeitnehmerinnen/Arbeitnehmer der Landeshauptstadt München vom 10.12.2018 – fünf Bewertungsstufen.

758 Nr. 4 der Bekanntmachung über die Beurteilung der Richter und Richterinnen sowie der Staatsanwälte und Staatsanwältinnen, Gemeinsame Bekanntmachung der Bayerischen Staatsministerien der Justiz, des Innern, für Bau und Verkehr,

Eine gerichtliche Kontrolle wird durch die Strukturierung des Bewertungsinhalts erleichtert. Ohne entsprechende Vorgaben wäre eine transparente und plausible Vergleichsbildung für den Beurteiler stark erschwert. Das gilt auch für die gerichtliche Nachprüfung.

Die Begrenzung der gerichtlichen Kontrolldichte bedingt, dass der dem Dienstherrn eingeräumte Beurteilungsspielraum nicht überprüft wird. Dabei ist zu betonen, dass dem Dienstherrn die Ausübung des Beurteilungsspielraums auch zuzugestehen ist. Sobald bei der gerichtlichen Kontrolle der Bereich des Bewertungsspielraums erreicht ist, hat sich das Gericht strikt zurückzuhalten. Das ist insbesondere vor dem Hintergrund der Inzidentkontrolle dienstlicher Beurteilungen im Rahmen von Konkurrentenstreitverfahren hervorzuheben[759]. Wie oben dargelegt[760], hat der Antragsteller im Verfahren des vorläufigen Rechtsschutzes die von ihm geltend gemachten Fehler der Beurteilungen plausibel und schlüssig vorzutragen und – soweit ihm möglich – entsprechend glaubhaft zu machen.

Bei der gerichtlichen Kontrolle kann geprüft werden, ob die vom Dienstherrn erlassenen Richtlinien über die Erstellung dienstlicher Beurteilungen eingehalten sind und ob sie mit den rechtlichen Vorgaben, speziell denen der für die konkrete Laufbahn geltenden Regelungen über die dienstliche Beurteilung, und mit sonstigen gesetzlichen Vorschriften in Einklang stehen[761]. Dazu müssen aber konkrete Anhaltspunkte bestehen, insbesondere durch entsprechenden Vortrag der Antragstellerpartei.

b) Beurteilungsverfahren

Das gilt insbesondere für das Zustandekommen einer dienstlichen Beurteilung. Gerade wenn der Verwaltung ein gerichtlich nicht überprüfbarer Entscheidungsspielraum (hier Beurteilungsspielraum) zugestanden wird, gewinnt die Einhaltung der Verfahrensregeln, die zu dieser Entscheidung geführt haben, an Bedeutung[762]. Denn das Verfahren muss gewährleisten,

---

der Finanzen, für Landesentwicklung und Heimat sowie für Arbeit, Soziales und Integration vom 26.3.2015, JMBl 2015, 18.

759 vgl. Böhm, DÖV 2000, 990/994 – dort wird auf die Tendenz verwiesen, dass die Kontrolldichte der Verwaltungsgerichte (gerade im internationalen Vergleich) ausgesprochen hoch sei.

760 Siehe E II 2.

761 So wörtlich: BVerwG, U.v. 9.5.2019, 2 C 1/18, ZBR 2020, 35, juris Rn. 40.

762 Rennert in: Eyermann, § 114, Rn. 4; Riese in: Schoch/Schneider, vor § 113 Rn. 23.

dass die abzuwägenden Belange und Interessen ordnungsgemäß ermittelt werden. Hinsichtlich der dienstlichen Beurteilungen ist anzumerken, dass das entsprechende Beurteilungsverfahren in der Regel in den Beurteilungsrichtlinien klar und kleinteilig geregelt wird.

Allerdings ist für den Verstoß gegen Verfahrensvorschriften der Gehalt der Heilungs[763]- und Unbeachtlichkeitsregelungen des Verwaltungsverfahrensrechts zu beachten. Das gilt insbesondere für § 46 VwVfG[764]. Nach dieser Regelung kann die Aufhebung eines Verwaltungsaktes, der nicht nichtig ist, nicht allein deshalb beansprucht werden, weil er unter Verletzung von Vorschriften über das Verfahren, die Form oder die örtliche Zuständigkeit zustande gekommen ist, wenn offensichtlich ist, dass die Verletzung die Entscheidung in der Sache nicht beeinflusst hat. Im Ergebnis erklärt § 46 VwVfG Form- und Verfahrensfehler bei Ermessensentscheidungen für unbeachtlich, wenn die Behörde bei Vermeidung des Form- und Verfahrensfehlers dieselbe Entscheidung getroffen hätte. Es muss der hypothetische Behördenwille ermittelt werden, um feststellen zu können, dass die Behörde bei Vermeidung des Verfahrensfehlers genau dieselbe Entscheidung getroffen hätte[765]. Der Rechtsgedanke des § 46 VwVfG – Heilung und Unbeachtlichkeit eines Verfahrensfehlers, wenn dieser das Ergebnis offensichtlich nicht beeinflusst hat – wird im Verwaltungsrecht auf andere Entscheidungen ausgedehnt, die nicht Verwaltungsakte sind – auch auf dienstliche Beurteilungen, obwohl es sich dabei nicht um eine gebundene Entscheidung handelt, sondern der Verwaltung ein weiter Beurteilungsspielraum eingeräumt wird[766]. Das ist konsequent, da es sich um die Anwendung eines allgemeinen Kausalitätsgedankens handelt, der als Kern in der Vorschrift des § 46 VwVfG steckt: Verfahrensfehler, die sich nicht auf das Ergebnis des Verwaltungsverfahrens auswirken, sollen nicht zu dessen Aufhebung führen. Das wird erweiternd auch bei der

763 Die Regelung des § 45 VwVfG kommt bei dienstlichen Beurteilungen praktisch nicht zur Anwendung, da die in § 45 Abs. 1 VwVfG aufgeführten Verfahrensverstöße beim Verfahren zur Erstellung dienstlicher Beurteilungen keine Bedeutung haben – eine dienstliche Beurteilung stellt keinen Verwaltungsakt dar.

764 Gleichlautend auch §/Art. 46 der Landes-Verwaltungsverfahrensgesetze.

765 Sachs in: Stelkens/Bonk/Sachs, VwVfG, § 46 Rn. 76 ff.

766 OVG NW, B.v. 24.10.2019, 1 B 1051/19, IÖD 2020, 59 (Ls.), juris Rn. 97ff.; B.v. 2.3.2011, 6 B 155/11, juris Rn. 9; BVerwG, U.v. 17.3.2016, NVwZ 2016, 1648, 2 A 4/15, juris Rn. 25; Sachs in: Stelkens/Bonk/Sachs, VwVfG, § 45 Rn. 1 Fußnote 2.

dienstlichen Beurteilung angewendet, da Verfahrensfehler allein nicht zur Aufhebung der Sachentscheidung berechtigen sollen[767].

§ 46 VwVfG ist zunächst eine Vorschrift, die die Behörde begünstigt[768]. Andererseits muss dabei auch gesehen werden, dass die Regelung insoweit einen effektiven Rechtsschutz bewirkt, als dadurch eine Aufhebung des Ergebnisses des Verwaltungsverfahrens vermieden wird, wenn ersichtlich ist, dass ein fehlerfreies Verfahren zu demselben Ergebnis führen würde. Das bedeutet für dienstliche Beurteilungen, dass nicht jeder Fehler im Beurteilungsverfahren zur Aufhebung der Beurteilung mit der Folge einer möglicherweise fehlerhaften Auswahl im Rahmen einer Konkurrenzentscheidung führt.

Eine Anwendung des Gedankens auf andere Fehler als Verfahrensfehler ist daher abzulehnen. Insbesondere die fehlende Begründung einer dienstlichen Beurteilung gehört zu deren materiellen Teil, weshalb hier eine Anwendung dieses Grundgedankens nicht möglich ist[769]. Das Prüfprogramm des Gerichts wird dadurch zunächst nicht entlastet. Denn zusätzlich zur Fehlerhaftigkeit des Verfahrens muss dann noch geprüft werden, ob sich dieser auf das Ergebnis auswirken konnte.

c) Risiken für Beurteilungsfehler

Da dem Dienstherrn ein gerichtlich nicht überprüfbarer Bewertungsspielraum zusteht, muss andererseits sichergestellt sein, dass der Beurteiler den gesamten Beurteilungszeitraum in den Blick genommen hat. Auch das kann ein Beamter rügen. Dazu gehört insbesondere, dass nach den Beurteilungsrichtlinien erforderliche Beiträge unmittelbarer Vorgesetzter über den gesamten Beurteilungszeitraum eingeholt wurden. Ansonsten ist von einem unrichtigen, da unvollständigen Sachverhalt ausgegangen[770]. Sachfremde Erwägungen sind in der Praxis kaum zu beobachten[771][772].

---

767 Sachs in: Stelkens/Bonk/Sachs, VwVfG, § 46 Rn. 4.

768 Sachs in: Stelkens/Bonk/Sachs, VwVfG, § 46 Rn. 2 ff.

769 VG Gelsenkirchen, U.v. 28.1.2020, 12 K 4466/17, juris Rn. 46.

770 Bodanowitz in: Schnellenbach/Bodanowitz, Beamtenrecht, § 11 Rn. 79 f.; Bodanowitz in: Schnellenbach/Bodanowitz, Dienstliche Beurteilung, B Rn. 454 ff.

771 Beispiele bei Bodanowitz in: Schnellenbach/Bodanowitz, Beamtenrecht, § 11 Rn. 85 f.; Bodanowitz in: Schnellenbach/Bodanowitz, Dienstliche Beurteilung, B Rn. 486 f.

772 Zu weitgehend: BVerwG, B.v. 22.11.2012, 2 VR 5.12, BVerwGE 145, 112, juris Rn. 31 wonach ein Abweichen des Notengefüges der Anlassbeurteilungen von

Bei der gerichtlichen Kontrolle darf geprüft werden, ob von allgemeingültigen Wertmaßstäben abgewichen wurde. Das beinhaltet insbesondere die Beachtung eines einheitlichen, abgestuften Beurteilungsmaßstabs. Gerade Spitzennoten (die nach dem jeweiligen Beurteilungssystem erreichbare Höchstnote) müssen vom Dienstherrn in besonderem Maß bedacht und auf Rüge begründet werden, besonders bei einer erheblichen Verbesserung der Beurteilung in kurzer Zeit[773]. Das gilt insbesondere dann, wenn eine große Zahl an Bewerbern mit dem Spitzenprädikat bewertet wird[774]. Das ist auch schon dann der Fall, wenn an einer Behörde im Vergleich zu anderen Verwaltungseinheiten desselben Ressorts ein vergleichsweise hohes Beurteilungsniveau besteht und die beste an dieser Behörde vergebene Bewertung von fast der Hälfte der miteinander zu vergleichenden Bediensteten erreicht wird[775]. Es ist andererseits durchaus möglich, dass sich um einen Beförderungsposten durchweg Mitarbeiter bewerben, die alle ein sehr hohes Leistungsniveau und ein entsprechend hohes Beurteilungsniveau erreichen[776]. Das muss aber begründet werden, insbesondere ist von Seiten des Dienstherrn darzulegen, dass ein einheitlicher Beurteilungsmaßstab bei Leistungsträgern angelegt wurde. Das ist allerdings eine besondere Konstellation[777]. Ebenso muss sich ein Beurteiler ausführlich und plausibel mit dem Umstand auseinandersetzen, dass das Statusamt des beurteilten Beamten und die Bewertung des tatsächlich innegehabten Dienstpostens erheblich auseinanderfallen[778]. Denn es muss die gezeigte Leistung auf dem höheren Anforderungsniveau gesehen und im Vergleich zu den anderen im niedrigeren Statusamt befindlichen Beamten bewertet werden.

Zur Einhaltung eines einheitlichen Beurteilungsmaßstabs sowie zur Beachtung einer vollständigen Tatsachengrundlage gehört auch, dass Beurteilungsbeiträge bei der Ausübung des Beurteilungsspielraums berücksichtigt werden. Diese müssen zur Kenntnis genommen und bedacht werden.

---

dem der Regelbeurteilungen bereits ein Indiz für sachfremde Erwägungen sein soll.

773 OVG RhPf, B.v. 2.7.2014, 10 B 10320/14, NVwZ-RR 2014, 809, juris Rn. 18; Bodanowitz in: Schnellenbach/Bodanowitz, Dienstliche Beurteilung, B Rn. 455a.

774 BVerwG, U.v. 9.5.2019, 2 C 1/18, ZBR 2020, 35, juris Rn. 41; BVerfG, B.v. 29.7.2003, 2 BvR 311/03, NVwZ-2004, 94, juris Rn. 17.

775 BayVGH, B.v. 12.2.2004, 3 CE 04.76, BayVBl 2004, 397, juris Rn. 74 ff.

776 BayVGH, B.v. 24.5.2004, 3 CE 04.817, BayVBl 2004, 664, juris Rn. 18 f.

777 BayVGH, B.v. 28.2.2014, 3 CE 14.32, juris Rn. 28.

778 NdsOVG, B.v. 25.2.2016, 5 ME 217/15, juris Rn. 20; OVG NW, B.v. 18.6.2015, 1 B 384/15, juris Rn. 10 ff.; BayVGH, B.v. 27.10.2015, 6 CE 15.1849 , juris Rn. 15.

Sie sind ebenso wie eigene Beobachtungen des Beurteilers unverzichtbare Grundlage der Beurteilung. Der Beurteiler ist zwar an die Feststellungen und Bewertungen Dritter nicht in der Weise gebunden, dass er diese in der Beurteilung übernehmen müsste. Der Beurteiler kann durchaus zu abweichenden Erkenntnissen gelangen. Das bedingt aber, dass die Beurteilungsbeiträge in die Überlegungen einbezogen und Abweichungen nachvollziehbar begründet werden[779].

Gerade bei Anlassbeurteilungen ist darauf zu achten, dass ein einheitlicher Beurteilungsmaßstab angelegt wird. Das gilt insbesondere für Anlassbeurteilungen, die einen deutlich kürzeren Zeitraum als die Regelbeurteilung umfassen. Ein Leistungssprung bzw. Leistungsabfall ist dabei besonders zu begründen. Auch darf das Notengefüge der Anlassbeurteilungen nicht deutlich von dem der Regelbeurteilungen abweichen[780]. Dabei ist aber der Beurteilungsspielraum nicht zu weit zu beschneiden. Gerade dann, wenn eine Anlassbeurteilung nicht aus der periodischen Beurteilung wegen fehlender Aktualität der Regelbeurteilung fortzuentwickeln ist, sondern wegen mangelnder Vergleichbarkeit der Regelbeurteilungen der Bewerber sowie der Pflicht zur Erstellung solcher Beurteilungen nach den einschlägigen Richtlinien erstellt werden muss, ist ein großzügigerer Beurteilungsrahmen zuzugestehen. In einem solchen Fall ist ein Abweichen von der Quotierung einzelner Prädikate der Regelbeurteilung in den Anlassbeurteilungen rechtlich nicht zu beanstanden[781]. Denn in einem solchen Fall stehen die Anlassbeurteilungen nicht in der Folge der Regelbeurteilungen, sondern neben diesen. Im Übrigen ist auch zu berücksichtigen, ob sich das Ergebnis der Anlassbeurteilung überhaupt negativ auf den Rechtsschutz suchenden Beamten auswirkt. Gerade dann, wenn die Anlassbeurteilung des Antragstellers günstiger ausgefallen ist als die Regelbeurteilung, kann der um Rechtsschutz in einem Besetzungsstreit nachsuchende Beamte (selbst bei einer Nichtbeachtung des Fortentwicklungsgebots) keine Beschwer daraus ableiten[782].

---

779 BVerwG, U.v. 27.11.2014, 2 A 10/13, BVerwGE 150, 359, juris Rn. 24 mit weiteren Nachweisen; OVG NW B.v. 27.8.2015, 6 B 649/15, NVwZ 2016, 332, juris Rn. 10 f.; BayVGH, B.v. 1.12.2015, 3 CE 15.1947, juris Rn. 31.

780 BVerwG, B.v. 22.11.2012, 2 VR 5.12, BVerwGE 145, 112, juris Rn. 30 f.

781 BayVGH, B.v. 17.8.2017, 3 CE 17.815, juris Rn. 44 Zwischenbeurteilung um zwei Punkte besser als Regelbeurteilung.

782 BayVGH, B.v. 17.8.2017, 3 CE 17.815, juris Rn. 44.

d) Quotenvorgaben

Bei der Erörterung der rechtlichen Reichweite des Beurteilungsspielraums ist auch auf eine Quotenvorgabe des Dienstherrn für die Vergabe von Beurteilungsprädikaten einzugehen. Die Festlegung von sogenannten Beurteilungsrichtwerten ist grundsätzlich zulässig. Dieses Mittel dient als Orientierungs-, Steuerungs- und Kontrollinstrument dem Beurteiler dazu, auszudrücken, in welchem Maß der beurteilte Beamte den Anforderungen gerecht wird oder diese übertrifft[783]. Dabei ist es aber erforderlich, dass die Vorgabe den Beurteiler nicht zwingt, ein von diesem für leistungsgerecht gehaltenes Prädikat nicht vergeben zu können, da es im Einzelfall die Quote übersteigt[784]. Insoweit muss die Richtwertvorgabe für den Einzelfall offen sein. Eine Richtwertvorgabe bedingt eine hinreichende Gruppengröße an Beamten, die dem Vergleich anhand der Quotenvorgabe unterliegen. Es müssen genügend Personen vorhanden sein, in denen die unterschiedlichen Leistungs- und Eignungsstufen repräsentiert sein können. Ansonsten wäre das Ergebnis verzerrt. Um das zu gewährleisten, dürfte sich nach Auffassung der jüngeren Rechtsprechung eine Zahl von etwa 20 bis 25 Personen in einer Vergleichsgruppe am unteren Rand der noch akzeptablen Gruppengröße bewegen[785]. Allerdings ist eine konkrete Mindestzahl von Beamten für die Zulässigkeit von Richtwertvorgaben davon abhängig, wie die Vorgabe ausgestaltet ist. Denn je kleinteiliger die einzelnen Anteilvorgaben sind, desto größer muss die Mindestgruppengröße sein, um Verzerrungen zu vermeiden[786]. Auch wenn ein Beurteilungsergebnis aus einem Ressortbereich, die einer Quotierung unterliegt, mit einer Beurteilung aus demselben Ressortbereich, die keiner Quotierung unterliegt, verglichen wird, folgt daraus keine rechtlich relevante Verletzung des Beurtei-

783 grundsätzlich zur Zulässigkeit von Richtwerten: BayVerfGH, B.v. 4.7.2005, Vf. 85-VI-02; VerfGHE 58, 161, juris Rn. 22 f.; vgl. auch Bodanowitz in: Schnellenbach/Bodanowitz, Dienstliche Beurteilung, B Rn. 403 ff.

784 BVerwG, U.v. 24.11.2005, 2 C 34/04, BVerwGE 124, 356, juris Rn. 13; U.v. 13.11.1997, 2 A 1/97, DVBl 1998, 638, juris Rn. 15 f.; Bodanowitz in Schnellenbach/Bodanowitz, Beamtenrecht, § 11, Rn. 50 ff.

785 BayVGH, U.v. 17.12.2015, 3 BV 13.773, RiA 2016, 280, juris Rn. 21; BVerwG, B.v. 25.10.2011, 1 WB 51/10, BVerwGE 141, 113, juris Rn. 44; B.v. 26.5.2009, 1 WB 48/07, BVerwGE 134, 59, juris Rn. 59; OVG NW, B.v. 30.10.2012, 1 A 1684/10, juris Rn. 13; vgl. auch Bodanowitz in: Schnellenbach/Bodanowitz, Dienstliche Beurteilung, B Rn. 414, Fußnote 170a: Tunlichst sollte eine Größe von 25 Personen nicht unterschritten werden; VG München, U.v. 26.2.2013, M 5 K 11.6064, juris Rn. 20.

786 BVerwG, B.v. 7.3.2017, 2 B 25/16, juris Rn. 9 f.

lungsspielraums für die Auswahlentscheidung. Denn eine Quotenvorgabe dient bei größeren Personalkörpern der Steuerung des Gesamtgefüges der Beurteilungsergebnisse[787]. Das Ergebnis ohne Quotierung wird dadurch nicht entwertet.[788]

Für das gerichtliche Prüfprogramm stellt eine Quotenregelung bei einem entsprechend großen Personalkörper keine zusätzliche Erschwerung dar. Bei kleineren Personalkörpern können Streitigkeiten darüber entstehen, ob eine Quotenvorgabe zulässig ist.

e) Plausibilisierung – Begründung

Die Einräumung eines Beurteilungsspielraums bedeutet, dass der Beurteiler bei der Bewertung, in welcher Weise er die einzelnen Leistungskriterien als erfüllt ansieht, wie auch, mit welchem Gewicht er die einzelnen Leistungskriterien in der Gesamtschau zur Ermittlung des Gesamturteils versieht, innerhalb des ihm zustehenden Spielraums frei ist. Der Bewertungsspielraum wird begrenzt durch die verbindlichen Vorgaben des Dienstherrn in Form von Beurteilungsrichtlinien, andererseits durch den Gleichheitsgrundsatz (Art. 3 Abs. 1 GG). Denn insbesondere die Gewichtung der Einzelmerkmale muss bei allen zum Vergleich anstehenden Beamten innerhalb der Vergleichsgruppe dieselbe sein. Das muss der Beurteiler[789] plausibel machen, wenn die Plausibilität vom Antragsteller im Stellenbesetzungsverfahren substantiiert gerügt wird. Der Beurteiler muss darlegen, welche Umstände der konkreten Bewertung zugrunde liegen. Die gerichtliche Überprüfung darf aber an die Plausibilisierung durch den Beurteiler keine überzogenen Anforderungen stellen. Das würde den Beurteilungsspielraum missachten. In der nahezu unübersehbaren Rechtsprechung hierzu können Einzelfälle für eine tendenziell zu weitgehende Prüfung des Beurteilungsspielraums[790] wie auch eine eher zu zurückhaltende Prüfung[791] angeführt werden. Generell ist darauf hinzuweisen, dass sich

787 Peters/Lösch/Grunewald, ZBR 2009, 1/6.

788 VG München, B.v. 28.1.2014, M 5 E 13.4235, juris Rn. 24 f.

789 und auch andere am Zustandekommen der Beurteilung beteiligte Vorgesetzte des Beurteilten.

790 BayVGH, B.v. 1.12.1995, 3 CE 15.1947, juris Rn. 32 – schriftliche Angabe des Beurteilers über die Einbeziehung eines Beurteilungsbeitrags sei ein reines „Lippenbekenntnis".

791 BayVGH, B.v. 18.4.2018, 3 CE 18.618, juris Rn. 3 ff. – keine Bedenken gegenüber einer Verschlechterung im Gesamtergebnis zunächst um sechs Punkte und

die Gerichte gerade mit Blick auf eine effiziente Kontrolle der Auswahlentscheidung bei einer Prüfung des Beurteilungsspielraums eher eine gewisse Zurückhaltung auferlegen sollten[792]. Das widerspricht nicht dem Gebot eines effektiven Rechtsschutzes. Vielmehr respektiert das den Gehalt des Beurteilungsspielraums und dessen nur eingeschränkte Überprüfung durch die Gerichte[793].

Von der Plausibilsierung zu unterscheiden ist die neuerdings geforderte Begründung des Gesamturteils einer dienstlichen Beurteilung[794]. Dieses Erfordernis einer eingehenderen Begründung führt nur zu einer praxisfernen Scheintransparenz. Denn die Begründung kann sehr knapp sein – wie das Bundesverwaltungsgericht selbst ausführt. Je einheitlicher das Leistungsbild in den Einzelmerkmalen ist, desto geringer kann die Begründung des Gesamturteils ausfallen, u.U. sogar ganz, falls sich nur ein Gesamturteil quasi aufdrängt[795]. Denn dem Beamten wird im Rahmen der Eröffnung der dienstlichen Beurteilung diese Information in der Regel gegeben. Häufig sehen die Beurteilungsrichtlinien eine solche Begründung bereits vor[796]. Im Übrigen hat der beurteilte Beamte die Möglichkeit, die Plausibilisierung der dienstlichen Beurteilung formal, u.U. in einem Rechtsbehelfsverfahren, oder informell zu verlangen. Eine Plausibilisierung geht wesentlich weiter als die Begründung des Gesamtergebnisses. Diese Begründungspflicht dient weder den Interessen des Beamten noch denen des Dienstherrn. Die Forderung nach einer Begründung belastet zwar das Prüfprogramm des Gerichts kaum. Das nährt aber bei in einem Auswahlverfahren unterlegenen – und enttäuschten – Bewerbern die (häufig unberechtigte) Hoffnung auf eine Wiederholung des Verfahrens und Korrektur des Ergebnisses.

---

nach Aufhebung der Beurteilung Verschlechterung lediglich um drei Punkte (bei maximal erreichbaren 16 Punkten).

792 vgl. Böhm, DÖV 2000, 990/994.

793 BVerfG, B.v. 11.5.2011, 2 BvR 764/11, NVwZ 2011, 1191, juris Rn. 10.

794 BVerwG, U.v. 17.9.2015, 2 C 27.14, BVerwGE 153, 48, juris Rn. 30 ff.

795 BVerwG, U.v. 17.9.2015, 2 C 27.14, BVerwGE 153, 48, juris Rn. 36 f.; BayVGH, B.v. 26.4.2019, 3 ZB 17.463, juris Rn. 8.

796 Vgl. etwa Abschnitt 3 Nr. 7 der Verwaltungsvorschriften zum Beamtenrecht (VV-BeamtR), Bekanntmachung des Bayerischen Staatsministeriums der Finanzen vom 13.7.2009, FMBl 2009, 190, zuletzt geändert durch Bekanntmachung vom 19.10.2017, FMBl 2017, 510.

5. Anlassbeurteilungen

Der Dienstherr verfügt bei der normativen Ausgestaltung des Beurteilungswesens über einen großen Gestaltungsspielraum. Er kann daher auch anlassbezogene Beurteilungen einführen. Solche Anlässe sind dann gegeben, wenn eine periodische dienstliche Beurteilung für eine Auswahlentscheidung nicht mehr aussagekräftig ist. Das ist etwa der Fall, wenn eine aktuelle periodische Beurteilung nicht vorliegt, weil der Beamte aufgrund besonderer Regelungen in den Beurteilungsrichtlinien nicht mehr der Regelbeurteilung unterliegt (z.B. aufgrund Alter, Statusamt) oder die letzte periodische Beurteilung in einem anderen Statusamt als dem derzeit innegehabten erfolgt ist. Oder der Beamte hat seit dem Stichtag der letzten periodischen Beurteilungen wesentlich andere Aufgaben über einen erheblichen Zeitraum wahrgenommen. Aber auch eine relevante Leistungsänderung, die dazu führt, dass die letzte periodische Beurteilung den aktuellen Leistungsstand nicht abbildet, kann einen Anlass darstellen[797].

Die sogenannten Anlassbeurteilungen stehen in ihrer Aussagekraft den periodischen Beurteilungen gleich[798]. Dieses Instrument ist allerdings nicht unproblematisch, da es die Ämterpatronage erleichtert[799]. Denn es birgt die Gefahr, dass dem Bewerber, für den eine Anlassbeurteilung erstellt wurde, eine deutliche Leistungssteigerung attestiert wird. Zum einen kann es sein, dass eine Anlassbeurteilung für einen Bewerber erstellt wird, für einen anderen nicht. Zum anderen unterfallen periodische dienstliche Beurteilungen häufig einer Quotenregelung hinsichtlich des höchstzulässigen Anteils von bestimmten Beurteilungsprädikaten. Bei Anlassbeurteilungen ist das nicht der Fall[800]. Die Heranziehung von periodischer Beurteilung wie Anlassbeurteilung widerspricht nicht dem Gleichheitsgrundsatz (Art. 3 Abs. 1 GG), wenn besonders darauf geachtet wird, dass bei Anlassbeurteilungen der gleiche Maßstab angelegt wird wie bei periodischen Beurteilungen[801]. Hierfür wurde auch der Grundsatz entwickelt, dass eine Anlassbeurteilung, die einen deutlich kürzeren Zeitraum als die Regelbe-

797 BVerwG, U.v. 9.5.2019, 2 C 1/18, ZBR 2020, 35, juris Rn. 42.
798 BVerwG, U.v. 9.5.2019, 2 C 1/18, ZBR 2020, 35, juris Rn. 39 ff.
799 vgl. nur BayVGH, B.v. 17.8.2017, 3 CE 17.815, juris Rn. 42.
800 So etwa die Konstellation bei BayVGH, B.v. 17.8.2017, 3 CE 17.815, juris Rn. 17: Periodische dienstliche Beurteilung für die Antragstellerin 12 Punkte, unmittelbar anknüpfende Anlassbeurteilung 14 Punkte in einem Beurteilungssystem von maximal 16 erreichbaren Punkten.
801 vgl. zum mit Art. 3 Abs. 1 GG inhaltsgleichen Art. 118 Abs. 1 BV: BayVerfGH, E.v. 4.7.2005, Vf.85-VI-02, ZBR 2006, 46, juris Rn. 20.

urteilung umfasst, aus der letzten Regelbeurteilung entwickelt werden und diese fortentwickeln muss. Deren Schwerpunkt liegt darin festzustellen, inwieweit bei einzelnen Leistungskriterien Veränderungen zu verzeichnen sind. Das ist besonders zu begründen[802][803].

Konkret stellt sich häufig die Frage, ob eine Anlassbeurteilung für einen Beamten für eine Auswahlentscheidung erstellt werden muss oder ob auf eine vorhandene periodische dienstliche Beurteilung zurückgegriffen werden kann. Danach schließt sich die Frage an, ob aus der Pflicht zur Erstellung einer Anlassbeurteilung für einen Bewerber bereits eine Pflicht zur Erstellung von Anlassbeurteilungen für alle anderen Bewerber folgt. Dabei sind zunächst die Bestimmungen in den einschlägigen Regelungen (insbesondere den Beurteilungsrichtlinien) maßgeblich. Die Kontrolle einer dienstlichen Beurteilung ist für das Gericht umso weniger aufwändig, je mehr an Regelungen für die Erstellung von dienstlichen Beurteilungen durch den Dienstherrn in Richtlinien vorgegeben ist. Wenn der Dienstherr Richtlinien über die Erstellung dienstlicher Beurteilungen erlassen hat, kann das Gericht nur prüfen, ob die Richtlinien eingehalten sind und ob sie mit den rechtlichen Vorgaben, speziell denen der Laufbahnverordnung über die dienstliche Beurteilung, und mit sonstigen gesetzlichen Vorschriften in Einklang stehen[804]. Das gilt auch für die Frage der Erforderlichkeit einer Anlassbeurteilung.

a) Erforderlichkeit einer Anlassbeurteilung

Dem Dienstherrn ist es unbenommen, im Rahmen seiner Organisationshoheit Anlässe für die Erstellung einer Anlassbeurteilung in einem weiteren Umfang zu bestimmen[805]. Denn ein Beamter kann nichts dagegen einwenden, dass zum Zweck der Geltung des Leistungsprinzips ein aktueller Leistungsvergleich erfolgt[806].

---

802 BVerwG, B.v. 22.11.2012, 2 VR 5.12, BVerwGE 145, 112, juris Rn. 30 f.

803 siehe E II 4 c.

804 So wörtlich: BVerwG, U.v. 9.5.2019, 2 C 1/18, ZBR 2020, 35, juris Rn. 40.

805 vgl. etwa Vgl. etwa Richtlinien für die dienstliche Beurteilung und Leistungsfeststellung der Beamtinnen und Beamten im Geschäftsbereich des Bayerischen Staatsministeriums für Finanzen, Landesentwicklung und Heimat Nr. 10.2 – Anlassbeurteilung für alle Bewerber bei der Vergabe von Stellen als Richter am Finanzgericht (R 2).

806 BVerwG, B.v. 22.11.2012, 2 VR 5.12, BVerwGE 145, 112, juris Rn. 29; BayVGH, B.v. 17.8.2017, 3 CE 17.815, juris Rn. 39 ff.

Tendenziell ist es für einen Bewerber günstiger, wenn für ihn eine Anlassbeurteilung erstellt wird. Denn damit nimmt der Dienstherr die aktuelle Leistungsfähigkeit eines Beamten vergleichend in den Blick. Die Rechtsprechung ist mit der Begründung einer Pflicht zur Erstellung einer Anlassbeurteilung für den Fall, dass keine ausdrücklichen Regelungen zur Erstellung von Anlassbeurteilungen bestehen, zurückhaltend. Die Notwendigkeit von anlassbezogenen Beurteilungen muss mit Blick auf den Bewerbungsverfahrensanspruch (Art. 33 Abs. 2 GG) folgen. Dabei ist aber insbesondere auch der Aspekt einer funktionsfähigen Verwaltung (Art. 83 ff. GG) mit einzubeziehen. Denn die Erstellung von Beurteilungen außerhalb des Regelbeurteilungssystems fordert Verwaltungskapazitäten, die für die Erledigung anderer öffentlicher Aufgaben der Verwaltung fehlen. Die Beurteilungssysteme sind in der Regel so ausgestaltet, dass vom Grundsatz periodische dienstliche Beurteilungen für die Beamten zu erstellen sind[807].

Anlassbeurteilungen stellen demgegenüber die Ausnahme dar, die quasi „konkurrierend" neben den Regelbeurteilungen stehen. Denn bis zum Ablauf des laufenden Beurteilungszeitraums[808] sind die bestehenden Regelbeurteilungen grundsätzlich aktuell[809]. Dabei betont die neuere Rechtsprechung, dass die Regelbeurteilung der Normalfall ist, die Erstellung von Anlassbeurteilungen die Ausnahme darstellt. Würden die Gründe für die Notwendigkeit der Erstellung einer Anlassbeurteilung ausgeweitet, so bestünde die Gefahr, dass das Regelbeurteilungssystem entwertet und ein unverhältnismäßig hoher Verwaltungsaufwand durch eine quasi permanente Beurteilungserstellung entstehen würde[810]. Periodische dienstliche Beurteilungen stellen den Regelfall dar, den die Personalverwaltung nicht unterlaufen sollen. Bestehen für die Bewerber hinreichend aktuelle Regelbeurteilungen, dürfen nicht ohne ausreichenden Grund Anlassbeurteilungen aus Anlass des Besetzungsverfahrens erstellt werden[811].

807 so ausdrücklich: BVerwG, U.v. 9.5.2019, 2 C 1/18, ZBR 2020, 35, juris Rn. 45 ff.

808 Ausnahmsweise kann eine längere Verwendungsdauer geregelt sein: siehe hierzu Art. 56 Abs. 4 Satz 1 LlbG „einheitlicher Verwendungsbeginn" für neu erstellte Beurteilungen (in Kraft getreten mit Wirkung zum 1.1.2013); zuvor noch anders: BayVGH, B.v. 8.3.2010, 3 CE 09.3208, BayVBl 2011, 24, juris Rn. 18.

809 BayVGH, B.v. 5.11.2019, 3 CE 19.1896, juris Rn. 14; B.v. 9.8.2013, 3 CE 13.576, juris Rn. 31; B.v. 14.3.2013, 3 CE 12.2130, juris Rn. 28 f.

810 BVerwG, U.v. 9.5.2019, 2 C 1/18, ZBR 2020, 35, juris Rn. 45 ff.; BayVGH, B.v. 5.11.2019, 3 CE 19.1896, juris Rn. 15.

811 BVerwG, B.v. 2.7.2020, 2 A 6/19, ZBR 2020, 346, juris Rn. 12.

Die Erstellung von Anlassbeurteilungen stellt gegenüber der periodischen Beurteilung einen Ausnahmefall dar, der besondere Gründe bedingt. Wesentliche Änderungen beim Aufgabengebiet eines Beamten aufgrund Umsetzung, Versetzung[812] oder auch eine im Regelbeurteilungszeitraum erfolgte Beförderung[813] erfordern die Erstellung einer Anlassbeurteilung, wenn während des laufenden Beurteilungszeitraums einer periodischen dienstlichen Beurteilung ein Leistungsvergleich durchgeführt werden muss[814]. Das gilt auch bei einer wesentlichen Leistungsänderung[815]; sei es dass eine besondere Leistungssteigerung oder ein besonderer Leistungsabfall[816] zu konstatieren sind[817]. Soweit der Dienstherr die periodische dienstliche Beurteilung für einen Leistungsvergleich verwendet, bringt er damit zum Ausdruck, dass er von der Aktualität dieser Beurteilung ausgeht und keinen Anlass sieht, eine Anlassbeurteilung zu erstellen[818].

Das Bundesverwaltungsgericht hat jüngst die Erforderlichkeit einer Anlassbeurteilung bei einer wesentlichen Änderung der dienstlichen Aufgaben schärfer gefasst: Es muss ein zeitliches Element gegeben sein – die Übernahme der geänderten Aufgaben muss mindestens zwei Drittel des Beurteilungszeitraums umfassen. Weiter muss ein qualitatives Element gegeben sein – die geänderten Aufgaben müssen einem anderen Statusamt zuzuordnen sein[819]. Personalentwicklungsmaßnahmen, also der gezielte Einsatz eines Beamten für Sonderaufgaben oder auf anderen Posten, um die Verwendungsbreite zu erhöhen, fehlt dieses qualitative Element[820]. Das Bundesverwaltungsgericht betont außerdem, dass aus der Notwendigkeit der Erstellung einer Anlassbeurteilung für einen Beamten nicht abgeleitet werden kann, dass damit für den Kreis der übrigen Beamten, für den eine periodische Beurteilung vorliegt, ebenfalls eine Anlassbeurteilung zu erstellen wäre. Ansonsten bestünde die Gefahr der völligen Entwertung

---

812 SächsOVG, B.v. 27.3.2014, 2 B 518/13, juris Rn. 29.

813 BVerwG, U.v. 30.6.2011, 2 C 19.10, BVerwGE 140, 83, juris Rn. 23; OVG NW, B.v. 19.9.2001, 1 B 704/01, NVwZ-RR 2002, 594, juris Rn. 27.

814 Wolff, ZBR 2016, 7/11.

815 BVerwG, U.v. 30.6.2011, 2 C 19.10, BVerwGE 140, 83, juris Rn. 23.

816 OVG NW, B.v. 19.9.2001, 1 B 704/01, NVwZ-RR 2002, 594, juris Rn. 24; VG Augsburg, B.v. 1.12.2014, Au 2 E 14.1532, juris Rn. 32.

817 wobei das nach der Rechtsprechung auf seltene Ausnahmefälle beschränkt sein soll, BayVGH, B.v. 5.11.2019, 3 CE 19.1896, RiA 2020, 34, juris Rn. 15.

818 Vgl. BayVGH, B.v. 14.3.2013, 3 CE 12.2130, juris Rn. 29.

819 BVerwG, U.v. 9.5.2019, 2 C 1/18, ZBR 2020, 35, juris Rn. 49 ff.

820 BVerwG, U.v. 9.5.2019, 2 C 1/18, ZBR 2020, 35, juris Rn. 53.

des Grundsystems der Regelfallbeurteilung[821]. Dem ist grundsätzlich zuzustimmen. Gerade bei großen Personalkörpern bestünde sonst die Gefahr, dass die Personalverwaltung in einen Prozess der ständigen Beurteilungserstellung hineingezogen würde. Die Notwendigkeit zur Erstellung einer Anlassbeurteilung muss daher sehr eingeschränkt gesehen werden.

Es ist grundsätzlich günstiger für einen Bewerber, wenn der Dienstherr für ihn eine Anlassbeurteilung erstellt. Denn gegenüber dem Bewerber, dessen periodische dienstliche Beurteilung als noch aktuelle Vergleichsgrundlage angesehen wird, hat der Bewerber mit Anlassbeurteilung den Vorteil, dass der Dienstherr hier eine dokumentierte eingehende Prüfung der aktuellen Leistungsfähigkeit vorgenommen hat. Diese „Akutalitätsdifferenz“[822] kann dazu führen, dass die Leistung der Konkurrenten nicht gleichmäßig – vor allem nicht vergleichbar zeitnah – bewertet wird. Das gilt gerade mit Blick auf die oben dargestellte Tendenz, dass Anlassbeurteilungen die Ämterpatronage erleichtern und eine geringere Gewähr der Objektivität bieten können. Daher muss besonders darauf geachtet werden, dass für Anlassbeurteilungen der gleiche Maßstab anzuwenden ist wie für Regelbeurteilungen[823].

b) Klarere Konturierung der Erforderlichkeit einer Anlassbeurteilung

Ein sinnvoller Ausgleich der Gewährleistung des Bewerbungsverfahrensanspruchs des Beamten (Art. 33 Abs. 2 GG) – der für die möglichst genaue und einheitliche Feststellung der gezeigten Leistungen, mithin für eine umfassende Pflicht zur Erstellung von Anlassbeurteilungen spricht – gegenüber der objektiv-rechtlichen Gewährleistung eines leistungsstarken öffentlichen Dienstes (Art. 33 Abs. 2 und 5 GG) sowie einer funktionsfähigen Verwaltung (Art. 83 ff. GG)[824] muss schärfer konturiert werden:

Bei Konkurrenzen um Beförderungsämter, die nach Beförderungsranglisten besetzt werden, gewinnen die Aspekte eines leistungsstarken öffentlichen Dienstes (Art. 33 Abs. 2 und 5 GG) sowie einer funktionsfähigen Verwaltung (Art. 83 ff. GG) eine größere Bedeutung gegenüber der Feststellungstiefe hinsichtlich des Bewerbungsverfahrensanspruch des einzelnen Beamten (Art. 33 Abs. 2 GG). Denn bei diesem Auswahlverfahren steht für

821 BVerwG, U.v. 9.5.2019, 2 C 1/18, ZBR 2020, 35, juris Rn. 61 f.
822 so ausdrücklich: OVG NW, U.v. 1.6.2017, 6 A 2335/14, juris Rn. 103.
823 BayVGH, B.v. 17.8.2017, 3 CE 17.815, juris Rn. 42.
824 BVerwG, U.v. 9.5.2019, 2 C 1/18, ZBR 2020, 35, juris Rn. 44.

eine Vielzahl von Beamten eine relativ hohe Zahl von Beförderungsstellen gegenüber. Eine Pflicht zur Erstellung von Anlassbeurteilungen für alle Beamten, wenn auch nur für einen eine Anlassbeurteilung erforderlich ist, würde die Verwaltung stark belasten. Andererseits haben die in der aktuellen Beförderungsrunde nicht zum Zuge gekommenen Beamten die Gelegenheit, bei der nächsten Beförderungsrunde ausgewählt zu werden.

Anders ist das bei individuell zu besetzenden Stellen, insbesondere Funktionsstellen. Hier ist der Kreis der Bewerber überschaubarer, die sich auf eine konkrete Stelle beworben haben. Bei dieser konkreten Betrachtung gewinnt das Gewicht des Bewerbungsverfahrensanspruchs des einzelnen Beamten (Art. 33 Abs. 2 GG) ein höheres Gewicht gegenüber den Aspekten eines leistungsstarken öffentlichen Dienstes (Art. 33 Abs. 2 und 5 GG) sowie einer funktionsfähigen Verwaltung (Art. 83 ff. GG). Bei einer solchen Bewerberauswahl ist es aufgrund des überschaubaren Bewerberkreises zumutbar und mit Blick auf die größtmögliche Vergleichbarkeit der Beurteilungen geboten, für alle Bewerber eine Anlassbeurteilung zu erstellen, wenn für einen Bewerber die Pflicht zur Erstellung einer solchen besteht. Denn bei diesen im Einzelfall zu besetzenden Dienstposten besteht nicht ohne weiteres die Möglichkeit, bei einer weiteren Beförderungsrunde das erstrebte Amt zu erhalten. Mit der Besetzung mit einem anderen Bewerber ist die konkret erstrebte Stelle auf absehbare Zeit besetzt. Der Aspekt der Chancengleichheit der Bewerber ist daher in dieser Konstellation besonders zu berücksichtigen. Daher besitzt der Aspekt des Bewerbungsverfahrensanspruchs hier ein höheres Gewicht[825]. Hierbei ist aber auch zu sehen, dass die Erstellung einer Anlassbeurteilung auch stringent gehalten und nur geringe Verwaltungskapazitäten binden kann. Das gilt gerade für den Fall, dass sich seit dem letzten Stichtag für eine periodische Beurteilung keine wesentlichen Veränderungen im Leistungsbild ergeben haben[826].

---

825 in diese Richtung auch OVG NW, U.v. 1.6.2017, 6 A 2335/14, juris Rn. 89.

826 Mitunter ist eine weitergehende Pflicht zur Erstellung von Anlassbeurteilungen durch entsprechende Richtlinien geregelt: Vgl. etwa Richtlinien für die dienstliche Beurteilung und Leistungsfeststellung der Beamtinnen und Beamten im Geschäftsbereich des Bayerischen Staatsministeriums für Finanzen, Landesentwicklung und Heimat Nr. 10.2 – Anlassbeurteilung für alle Bewerber bei der Vergabe von Stellen als Richter am Finanzgericht (R 2).

c) Beurteilungszeiträume von Anlassbeurteilungen

Problematisch ist die Ansicht, dass die Beurteilungszeiträume von Anlassbeurteilungen völlig losgelöst von den Regelbeurteilungszeiträumen gesehen werden. Zwar gilt der Grundsatz, dass Beurteilungslücken zu vermeiden sind. Der Beurteilungszeitraum einer Anlassbeurteilung kann daher grundsätzlich unmittelbar an den Zeitraum der letzten vorhandenen Beurteilung anknüpfen. Allerdings darf das nicht zu überlangen Beurteilungszeiträumen führen[827]. Jedoch wurde nicht beanstandet, wenn Anlassbeurteilungen in ihren Beurteilungszeiträumen weit auseinanderfallen (etwa Zeiträume zwischen sechs Jahren und zehn Monaten und drei Jahren und neun Monaten[828], jeweils etwa neuneinhalb Jahre[829], zwischen siebeneinhalb und über 12 Jahren[830]). Wenn eine Anlassbeurteilung an eine weit zurückliegende periodische Beurteilung anknüpfen soll, so wird es schwierig, für alle auch lange zurückliegenden Zeiträume Eindrücke mit einzubeziehen. Nachdem für eine Auswahlentscheidung der aktuelle Leistungsstand ausschlaggebend ist, sind Erkenntnisse, die einen länger zurückliegenden Zeitraum betreffen, für die konkrete Entscheidung regelmäßig von geringerem Gewicht. Für die Vergleichbarkeit dienstlicher Beurteilungen ist daher maßgeblich, dass der von ihnen abgedeckte Zeitraum zum gleichen Stichtag oder zumindest nicht zu erheblich auseinander fallenden Stichtagen endet. Weit weniger bedeutsam ist es, dass der jeweils erfasste Beurteilungszeitraum zum gleichen Stichtag beginnt[831]. Daher sollte eine Anlassbeurteilung (oder andere außerordentliche Beurteilung) keinen längeren Zeitraum als die maximale Geltungsdauer einer periodischen Beurteilung im jeweiligen Beurteilungssystem umfassen (maximal zwei Beurteilungsperioden)[832].

Denn der Dienstherr hat mit dem periodischen Beurteilungszeitraum eine Spanne angegeben, die er grundsätzlich für den Leistungsvergleich als relevant angesehen hat[833]. Die neben den periodischen Beurteilungen

---

827 OVG NW, U.v. 16.5.2012, 1 A 499/09, juris Rn. 52 f.; Bodanowitz in: Schnellenbach/Bodanowitz, Dienstliche Beurteilung, B Rn. 352.

828 BayVGH, B.v. 14.8.2015, 3 CE 15.993, juris Rn. 30 f.

829 BayVGH, B.v. 3.2.2015, 3 CE 14.2848, juris Rn. 2 ff, 29.

830 BayVGH, B.v. 29.11.2012, 3 CE 12.2225, juris Rn. 2 f.

831 OVG NW, B.v. 26.11.2018, 6 B 1135/18, juris Rn. 10 f. m.w.N.

832 ohne Begrenzung aber: BayVGH, B.v. 14.8.2015, 3 CE 15.993, juris Rn. 31.

833 Das gilt auch, wenn aus zwingenden Gründen periodische Beurteilungen hinsichtlich Beurteilungszeitraum und Stichtag voneinander abweichen können, vgl. BVerwG, U,v, 9.5.2019, 2 C 1/18, ZBR 2020, 35, juris Rn. 58; U.v. 26.9.2012,

stehenden Anlassbeurteilungen sind in dieses System einzuordnen. Eine erheblich über den periodischen Zeitraum hinausgehende Anlassbeurteilung ist zum einen mit erheblichen Unsicherheiten behaftet, was die Erkenntnisgrundlage hinsichtlich relativ weit zurückliegender Zeiträume umfasst[834]. Das gilt erst recht für die gerichtliche Überprüfung. Zum anderen würde sie sich als eine Art übergeordneter Beurteilung darstellen, da sie über den Regelbeurteilungszeitraum hinausgehende Zeiträume mit umfassen. Anlassbeurteilungen sollten daher maximal den in den einschlägigen Beurteilungsrichtlinien geregelten periodischen Beurteilungszeitraum sowie deren regulären Verwendungszeitraum erfassen.

Das gilt gerade für den Fall, dass die Anlassbeurteilungen nicht zwischen zwei Regelbeurteilungszeiträumen erstellt werden. Das kann insbesondere eintreten, wenn Bewerber etwa aus Alters- oder Statusgründen schon für einen längeren Zeitraum keiner periodischen Beurteilung mehr unterliegen. Das Grundprinzip der Maßgeblichkeit des periodischen Beurteilungszeitraums ist auch hier anzuwenden. Zwar kann das Gebot, dass Anlassbeurteilungen aus den periodischen Beurteilungen zu entwickeln sind, hier nicht Bedeutung erlangen. Denn die periodischen Beurteilungen liegen schon länger zurück. Das bedingt aber nicht, das Grundkonzept des Dienstherrn hinsichtlich der für einen Leistungsvergleich grundsätzlich relevanten Zeitspanne außer Acht zu lassen. Ansonsten ergibt sich die Gefahr, dass diese Anlassbeurteilungen zu „Superbeurteilungen“ werden, die periodischen Beurteilungen nicht nur gleichstehen, sondern wegen des überlangen Beurteilungszeitraums, diese überragen. Das entspricht aber nicht Sinn und Zweck der Anlassbeurteilungen.

Andererseits dürften sich solche überlangen (da den Regelbeurteilungszeitraum überschreitenden) Anlassbeurteilungszeiträume auf die Rechtmäßigkeit der Beurteilung nicht auswirken. Denn entscheidend für den Leistungsvergleich ist – wie oben dargestellt – der Umstand, dass die Beurteilungen zu nicht erheblich auseinanderfallenden Zeitpunkten enden. Ein Hinausgreifen über den Zeitraum einer Regelbeurteilung läuft zwar dem Sinn und Zweck einer an das System der Regelbeurteilungen anknüpfenden Anlassbeurteilung zuwider. Der inhaltliche Leistungsvergleich wird dadurch aber nicht rechtswidrig. Anlassbeurteilungen über einen sehr langen Zeitraum können die gerichtliche Inzidentkontrolle erschweren. Denn es muss herausgestellt werden, dass Anlassbeurteilungen mit einer

---

2 A 2/19, NVwZ-RR 2013, 54, juris Rn. 10 f.; OVG RhPf, B.v. 2.9.2015, 2 B 10765/15, NVwZ-RR 2016, 66 (Ls), juris Rn. 57 f.

834 OVG NW, U.v. 16.5.2012, 1 A 499/09, juris Rn. 54.

überlangen Beurteilungsperiode grundsätzlich mit anderen Beurteilungen mit einer kürzeren Beurteilungsperiode vergleichbar sind[835]. Dabei kommt es für den Leistungsvergleich gerade auf die in jüngerer Zeit gezeigten Leistungen an. Leistungseindrücke aus länger zurückliegenden Zeiträumen sind in der Regel weniger aussagekräftig und fallen entsprechend weniger ins Gewicht[836].

Allein das rechtsfehlerhafte Unterbleiben von dienstlichen Beurteilungen, d.h. eine fehlende Beurteilungskontinuität, macht eine spätere Beurteilung nicht rechtswidrig. Eine Anlassbeurteilung, die auf Zeiträume folgt, für die rechtswidrig dienstliche Beurteilungen unterlassen wurden, kann als rechtmäßige Auswahlgrundlage einer Besetzungsentscheidung herangezogen werden[837].

Liegen Anlassbeurteilungen vor und muss das Gericht auf entsprechende Rüge hin den möglichen Fehlern nachgehen, ergibt sich sowohl hinsichtlich der Notwendigkeit einer Anlassbeurteilung wie auch gerade die bei Anlassbeurteilungen gebotene Kontrolle des Beurteilungsspielraums ein erheblicher Prüf- und Kontrollaufwand für das Gericht. Andererseits sind Anlassbeurteilungen aktuelle dienstliche Leistungsatteste und daher für einen aktuellen Leistungsvergleich ein besonders geeignetes Erkenntnismittel.

Anlassbeurteilungen bedingen daher eine entsprechend aufwändige Überprüfung, wenn entsprechende Fehler geltend gemacht werden. Wegen der Gefahr, dass über Anlassbeurteilungen einem bestimmten Bewerber eine bessere Ausgangsposition verschafft werden und mithin Ämterpatronage ermöglicht werden kann, muss hier u.U. eine relativ genaue gerichtliche Kontrolle erfolgen. Eine effektive Rechtsschutzgewährung bedingt jedoch diesen rechtsstaatlich gebotenen Prüfaufwand.

6. Fazit

Auch wenn es eine erhebliche Ausdehnung des gerichtlichen Prüfprogramms darstellt, ist die Inzidentkontrolle dienstlicher Beurteilungen für die Gewährung effektiven Rechtsschutzes im beamtenrechtlichen Konkurrentenstreitverfahren notwendig.

---

835 Vgl. HessVGH, B.v. 2.10.2014, 1 B 774/14, juris Rn. 23, 27 ff.
836 HessVGH, B.v. 30.4.2012, 1 B 679/12, juris Rn. 3.
837 BayVGH, B.v. 13.9.2019, 3 CE 19.866 juris Rn. 5.

Allerdings ist von der Antragstellerpartei zu fordern, dass angebliche Beurteilungsmängel konkret und schlüssig vorgetragen werden, um eine gerichtliche Prüfpflicht auszulösen.

Bei der gerichtlichen Kontrolle vereinfachen und strukturieren Beurteilungsrichtlinien das Prüfprogramm.

Anlassbeurteilungen besitzen gegenüber periodischen dienstlichen Beurteilungen Ausnahmecharakter. Die Anlässe für deren Erstellung sind zurückhaltend zu bestimmen.

III. Weitere Auswahlmittel

1. Notwendigkeit und Rechtfertigung weiterer Auswahlmethoden

Neben der dienstlichen Beurteilung stehen dem Dienstherrn für die Auswahlentscheidung weitere Auswahlmittel zur Verfügung. Diese müssen auf die Feststellung der dienstlichen Leistungsfähigkeit ausgerichtet sein. Denn rechtlicher Bezugspunkt auch für die Heranziehung dieser Erkenntnismittel ist das Leistungsprinzip (Art. 33 Abs. 2 GG). Eine allgemeine Vorstellung der Person in einem Gespräch reicht hierfür nicht aus. Die angewendeten Verfahren müssen spezifisch der Ermittlung leistungsbezogener Kriterien entsprechen.

Die Einführung weiterer wissenschaftlicher fundierter Auswahlverfahren steht vor dem Hintergrund, dass immer wieder angezweifelt wird, ob die dienstlichen Beurteilungen der Funktion genügen könnten, objektiv die dienstliche Leistungsfähigkeit des einzelnen Beamten im Vergleich mit den übrigen Beamten seiner Laufbahn und Besoldungsgruppe darzustellen[838]. Hinzu komme, dass dienstliche Beurteilungen durch die Fixierung auf die Beurteiler einen Opportunismus in der Zusammenarbeit mit den für die Beurteilung maßgeblichen Personen stärke[839]. Die Personalverwaltungen sahen daher das Bedürfnis nach weiteren Auswahlmethoden, die neben die dienstliche Beurteilung treten. Strukturierte Auswahlverfahren bieten demgegenüber den Vorteil, dass alle Bewerber dort fast zeitgleich von denselben Personen, in der Regel einer Kommission mit mehreren Mitgliedern aus verschiedenen Bereichen, begutachtet werden. Dabei können für das angestrebte Amt erforderliche Fähigkeiten gezielt abgeprüft

838 Grigoleit in Battis, BBG, § 21 Rn. 3; Eckstein, ZBR 2016, 217/219.

839 vgl. nur: Lorse, BayVBl 2020, 325/332; Riecker, ZBR 1997, 180 f. – der Dienstherr beurteile „voluntativ“.

werden. Andererseits liefern diese Auswahlverfahren nur eine Momentaufnahme, die Ergebnisse hängen stark von der „Tagesform“ der Bewerber ab[840].

Als normatives Beispiel[841] ist hier Art. 16 LlbG anzuführen: Dort ist in Art. 16 Abs. 1 Satz 4 LlbG[842] angegeben, dass Grundlagen für die Entscheidung des Dienstherrn über die Vergabe höherwertiger Dienstposten dienstliche Beurteilungen und wissenschaftlich fundierte Auswahlverfahren, wie insbesondere systematisierte Personalauswahlgespräche, struktu-

---

840 OVG Hamburg, B.v. 10.10.2017, 5 Bs 111/17, juris Rn. 70; Conrad in: Weiß/Niedermaier/Summer/Zängl, Beamtenrecht, Art. 16 LlbG Rn. 28.

841 Siehe etwa auch: § 59 Abs. 1 Satz 2 Bremisches Beamtengesetz „Zur Vorbereitung personeller Einzelmaßnahmen können auch andere Instrumente der Bewertung von Eignung und Befähigung neben die dienstlichen Beurteilung treten.“ – § 6 Abs. 4 Satz 1 des Verwaltungsreform-Grundsätze-Gesetzes (VGG) Berlin: „Die Auswahl bei Personalentscheidungen ist unter Zugrundelegung des beruflichen Werdegangs in geeigneten Auswahlverfahren (Auswahlinterviews, strukturierten Auswahlgesprächen oder gruppenbezogenen Auswahlverfahren) zu treffen und schlüssig und nachvollziehbar zu dokumentieren.“ – § 2 Sätze 2 und 3 der Verordnung über die Laufbahnen der Beamtinnen und Beamten im Land Nordrhein-Westfalen (LVO): „Grundlagen für diese Einschätzung können neben aktuellen dienstlichen Beurteilungen ergänzend auch Personalgespräche, strukturierte Interviews, Assessment-Center oder andere wissenschaftlich fundierte Auswahlmethoden sein. Ergänzende Auswahlmethoden kommen insbesondere dann in Betracht, wenn gemessen an den künftigen Aufgaben eine abschließende Entscheidung über Eignung, Leistung und Befähigung auf der Grundlage einer dienstlichen Beurteilung nicht möglich ist.“

842 Diese weiteren Auswahlmittel wurden erstmals in § 8 Abs. 1 Satz 3 LbV normativ verankert. § 8 Abs. 1 Satz 3 LbV 2009 (in Kraft vom 1.4.2009 bis 31.12.2010) lautete: „Grundlagen für diese Einschätzung können neben der dienstlichen Beurteilung auch Personalauswahlgespräche, strukturierte Interviews, Assessment-Center oder andere wissenschaftlich fundierte Auswahlverfahren sein.“; vgl. hierzu BayVGH, B.v. 17.5.2013, 3 CE 12.2469, BayVBl 2014, 88, juris Rn. 45 f. Zweck dieser Regelung war, bewusst die Vorteile weiterer Erkenntnisquellen neben der dienstlichen Beurteilung zu nutzen. Die beispielhafte Aufzählung wolle sich ausdrücklich künftige wissenschaftlich fundierte Entwicklungen zunutze machen; die Entscheidung über die Zuhilfenahme und die Wahl dieser Instrumente obliege dem Dienstherrn, so Eck, RiA 2012, 16/19 f.. Diese Regelung wurde wortgleich in Art. 16 Abs. 1 Satz 3 (in der bis 31.7.2013 gültigen Fassung) übernommen. Mit Wirkung vom 1. August 2013 (§ 4 des Gesetzes zur Änderung des bayerischen PersonalvertretungsG und weiterer Rechtsvorschriften vom 24.7.2013, GVBl 2013, S. 450; vertiefend hierzu: Kathke, RiA 2013, 193/196; Günther, RiA 2014, 101/101 f.) erhielten Art. 16 Abs. 1 LlbG und insbesondere die Sätze 4 und 5 LlbG ihre heutige Fassung. Insgesamt zur Entwicklung des Art. 16 LlbG: Conrad in: Weiß/Niedermaier/Summer/Zängl, Beamtenrecht, Art. 16 LlbG Rn. 1.

rierte Interviews oder Assessment-Center[843] sein können, sofern diese von Auswahlkommissionen durchgeführt werden. In Art. 16 Abs. 1 Satz 5 LlbG ist formuliert, dass der Dienstherr die Gewichtung bestimmt, wenn für eine Auswahlentscheidung dienstliche Beurteilungen sowie weitere verschiedene Auswahlmethoden nach Satz 4 verwandt werden.

Diese besonderen Auswahlverfahren formen das Leistungsprinzip des Art. 33 Abs. 2 GG aus. Deren Einführung als Auswahlmittel bedarf daher keiner gesetzlichen Verankerung[844][845]. Deren Zulässigkeit bedingt allerdings, dass die im Einzelfall gewählte entsprechende Auswahlmethode am Anforderungsprofil orientierte Erkenntnisse über die Eignung der Bewerber ermöglicht und auch nachprüfbar ist. Das betreffende Verfahren muss hinreichend strukturiert sowie wissenschaftlich abgesichert sein, aufgrund seiner formalen und inhaltlichen Gestaltung allen Kandidaten Gelegenheit zur Darstellung ihrer Befähigung und Eignung bieten, hinreichende Vergleichbarkeit der Ergebnisse sicherstellen und jedenfalls in Grundzügen dokumentiert werden[846].

Dem ist zuzustimmen. Auf welche Mittel der Dienstherr seine Auswahl stützt, fällt in erster Linie in sein Organisationsermessen. Einer gesetzlichen Legitimation der Erkenntnisquellen bedarf es nicht. Denn es geht um die Art und Weise der Gewährleistung des Leistungsprinzips. Die Auswahlmethoden betreffen lediglich dessen objektive Komponente. Allein

---

843 Zum Assessment-Centers als Mittel der Eignungsdiagnostik unter Bezugnahme auf DIN Norm 33430 zur Eignungsdiagnostik: Schnellenbach, Konkurrenzen im öffentlichen Dienst, Anhang 2 Rn. 169 ff.; Günther, RiA 2014, 101/106 f.

844 OVG Hamburg, B.v. 10.10.2017, 5 Bs 111/17, juris Rn. 71; OVG NW, U.v. 21.6.2012, 6 A 1991/11, DÖD 2012, 228, juris Rn. 76 ff; BVerfG, B.v. 11.5.2011, 2 BvR 764/11, NVwZ 2011, 1191, juris Rn. 12.

845 Anders ist das jedoch, wenn es um die Einstellung und damit die Zulassung zu einem Beruf geht, da ein Eingriff in Art. 12 Abs. 1 GG nur auf gesetzlicher Grundlage erfolgen darf, BVerfG, B.v. 18.6.1981, BvR 787/80, BVerfGE 73, 280, juris Rn. 36 ff.; BayVGH, B.v. 17.6.2020, 7 ZB 10.375, juris Rn. 18 ff.: Für die Ablehnung einer Einstellung ausschließlich aufgrund des Eindrucks eines strukturierten Auswahlgesprächs, ist eine normative Grundlage erforderlich, wenn für die Einstellung eine schriftliche Prüfung und die Berücksichtigung der schulischen Leistungen für die Auswahl gesetzlich vorgegeben sind; vgl. auch Baßlsperger, ZBR 2012, 397/402.

846 So allgemein: OVG NW, U.v. 21.6.2012, 6 A 1991/11, DÖD 2012, 228, juris Rn. 89; OVG Hamburg, B.v. 10.10.2017, 5 Bs 111/17, juris Rn. 95; OVG Berlin-Brandenburg, Beschl. v. 27.1.2012, 6 S 50.11, juris; OVG NW, B. v. 3.8.2017, 6 B 831/17, juris Rn. 10 ff.; B. v. 13.5.2004, 1 B 300/04, NVwZ-RR 2004, 771, juris Rn. 17; NdsOVG, B. v. 18.8.2011, 5 ME 212/11, juris Rn. 9; Conrad in: Weiß/Niedermaier/Summer/Zängl, Beamtenrecht, Art. 16 LlbG Rn. 19.

durch die Zulassung weiterer Auswahlmethoden erfolgt keine Rechtsbeeinträchtigung eines Bewerbers. Soweit weitere Methoden zur Auswahl genutzt werden, müssen diese gleichmäßig bei allen Bewerbern angewendet werden, transparent und objektiv nachprüfbar sein. Wenn ein Dienstherr in seinen Auswahlrichtlinien weitere Auswahlmittel ausdrücklich benannt hat, so ist er im Auswahlverfahren an die Vorgabe in seinen Richtlinien gebunden. Aber auch in dem Fall, in dem in den einschlägigen Richtlinien die Anwendung besonderer Auswahlmittel nicht vorgegeben ist[847], darf sich der Dienstherr während des laufenden Auswahlverfahrens zur Anwendung weiterer Auswahlmethoden entschließen, soweit er diese transparent macht und gleichmäßig gegenüber allen Bewerbern anwendet.

Problematisch ist das Gewicht, das solchen weiteren Auswahlmethoden neben der dienstlichen Beurteilung beigemessen werden darf. Denn die dienstliche Beurteilung nimmt die Leistung des Beamten über den gesamten Zeitraum des Beurteilungszeitraums in den Blick. Auswahlgespräche und andere wissenschaftlich fundierte Auswahlmethoden stellen demgegenüber nur eine situative Leistungsbewertung dar. Daher sind für einen Leistungsvergleich in erster Linie die dienstlichen Beurteilungen der konkurrierenden Bewerber heranzuziehen[848]. Dem Dienstherrn steht ein Beurteilungsspielraum zu, ob er weitere Erkenntnismittel neben der dienstlichen Beurteilung als Ergänzung im Auswahlverfahren für einen Leistungsvergleich heranzieht, ebenso für deren Gewichtung neben der dienstlichen Beurteilung[849].

2. Kontrolle der weiteren Auswahlmethoden

Werden weitere Auswahlmethoden für einen Leistungsvergleich angewendet, so müssen die dabei gewonnen Erkenntnisse hinreichend nachvollziehbar dokumentiert und gerichtlich überprüfbar sein. Denn nur ent-

847 Siehe hierzu etwa die Richtlinien über die Bestellung auf Dienstposten der Bayerischen Polizei (Bestellungsrichtlinien – RBestPol) vom 26. Oktober 2018. Diese Richtlinien regeln in Nrn 3.2 und 3.3 sehr differenziert den vorzunehmenden Leistungsvergleich anhand der dienstlichen Beurteilungen. Die in Art. 16 Abs. 1 Satz 4 LlbG genannten weiteren Erkenntnismittel für einen Leistungsvergleich sind dort jedoch nicht angesprochen.

848 BayVGH, B.v. 17.5.2013, 3 CE 12.2469, BayVBl 2014, 88, juris Rn. 31 ff.; zur Problematik auch Eck, RiA 2012, 16/21 ff.

849 BVerfG, B.v. 11.5.2011, 2 BvR 764/11, NVwZ 2011, 1191, juris Rn. 12; Conrad in: Weiß/Niedermaier/Summer/Zängl, Beamtenrecht, Art. 16 LlbG Rn. 19.

sprechend nachvollziehbare und kontrollierbare Instrumente können dem Leistungsgrundsatz des Art. 33 Abs. 2 GG[850] und dem Grundsatz effektiven Rechtsschutzes entsprechen[851].

Die Rechtsprechung wendet für die Kontrolle solcher weiterer Erkenntnismittel die Kriterien an, die für die gerichtliche Kontrolle von Prüfungen entwickelt wurden. Damit kommt den Mitgliedern der Auswahlkommission ebenso ein Beurteilungsspielraum zu, wie dies bei Prüfern der Fall ist. Solche Bewertungen sind wegen des den Prüfern bzw. Mitgliedern der Auswahlkommission zustehenden Bewertungsspielraums gerichtlich nur eingeschränkt daraufhin überprüfbar, ob die objektiven Grenzen des Prüfungsspielraums überschritten wurden. Dies ist der Fall, wenn die Prüfer bzw. die Mitglieder der Auswahlkommission Verfahrensfehler begehen, anzuwendendes Recht verkennen, von einem unrichtigen Sachverhalt ausgehen, allgemeingültige Bewertungsmaßstäbe verletzen oder sich von sachfremden Erwägungen leiten lassen. Darüber hinaus ist zu untersuchen, ob die Prüfer bzw. Kommissionsmitglieder ihre Bewertung auf Tatsachen und Feststellungen gestützt haben, die einer sachlichen Überprüfung standhalten, ob sie bei ihrer Bewertung den Zweck, dem die Prüfung dient, verkannt haben, ob die Bewertung in sich schlüssig und nachvollziehbar ist und ob sie den Anforderungen rationaler Abwägung nicht widerspricht[852]. Zudem trifft den Bewerber (wie den Prüfling), der sich gegen das Ergebnis wendet, wie im Prüfungsrecht die Obliegenheit, konkrete und substantiierte Einwendungen gegen die Prüfung bzw. das Auswahlmittel zu erheben[853]. Es besteht also eine Mitwirkungspflicht, fachliche Irrtümer und daraus folgende Rechtsfehler substantiiert und mit einer nachvollziehbaren Begründung darzulegen[854].

Dem ist zuzustimmen. Einerseits muss der in einem besonderen Auswahlverfahren einem Konkurrenten unterlegene Beamte eine Kontrolle des Verfahrens wie auch des Inhalts dieses Verfahrens verlangen können. Ansonsten wäre ein transparentes Auswahlverfahren nicht mehr gewährleistet. Andererseits gewährleistet die Rügeobliegenheit wie auch die Einräumung eines Bewertungsspielraums eine erforderliche und sinnvolle Beschränkung des gerichtlichen Überprüfungsrahmens. Das gilt gerade auch

850 BVerfG, B.v. 11.5.2011, 2 BvR 764/11, NVwZ 2011, 1191, juris Rn. 12.

851 BVerfG, B.v. 19.9.1989, 2 BvR 1576/88, NJW 1990, 501.

852 BayVGH, B.v. 25.2.2019, 3 CE 18.2550, juris Rn. 12; OVG NW, B.v. 17.11.2009, 6 B 1493/09, NVwZ-RR 2010, 159, juris Rn. 7 ff.; Baßlsperger, ZBR 2012, 397/402.

853 Zum Prüfungsrecht: Fischer in: Niehues/Fischer/Jeremias, Rn. 855 ff., 886.

854 BVerwG, U.v. 4.5.1999, 6 C 13/98, NVwZ 2000, 915, juris Rn. 35.

mit Blick auf den effektiven Rechtsschutz und die Überprüfungsfunktion der Gerichte. Diese haben nur die Aufgabe, das Auswahlverfahren – und mithin auch die besonderen Auswahlmethoden – auf Rechtsfehler zu kontrollieren.

Soweit der unterlegene Beamte argumentiert, dass die Mitglieder der Auswahlkommission[855] nicht sach- und fachkundig seien, steht dem Dienstherrn im Rahmen seines Organisationsermessens ein Ermessenspielraum zu, wen er konkret als Kommissionsmitglied beruft. Nur dann, wenn aufgrund früherer Äußerungen eines Mitglieds der Kommission zu besorgen ist, dass es einen Bewerber in einer Weise bevorzugen würde, dass die anderen Bewerber keine faire Chance in dem Auswahlgespräch haben, ist dieses Mitglied auszuschließen[856][857].

3. Besondere Auswahlmittel nach vorrangiger Auswertung der Beurteilungen

Unproblematisch ist die Konstellation, dass nach einer umfassenden Auswertung der dienstlichen Beurteilungen (also hinsichtlich des Endergebnisses wie auch der inhaltlichen Ausschöpfung) der Bewerber im Wesentlichen gleiche Beurteilungsergebnisse vorliegen („Pattsituation"). Zur weiteren Klärung, wer der leistungsstärkste Bewerber ist, kann auf ein besonderes Auswahlverfahren zurückgegriffen werden[858]. Das gilt auch,

855 Dabei müssen in einer solchen Kommission mehrheitlich solche Personen vertreten sein, die auch für die Personalauswahl zuständig sind. Denn ansonsten hat das Votum der Kommission nur den Charakter eines Gutachtens, das von den für die Auswahl maßgeblichen Amtsträgern bei der eigentlichen Auswahlentscheidung gewürdigt werden müsste, vgl. Conrad in: Weiß/Niedermaier/Summer/Zängl, Beamtenrecht, Art. 16 LlbG Rn. 20, 22, 29.

856 NdsOVG, B.v. 18.12.2008, 5 ME 353/08, IÖD 2009, 90, juris Rn. 17; Schnellenbach, Konkurrenzen im öffentlichen Dienst, Anhang 2 Rn. 157.

857 Dagegen ist ein Personalratsmitglied nicht aufgrund seiner Zugehörigkeit zu diesem Gremium automatisch von der Teilnahme an einem Ausschuss bei besonderen Auswahlverfahren ausgeschlossen. Denn die eine Funktion muss von der anderen getrennt werden. Zudem werden die personalvertretungsrechtlichen Beteiligungsrechte durch das Gremium und nicht durch eine Einzelperson ausgeübt, kritisch hierzu Schnellenbach, Konkurrenzen im öffentlichen Dienst, Anhang 2 Rn. 156 m.w.N.

858 BayVGH, B.v. 17.5.2013, 3 CE 12.2469, BayVBl 2014, 88, juris Rn. 38 mit zahlreichen weiteren Nachweisen; BVerwG v. 27.9.2011, 2 VR 3.11, juris Rn. 24; v. 25.10.2011, 2 VR 4.11, NVwZ-RR 2012, 71, juris Rn. 16; VGH BW, B.v. 21.12.2011, 4 S 2543/11, NVwZ-RR 2012, 323 (Ls.), juris Rn. 9; OVG Ham-

wenn ein Bewerber einen knappen Leistungsvorsprung hat, dieser aber von einem anderen Konkurrenten durch die besonders gute Erfüllung eines deskriptiven Anforderungsprofils, das nicht oder nur unvollkommen von den Einzelmerkmalen der dienstlichen Beurteilung erfasst wird, kompensiert werden kann. Ein besonderes Auswahlmittel kann sich an die Beurteilungsauswertung anschließen, in dem die besonders gute Erfüllung eines beschreibenden Anforderungsprofils durch einen Kandidaten festgestellt werden kann[859]. Das gilt gerade mit Blick darauf, dass das besondere Anforderungsprofil von dem die Stellenbesetzung vergebenden Organ zu bewerten ist, die dienstliche Beurteilung dagegen von dem Beurteiler des Beamten. Dieser ist gerade bei großen Personalkörpern in der Regel nicht identisch mit dem Organ der Behörde, das die Besetzungsentscheidung trifft[860].

Diese Varianten sind rechtlich unproblematisch, da der grundsätzliche Vorrang der dienstlichen Beurteilungen gewahrt ist[861].

4. Besondere Auswahlmittel neben der Beurteilung

Problematisch sind besondere Auswahlverfahren dann, wenn sie in Konkurrenz zu dienstlichen Beurteilungen eingesetzt werden. Denn die dienstliche Beurteilung als Mittel zur Bewertung der dienstlichen Leistungsfähigkeit eines Beamten über einen längeren Zeitraum hinweg (Beurteilungszeitraum) stellt die primäre Grundlage für einen Leistungsvergleich

---

burg, B.v. 10.10.2017, 5 Bs 111/17, juris Rn. 71; Bodanowitz in: Bodanowitz in: Schnellenbach/Bodanowitz, Beamtenrecht, § 3 Rn. 70; Zängl in: Weiß/Niedermaier/Summer/Zängl, Beamtenrecht in Bayern, § 9 BeamtStG Rn. 135 und Art. 16 LlbG Rn. 30; Bodanowitz in: Schnellenbach, Die dienstliche Beurteilung der Beamten und Richter, 3. Auflage, B Rn. 89; Günther, DÖD 2006, 146/150; ders., RiA 2013, 57/63; Eckstein, ZBR 2009, 86/87 f.; Kämmerling, DÖD 2010, 213/218; ders., RiA 2013, 49/53 f.; Baßlsperger, ZBR 2012, 397/402 f.; für Gleichwertigkeit neben dienstlichen Beurteilungen: Kathke, ZBR 2008, 54/55; ders., RiA 2011, 56/59; von Roetteken, ZBR 2012, 230/236 f.; Hoffmeyer in: Hüllmantel/Eck/Hoffmeyer/Luber/Weißgerber, LlbG, Art. 16 Rn. 21; weiter: BAG v. 21.1.2003, 9 AZR 72/02, BAGE 104, 295, juris Rn. 39 – kein grundsätzlicher Vorrang von erst zu erstellenden dienstlichen Beurteilungen; mit zahlreichen weiteren Nachweisen.

859 Conrad in: Weiß/Niedermaier/Summer/Zängl, Beamtenrecht, Art. 16 LlbG Rn. 19.

860 vgl. hierzu auch Eck, RiA 2012, 12/22.

861 Eck, RiA 2012, 16/23.

bei einer Besetzungskonkurrenz dar. Aufgrund der standardisierten Vergleichsmethode der Kernelemente Eignung, Befähigung und fachlichen Leistung über einen längeren Zeitraum setzen die dienstlichen Beurteilungen das Leistungsprinzip (Art. 33 Abs. 2 GG) am besten um[862].

Die besonderen Auswahlmethoden bilden demgegenüber nur eine zeitlich eng umgrenzte Leistung außerhalb des laufenden Dienstgeschehens ab. Deren Nutzen und Aussagekraft soll nicht in Abrede gestellt werden. Dennoch sind sie aufgrund der punktuellen Leistungserhebung in einer aus der alltäglichen Situation herausgehobenen, „prüfungsähnlichen" Situation nicht in gleicher Weise geeignet, die dienstliche Leistungsfähigkeit vergleichend abzubilden wie dienstliche Beurteilungen[863].

Hierbei ist zu beachten, dass Art. 33 Abs. 2 GG die Kernelemente des Leistungsprinzips (als hergebrachten Grundsatz des Berufsbeamtentums) benennt[864], nach denen eine Ämtervergabe zu erfolgen hat: Eignung, Befähigung und fachliche Leistung. § 9 BeamtStG wiederholt diese Elemente als Voraussetzungen für Ernennungen; darunter fallen auch Beförderungen[865]. Wenn etwa in § 21 Satz 1 BBG formuliert ist, dass Eignung, Befähigung und fachliche Leistung regelmäßig zu beurteilen sind, und Art. 56 Abs. 1 Satz 1 LlbG bestimmt, dass fachliche Leistung, Eignung und Befähigung mindestens alle drei Jahre dienstlich zu beurteilen sind (periodische Beurteilung), hat der Gesetzgeber mit den dienstlichen Beurteilungen ein Instrument geschaffen, dass die Kernelemente des Leistungsprinzips über einen längeren Zeitraum vergleichend in den Blick nimmt. Diesem kraft Gesetz geschaffenen Langzeit-Vergleichsmittel muss daher ein entsprechendes Gewicht beigemessen werden. Die Kernelemente des Leistungsprinzips in Art. 33 Abs. 2 GG werden daher in erster Linie durch dienstliche Beurteilungen festgestellt. Der dienstlichen Beurteilung ist daher der Vorrang gegenüber den sonstigen besonderen Auswahlmethoden

862 BayVGH, B.v. 5.8.2014, 3 CE 14.771, BayVBl 2015, 127, juris Rn. 46; Günther, RiA 2014, 101/103 f.; Conrad in: Weiß/Niedermaier/Summer/Zängl, Beamtenrecht, Art. 16 LlbG Rn. 16 f.

863 Günther, RiA 2014, 101/104 f.; BayVGH, B.v. 17.5.2013, 3 CE 12.2469, BayVBl 2014, 88, juris Rn. 39; Conrad in: Weiß/Niedermaier/Summer/Zängl, Beamtenrecht, Art. 16 LlbG Rn. 28.

864 Günther, RiA 2014, 101/102; Reich, BeamtStG, § 9 Rn. 2.

865 Reich, BeamtStG, § 9 Rn. 2.

einzuräumen[866][867]. Diese weiteren Methoden setzen das Leistungsprinzip nicht in der Weise um wie dienstliche Beurteilungen. Denn die besonderen Auswahlverfahren bilden nur Teilbereiche der Elemente der dienstlichen Leistungsfähigkeit ab und basieren auf einem Eindruck über ein sehr kurzes Zeitintervall.

Die Gewichtung[868] der dienstlichen Beurteilung gegenüber sonstigen Auswahlmethoden muss daher im Licht des in Art. 33 Abs. 2 GG verankerten Leistungsprinzips interpretiert werden[869]. Wenn die dienstliche Beurteilung von deren Zweck und Ausgestaltung dazu bestimmt ist, die Kernelemente des Leistungsprinzips (Art. 33 Abs. 2 GG) für einen Beamten vergleichend zu bestimmen, so ist dieses Auswahlmittel entsprechend in erster Linie bei der vergleichenden Betrachtung der Leistungsfähigkeit der Bewerber um einen Dienstposten heranzuziehen. Das wird durch den in der Rechtsprechung hervorgehobenen Gedanken unterstrichen, dass Be-

---

866 BayVGH, B.v. 17.5.2013, 3 CE 12.2469, BayVBl 2014, 88, juris Rn. 38 mit zahlreichen weiteren Nachweisen; BVerwG v. 27.9.2011, 2 VR 3.11 - juris Rn. 24; v. 25.10.2011, 2 VR 4.11, NVwZ-RR 2012, 71, juris Rn. 16; VGH BW, B.v. 21.12.2011, 4 S 2543/11, NVwZ-RR 2012, 323 (Ls.), juris Rn. 9; OVG Hamburg, B.v. 10.10.2017, 5 Bs 111/17, juris Rn. 71; Bodanowitz in: Schnellenbach/Bodanowitz, Beamtenrecht, § 3 Rn. 70; Zängl in: Weiß/Niedermaier/Summer/Zängl, Beamtenrecht in Bayern, § 9 BeamtStG Rn. 135 und Conrad in: Weiß/Niedermaier/Summer/Zängl, Beamtenrecht in Bayern Art. 16 LlbG Rn. 30; Bodanowitz in: Schnellenbach, Die dienstliche Beurteilung der Beamten und Richter, 3. Auflage, B Rn. 89; Günther, DÖD 2006, 146/150; ders., RiA 2013, 57/63; Eckstein, ZBR 2009, 86/87 f.; Kämmerling, DÖD 2010, 213/218; ders., RiA 2013, 49/53 f.; Baßlsperger, ZBR 2012, 397/402 f.; für Gleichwertigkeit neben dienstlichen Beurteilungen: Kathke, ZBR 2008, 54/55; ders., RiA 2011, 56/59; von Roetteken, ZBR 2012, 230/236 f.; Hoffmeyer in: Hüllmantel/Eck/Hoffmeyer/Luber/Weißgerber, LlbG, Art. 16 Rn. 21.

867 So ist es unzulässig, bei einem Beurteilungsrückstand eines Bewerbers eine Kompensation oder Überkompensation durch ein besonders gutes Erfüllen einzelner, für die zu besetzende Stelle durch deskriptive Anforderungsprofile bestimmte leistungsbezogene Einzelmerkmale sogleich besondere Auswahlmethoden einzusetzen. Denn das würde den Vorrang der dienstlichen Beurteilungen missachten. Auch zur Frage der Kompensation eines Beurteilungsrückstands durch besonders gutes Erfüllen einzelner dienstpostenbezogener Eigenschaften muss zunächst ein Leistungsvergleich anhand der dienstlichen Beurteilungen durchgeführt werden. Erst wenn sich danach ein Beurteilungsgleichstand ergibt, darf auf besondere Auswahlmethoden zurückgegriffen werden. Vgl. hierzu BayVGH, B.v. 17.5.2013, 3 CE 12.2469, BayVBl 2014, 88, juris Rn. 57; Weiß/Niedermaier/Summer/Zängl, Beamtenrecht, Art. 16 LlbG Rn. 20.

868 Siehe hierzu Art. 16 Abs. 1 Satz 5 LlbG.

869 Günther, RiA 2014, 101/102; Schnellenbach, Konkurrenzen im öffentlichen Dienst, Anhang 2 Rn. 142 ff.

zugspunkt für die Auswahlentscheidung nach Art. 33 Abs. 2 GG nicht die Funktionsbeschreibung des konkreten Dienstpostens, sondern das angestrebte Statusamt ist[870]. Damit treten die von der dienstlichen Beurteilung erfassten, am Statusamt ausgerichteten Elemente des Leistungsvergleichs in den Vordergrund.

Die Leistungselemente, die über die besonderen Auswahlverfahren erhoben werden, sind vom Statusamt abgesetzte Leistungsmerkmale, die auf die Eigenschaften abzielen, die auf dem konkret zu besetzenden Dienstposten eine besondere Bedeutung haben. Richtungsweisend ist insoweit die Formulierung des Bundesverfassungsgerichts, dass der Dienstherr im Auswahlverfahren mögliche weitere Beurteilungsgrundlagen, etwa Ergebnisse von Prüfungen und Tests oder Bewerbungsgespräche, „ergänzend zur dienstlichen Beurteilung" heranziehen kann und ihm ein Beurteilungsspielraum zukommt, wie er diese gewichtet[871]. Daraus ist die besondere Bedeutung der dienstlichen Beurteilung für den Leistungsvergleich abzuleiten, die durch weitere besondere Auswahlverfahren nur ergänzt werden darf. Hinsichtlich des Maßes der Ergänzung besteht ein Beurteilungsspielraum. Entsprechend hat auch die verwaltungsgerichtliche Rechtsprechung betont, dass den dienstlichen Beurteilungen ein hohes Gewicht zukommt und diese nicht durch andere Auswahlmethoden bedeutungslos („zur Marginalie") werden dürfen[872][873].

Dieser Beurteilungsspielraum für die Bedeutung der weiteren Auswahlmethoden neben den dienstlichen Beurteilungen wird dadurch begrenzt, dass das Ergebnis der Beurteilung für den Leistungsvergleich der Konkurrenten neben den weiteren Auswahlmethoden nicht ohne Auswirkung sein darf. Eine Auswirkung in dem Sinn, dass die Beurteilung in der Bedeutung hinter den weiteren Auswahlmitteln zurückbleibt und damit im

870 BVerwG, B.v. 20.6.2013, 2 VR 1.13, BVerwGE 147, 20, juris Rn. 28; B.v. 19.12.2014, 2 VR 1.14, IÖD 2015, 38, juris Rn. 25; BVerfG, B.v. 7.3.2013, 2 BvR 2582/12, NVwZ 2013, 1603, juris Rn. 16.

871 BVerfG, B.v. 11.5.2011, 2 BvR 764/11, NVwZ 2011, 1191, juris Rn. 12 – die Entscheidung betraf einen Beurteilungsgleichstand, bei dem ergänzend besondere Auswahlmethoden herangezogen wurden.

872 BayVGH, B.v. 17.5.2013, 3 CE 12.2469, BayVBl 2014, 88, juris Rn. 40; B.v. 5.8.2014, 3 CE 14.771, BayVBl 2015, 127, juris Rn. 46; B.v. 8.2.2018, 3 CE 17.2304, RiA 2018, 131, juris Rn. 8.

873 Damit ist aber nur eine negative Abgrenzung formuliert. So lag in einem Fall etwa die Konstellation vor, dass einem Bewerber die Eignung für eine Stelle nach dem Eindruck eines systematisierten Auswahlgesprächs abgesprochen wurde, ohne dessen dienstliche Beurteilung zu berücksichtigen – BayVGH, B.v. 5.8.2014, 3 CE 14.771, BayVBl 2015, 127, juris Rn. 46.

Ergebnis bedeutungslos wird, wird daher dem Leistungsprinzip (Art. 33 Abs. 2 GG) nicht gerecht. Wird in einem Auswahlverfahren (von vornherein[874]) bestimmt, dass für den Leistungsvergleich neben den dienstlichen Beurteilungen auch weitere Auswahlmittel im Sinn von Art. 16 Abs. 1 Satz 4 LlbG zur Anwendung kommen und deren Gewichtung nach Art. 16 Abs. 1 Satz 5 LlbG bestimmt, so muss den dienstlichen Beurteilungen ein Anteil von mindestens 50 % zukommen[875]. Denn ansonsten würde das Auswahlverfahren der Bedeutung der dienstlichen Beurteilungen, die vor allem in der Langzeitbewertung der maßgeblichen Eignungskriterien liegt, nicht gerecht werden[876]. Sonstige Auswahlverfahren sind aufgrund ihres Charakters eine „Momentaufnahme", die zudem nicht alle Kernelemente des Leistungsprinzips (Eignung, Befähigung und fachliche Leistung) erfas-

874 Ansonsten ist ein transparenten, ergebnisoffenes und chancengleiches Verfahren nicht gewährleistet, VG Greifswald, U.v. 14.9.2017, 6 A 2308/16 HGW, juris Rn. 50; BayVGH, B.v. 8.2.2018, 3 CE 17.2304, RiA 2018, 131, juris Rn. 13.

875 Als Beispiel für ein Auswahlverfahren, in dem wissenschaftlich fundierte Auswahlverfahren offensiv zur Anwendung kommen sollen, seien die Besetzungsrichtlinien („Ausschreibungsrichtlinien") der Landeshauptstadt München (ohne ausgewiesenes Erlassdatum, gültig ab 1.1.2020) genannt. Dort ist in Nr. 5.2.2 ein Leistungsvergleich anhand der dienstlichen Beurteilungen vorgesehen. Nach Nr. 5.2.6 muss bei einem Beurteilungsgleichstand der Bewerber ein wissenschaftlich fundiertes Auswahlverfahren durchgeführt werden, wobei die Gewichtung zwischen dienstlicher Beurteilung und dem weiteren Auswahlverfahren von 50:50 angeordnet ist. Ein Bewerber mit einem Beurteilungsrückstand um eine Stufe (nach dem Statusamt oder dem Beurteilungsergebnis) zum bestbeurteilten Bewerber kann in ein wissenschaftlich fundiertes Auswahlverfahren einbezogen werden. Dabei bleibt es bei dem bestbeurteilten Bewerber bei einem Verhältnis zwischen Beurteilung und weiterem Auswahlverfahren von 50:50, bei dem Bewerber mit Beurteilungsrückstand wird die Beurteilung mit 60 Punkten gewichtet, das weitere Auswahlverfahren mit 40 Punkten. Bereits in den bis 31.12.2019 geltenden Besetzungsrichtlinien der Landeshauptstadt („Ausschreibungsrichtlinien-Ausführungsbestimmungen") war in Nr. D 2.1.4 genannt, dass Bewerber mit im Wesentlichen gleicher Beurteilungslage oder einem Beurteilungsrückstand von höchstens einer vollen Stufe (von fünf Gesamtprädikatssstufen im Beurteilungssystem der Landeshauptstadt) bzw. einem Unterschied in einem Statusamt zu einem Vorstellungsgespräch mit Assessmentcenter-Elementen einzuladen sind.

876 Das gilt nur für den Fall, dass in einer Auswahlentscheidung das Ergebnis der dienstlichen Beurteilungen zusammen mit weiteren Auswahlmitteln in ein Gesamtergebnis einfließen, bei dem der Dienstherr über die Gewichtung der Auswahlelemente vorab eine Entscheidung getroffen hat. Davon zu unterscheiden ist der unter E III 3 erörterte Fall, dass nach Auswertung der dienstlichen Beurteilungen ein Gleichstand festzustellen ist und sich in einem zweiten Schritt weitere Auswahlmittel als weitere Differenzierung angewendet werden.

sen, sind dienstlichen Beurteilungen nicht gleichwertig oder gar überlegen. Ein das außer Acht lassendes Auswahlverfahren widerspricht Art. 33 Abs. 2 GG[877].

Soweit in der Literatur vertreten wird, dass sonstige Auswahlmethoden generell neben und auch anstelle von dienstlichen Beurteilungen für die Entscheidung einer Stellenbesetzung verwendet werden können[878], ist das abzulehnen. Denn das entwertet die dargestellte maßgebliche Bedeutung der dienstlichen Beurteilungen für die Feststellung und den Vergleich der dienstlichen Leistungsfähigkeit der Beamten.

5. Beispiel: Verfassungskonforme Anwendung von Art. 16 Abs. 1 Satz 5 LlbG

In Art. 16 Abs. 1 Satz 5 LlbG ist bestimmt, dass der Dienstherr die Gewichtung bestimmt, wenn für eine Auswahlentscheidung dienstliche Beurteilungen sowie weitere wissenschaftlich fundierte Auswahlmethoden verwendet werden. Diese offene Formulierung zur Gewichtung der weiteren Auswahlmethoden ist in Abschnitt 4 der Verwaltungsvorschriften zum Beamtenrecht[879], mit „Wissenschaftlich fundierte Auswahlverfahren" überschrieben, weiter konkretisiert[880]. Dort ist bestimmt:

> „[1]*Gemäß Art. 16 Abs. 1 Satz 5 LlbG kann der Dienstherr eine Gewichtung der verschiedenen Auswahlgrundlagen festlegen.* [2]*Dabei kann den wissen-*

---

877 So ausdrücklich: HessVGH, B.v. 16.4.2020, 1 B 2734/18, juris Rn. 67; so auch Conrad in: Weiß/Niedermaier/Summer/Zängl, Beamtenrecht, Art. 16 LlbG Rn. 19 f., 31; Baßlsperger, ZBR 2014, 73/79; OVG NW, B.v. 23.3.2010, 6 B 133/10, juris Rn. 23 – Auswahlgespräch darf nicht zur alleinigen Grundlage der Auswahlentscheidung gemacht werden; VGH BW, B.v. 21.12.2012, 4 S 2543/11, NVwZ- RR 2012, 323 (Ls.), juris Rn. 7 f.

878 von Roetteken, ZBR 2012, 230/237; Eck, RiA 2012, 16/22; Kathke, ZBR 2008, 54/55; ders., RiA 2011, 56/59; RiA 2013, 193/196; Hoffmeyer in: Hüllmantel/Eck/Hoffmeyer/Luber/Weißgerber, LlbG, Art. 16 Rn. 21.

879 Verwaltungsvorschriften zum Beamtenrecht (VV-BeamtR), Bekanntmachung des Bayerischen Staatsministeriums der Finanzen vom 13.7.2009, FMBl 2009, 190, zuletzt geändert durch Bekanntmachung vom 19.10.2017, FMBl 2017, 510. Die VV BeamtR gelten für die Beamten und Richter des Freistaats Bayern, vgl. Abschnitt 1 Nrn. 1.1 und 1.2 VV-BeamtR.

880 Der Abschnitt 4 der VV-BeamtR wurde mit Wirkung zum 1.1.2014 eingefügt, siehe Dritte Änderung der Verwaltungsvorschriften zum Beamtenrecht, Bekanntmachung des Bayerischen Staatsministeriums der Finanzen, für Landesentwicklung und Heimat vom 24.4.2014, FMBl 2014, 62

> *schaftlich fundierten Auswahlverfahren im Sinn des Art. 16 Abs. 1 Satz 4 LlbG auch das höhere Gewicht gegenüber den dienstlichen Beurteilungen beigemessen werden. [3]Der Grad der Gewichtung im Einzelnen ist abhängig vom jeweils eingesetzten wissenschaftlich fundierten Auswahlverfahren. [4]Die dienstliche Beurteilung ist dabei angemessen zu berücksichtigen. [5]Sie darf nicht zur Marginalie werden. [6]Systematisierte Personalauswahlgespräche erfordern einen vorab festgelegten, für alle Bewerbungen einheitlich verwandten Fragenkatalog. [7]Fragen und Antworten sind unter Beachtung des Gebots zur hinreichenden Dokumentation der wesentlichen Auswahlerwägungen ebenso schriftlich zu dokumentieren, wie das Gesamtergebnis, das sich aus dem Gespräch herleitet. [8]Eine Auswahlkommission besteht aus mindestens zwei Mitgliedern.“*

Soweit in Satz 2 zugelassen ist, dass der Dienstherr bei der Gewichtung der wissenschaftlich fundierten Auswahlgrundlagen gegenüber den dienstlichen Beurteilungen den besonderen Auswahlmethoden das größere Gewicht beimessen kann, muss differenziert werden.

Unproblematisch ist das „höhere Gewicht“ der wissenschaftlich fundierten Auswahlverfahren dann, wenn diesen Verfahren die ausschlaggebende Bedeutung nach einem Leistungsvergleich anhand der dienstlichen Beurteilungen zukommt. Ergibt sich dabei ein Beurteilungsgleichstand, dann entspricht es ohne weiteres dem Leistungsprinzip (Art. 33 Abs. 2 GG), dass auf der nächsten Stufe der Auswahlentscheidung den besonderen Auswahlmethoden die Funktion zukommt, den Leistungsstärksten unter den Bewerbern ausfindig zu machen. Soweit in dieser Konstellation den wissenschaftlich fundierten Auswahlmethoden ein „höheres Gewicht“ im Sinn einer ausschlaggebenden Bedeutung nach einem Vergleich der dienstlichen Beurteilungen zukommt, ist das rechtlich nicht zu beanstanden[881][882].

Problematisch ist es, wenn den wissenschaftlich fundierten Auswahlverfahren von der Gewichtung her bei einem gleichrangigen Vergleich ein höheres Gewicht als den dienstlichen Beurteilungen eingeräumt wird. Das widerspricht – wie oben dargelegt – der besonderen Bedeutung der dienstlichen Beurteilungen. Eine dienstliche Beurteilung ist eine von der Rechtsordnung eingeführte formalisierte und periodisch vorzunehmende Vergleichsmethode, mit der die Erfüllung der Elemente des Leistungsprin-

---

881 BVerwG, B.v. 20.6.2013, 2 VR 1.13, BVerwGE 147, 20, juris Rn. 21; BVerfG, B.v. 16.12.2015, 2 BvR 1958/13, BVerfGE 141, 56, juris Rn. 58 f.; BayVGH, B.v. 29.8.2013, 3 CE 13.443, juris Rn. 35.

882 Siehe auch E III 3.

zips durch einen Beamten über einen längeren Zeitraum festgestellt werden soll. Dieser Vergleichsmethode darf daher bei der Gewichtung zwischen dienstlicher Beurteilung und wissenschaftlich fundiertem Auswahlverfahren im Rahmen eines Leistungsvergleichs kein geringeres Gewicht gegenüber anderen Methoden eingeräumt werden. Etwas Anderes widerspricht dem in Art. 33 Abs. 2 GG festgelegten Leistungsprinzip, da es die Langzeitbetrachtung außer Acht lässt[883].

In dieser Konstellation – Leistungsvergleich anhand einer Gesamtbetrachtung von dienstlicher Beurteilung und wissenschaftlich fundiertem Auswahlverfahren als Gesamtprodukt – ist Art. 16 Abs. 1 Satz 5 LlbG verfassungskonform dahin auszulegen[884], dass der dienstlichen Beurteilung von vornherein kein geringeres Gewicht gegenüber den weiteren Auswahlmethoden beigemessen werden darf. Entsprechend widerspricht Abschnitt 4 Satz 2 VV-BeamtR dem in Art. 33 Abs. 2 GG festgelegten Leistungsprinzip. Dort ist für die Konstellation, dass eine Auswahlentscheidung anhand einer Gesamtgewichtung von dienstlicher Beurteilung und wissenschaftlich fundierten Auswahlverfahren getroffen wird, angeordnet, dass den weiteren Auswahlmethoden der Vorrang gegenüber der dienstlichen Beurteilung eingeräumt werden kann[885]. Auch wenn in den Sätzen 4 und 5 bestimmt ist, dass die dienstliche Beurteilung angemessen zu berücksichtigen ist und nicht zur Marginalie werden darf, wird damit an dem durch die Verwaltungsvorschrift verfügten Vorrang der weiteren Auswahlmethoden in Satz 2 nichts geändert. Abschnitt 4 Satz 2 VV-BeamtR ist daher nicht verfassungskonform und nicht anzuwenden, soweit darin bestimmt ist, dass den wissenschaftlich fundierten Auswahlverfahren im Sinn des Art. 16 Abs. 1 Satz 4 LlbG auch das höhere Gewicht gegenüber den dienstlichen Beurteilungen bei einer Gesamtbewertung der dienstlichen Beurteilung zusammen mit den besonderen Auswahlmethoden beigemessen werden kann. Da es sich bei den Verwaltungsvorschriften zum Beamtenrecht (VV-BeamtR) lediglich um eine verwaltungsinterne Anweisung handelt, sind die Gerichte bei ihrer Kontrolle des Verwaltungshandelns nicht an diese gebunden[886]. Durch eine entsprechend Abschnitt 4

---

883 Siehe E III 4.

884 BVerfG, B.v. 1.3.1978, 1 BvL 20/77, BVerfGE 48, 40, juris Rn. 18, 22.

885 zusammenfassend. Conrad in: Weiss/Niedermaier/Summer/Zängl, Beamtenrecht, Art. 16 LlbG Rn. 31.

886 BVerfG, B.v. 11.8.2009, 2 BvR 941/08, zfs 2009, 589, juris Rn. 19; B.v. 31.5.1988, 1 BvR 520/83, BVerfGE 78, 214, juris Rn. 37: „Verwaltungsvorschriften mit materiellem Inhalt sind grundsätzlich Gegenstand, nicht Maßstab der richterlichen Kontrolle"; Jarass in: Jarass/Pieroth, Art. 20 Rn. 55.

Satz 2 VV-BeamtR außer Acht lassende eingeschränkte Anwendung – dass den wissenschaftlich fundierten Auswahlverfahren im Sinn des Art. 16 Abs. 1 Satz 4 LlbG nicht das höhere Gewicht gegenüber den dienstlichen Beurteilungen beigemessen wird – ist Art. 16 Abs. 1 Satz 5 LlbG verfassungskonform auszulegen.

6. Ausnahmefall: Keine für einen Leistungsvergleich heranzuziehende Beurteilungen vorhanden

Soweit – ausnahmsweise – keine dienstlichen Beurteilungen vorhanden sind, die als Leistungsvergleich heranzuziehen sind, kann allein auf sonstige Auswahlmethoden zurückgegriffen werden[887]. Das kann etwa dann der Fall sein, wenn ein Beamter und ein nicht beamteter Bewerber in Konkurrenz zueinander stehen. Denn insbesondere für Angestellte werden in der Regel Arbeitszeugnisse ausgestellt, die grundlegende Unterschiede zu einer dienstlichen Beurteilung aufweisen[888]. Nur qualifizierte Arbeitszeugnisse von Tarifbeschäftigten treffen hinreichende Aussagen zu Leistungen und Fähigkeiten des angestellten Bewerbers, müssen allerdings in das beamtenrechtliche Beurteilungssystem eingewertet werden[889].

7. Fazit

Weitere Auswahlmethoden können neben den dienstlichen Beurteilungen sinnvoll sein. Sie müssen aber den dienstlichen Beurteilungen Vorrang lassen und dürfen nur ergänzend eingesetzt werden.

Für die Gerichte bedeuten diese weiteren Auswahlverfahren keine Vereinfachung. Denn auf entsprechende Rüge sind auch die besonderen Auswahlmethoden auf Rechtsfehler zu prüfen. Entsprechend gilt es im Einzelfall zu klären, ob die wissenschaftlich fundierten Auswahlmethoden zu Recht eingesetzt wurden und dabei der Vorrang der dienstlichen Beurteilungen beachtet wurde.

---

887 BayVGH, B.v. 8.2.2018, 3 CE 17.2304, RiA 2018, 131, juris Rn. 11.

888 OVG SH, B.v. 27.1.2016, 2 MB 20/15, juris Rn. 25; BayVGH, B.v. 18.11.2015, 6 CE 15.2260, juris Rn. 13.

889 ThürOVG, B.v. 9.10.2017, 2 EO 113/17, ThürVBl 2019, 112, juris Rn. 12 – „Übersetzung“ des Arbeitszeugnisses in das Beurteilungssystem; BayVGH, B.v. 8.2.2018, 3 CE 17.2304, RiA 2018, 131, juris Rn. 11.

IV. Auswahlentscheidung

1. Begründung und Dokumentation

Die Auswahlentscheidung im Rahmen eines Besetzungsverfahrens muss schriftlich niedergelegt und begründet werden. Das folgt aus dem Gebot der Sicherung effektiven Rechtsschutzes des Bewerbungsverfahrensanspruchs nach Art. 33 Abs. 2 GG i.V.m. Art. 19 Abs. 4 GG. Nur durch eine schriftliche Fixierung der wesentlichen Auswahlerwägungen, die dem unterlegenen Bewerber im Wege der Akteneinsicht bekannt werden, hat dieser die Möglichkeit, in Überlegungen einzutreten, ob er die Besetzungsentscheidung hinnehmen soll oder ob aus dessen Sicht Anhaltspunkte für einen Verstoß gegen den Bewerbungsverfahrensanspruch bestehen. Darüber hinaus eröffnet erst die Dokumentation der maßgeblichen Erwägungen auch dem Gericht die Möglichkeit, die angegriffene Entscheidung eigenständig nachzuvollziehen und zu überprüfen. Denn nur in Kenntnis der für die Auswahl bestimmenden Gründe kann der unterlegene Bewerber auch im Rahmen eines Verfahrens des vorläufigen Rechtsschutzes die Gründe glaubhaft machen (§ 123 Abs. 3 VwGO, § 920 Abs. 2 ZPO), die aus seiner Sicht gegen die Rechtmäßigkeit der Entscheidung sprechen. Ansonsten müsse der unterlegene Bewerber quasi „ins Blaue hinein“ ein gerichtliches Verfahren des vorläufigen Rechtsschutzes anstrengen, um erst in diesem Rahmen die wesentlichen Gründe für die getroffene Auswahlentscheidung zu erfahren[890].

Das Bundesverwaltungsgericht[891] und die Verwaltungsgerichte[892] folgen dem. Schließlich dient die formale Fixierungspflicht auch der Selbstkontrolle der Verwaltung, da die für die Auswahlentscheidung maßgeblichen Gründe nochmals schriftlich zusammenzufassen sind[893].

---

890 BVerfG, B.v. 20.9.2016, 2 BvR 2453/15, BVerfGE 143, 22 Rn. 20; B.v. 25.11.2015, 2 BvR 1461/15, NJW 2016, 309, juris Rn. 14; B.v. 9.7.2007, 2 BvR 206/07, NVwZ 2007, 1178, juris Rn. 20 f.

891 BVerwG, B.v. 20.11.2012, 1 WB 4/12, BVerwGE 145, 102, juris Rn. 30; U.v. 13.12.2018, 2 A 5/18, BVerwGE 164, 84, juris Rn. 45.

892 Vgl. nur OVG NW, B.v. 13.1.2020, 1 B 798/19, juris Rn. 8 ff.; OVG Berlin-Brandenburg, B.v. 24.4.2020, OVG 4 S 63.19, juris Rn. 3; BayVGH, B.v. 8.2.2018, 3 CE 17.2304, juris Rn. 4; BayVGH, B.v. 15.6.2010, 3 CE 10.725, juris Rn. 18; VGH BW, B.v.9.2.2016, 4 S 2578/15, NVwZ-RR 2017, 49, juris Rn. 6.

893 Schnellenbach, Konkurrenzen im öffentlichen Dienst, Anhang 5 Rn. 6 – der das als „Nebeneffekt“ bezeichnet; HessVGH, B.v. 26.10.1993, 1 TG 1585/93, ZBR 1994, 347, juris Rn. 29.

Dem ist uneingeschränkt zuzustimmen. Gerade im Bereich der Bewerberauswahl, bei dem die Gefahr der Ämterpatronage besteht, muss die Auswahlentscheidung auf transparenten, nachvollziehbaren und nachprüfbaren Erwägungen beruhen. Ansonsten könnten weder unterlegene Konkurrenten noch die zur Überprüfung berufenen Gerichte die Auswahlentscheidung nachvollziehen und überprüfen[894]. Dabei ist auch darauf hinzuweisen, dass die Dokumentationspflicht ein Korrektiv zu dem gerichtlich nur eingeschränkt überprüfbaren Beurteilungsspielraum des Dienstherrn darstellt[895]. Das unterstreicht die Bedeutung, die die Einhaltung der Verfahrensvorschriften hat, wenn der Behörde materiell ein Beurteilungsspielraum zukommt[896].

Je stärker das Auswahlverfahren (z.B. durch Verwaltungsvorschriften) vorgegeben ist, desto geringer können die formalen Anforderungen an die Verschriftlichung der Auswahlentscheidung sein. So kann eine Excel-Tabelle ausreichend sein, wenn sich aus ihr die Bewerber, die herangezogenen Beurteilungen, deren Ergebnis und der richtlinienkonforme Vergleich der Bewerber mit dem Auswahlergebnis entnehmen lassen[897].

Das umfasst allerdings nicht die Kenntnis vorbereitender oder erläuternder Vermerke, die keine die Auswahlentscheidung tragenden Gründe festhalten. Denn die Kenntnis dieser internen Verlautbarungen ist nicht erforderlich, um effektiven Rechtsschutz zu erhalten[898]. Zwar könnte man daran denken, das Einsichtsrecht hinsichtlich interner vorbereitender bzw. erläuternder Vermerke und Verlautbarungen weiter zu fassen. Allerdings würde das ein Einsichtsrecht überdehnen. Für die grundsätzliche Entscheidung, ob der unterlegene Bewerber mit einem Eilantrag gegen die Auswahlentscheidung vorgehen will, müssen die Informationen aus dem Besetzungsvermerk ausreichen. Es wäre auch für die Personalverwaltung schwer, allgemein gehaltene interne Verlautbarungen einem oder mehreren Besetzungsverfahren zuzuordnen. Inwieweit dem Besetzungsvermerk ergänzende Informationen im gerichtlichen Verfahren nachgeschoben werden können, ist eine Frage des zulässigen Umfangs des Nachschiebens von Auswahlerwägungen im gerichtlichen Eilverfahren[899] und nicht des Akteneinsichtsrechts.

---

894 Schnellenbach, Konkurrenzen im öffentlichen Dienst, Anhang 5 Rn. 2 ff.
895 BVerwG, B.v. 27.1.2010, 1 WB 52/08, BVerwGE 136, 36, juris Rn. 27.
896 Rennert in: Eyermann, § 114 Rn. 4.
897 VG München, B.v. 13.5.2019, M 5 E 19.408, juris Rn. 29.
898 BVerfG, B.v. 5.9.2007, 2 BvR 1855/07, NVwZ-RR 2008, 433, juris Rn. 10.
899 siehe hierzu E IV 2.

Der Auswahlvermerk legt auch den maßgeblichen Zeitpunkt für die Rechtmäßigkeit der Auswahlentscheidung fest[900].

2. Nachschieben von Gründen

Das führt zu der weiteren Frage, in welchem Umfang die Auswahlerwägungen im verwaltungsgerichtlichen Verfahren nachgeholt werden dürfen. Die Rechtsprechung ist sich einig, dass § 114 Satz 2 VwGO nur eine Ergänzung der Ermessenserwägungen bzw. Erwägungen im Rahmen des Beurteilungsspielraums zulässt. Daher dürfen die schriftlich fixierten Auswahlerwägungen im gerichtlichen Verfahren grundsätzlich nur ergänzt werden[901]. Die Literatur stimmt dem – zu Recht – zu[902]. Dabei ist zu beachten, dass § 114 Satz 2 VwGO, der entsprechend auch für Beurteilungsermächtigungen anzuwenden ist, nur die prozessuale Seite des Nachschiebens von Gründen betrifft. Ein verwaltungsverfahrensrechtlich und materiell-rechtlich zulässiges Nachschieben von Gründen soll nicht an prozessualen Hindernissen scheitern[903]. Materiell-rechtlich ist ein Nachschieben von Gründen insbesondere dann zulässig, wenn der Verwaltungsakt dadurch nicht in seinem Wesen verändert wird. Das ist etwa der Fall, wenn die bisherigen Erwägungen im Kern ausgetauscht oder erstmals Ermessen ausgeübt wird[904].

Für beamtenrechtliche Auswahlentscheidungen bedeutet das, dass ein zulässiges Nachschieben von Gründen dann vorliegt, wenn die im Besetzungsvermerk angelegten Auswahlerwägungen ergänzt werden. Das kann einmal der Fall sein, dass ein bereits im Vermerk angesprochener Grund inhaltlich vertieft wird. Weiter ist es zulässig, dass ein neues, ergänzendes

---

900 BVerwG, B.v. 12.12.2017 – 2 VR 2/16 – NVwZ-RR 2018, 395, juris Rn. 32; BayVGH, B.v. 25.1.2016 – 3 CE 15.2012 – juris Rn. 30.

901 Vgl. nur: BVerfG, B.v. 23.6.2015, 2 BvR 161/15, NVwZ 2016, 59, juris Rn. 39; BVerwG, B.v. 20.8.2003, 1 WB 23/03, RiA 2004, 35, juris Rn. 6; BayVGH, B.v. 25.1.2016, 3 CE 15.2012, juris Rn. 30; B.v. 21.11.2007, 3 CE 07.2274, juris Rn. 51; OVG RhPf, B.v. 23.12.2013, 2 B 11209/13, DÖD 2014, 97, juris Rn. 4 f.

902 Schnellenbach, Konkurrenzen im öffentlichen Dienst, Anhang 5 Rn. 4 f.; Lindner, NVwZ 2013, 547/549 f.

903 vgl. nur: Rennert in: Eyermann, § 114 Rn. 86 f.

904 Rennert in: Eyermann, § 114 Rn. 90; Sachs in: Stelkens/Bonk/Sachs, § 45 Rn. 50 ff.

Argument im gerichtlichen Verfahren eingeführt wird, insbesondere in einer Erwiderung zur Argumentation der Antragstellerpartei[905].

Rechtlich erforderliche Gremienzustimmungen[906] können auch noch während des gerichtlichen Verfahrens nachgeholt und vorgelegt werden (§ 45 Abs. 1 VwVfG). Denn § 45 Abs. 1 VwVfG kann auf diese Fälle analog angewendet werden[907], da in dieser Vorschrift ein allgemeiner Rechtsgedanke zum Ausdruck kommt[908].

Ein unzulässiges Nachschieben liegt dann vor, wenn der Besetzungsentscheidung die Gründe völlig gefehlt haben und diese im gerichtlichen Verfahren erstmals angegeben werden[909]. Das ist weiter gegeben, wenn die Begründung für die Auswahlentscheidung im gerichtlichen Verfahren im Kern ausgetauscht wird. Das ist etwa dann der Fall, wenn ein System der fiktiven Laufbahnnachzeichnung erst nach Anhängigkeit eines gerichtlichen Verfahrens des vorläufigen Rechtsschutzes in Kraft getreten ist und an die Stelle eines von der Rechtsprechung zuvor beanstandeten Systems der Laufbahnnachzeichnung tritt. Denn damit wird die Begründung nicht lediglich ergänzt, sondern die Auswahlentscheidung auf eine völlig neue Grundlage gestellt, damit im Kern ausgetauscht[910]. Das ist auch dann der Fall, wenn die Argumente der Auswahlentscheidung in entscheidender Weise mit ursprünglich nicht erwähnten Umständen so verändert werden, dass sie in ihrem Wesen verändert wurden[911].

Das bedeutet aber nicht, dass ein entsprechender Antrag auf Gewährung vorläufigen Rechtsschutzes bei einem Verstoß gegen das Verbot des unzulässigen Nachschiebens von Gründen Erfolg hat. Denn für einen Erfolg eines solchen Antrags, mit dem eine erneute Auswahlentscheidung durchgesetzt werden soll, ist es erforderlich, dass die Aussichten des unterlegenen Bewerbers offen sind, d.h. wenn dessen Auswahl in einem erneuten Auswahlverfahren möglich scheint[912].

Für Verfahrensfehler ist das in § 46 VwVfG gesetzlich fixiert: Wenn offensichtlich ist, dass die Verletzung der Verfahrensvorschriften die Entscheidung in der Sache nicht beeinflusst hat, dann kann die Aufhebung

---

905 OVG RhPf, B.v. 23.12.2013, 2 B 11209/13, DÖD 2014, 97, juris Rn. 5.

906 Etwa Personalrat, Gleichstellungsstelle oder Schwerbehindertenvertretung.

907 Sachs in: Stelkens/Bonk/Sachs, § 45 Rn. 135 ff., 145.

908 Herrmann in: Quaas/Zuck/Funke-Kaiser, § 2 Rn. 191.

909 OVG RhPf, B.v. 23.12.2013, 2 B 11209/13, DÖD 2014, 97, juris Rn. 4 f.

910 BayVGH, B.v. 25.1.2016, 3 CE 15.2012, juris Rn. 30.

911 BayVGH, B.v. 21.1.2005, 3 CE 04.2899, NVwZ-RR 2006, 346, juris Rn. 28.

912 BVerfG, B.v. 24.9.2002, 2 BvR 857/02, juris Rn. 14 f.

eines Verwaltungsaktes aus diesem Grund nicht beansprucht werden[913]. Zwar kommt § 46 VwVfG in erster Linie bei gebundenen Entscheidungen zum Tragen[914]. § 46 VwVfG wird auch auf Fälle angewendet, in denen die Behörde über einen Entscheidungsspielraum (Ermessen wie auch Beurteilungsspielraum) verfügt[915]. Es ist eine hypothetische Beurteilung des behördlichen Verhaltens für den Fall der fehlerfreien Abwicklung des Verwaltungsverfahrens zu ermitteln[916]. Aus der Vorschrift wird der allgemeine Rechtsgedanke abgeleitet, dass eine Aufhebung einer behördlichen Entscheidung aufgrund eines Verfahrensfehlers dann nicht verlangt werden kann, wenn sich der Fehler nicht auf das Ergebnis ausgewirkt haben kann[917]. Der Gedanke des § 46 VwVfG wird auch bei einer beamtenrechtlichen Auswahlentscheidung entsprechend angewendet: Gerade bei einem ganz erheblichen Leistungsabstand zwischen dem ausgewählten Bewerber und dem Antragsteller darf davon ausgegangen werden, dass etwa eine unterbliebene Gremienzustimmung[918] unbeachtlich ist, wenn davon ausgegangen werden kann, dass die Entscheidung auch bei einer ordnungsgemäßen Beteiligung so getroffen worden wäre[919]. Das mag kritisch gesehen werden, da es zu einer Relativierung der Verfahrensvorschriften[920]

913 Sachs in: Stelkens/Bonk/Sachs, § 46 Rn. 10 ff.

914 BVerwG, B.v. 20.12.2010, 2 B 39/10, juris Rn. 6 – unterbliebene Anhörung der Gleichstellungsbeauftragten bei einer Ruhestandsversetzung; B.v. 13.11.2019, 2 C 24.18, DRiZ 2020, 271, juris Rn. 3; B.v. 25.10.1989, 2 B 115.89, ZBR 1990, 180, juris Rn. 4 m.w.N. – zur unterbliebenen Anhörung der Schwerbehindertenvertretung bei einer Ruhestandsversetzung; vgl. auch Sachs in: Stelkens/Bonk/Sachs, § 46 Rn. 52 ff.

915 Sachs in: Stelkens/Bonk/Sachs, § 46 Rn. 73.

916 Sachs in: Stelkens/Bonk/Sachs, § 46 Rn. 77.

917 BayVGH, B.v. 9.4.2012, 3 CS 21.798, juris Rn. 3.

918 Etwa Personalrat, Gleichstellungsstelle oder Schwerbehindertenvertretung.

919 BVerwG, U.v. 9.5.2019, 2 C 1.18, ZBR 2020, 35, juris Rn. 72 ff. – unterbliebene Anhörung der Gleichstellungsbeauftragten bei Beförderungsentscheidung; NdsOVG, B.v. 14.4.2003, 2 ME 129/03, NVwZ-RR 434, juris Rn. 18 – unterbliebene Beteiligung der Schwerbehindertenvertretung bei einer Beförderungsentscheidung; VG München, B.v. 28.7.2020, M 5 E 20.2704, juris Rn. 32 – unterbliebene Beteiligung der Schwerbehindertenvertretung bei einer Besetzungsentscheidung; BayVGH, B.v. 9.4.2021, 3 CS 21.798, juris Rn. 3 f.; VG München, B.v. 19.2.2021, M 5 S 20.6299, juris Rn. 27 ff. – jeweils für verspätete Beteiligung des Personalrats bei Widerruf einer Nebentätigkeitsgenehmigung; Schnellenbach, Konkurrenzen im öffentlichen Dienst, Anhang 7 Rn. 42.

920 Sachs in: Stelkens/Bonk/Sachs, § 46 Rn. 4, 81 ff., 85.

und Gremienbeteiligung[921] führen kann. Andererseits sind Verfahrensvorschriften kein Selbstzweck. Wenn ausgeschlossen werden kann, dass die Entscheidung auch bei ordnungsgemäßer Durchführung des Verwaltungsverfahrens oder auch ordnungsgemäßer Gremienbeteiligung genauso ausgefallen wäre, wäre es widersinnig, ein neues Auswahlverfahren durchzuführen.

Wenn unter Berücksichtigung des formell oder materiell rechtswidrig unzulässigen Nachschiebens von Gründen in einem neuen Besetzungsverfahren dieselbe Entscheidung zu treffen wäre, ist dieser Fehler für die beanstandete Auswahlentscheidung nicht kausal[922]. Das ist kein Widerspruch zu der ausdrücklichen Ansicht des Bundesverfassungsgerichts[923], dass der unterlegene Bewerber erst durch die Kenntnis der die Auswahlentscheidung tragenden Gründe des Dienstherrn in die Lage versetzt wird, die Rechtmäßigkeit der Auswahlentscheidung zu prüfen und gegebenenfalls um Rechtsschutz nachzusuchen. Denn ein Antrag auf Erlass einer einstweiligen Anordnung im Konkurrentenstreitverfahren hat nach der Rechtsprechung des Bundesverfassungsgerichts nur dann Erfolg, wenn der unterlegene Bewerber glaubhaft machen kann, dass seine Auswahl ohne den geltend gemachten Fehler an Stelle des ausgewählten Bewerbers möglich wäre[924].

Zweck des Verfahrens des vorläufigen Rechtsschutzes im beamtenrechtlichen Konkurrentenstreit ist die Gewährung effektiven Rechtsschutzes (Art. 19 Abs. 4 GG). Wenn aber ersichtlich ist, dass zwar ein Fehler vorliegt, dieser aber für das Ergebnis der Besetzungsentscheidung nicht kausal ist, wäre es widersinnig, einem Antrag stattzugeben. Denn es steht fest, dass ein erneutes Auswahlverfahren dann zu demselben Ergebnis führen würde. In einer solchen Konstellation besteht kein Erfordernis für die Gewährung vorläufigen Rechtsschutzes. Denn das gerichtliche Verfahren hat die Rechtmäßigkeit der Auswahlentscheidung zum Gegenstand und den Bewerbungsverfahrensanspruch abzusichern. Nur wenn die Auswahl des übergangenen Bewerbers in einem neuen Auswahlverfahren möglich erscheint, ist einem Antrag auf Gewährung vorläufigen Rechtsschutzes stattzugeben[925]. Auch wenn ein Fehler vorliegen sollte, der aber nicht

---

921 von Roetteken, ZBR 2021, 16/22 f. lehnt die Anwendung des § 46 VwVfG auf Gremienbeteiligung im Beamtenrecht ab, da der Anwendungsbereich der Vorschrift nicht eröffnet sei.

922 BayVGH, B.v. 25.1.2016, 3 CE 15.2012, juris Rn. 31 ff.

923 BVerfG, B.v. 9.7.2007, 2 BvR 206/07, NVwZ 2007, 1178, juris Rn. 22 f.

924 BVerfG, B.v. 24.9.2002, 2 BvR 857/02, juris Rn. 15.

925 BVerfG, B.v. 24.9.2002, 2 BvR 857/02, juris Rn. 14 f.

dazu führt, dass die Auswahl des Antragstellers in einem neuen Auswahlverfahren möglich erscheint, muss der Antrag abgelehnt werden. Denn dann ist der Bewerbungsverfahrensanspruch (Art. 33 Abs. 2 i.V.m. Art. 19 Abs. 4 GG) des Antragstellers im Ergebnis nicht verletzt. Das gerichtliche Verfahren ist kein Verfahren zur Feststellung von objektiven Rechtsfehlern. Maßgeblich geht es um den Rechtsschutz des Antragstellers. Kann sich ein Fehler nicht auf die Rechtsposition des Betroffenen auswirken („durchschlagen“), so führt der Rechtsschutzantrag dennoch nicht zum Erfolg[926].

So verstößt etwa ein völliger Austausch einer rechtswidrigen Auswahlbegründung im behördlichen Verfahren durch eine rechtskonforme Begründung im gerichtlichen Verfahren zwar gegen das Verbot des Nachschiebens von Gründen. Führen aber die nachgeschobenen rechtskonformen Auswahlgründe dazu, dass die Auswahl des Antragstellers in einem neuen Verfahren nicht möglich erscheint, dann ist dieser Fehler nicht kausal[927]. Das gilt ebenso, wenn der Auswahlentscheidung eine hinreichende Begründung gefehlt hat, die Auswahl des Antragstellers aber nach den Kriterien des Leistungsprinzips (Art. 33 Abs. 2 GG) in einem neuen Verfahren nicht möglich erscheint und darauf im verwaltungsgerichtlichen Verfahren hingewiesen wird[928]. Das gilt auch, wenn die Konkurrentenmitteilung formelle Mängel aufweist, die im Lauf des gerichtlichen Verfahrens geheilt wurden[929]. Das muss auch für den Fall einer Ernennung unter Vereitelung der Rechtsschutzmöglichkeiten gelten. Auch wenn es sich hierbei um eine Anfechtungsklage handelt, ist die Frage der ordnungsgemäßen Auswahlentscheidung maßgeblicher Kern des Rechtsstreits. Zeigt sich, dass auch unter Vermeidung des Fehlers eine Auswahl des erfolglosen Bewerbers nicht möglich erscheint, muss auch eine auf dieser Auswahlentscheidung aufbauende Ernennung rechtlichen Bestand haben.

---

926 SächsOVG, B.v. 12.10.2004, 3 BS 174/04, SächsVBl 2005, 23, juris Rn. 6; Battis, NJW 2005, 817/820 – der die Möglichkeit der Behebung von Mängeln vor Gericht als Grenzen gerichtlicher Überprüfung des Konkurrentenstreits im Eilverfahren bezeichnet; zum Nachschieben der Begründung einer Bewertung von Prüfungsleistungen im Gerichtsverfahren: BVerwG, U.v. 9.12.1992, 6 C 3/92, BVerwGE 91, 262, juris Rn. 38 ff.

927 BayVGH, B.v. 25.1.2016, 3 CE 15.2012, juris Rn. 31 ff. – völliger Austausch der Begründung.

928 OVG RhPf, B.v. 23.12.2013, 2 B 11209/13, DÖD 2014, 97, juris Rn. 6 ff.

929 HessVGH, B.v. 20.10.2014, 1 B 774/14, juris Rn. 18 – Fehlen der Angabe in der Konkurrentenmitteilung, warum ein Bewerber nicht ausgewählt wurde (siehe B IV 1), so auch: VG Kassel, B.v. 7.4.2014, 1 L 1342/13.KS, juris Rn. 11.

Das von Lindner[930] geforderte gerichtliche Verwertungsverbot der nachgeschobenen Gründe ist daher nicht zutreffend. Es übersieht das Erfordernis der Voraussetzung der Kausalität eines Fehlers für den Erfolg eines Verfahrens des vorläufigen Rechtsschutzes hinsichtlich der angegriffenen Auswahlentscheidung. Denn maßgeblich ist die Frage, ob die Auswahlentscheidung materiell-rechtlich mit der Rechtsordnung in Einklang steht und bei deren Wiederholung eine Auswahl des Antragstellers möglich erscheint. Es wäre widersinnig, eine Auswahlentscheidung wegen Verstoßes gegen die Begründungspflicht aufzuheben, wobei die Begründung im gerichtlichen Verfahren nachgeholt wird, aber – da diese zutreffend ist – mit dem selben Ergebnis wieder erlassen werden müsste. Daher ist auch die von Schenke[931] erhobene Forderung abzulehnen, dass es der Verwaltung untersagt sein müsse, nach Beantragung einer einstweiligen Anordnung bis zum Abschluss dieses Verfahrens eine neue, den Antragsteller benachteiligende Auswahlentscheidung zu treffen. Hinzu kommt, dass dadurch die Vakanz einer zu besetzenden Stelle verlängert würde, um absehbar dieselbe Entscheidung unter Vermeidung eines Verfahrensfehlers zu treffen. Das berührt auch den verfassungsrechtlich geschützten Grundsatz der Funktionsfähigkeit der Verwaltung (Art. 83 ff. GG). Das von Lindner beschriebene „Dilemma"[932] für den unterlegenen Bewerber besteht so nicht. Wenn der Dienstherr dem unterlegenen Bewerber erstmals im gerichtlichen Verfahren die Auswahlerwägungen benennt, so hat der Dienstherr gegen eine wesentliche Verfahrenspflicht des Bewerbungsverfahrens verstoßen. Entschließt sich der um Rechtsschutz nachsuchende Beamte mit Blick auf die gegebenen Auswahlerwägungen das Verfahren unstreitig zu beenden, ist eine Erklärung, dass die Hauptsache erledigt ist, die gebotene Verhaltensweise. Stimmt der Antragsgegner dieser Erklärung zu, so ist über die Kosten nach billigem Ermessen zu entscheiden (§ 161 Abs. 2 Satz 1 VwGO). Dabei ist die erhebliche Pflichtverletzung des Dienstherrn zu berücksichtigen, die geradezu dazu drängt, die Kosten dem Antragsgegner aufzuerlegen. Auch in dem Fall, dass dem um Rechtsschutz

---

930 Lindner, NVwZ 2013, 547/550 – für den Fall einer Anfechtungsklage gegen die Ernennung nach Vereitelung vorläufigen Rechtsschutzes für den unterlegenen Bewerber.

931 Schenke, FS Schnapp, II 2 , S. 663.

932 Lindner, NVwZ 2013, 547/549 f. – entweder der unterlegene Bewerber klagt und nimmt nach erstmaliger Nennung der Auswahlgründe die Klage zurück oder er verzichtet auf gerichtlichen Rechtsschutz, da er die Rechtmäßigkeit der Auswahlentscheidung nicht einschätzen könne und sich nicht der Gefahr aussetzen wolle, als Querulant zu gelten.

nachsuchenden Beamten im gerichtlichen Verfahren erstmals die – rechtlich zutreffenden – Auswahlerwägungen gegeben werden und der Antrag aufrecht erhalten wird[933], wurden die Gründe im gerichtlichen Verfahren nachgeschoben. Das rechtfertigt es, die Kosten nach § 155 Abs. 4 VwGO dem Antragsgegner aufzuerlegen[934]. Nach dieser Vorschrift können Kosten, die durch Verschulden eines Beteiligten entstanden sind, diesem auferlegt werden. Wenn erst durch das Nachschieben der zuvor völlig unterbliebenen Auswahlgründe im gerichtlichen Verfahren eine Überprüfung der Auswahlentscheidung möglich wird, hat der Antragsgegner gegen eine erhebliche Verfahrenspflicht im Besetzungsverfahren verstoßen. Das muss sich bei der Kostenentscheidung niederschlagen. Auch wenn zuzugeben ist, dass der Antragsteller, zunächst ohne Kenntnis der maßgeblichen Auswahlgründe einen gerichtlichen Eilantrag – quasi „ins Blaue hinein" – stellen muss, so wird dadurch der Rechtsschutz des nicht ausgewählten Bewerbers erschwert[935]. Andererseits ist zu bedenken, dass in dem Fall, dass diese nachgeschobenen Erwägungen die Auswahlentscheidung rechtfertigen, dem Rechtsschutzbedürfnis des unterlegenen Konkurrenten – die Auswahlentscheidung inhaltlich überprüfen zu lassen – Rechnung getragen wurde. Der Gesichtspunkt, dass diese Gründe einer Rechtsmäßigkeitskontrolle Stand halten, rechtfertigt es, die Auswahlentscheidung trotz des rechtswidrigen Verhaltens des Dienstherrn aufrecht zu erhalten. Da der Dienstherr aufgrund des Umstands, dass er die Gründe nachgeschoben hat, in jedem Fall die Kosten des Verfahrens (insbesondere die Kosten der Antragstellerpartei) zu tragen hat, dürfte es sich um Ausnahmefälle handeln. Die Etablierung einer solchen Praxis ist daher nicht zu besorgen.

Die Gefahr, bei einem erfolglosen gerichtlichen Verfahren als „Querulant" in der Behörde angesehen zu werden[936], ist eine soziale Folge des Entschlusses, gegen eine Entscheidung des Dienstherrn rechtlich vorzugehen. Dieses allgemeine Risiko muss jeder Beamte selbst tragen. Im Übrigen besteht die Möglichkeit, die Hauptsache für erledigt zu erklären, wenn

---

933 sodass der Antrag im Rahmen einer streitigen Entscheidung abgelehnt wird.

934 OVG RhPf, B.v. 23.12.2013, 2 B 11209/13, DÖD 2014, 97, juris Rn. 13; allgemein: Rennert in: Eyermann, § 155 Rn. 12; für Verfahrensfehler: Sachs in: Stelkens/Bonk/Sachs, § 45 Rn. 114.

935 So jedoch. BVerfG, B.v. 9.7.2007, 2 BvR 206/07, NVwZ 2007, 1178, juris Rn. 22 f. – ohne Auseinandersetzung mit dem Problem der Kausalität. In der Entscheidung ging es allerdings primär um die Einräumung einer zu kurzen Wartefrist von nur zwei Tagen zwischen Mitteilung der Auswahlentscheidung und Ernennung.

936 So Lindner, NVwZ 2013, 547/550.

nach erstmaliger Nennung der Auswahlgründe das gerichtliche Vorgehen als nicht mehr erfolgversprechend beurteilt wird. Die Konstellation, dass nachträglich die zutreffende Begründung gegeben wird, sodass der Betroffene trotz des Begründungsfehlers nicht in seinem geltend gemachten Rechtsanspruch betroffen wird, kommt in der Praxis immer wieder vor. Nachteile für den Antragsteller sind im Rahmen der Kostenregelung – wie dargelegt – zu vermeiden[937].

3. Auswahlverfahren

Die Auswahl eines Konkurrenten von mehreren um einen Dienstposten muss unter Beachtung des Leistungsgrundsatzes erfolgen. Das folgt aus Art. 33 Abs. 2 GG, der jedem Deutschen den gleichen Zugang zu jedem öffentlichen Amt nach seiner Eignung, Befähigung und fachlichen Leistung eröffnet.

Art. 33 Abs. 2 GG umfasst nach nahezu allgemeiner Auffassung nicht nur den Zugang zum öffentlichen Dienst, sondern auch die Entscheidungen über Beförderung und Aufstieg[938].

Der Leistungsgrundsatz gehört zu den prägenden Grundsätzen des Berufsbeamtentums. Jede Beförderung ist auf der Grundlage der Eignung, Befähigung und fachlichen Leistung des Beamten vorzunehmen[939].

Der Geltungsanspruch dieses Grundsatzes wird durch Art. 33 Abs. 2 GG unbeschränkt und vorbehaltlos gewährleistet. Daher können Belange, die nicht im Leistungsgrundsatz verankert sind, bei der Besetzung öffentlicher Ämter nur Berücksichtigung finden, wenn ihnen ebenfalls Verfassungsrang eingeräumt ist.

---

937 Allerdings wird das nicht immer klar gesehen: BayVGH, B.v. 25.1.2016, 3 CE 15.2012, juris Rn. 36: Kostentragung durch den unterlegenen Antragsteller bei Auswechseln der Begründung – ohne das Problem bei der Kostenentscheidung anzusprechen; HessVGH, B.v. 20.10.2014, 1 B 774/14, juris Rn. 40: Kostentragung bei Heilung eines Fehlers der Konkurrentenmitteilung – ebenfalls ohne das Problem bei der Kostenentscheidung anzusprechen; ebenso: SächsOVG, B.v. 12.10.2004, 3 BS 174/04, SächsVBl 2005, 23, juris Rn. 6.

938 BVerfG, B.v. 20.9.2016, 2 BvR 2453/15, ZBR 2017, 34, juris Rn. 34; BVerG, U.v. 9.5.2019, 2 C 1/18, ZBR 2020, 35, juris Rn. 18/32/44; B.v. 10.5.2016, 2 VR 2/15, BVerwGE 155, 152, juris Rn. 22; Jarass in: Jarass/Pieroth, GG, Art. 33 Rn. 9, 14; Badura in Maunz/Dürig, GG, Art. 33 Rn. 20; Lorse, ZBR 2017, 11/13; Kenntner ZBR 2016, 181; a.A. von Roetteken, ZBR 2017,145/151 ff. unter ausdrücklicher Distanzierung von der herrschenden Meinung.

939 BVerfG, B.v. 4.2.1981, 2 BvR 570/76, BVerfGE 56, 146, juris Rn. 27.

Danach dürfen der Bewerberauswahl für die Besetzung eines öffentlichen Amtes zunächst nur Umstände zugrunde gelegt werden, die unmittelbar Eignung, Befähigung und fachliche Leistung betreffen. Hierbei handelt es sich um Kriterien, die darüber Aufschluss geben, in welchem Maße der Beamte den Anforderungen seines Amtes genügt und sich in einem höheren Amt voraussichtlich bewähren wird. Dies erfolgt regelmäßig über einen Vergleich der aktuellen Beurteilungen[940]. Denn die Übertragung eines Amtes knüpft an Art. 33 Abs. GG an, in dem Eignung, Befähigung und fachliche Leistung als Maßstab vorgegeben sind. Dabei zielt die Befähigung auf allgemein der Tätigkeit zugutekommende Fähigkeiten wie Begabung, Allgemeinwissen, Lebenserfahrung und allgemeine Ausbildung. Fachliche Leistung bedeutet Fachwissen, Fachkönnen und Bewährung im Fach. Eignung im engeren Sinne erfasst insbesondere Persönlichkeit und charakterliche Eigenschaften, die für ein bestimmtes Amt von Bedeutung sind[941].

Die Ermittlung des – gemessen an diesen Kriterien der Eignung, Befähigung und fachlichen Leistung – am besten geeigneten Bewerbers hat nach neuerer Rechtsprechung grundsätzlich immer in Bezug auf das konkret angestrebte Statusamt zu erfolgen[942]. Trotz aller Kritik[943] ist dieser Ansicht zuzustimmen. Denn dann, wenn es um den Leistungsvergleich betreffend der möglichen Vergabe eines höherwertigen Amtes geht, ist dieses höherwertige Amt im statusrechtlichen Sinn der Vergleichspunkt. Sofern der Dienstherr die Bedeutung bestimmter einzelner Fähigkeiten und Merkmale für den konkreten Dienstposten hervorheben will, steht ihm die Möglichkeit offen, ein konstitutives Anforderungsprofil festzulegen

940 BVerwG, U.v. 17.8.2005, 2 C 37/04, BVerwGE 124, 99, juris Rn. 18 f.; B.v. 20.6.2013, 2 VR 1.13, ZTR 2013, 587, juris Rn. 18; U.v. 4.11.2010, 2 C 16.09, BVerwGE 138, 102 , juris Rn. 46; BVerfG, B.v. 4.7.2018, 2 BvR 1207/18, NVwZ-RR 2018, 833, juris Rn. 9; B.v. 16.12.2015, 1 BvR 1958/13, BVerfGE 141, 56 juris Rn. 58.

941 BVerfG, B.v. 20.4.2004, 1 BvR 838/01, BVerfGE 110, 304, juris Rn. 67; Jarass in Jarass/Pieroth, GG, Art. 33 Rn. 18.

942 BVerwG, B.v. 20.6.2013, 2 VR 1.13, BVerwGE 147, 20, juris Rn. 28; B.v. 19.12.2014, 2 VR 1.14, IÖD 2015, 38, juris Rn. 25; BVerfG, B.v 7.3.2013, 2 BvR 2582/12, IÖD 2013, 98, juris Rn. 16; Jarass in: Jarass/Pieroth, Art. 33 Rn. 19; Kuhla in: BeckOK VwGO, § 123 Rn. 93 c f.; Kuhla, FS Kirchberg, 477/495 f.; ausdrücklich ablehnend: SächsOVG, B.v. 21.1.2016, 2 B 327/15, juris Rn. 13 f.

943 Bracher, DVBl 2018, 65/67 ff.; von Roetteken, ZBR 2015, 151/158 ff.

oder bestimmte Fähigkeiten erst im Rahmen des Leistungsvergleichs zu betonen. Insoweit gewinnt dabei der konkrete Dienstposten Bedeutung[944]:

Die Kriterien der Eignung, Befähigung und fachlichen Leistung können vom Dienstherrn für den Aufgabenbereich eines Amtes durch die Festlegung eines Anforderungsprofils bereits im Vorfeld der Auswahlentscheidung konkretisiert werden[945]. Der Dienstherr kann vorab bestimmen[946], welche Anforderungen von allen Bewerbern zwingend erwartet werden (konstitutives Anforderungsprofil[947]) und welche Kriterien zwar nicht notwendig für eine Einbeziehung in das Auswahlverfahren sind, bei gleicher Eignung der Bewerber aber maßgeblich berücksichtigt werden (deskriptives Anforderungsprofil[948])[949]. Dabei ist die Festlegung eines konstitutiven Anforderungsprofils nur ausnahmsweise zulässig[950]. Im Rahmen des Vergleichs der dienstlichen Beurteilungen können bei einem Gleichstand der Leistungen die auf den Dienstposten bezogenen Einzelmerkmale wiederum eine besondere Bedeutung gewinnen[951]. Auszuwählen ist der Be-

---

944 Soweit in der neueren Rechtsprechung des Bundesverwaltungsgerichts (BVerwG, B.v. 20.6.2013, 2 VR 1.13, BVerwGE 147, 20, juris Rn. 28; B.v. 19.12.2014, 2 VR 1.14, IÖD 2015, 38, juris Rn. 25; BVerfG, B.v 7.3.2013, 2 BvR 2582/12, IÖD 2013, 98) eine Abkehr (vgl. Bracher, DVBl 2018, 65/67 ff.; von Roetteken, ZBR 2015, 151/158 ff.) von der bisher in der Rechtsprechung vertretenen Ansicht gesehen wird, die Auswahl an den Anforderungen des konkreten Amtes auszurichten, muss aber konstatiert werden, dass das Bundesverwaltungsgericht die Prüfungsreihenfolge – Leistungsvergleich anhand des Gesamtergebnisses, bei Gleichstand können auf das konkrete Amt bezogene Einzelmerkmale besonders gewichtet werden – unverändert gelassen hat (BVerwG, B.v. 20.6.2013, a.a.O., juris Rn. 46; B.v. 19.12.2014, a.a.O., juris Rn. 35 ff.). Die neuere Rechtsprechung gewinnt damit nur für die Zulässigkeit eines konstitutiven Anforderungsprofils an Bedeutung.

945 BVerfG, B.v. 16.12.2015, 2 BvR 1958/13, BVerfGE 141, 56, juris Rn. 32; B.v. 7.3.2015, 2 BvR 2582/12, NVwZ 2013, 1603, juris Rn. 16; B.v. 24.7.2014, 2 BvR 816/14, NVwZ 2015, 523, juris Rn. 11.

946 Dafür bietet sich die Stellenausschreibung an. Bei einem großen Personalkörper mit spezifischen Dienstposten kann sich auch die Festlegung in Richtlinien anbieten.

947 Siehe E I 1.

948 Siehe E I 2.

949 BVerwG, B.v. 19.12.2014, 2 VR 1/14, IÖD 2015, 38, juris Rn. 37; B.v. 20.6.2013, 2 VR 1.13, BVerwGE 147, 20, juris Rn. 49.

950 BVerwG, B.v. 20.6.2013, 2 VR 1.13, BVerwGE 147, 20, juris Rn. 28, 31 ff.; Lorse, ZBR 2014, 289/292 f.; BeckOK VwGO, § 123 Rn. 93 e.

951 BVerwG, B.v. 20.6.2013, 2 VR 1.13, BVerwGE 147, 20, juris Rn. 48 f.; Lorse, ZBR 2014, 289/294 ff. mit Rechtsprechungsbeispielen; BeckOK VwGO, § 123 Rn. 23 g.

werber, von dem der Dienstherr im Rahmen einer Prognose erwarten darf, dass er in der Zukunft den Anforderungen des konkret zu besetzenden Amtes am besten entspricht[952]. Der dabei dem Dienstherrn eröffnete Beurteilungsspielraum unterliegt einer nur begrenzten gerichtlichen Kontrolle[953]. Beim Vergleich der Bewerber nach dem Leistungsprinzip (Art. 33 Abs. 2 GG) kommt dem Dienstherrn ein Beurteilungsspielraum zu, der nur eingeschränkt durch die Gerichte überprüfbar ist. Bei einem Leistungsgleichstand besteht für den Dienstherrn ein Ermessensspielraum, welchen Bewerber er auswählt[954].

4. Erforderlichkeit eines Auswahlverfahrens

Um den Leistungsgrundsatz bei der Bewerberauswahl (Art. 33 Abs. 2 GG) zur Geltung zu bringen, bedarf es eines entsprechenden Auswahlverfahrens. Denn gerade eine Besetzungsentscheidung ist in ihrem Kern verfahrensbezogen. Jeder Bewerber um ein öffentliches Amt kann sich auf einen Bewerbungsverfahrensanspruch als grundrechtsgleiches Recht (Art. 33 Abs. 2 i.V.m. Art. 19 Abs. 4 GG) berufen. Dieses hat zum Inhalt, dass über die Bewerbung eines Beamten nur unter Leistungsgesichtspunkten zu befinden ist[955]. Daher ist die Gestaltung des Auswahlverfahrens von ausschlaggebender Bedeutung für die Geltung des Leistungsprinzips. Das Auswahlverfahren muss so gestaltet sein, dass es der Durchsetzung des Leistungsprinzips am besten dient.

Aus Art. 33 Abs. 2 GG folgt keine Vorgabe, in welcher konkreten Form die Auswahlentscheidung zu erfolgen hat. Maßgeblich ist insoweit ausschließlich, dass eine leistungsbezogene Auswahlentscheidung erfolgt. Nicht unmittelbar leistungsbezogene Kriterien dürfen erst nach Ausschöpfung von leistungsbezogenen Erkenntnissen herangezogen werden. Einfachgesetzlich ist das Auswahlverfahren für den Geltungsbereich des Leis-

---

952 Conrad in: Weiß/Niedermaier/Summer/Zängl, Beamtenrecht, Art. 16 LlbG Rn. 15.

953 BVerfG, B.v. 7.3.2015, 2 BvR 2582/12, NVwZ 2013, 1603, juris Rn. 16; Jarass in: Jarass/Pieroth, Art. 33 Rn. 19; Conrad in: Weiß/Niedermaier/Summer/Zängl, Beamtenrecht, Art. 16 LlbG Rn. 12; kritisch: Riecker, ZBR 1997, 180/181 – Gerichte übten zu große Zurückhaltung bei der materiellen Kontrolle von Auswahlentscheidungen.

954 Schenke, DVBl 2015, 137/142; Weckmann, 1. Kapitel I 1 b aa 2, 3 S. 54 ff.

955 vgl. nur: BVerwG, U.v. 4.11.2010, 2 C 16/09, BVerwGE 138, 102, juris Rn. 21.

tungslaufbahngesetzes[956] in Art. 16 LlbG gesetzgeberisch konkret als mehrstufiges Verfahren vorgegeben.

a) Mehrstufiges Verfahren

Ein mehrstufiges Verfahren bietet die größte Gewähr, das Leistungsprinzip am besten durchzusetzen. Bei einem einstufigen Verfahren besteht die Gefahr, dass durch die Zusammenfassung in einem Prüfungsschritt keine transparente, nachvollziehbare Entscheidung getroffen wird. Denn in dem einzigen Prüfungsschritt erfolgt eine komplexe Ein- und Bewertung der einzelnen Leistungsgesichtspunkte. Angesichts des dem Dienstherrn zustehenden Beurteilungsspielraums besteht die Gefahr, dass diese Prüfung unübersichtlich und intransparent wird. Anders ist das bei einem mehrstufigen Verfahren, bei dem einzelne Prüfungsschritte nacheinander abgearbeitet werden. Die schrittweise Bearbeitung der einzelnen Prüfungspunkte führt zu einem transparenten Verfahren, das vom unterlegenen Bewerber wie auch von den Gerichten nachvollzogen werden kann. Der Dienstherr hat damit eine praxistaugliche Methode an der Hand, mit der Fehler vermieden werden können. Denn die einzelnen Schritte des abgestuften Verfahrens zeigen der Personalverwaltung auf, welche einzelnen Auswahlkriterien abgeprüft werden müssen.

b) Prüfungsschema

Es hat sich in der Rechtsprechung folgendes Prüfungsschema herausgebildet, das nicht nur bei der Besetzungsentscheidung hinsichtlich konkreter Stellen, sondern auch bei der Erstellung von Beförderungsreihungen[957] gilt:

956 Art. 1 des Gesetzes über die Leistungslaufbahn und die Fachlaufbahnen der bayerischen Beamten und Beamtinnen (LlbG)

957 BVerwG, U.v. 30.6.2011, 2 C 19.10, BVerwGE 140, 83, juris Rn. 14 ff.; Lindner, RiA 2012, 10/13 f.

aa) Konstitutives Anforderungsprofil

In der ersten Phase des Auswahlprozesses werden die Beamten aus dem Bewerberfeld ausgeschlossen, die ein – zulässigerweise aufgestelltes – konstitutives Anforderungsprofil nicht erfüllen. Da ein konstitutives (oder zwingendes) Anforderungsprofil einen Beamten von der Teilnahme am Leistungsvergleich ausschließt, ist es erforderlich, dass ein solches Anforderungsprofil nur festgelegt werden darf, wenn die Aufgaben eines Dienstpostens zwingend besondere Kenntnisse oder Fähigkeiten voraussetzen, die ein Laufbahnbewerber regelmäßig nicht mitbringt und sich in angemessener Zeit auch nicht verschaffen kann[958][959].

bb) Dienstliche Beurteilung

Dabei betont die Rechtsprechung, dass für die Auswahl in erster Linie die dienstlichen Beurteilungen der Konkurrenten heranzuziehen sind[960]. Damit ist zu überlegen, inwieweit eine Auswahlentscheidung für ein konkret zu besetzendes Amt mit dessen Aufgabenbereich (die möglicherweise sogar zur Festlegung eines Anforderungsprofils geführt haben) mit Blick auf die dienstlichen Beurteilungen, die einen Leistungsvergleich und eine Eignungsprognose in Bezug auf das vom Beamten innegehabte statusrechtliche Amt zum Inhalt haben, sachgerecht erfolgen kann. Das sieht von Roetteken[961] kritisch. Dieser scheinbare Widerspruch ist aber in der Weise aufzulösen, dass die Auswahlentscheidung in einem gestuften Verfahren durchgeführt wird. Grundsätzlich hat die Auswahl des gemessen am Leistungsprinzip (Art. 33 Abs. 2 GG) am besten geeigneten Bewerbers in Bezug auf das konkret angestrebte Statusamt zu erfolgen[962]. Dabei werden die

958 BVerwG, B.v. 20.6.2013, 2 VR 1.13, BVerwGE 147, 20, juris Rn. 28; B.v. 19.12.2014, 2 VR 1.14, IÖD 2015, 38, juris Rn. 25.

959 Siehe hierzu auch E I 1.

960 BVerwG, U.v. 17.8.2005, 2 C 37/04, BVerwGE 124, 99, juris Rn. 18 f.; B.v. 20.6.2013, 2 VR 1.13, ZTR 2013, 587, juris Rn. 18; U.v. 4.11.2010, 2 C 16.09, BVerwGE 138, 102 , juris Rn. 46; BVerfG, B.v. 4.7.2018, 2 BvR 1207/18, NVwZ-RR 2018, 833, juris Rn. 9; B.v. 16.12.2015, 1 BvR 1958/13, BVerfGE 141, 56 juris Rn. 58; Steiner, BayVBl 2017, 505/507; Wagner, ZBR 2007, 249/252.

961 von Roetteken, ZBR 2012, 230/231 ff.

962 BVerwG, B.v. 20.6.2013, 2 VR 1.13, BVerwGE 147, 20, juris Rn. 28; B.v. 19.12.2014, 2 VR 1.14, IÖD 2015, 38, juris Rn. 25; Jarass in: Jarass/Pieroth, Art. 33 Rn. 19; BeckOK VwGO, § 123 Rn. 93 c.

Anforderungen des konkreten Dienstpostens gegebenenfalls auf den späteren Stufen des Auswahlverfahrens mit einbezogen[963].

Die dienstlichen Beurteilungen sind statusamtsbezogen. Sie beziehen sich in ihrem Vergleichsmaßstab auf das abstrakte Amt und nicht auf eine konkret übertragene Stelle[964]. Im Zeitpunkt ihrer Erstellung ist jedoch noch nicht absehbar, ob und für welches Amt sich der beurteilte Beamte bewirbt[965]. Aufgrund des einheitlichen Beurteilungsmaßstabs und der einheitlichen Beurteilungszeitpunktes stellen sie ein dem Leistungsprinzip in erster Linie entsprechendes Mittel zum Vergleich der Leistung und Befähigung der Beamten dar. Da nach dem Laufbahnprinzip ein Beamter aufgrund seiner Befähigung für eine bestimmte Laufbahn regelmäßig als geeignet angesehen wird, jedenfalls diejenigen Dienstposten auszufüllen, die seinem Statusamt entsprechen oder dem nächsthöheren Statusamt zugeordnet sind[966], ist es geboten, in einer ersten Stufe des Leistungsvergleichs die dienstlichen Beurteilungen der Konkurrenten bezogen auf das innegehabte Amt im abstrakt-funktionellen Sinn heranzuziehen. In dieser ersten Stufe des Leistungsvergleichs stehen die spezifisch tätigkeitsbezogenen Merkmale der angestrebten Stelle – sofern der Dienstherr diese als maßgeblich für eine Auswahlentscheidung angegeben hat – (noch) nicht im Vordergrund. Vielmehr werden alle Beamten derselben Laufbahn mit ihrer Beurteilung in den Leistungsvergleich einbezogen.

Der Dienstherr, dem bei der Auswahl mehrerer Bewerber im Rahmen des Leistungsprinzips ein Beurteilungsspielraum eingeräumt ist, hat dabei ein Auswahlverfahren zu praktizieren, dass dem Leistungsprinzip (Art. 33

---

963 so auch Kuhla in: BeckOK VwGO, § 123 Rn. 93 d ff.

964 Das gilt – beispielhaft – auch mit Blick auf die Verwaltungsvorschrift des Justizministeriums über die dienstliche Beurteilung von Richterinnen und Richtern und Staatsanwältinnen und Staatsanwälten des Landes Baden-Württemberg (VwVBRL-LRiStAG) vom 11. September 2015, Die Justiz 2015, 255: Dort ist in Anlage 3 als Gesamturteil jeweils nicht nur bestimmt, dass in dem Endprädikat angegeben ist, in welcher Weise das ausgeübte Amt ausgefüllt wird, sondern auch angegeben ist, in welcher Weise zu erwarten ist, dass die Anforderungen des angestrebten Amtes erfüllt werden. Denn Grundlage für diese Prognose sind die bei der Tätigkeit in dem übertragenen statusrechtlichen Amt gezeigten Leistungen, vgl. Nr. 2.6.1 VwVBRL-LRiStAG für die periodischen Beurteilungen und auch 3.7 VwVBRL-LRiStAG für Anlassbeurteilungen.

965 OVG Bremen, B.v. 22.9.2016, 2 B 123/16, NVwZ-RR 2017, 294, juris Rn. 42 f.; dem folgend NdsOVG, B.v. 1.12.2016, 5 ME 153/16, ZBR 2017, 268, juris Rn. 44; B.v. 3.1.2017, 5 ME 157/16, ZBR 2017, 274, juris Rn. 64.

966 BVerwG, B.v. 20.6.2013, 2 VR 1.13, BVerwGE 147, 20, juris Rn. 28; B.v. 19.12.2014, 2 VR 1.14, IÖD 2015, 38.

Abs. 2 GG) am ehesten zur Wirkung verhilft. Das ist ein Verfahren, bei dem von Stufe zu Stufe immer weiter verengend ein Leistungsvergleich jeweils schärfer auf die Anforderungen der konkret zu besetzenden Stelle bezogen durchgeführt wird[967]. Die Anforderungen des konkret zu vergebenden Amtes sind nicht nur diejenigen, die für die konkrete Funktion von besonderer Bedeutung sind. Die dienstlichen Beurteilungen beziehen in ihre Bewertung ein Bündel von Einzelmerkmalen ein, die für die abstrakten Ämter einer Besoldungsgruppe innerhalb einer Laufbahn bedeutsam sind. Vielfach sind die Anforderungen an ein konkretes Amt auch nicht so spezifisch, dass gerade einem Merkmal eine besondere Bedeutung zukommt. Vielmehr werden die Anforderungen des konkreten Dienstpostens weitgehend deckungsgleich mit den durch die dienstlichen Beurteilungen erfassten Leistungs- und Eignungsmerkmalen sein. Insofern ist es gerechtfertigt, dienstliche Beurteilungen auch zum Leistungsvergleich für die Vergabe eines konkreten Postens heranzuziehen[968].

Grundvoraussetzung ist, dass die Beurteilungen miteinander vergleichbar sind. Das bedingt, dass das gewählte Beurteilungssystem gleich sein muss sowie dass die bei der Beurteilung zur Anwendung kommenden Beurteilungsrichtlinien, -merkmale und -maßstäbe wie Punkteskalen gleichmäßig auf alle Beamte angewendet werden, die miteinander konkurrieren. Ihre Funktion als wesentliches Vergleichsmittel erhalten dienstliche Beurteilungen erst im Vergleich zu den Bewertungen der anderen Bewerber. Um zu einer objektiven Bewertung zu führen und um die Vergleichbarkeit der Beurteilungen zu gewährleisten, muss so weit wie möglich gleichmäßig verfahren werden. Die Beurteiler müssen ihrer Bewertung denselben Begriffsinhalt der Einzelurteile (Punktewerte) zugrunde legen und diese mit demselben Aussagegehalt verwenden. Das gilt insbesondere für das die Beurteilungen abschließende Gesamturteil[969].

Wenn dienstliche Beurteilungen im selben Beurteilungssystem erstellt worden sind, sind sie ohne weiteres miteinander vergleichbar. Der Einwand, dass bei gleichem Beurteilungssystem in unterschiedlichen Verwaltungsbereichen („Ressorts") dieses System mit voneinander abweichenden Beurteilungsmaßstäben gehandhabt werde, muss das im Einzelfall anhand

967 Bildlich ausgedrückt mag man sich eine Abfolge immer höherer Hürden vorstellen, die einige Kandidaten überwinden, andere nicht. Der am besten für die Stelle geeignete Bewerber ist derjenige, der als einziger eine Hürde überwindet.

968 a.A. von Roetteken, ZBR 2012, 230/233 ff.

969 BVerwG U.v. 27.2.2003, 2 C 16.02, NVwZ 2003, 1397, juris Rn. 13; BayVGH B.v. 6.11.2007, 3 CE 07.2163, juris Rn. 41 f.

von entsprechenden Vorgaben oder Verlautbarungen der Beurteiler belegt werden. Die bloße Tatsache, dass in einem Ressort Spitzenbewertungen in einer Beurteilungsrunde nicht vergeben wurden, rechtfertigt nicht die Annahme eines abweichenden Beurteilungsmaßstabs. Vielmehr kann das auf der Einschätzung des generellen Leistungsniveaus durch den Beurteiler beruhen[970]. Soweit ressortspezifische Richtwertvorgaben bestehen, muss für die ausnahmsweise Annahme unterschiedlicher Beurteilungsmaßstäbe im selben Beurteilungssystem plausibel und nachvollziehbar dargelegt werden, dass für einen Bewerber eine ungünstigere Richtwertvorgabe zur Anwendung gekommen sei, die zu einer fehlenden Vergleichbarkeit der Beurteilungsergebnisse führt[971]. Dabei ist auch zu berücksichtigen, dass das Leistungsprinzip (Art. 33 Abs. 2 GG) nicht fordert, auch kleinste Unterschiede mit zu bewerten. Denn bei der Auswahlentscheidung handelt es sich um einen Akt der Bewertung, der einer vollständigen gerichtlichen Kontrolle entzogen ist.

Sind Beurteilungen in verschiedenen Beurteilungssystemen erstellt, müssen die erzielten Gesamtprädikate aus einem System in ihre Wertigkeit in das andere System übertragen werden. Die Personalverwaltung muss die unterschiedlichen Maßstäbe und Beurteilungsprädikate bewertend würdigen und „auf ein vergleichbares Level transformieren"[972].

(1) Erste Stufe: Vergleich der Endurteile

Ein Gesamtvergleich aller Bewerber zunächst nach dem Gesamturteil der dienstlichen Beurteilungen nimmt zwar alle Bewerber einer Laufbahn in den Blick und (noch) nicht die spezifischen Anforderungen der zu besetzenden Stelle als entscheidenden Gesichtspunkt. Würden bereits auf der ersten Stufe des Leistungsvergleich allein die spezifischen Anforderungen der Stelle als ausschlaggebend herangezogen, dann würde die Bandbreite der dienstlichen Leistungsfähigkeit der Bewerber, wie sie im Gesamturteil zum Ausdruck kommt, nicht zur Wirkung kommen können. Individuelle Leistungsunterschiede in den einzelnen Beurteilungsmerkmalen finden im Gesamturteil der dienstlichen Beurteilung eine alle Einzelmerkmale betrachtende, abrundende Gesamtbewertung der Leistung und Befähigung.

---

970 BayVGH, B.v. 14.8.2014, 3 CE 14.377, juris Rn. 30 f.
971 BayVGH, B.v. 14.8.2014, 3 CE 14.377, juris Rn. 33.
972 BayVGH, B.v. 14.8.2014, 3 CE 14.377, juris Rn. 27; B.v. 6.11.2007, 3 CE 07.2163, juris Rn. 44.

Ein Defizit in einem Einzelmerkmal kann durch besonders gute Ergebnisse in einem anderen Einzelmerkmal so ausgeglichen und möglicherweise überlagert werden, dass die geringere Leistung in einem Einzelpunkt in der Gesamtbewertung zurücktritt. Daher ist es unter Leistungsgesichtspunkten zwingend, zunächst das Gesamturteil als Vergleichsmittel heranzuziehen. Denn das Gesamturteil stellt eine wertende Gesamtbetrachtung der Leistung des beurteilten Beamten im Vergleich mit den anderen Beamten derselben Laufbahn und Besoldungsgruppe dar. Sie gibt ein Gesamtbild der dienstlichen Leistung und Eignung vor.

(2) Zweite Stufe: Betrachtung der Einzelmerkmale – inhaltliche Ausschöpfung

Ergibt sich ein im Wesentlichen gleiches Gesamturteil, sind die Einzelmerkmale der dienstlichen Beurteilungen miteinander zu vergleichen[973]. Auf dieser Basis muss geklärt werden, ob sich nach den einzelnen Beurteilungsmerkmalen die Beurteilungen der Bewerber im Gesamtergebnis unterscheiden. Denn ein gleiches Gesamturteil kann sich so darstellen, dass ein Bewerber die Bewertungsstufe gerade noch erreicht hat, während ein anderer diese als im mittleren Leistungsbereich liegend erfüllt, ein anderer Bewerber das Gesamturteil sehr gut erfüllt und gerade noch nicht das bessere Gesamtprädikat erhalten hat. Diese Abstufungen ergeben sich aus einem Vergleich der Einzelmerkmale der dienstlichen Beurteilungen, die hierüber Auskunft geben. Das wird auch als „inhaltliche Ausschöpfung" oder „inhaltliche Ausschärfung"[974] bezeichnet. Allerdings muss zuvor festgestellt werden, dass wesentlich gleiche Gesamtergebnisse nach den Gesamturteilen der dienstlichen Beurteilungen vorliegen[975]. Angesichts der Bedeutung der dienstlichen Beurteilungen als primäres Vergleichsmittel

---

973 BayVGH, B.v. 17.5.2013, 3 CE 12.2469, BayVBl 2014, 84, juris Rn. 32 – als Verpflichtung unter Berufung auf BVerwG, U.v. 27.2.2003, 2 C 16.02, NVwZ 2003, 1397, juris Rn. 13.

974 BVerwG, U.v. 20.6.2013 , 2 VR 1.13, BVerwGE 147, 20, juris Rn. 47, 56; OVG NW, B.v. 23.1.2015 , 6 B 1365/14 , juris Rn. 4, HessVGH, B.v. 16.4.2020, 1 B 2734/18, juris Rn. 61; Bodanowitz in: Schnellenbach/Bodanowitz, Dienstliche Beurteilung, B Rn. 260; Weisel, DÖD 2012, 193.

975 BVerfG, B.v. 4.10.2012, 2 BvR 1120/12, NVwZ 2013, 573, juris Rn. 16 – nicht nur schematische Betrachtung der Gesamturteile, wenn für einen Bewerber ein Leistungsvorsprung konstatiert ist.

ist deren inhaltliche Ausschöpfung nicht nur als Möglichkeit[976] anzusehen, sondern als Verpflichtung[977], bevor auf andere, außerhalb der dienstlichen Beurteilung stehende Vergleichsmittel abgestellt wird.

cc) Dienstpostenbezogene Vorgaben im Einzelfall – „Deskriptives Anforderungsprofil"

Die konkreten Anforderungen des zu vergebenden Amtes werden auf einer zweiten Stufe berücksichtigt. Wenn bei der Besetzung eines Dienstpostens spezifische Anforderungen des Postens von herausragender Bedeutung sind, so kann auch einem Bewerber, der nicht das beste Gesamturteil des Bewerberfeldes aufweist, dennoch der Vorrang eingeräumt werden. Das setzt voraus, dass die Stelle spezifische Anforderungen stellt und ein Bewerber für diese voraussichtlich in besonderem Maße geeignet ist. Auch diese Entscheidung muss sich in erster Linie auf Beurteilungen stützen[978]. Denn nur dienstliche Beurteilungen überblicken die dienstliche Leistungsfähigkeit über einen längeren Zeitraum unter Zugrundelegung vergleichbarer Maßstäbe.

Der Dienstherr kann bestimmen, ob und gegebenenfalls welche einzelnen Anforderungen an den Dienstposten ihm so wichtig erscheinen in dem Sinn, dass sie gegenüber den übrigen Anforderungen von herausragender Bedeutung sind, sodass deren Erfüllung ein gegenüber den übrigen Einzelmerkmalen der dienstlichen Beurteilung entsprechend herausgehobenen Gewicht beizumessen ist. Insoweit steht dem Dienstherrn bei der Frage, ob und welchen einzelnen Anforderungen er ein besonderes Gewicht beimessen will, ein Ermessen zu. Eine Pflicht, alle Einzelmerkmale gleich zu gewichten und sie dann im Wege des Notenstufenvergleichs gegeneinander aufzusummieren, besteht für den Dienstherrn ebenso wenig wie die Verpflichtung zu einer bestimmten Gewichtung einzelner Merkmale, wenn dies die gleichmäßig anzuwendenden Beurteilungsrichtlinien nicht vorsehen. Das dem Dienstherrn zustehende Organisations- und Auswahlermessen beim Rückgriff auf Einzelmerkmale einer dienst-

---

976 In diese Richtung: BVerfG, B.v. 4.10.2012, 2 BvR 1120/12, NVwZ 2013, 573, juris Rn. 13.

977 BayVGH, B.v. 17.5.2013, 3 CE 12.2469, BayVBl 2014, 84, juris Rn. 32; so auch Weisel, DÖD 2012, 193/196 f.

978 BVerwG, B.v. 28.9.2011, 2 VR 3/11, NVwZ-RR 2012, 71, juris Rn. 25; BayVGH, B.v. 28.4.2016, 3 CE 16.583, juris Rn. 29.

lichen Beurteilung ist nur daraufhin überprüfbar, ob die Grenzen des Ermessens überschritten sind oder von dem Ermessen in einer dem Zweck der Ermächtigung nicht entsprechenden Weise Gebrauch gemacht worden ist[979]. Dabei ist allerdings darauf zu achten, dass die besondere Bedeutung eines solchen Merkmals für die Auswahlentscheidung nachvollziehbar dargestellt und gewährleistet wird, dass auch die übrigen Merkmale berücksichtigt werden und dies zuvor durch ein auf alle Beamten gleichmäßig angewandtes System festgelegt wird[980]. Denn die Auswahl nach dem Leistungsprinzip bedingt, dass nicht nur eine relevante Leistungseigenschaft berücksichtigt wird. Auch wenn ein Leistungsmerkmal für eine konkrete Stelle besonders wichtig sein mag, kann diesem eine besondere Bedeutung bei der Auswahl beigemessen werden. Da es sich bei den Beamtenstellen um Ämter einer Laufbahn handelt, muss auch die allgemeine Laufbahnbefähigung berücksichtigt werden. Dabei dürfen die allgemeinen Leistungsmerkmale eines einem bestimmten Amt zugeordneten Postens einer Laufbahn nicht aus dem Blick verloren werden.

Werden für einen Dienstposten besonders bedeutsame Leistungseigenschaften durch einen Bewerber in einem im Vergleich zu den anderen Bewerbern herausragenden Maß erfüllt, so kann ein Rückstand im Beurteilungsergebnis ausgeglichen („kompensiert“)[981] oder sogar überholt („überkompensiert“)[982] werden. Voraussetzung hierfür ist, dass der Dienstherr eine bestimmte Leistungseigenschaft von vornherein mit einem besonderen Gewicht ausstattet. Das erfolgt in der Regel durch die Festlegung eines deskriptiven oder beschreibenden Anforderungsprofils. An dieses Anforderungsprofil ist der Dienstherr aber gebunden und darf davon im Lauf der Auswahlentscheidung nicht abweichen. Ansonsten setzt er sich zu den von ihm selbst gestellten Anforderungen in Widerspruch[983].

Wenn mitunter formuliert wird, dass beschreibende Anforderungsprofile häufig nicht unbedingt ausdrücklich formuliert werden müssten, denn vielfach ergebe sich „das beschreibende oder auch allgemeine Anforde-

---

979 BayVGH, B.v. 28.4.2016, 3 CE 16.583, juris Rn. 29; NdsOVG, B.v. 25.2.2016, 5 ME 217/15, juris Rn. 15; OVG NW, B.v. 8.11.2004, 1 B 1387/04, juris Rn. 28; OVG RhPf., B.v. 10.9.2013, 2 B 10781/13, juris Rn. 23.

980 OVG RhPf., B.v. 10.9.2013, 2 B 10781/13, juris Rn. 23.

981 BayVGH, B.v. 8.8.2007, 3 CE 07.1050, ZBR 2008, 53, juris Rn. 33; B.v. 6.8.2007, 3 CE 07.1498, juris Rn. 29 f.

982 BayVGH, B.v. 24.4.2009, 3 CE 08.3152, juris Rn. 32, 58.

983 BVerwG, B.v. 19.12.2014, 2 VR 1/14, IÖD 2015, 38, juris Rn. 37; B.v. 20.6.2013, 2 VR 1.13, BVerwGE 147, 20, juris Rn. 49; U.v. 16.8.2001, 2 A 3/00, BVerwGE 115, 58, juris Rn. 32.

rungsprofil ohne weiteres aus dem angestrebten Statusamt"[984], ist das abzulehnen. Denn das entspricht nicht dem Postulat einer nachvollziehbaren und transparenten Besetzungsentscheidung. Will der Dienstherr bestimmten Leistungseigenschaften in Bezug auf einen konkreten Dienstposten eine besondere Bedeutung beimessen, so hat er das zuvor allen Bewerbern deutlich erkennbar zu machen. Das kann entweder in der Stellenausschreibung durch Benennung eines deskriptiven Anforderungsprofils erfolgen oder durch eine entsprechende Beschreibung in Richtlinien. Die Annahme „ungeschriebener" Anforderungsprofile macht die Besetzungsentscheidung anfällig für Manipulationen im Sinn einer Ämterpatronage. Lässt man ungeschriebene deskriptive Anforderungsprofile zu, dann ist es dem Dienstherrn möglich, bei der Auswahlentscheidung einzelnen Leistungsmerkmalen den Vorrang einzuräumen, ohne dass das von vornherein transparent und erkennbar gemacht wurde. Denn ob sich der besondere Vorrang einzelner Leistungselemente „ohne weiteres aus dem angestrebten Statusamt ergibt", mag dem Dienstherrn offensichtlich sein, nicht aber den Bewerbern.

Im Auswahlvermerk muss der Dienstherr bzw. die für diesen handelnde Personalverwaltung nachvollziehbar und anhand der einzelnen Beurteilungsmerkmale belegt darstellen, dass ein Bewerber die für eine bestimmte Stelle als besonders bedeutsam hervorgehobenen Einzelmerkmale besser füllt als die anderen Bewerber. Das bedingt einen erheblichen Begründungsaufwand. Je sorgfältiger im Auswahlvermerk formuliert ist, umso schwieriger ist es für einen unterlegenen Bewerber zu argumentieren, dass dem Dienstherrn insoweit ein Bewertungsfehler bei der Auswahlentscheidung unterlaufen ist. Entsprechend ist die Überprüfung durch das Verwaltungsgericht bei einer sorgfältigen, transparenten und an den maßgeblichen Kriterien anknüpfenden Begründung im Auswahlvermerk eher wenig problematisch und wenig aufwändig[985].

---

984 BayVGH, B.v. 5.8.2014, 3 CE 14.771, juris Rn. 35.

985 Wird dagegen über viele Seiten eines umfangreichen Auswahlvermerks die dienstliche Entwicklung der Konkurrenten geschildert und die wesentlichen Auswahlkriterien nur gestreift, so bietet eine solche Argumentation einem Antragsteller im gerichtlichen Verfahren hinreichend Ansatzpunkte für die Argumentation, dass rechtlich relevante Fehler bei der Auswahlentscheidung vorliegen.

(1) Gesetzliche Regelungen

Gesetzliche Vorgaben für die vorrangige Heranziehung einzelner Beurteilungsmerkmale bei ansonsten gleicher Bewertung sind eher selten zu finden. Denn solche relativ detaillierten Regelungen werden vorrangig von der Verwaltung in Ausübung des dem Dienstherrn zustehenden Organisationsermessens festgelegt.

Das Gesetz über die Leistungslaufbahn und die Fachlaufbahnen der bayerischen Beamten und Beamtinnen (Leistungslaufbahngesetz/LlbG) enthält relativ detaillierte Regelungen u.a. über die Auswahl wie auch das Beurteilungswesen. Mit diesem Gesetz wurde die Aufteilung der laufbahnrechtlichen Vorschriften auf die Festlegung grundlegender Bestimmungen in Gesetzesform und eine Ausfüllung dieser gesetzlichen Vorgaben in untergesetzlichen Regelungen – der Laufbahn-Verordnung – bewusst aufgegeben. Damit sind die Regelungen, die zuvor in der Laufbahn-Verordnung – einer Rechtsverordnung – enthalten waren, bewusst im Rang eines formellen Gesetzes geregelt. Das soll die zentrale Bedeutung unterstreichen, die der bayerische Gesetzgeber den neuen laufbahnrechtlichen Vorschriften beimisst[986].

In Art. 16 Abs. 2 LlbG ist eine gesetzliche Regelung über die Heranziehung bestimmter Einzelmerkmale bei Auswahlentscheidungen enthalten. Sofern im Rahmen der Entscheidung über die Besetzung höherwertiger Dienstposten dienstliche Beurteilungen berücksichtigt werden und sich beim Vergleich der Gesamturteile der Beurteilungen kein Vorsprung einer der Bewerber ergibt, sind die darin enthaltenen Einzelkriterien gegenüber zu stellen (Binnendifferenzierung). In den Sätzen 2 und 3 des Art. 16 Abs. 2 LlbG werden im Gesetz zwei bzw. drei Einzelmerkmale als wesentliche Einzelkriterien benannt, denen jeweils für bestimmte Funktionen[987] bei einem Leistungsvergleich (bei ansonsten bestehendem Beurteilungsgleichstand) ein besonderes Gewicht zukommt[988].

Verfassungsrechtlich können mit Blick auf das Leistungsprinzip (Art. 33 Abs. 2 GG), das hierdurch tangiert werden könnte, aber keine durchgrei-

986 Hüllmantel in: Hüllmantel/Eck/Hoffmeyer/Luber/Weißgerber, LlbG, Vorwort S. VII.

987 Art. 16 Abs. 2 Satz 3 LlbG differenziert nach Führungsfunktion/sachbearbeitender Funktion/Beamte mit Führungsfunktion, die für Sachbearbeitungsaufgaben in Frage kommen/Beamte mit sachbearbeitender Funktion, die für Führungsaufgaben in Frage kommen.

988 vgl. Conrad in: Weiß/Niedermaier/Summer/Zängl, Beamtenrecht, Art. 16 LlbG Rn. 32 ff.

fenden Bedenken angebracht werden. Dem Gesetzgeber kommt genauso wie der Exekutive als Dienstherr ein Gestaltungsspielraum zu. Gerade der legislatorische Gestaltungsspielraum ist weiter gefasst als der exekutive Spielraum des Dienstherrn[989]. Wenn bereits der Gesetzgeber eine Einengung der für die Binnendifferenzierung maßgeblichen Einzelkriterien auf lediglich zwei bzw. drei – von grundsätzlich 14 Einzelmerkmalen (Art. 58 Abs. 3 LlbG) – vornimmt, knüpft das an die jeweils zu erfüllenden Funktionen an. Das ist eine sachgerechte Anknüpfung, da die jeweils in Bezug auf die Funktion im Vordergrund stehenden Einzelmerkmale herausgestellt werden. Auch die Begrenzung auf zwei bzw. drei Einzelmerkmale verengt die Vergleichsbasis nicht in einer Weise, dass eine Entscheidung nach Leistungsgesichtspunkten nicht mehr möglich wäre. Dabei gilt diese legislatorische Vorentscheidung dann nicht, wenn vom Leistungslaufbahngesetz ausdrücklich zugelassene abweichende Beurteilungssysteme für bestimmte Verwaltungsbereiche gelten (Art. 16 Abs. 2 Satz 5 LlbG)[990].

(2) Vorgaben in Verwaltungsvorschriften

Üblicherweise legen die Dienstherren besondere Merkmale und Eigenschaften, die für bestimmte Dienstposten von besonderer oder herausragender Bedeutung sind, in Verwaltungsvorschriften fest. Denn dabei handelt es sich um sehr detailintensive Regelungen. Das wird in der Regel in dieser Detaildichte nicht in einem formellen Gesetz normiert.

(3) Vorgaben im konkreten Ausschreibungstext

Relativ häufig erfolgen die Vorgaben über besondere Merkmale und Eigenschaften, die für die Aufgabenerfüllung eines bestimmten Dienstposten von besonderer Bedeutung sind, im Ausschreibungstext. Denn dadurch soll ein Bewerberkreis angesprochen werden, sich um den Dienst-

---

989 Der Gesetzgeber ist nach Art. 20 Abs. 3 GG an die verfassungsmäßige Ordnung gebunden, die Verwaltung an Gesetz und Recht, vgl. allgemein hierzu: Jarass in: Jarass/Pieroth, GG, Art. 20 Rn. 51 ff.

990 Art. 64 und 65 LlbG lassen für den Bereich der Richter und Staatsanwälte sowie von Lehrkräften abweichende Regelungen über die dienstlichen Beurteilungen zu.

posten zu bewerben. Spezifische für diese Stelle bedeutsame Merkmale und Eigenschaften werden daher am sinnvollsten an diesem Verfahrenspunkt angegeben, der sich speziell mit der genannten Stelle befasst[991].

(4) Auswahlmethoden

Der Dienstherr kann die Erfüllung stellenspezifischer Merkmale und Eigenschaften durch die einzelnen Bewerber nicht nur über die Auswertung der dienstlichen Beurteilungen vornehmen. Er kann hierfür auch weitere Auswahlmethoden, insbesondere wissenschaftlich fundierte Auswahlverfahren[992] zur Anwendung bringen. Das bietet sich insbesondere dann an, wenn die besonderen Eigenschaften, die auf einem Dienstposten bedeutsam sind, nicht vollständig von den Bewertungsmerkmalen einer dienstlichen Beurteilung erfasst werden. Für den Einsatz der weiteren Auswahlmethoden besteht ein Ermessensspielraum des Dienstherrn. Allerdings muss darauf geachtet werden, dass aufgrund der Zweckbestimmung der dienstlichen Beurteilungen deren Ergebnis gegenüber den weiteren Auswahlmethoden nicht bedeutungslos wird[993].

dd) Länger zurückliegende Leistungen – Bewährungsvorsprung

Auf einer nächsten Stufe können – bei einem Gleichstand auf den vorherigen Stufen – die länger zurückliegenden Leistungen berücksichtigt werden. Denn sie treffen Aussagen über die Leistungsentwicklung eines Bewerbers. Diese können auch für die voraussichtliche zukünftige Leistungsentwicklung herangezogen werden. Da diese Leistungen aber länger zurückliegen, sind sie nicht auf einer früheren Stufe zu berücksichtigen.

Auch ein Erfahrungsvorsprung oder ein Bewährungsvorsprung wie auch die Verwendungsbreite können hier mit in die Auswahlentscheidung einfließen, wenn ein Bewerber den umstrittenen Dienstposten schon länger

991 Siehe hierzu auch Beispiele in E I 3.

992 z.B. Art. 16 Abs. 1 Satz 4 LlbG, siehe auch E III 1.

993 „zur Marginalie“ wird, vgl. BayVGH, B.v. 17.5.2013, 3 CE 12.2469, BayVBl 2014, 88, juris Rn. 40; B.v. 5.8.2014, 3 CE 14.771, BayVBl 2015, 127, juris Rn. 46; B.v. 8.2.2018, 3 CE 17.2304, RiA 2018, 131, juris Rn. 8; siehe hierzu auch E III 4.

ausfüllt. Welche Merkmale der Dienstherr auf dieser Stufe heranzieht, liegt in seinem Ermessen[994].

ee) Nicht leistungsbezogene Kriterien – „Hilfskriterien"

Ergibt sich immer noch ein Gleichstand, können nicht leistungsbezogene Kriterien („Hilfskriterien"[995]) zur Auswahlgrundlage gemacht werden. Dabei besteht für den Dienstherrn ein weites Ermessen hinsichtlich der Bestimmung des maßgeblichen Einzelkriteriums zu; es muss jedoch sachgerecht sein[996].

Bei im Wesentlichen gleicher Leistung nach einem Vergleich auf früheren Stufen kommen besonders geregelte Vorrangbestimmungen zur Anwendung: So etwa der Vorzug von schwerbehinderten Bewerbern bei im Wesentlichen gleicher Eignung, Befähigung und fachlicher Leistung[997]. Auch der Gesichtspunkt der Erhöhung des Anteils von Frauen in Führungspositionen kann hier einfließen[998].

Schließlich können hier die Kriterien der Länge des Zeitraums, in dem ein bestimmtes Amt innegehabt wurde oder sogar die absolvierte Dienstzeit als solche eingestellt werden. Diese Kriterien sind nicht mehr leistungsbezogen. Ist ein Gleichstand der Bewerber auch bei einer relativ detaillierten Vergleichsstufe nach Leistungskriterien nicht festzustellen, dann ist der Dienstherr berechtigt, auf nicht leistungsbezogene Kriterien abzustellen[999].

---

994 BVerwG, U.v. 30.6.2011, 2 C 19.10, BVerwGE 140, 83, juris Rn. 16.

995 OVG Bremen, B.v. 22.9.2016, 2 B 123/16, NVwZ-RR 2017, 294, juris Rn. 55; Wagner, ZBR 2007, 249/253.

996 OVG LSA, B.v. 24.2.2010, 1 M 36/10, juris Rn. 13 m.w.N.

997 OVG NW, B.v. 7.1.2019, 1 B 1792/18, NVwZ-RR 2019, 378, juris Rn. 28 f.; vgl. als Beispiel für Bayern: Art. 21 Abs. 1 LlbG, Nrn. 4.5, 4.6 der Richtlinien über die Inklusion behinderter Angehöriger des Öffentlichen Dienstes in Bayern (Bayerische Inklusionsrichtlinien – BayInklR), Bekanntmachung des Bayerischen Staatsministeriums der Finanzen und für Heimat vom 29.4.2019 (BayMBl Nr. 165).

998 OVG LSA, B.v. 24.2.2010, 1 M 36/10, juris Rn. 18; Schöbener, BayVBl 2001, 321/330 f.

999 BVerwG, B.v. 22.11.2012, 2 VR 5/12, BVerwGE 145, 112, juris Rn. 36; B.v. 30.6.2011, 2 C 19/10, juris Rn. 20.

5. Strukturelle Begründungsschwierigkeiten

Die von der Rechtsprechung vorgegebene Prüfungsreihenfolge stellt ein klar gegliedertes Prüfungsprogramm dar, das dem Dienstherrn einerseits einen klaren Rahmen hinsichtlich der Abfolge der Prüfung und Einwertung der dienstlichen Beurteilungen sowie eventuell weiterer besonderer Erkenntnismittel in den Leistungsvergleich setzt. Andererseits wird ein weiter Ermessensspielraum anerkannt, wenn aktuelle Erkenntnismittel zu einem Gleichstand der Bewerber führen. Das gilt auch für die Berücksichtigung von nicht leistungsbezogenen Erkenntnissen, wenn sich auf den vorhergehenden Prüfungsebenen ein Gleichstand ergeben hat. Entscheidend für die gerichtliche Kontrolle ist, dass die wesentlichen Auswahlerwägungen deutlich und belegbar wiedergegeben sind.

a) Bezugspunkte des Leistungsvergleichs

Das dargestellte Prüfungsschema (1. „konstitutives Anforderungsprofil“ 2. Leistungsvergleich anhand des Endergebnisses der dienstlichen Beurteilungen, 3. Ausschöpfung der dienstlichen Beurteilungen, 4. Deskriptives Anforderungsprofil, 5. Weitere leistungsbezogene Kriterien, 6. Nicht leistungsbezogene Hilfskriterien) mag ewas starr anmuten, bietet aber den Vorteil eines strukturierten Vorgehens[1000].

Die Dienstherren können sich auf dieses von der Rechtsprechung entwickelte Schema einstellen. Gerade durch eine entsprechende Vorgabe in Richtlinien besteht die Möglichkeit, eine rechtssichere Vorgehensweise zu etablieren.

In den Richtlinien über die Bestellung auf Dienstposten der Bayerischen Polizei[1001] etwa ist das Entscheidungsverfahren bei Stellenbesetzungen detailliert geregelt. Neben organisatorischen Bestimmungen, die etwa die Zuständigkeit und das formale Vorgehen regeln, ist in Ausformung des Leistungsprinzips ausdrücklich statuiert, dass die Auswahl nach einem gestuften Verfahren nach Auswahlebenen erfolgt[1002].

1000 OVG Bremen, B.v. 22.9.2016, 2 B 123/16, NVwZ-RR 2017, 294, juris Rn. 38 ff. - soweit ein Wechsel der Bezugspunkte für die Auswahlentscheidung hinsichtlich der unterschiedlichen Stufen angegeben wird, wirkt das etwas kompliziert.

1001 Bestellungsrichtlinien – RBestPol, vom 26.10.2018, C3-0302.3-2.

1002 Nr. 3.2 RBestPol Bestenauslese: Zur Reihung von Bewerbungen werden die nachfolgend aufgeführten Kriterien, die jeweils eine Auswahlebene darstellen, in der vorgegebenen Reihenfolge berücksichtigt. Ergibt das Kriterium einer

Eine solche detailliert geregelte Vorgehensweise vereinfacht die gerichtliche Überprüfung der Auswahlentscheidung. Denn die maßgeblichen Kriterien sind verbindlich für die Personalverwaltung vorgegeben. Damit lassen sich Fehler, die insbesondere aus der nicht gleichmäßigen Anwendung der Einzelmerkmale resultieren können, weitgehend vermeiden. Außerdem kann so eine einheitliche und transparente Entscheidungspraxis herbeigeführt werden.

b) Vergleichbarkeit der Ämter

Nur wenn die Beurteilungen – in demselben Beurteilungssystem – im gleichen Statusamt erzielt worden sind, sind die Beurteilungsergebnisse ohne weiteres untereinander vergleichbar[1003]. Wird eine Beurteilung in einem höheren Statusamt erzielt, so kann regelmäßig davon ausgegangen werden, dass bei formal gleichem Beurteilungsergebnis das im höheren Statusamt erzielte Ergebnis als höherwertig einzustufen ist. Denn mit einem höheren Amt sind regelmäßig auch gesteigerte Anforderungen und ein größeres Maß an Verantwortung verbunden[1004][1005]. Daher entspricht diese Annahme dem Leistungsprinzip des Art. 33 Abs. 2 GG[1006].

Ausnahmen von der Annahme der Höherwertigkeit der Leistung in einem höheren Statusamt sind nach der Rechtsprechung im Einzelfall zu berücksichtigen[1007]. Das muss aber auf besondere Einzelfälle beschränkt

---

Auswahlebene keine ausreichende Differenzierung unter den Bewerbern und Bewerberinnen, wird die jeweils nächste Ebene für die weitere Differenzierung herangezogen: 3.2.1 Gesamturteil der aktuellen Beurteilung, 3.2.2 innere Ausschöpfung der Beurteilung anhand vorgegebener Einzelmerkmale, 3.2.3 Schwerbehinderung, 3.2.4 Gesamturteil der vorangegangenen Beurteilung, 3.2.5 Bewährungvorsprung, 3.2.6 Dienstzeit im Statusamt, 3.2.7 Dienstzeit seit Eingangsamt der Qualifikationsebene, 3.2. Dienstzeit seit allgemeinem Dienstzeitbeginn.

1003 BayVGH, B.v. 28.5.2010, 3 CE 10.748, juris Rn. 61.

1004 BVerfG, B.v. 7.7.1982, 2 BvL 14/78, BVerfGE 61, 43, juris Rn. 41.

1005 Das gilt auch für ein Amt mit Amtszulage, vgl. Art. 34 Abs. 1 BayBesG; BayVGH, B.v. 4.2.2009, 3 CE 08.2852, BayVBl 2010, 80, juris Rn. 48.

1006 BVerfG, B.v. 20.3.2007, 2 BvR 2470/06, DVBl 2007, 563, juris Rn. 15 f.; B.v. 11.5.2011, 2 BvR 764/11, NVwZ 2011, 1191, juris Rn. 11; BayVGH, B.v. 24.4.2017, 3 CE 17.434, RiA 2017, 230, juris Rn. 35; B.v. 4.2.2009, 3 CE 08.2852, BayVBl 2010, 80, juris Rn. 37.

1007 BVerfG, B.v. 20.3.2007, 2 BvR 2470/06, NVwZ 2007, 691, juris Rn. 15 ff.; B.v. 11.5.2011, 2 BvR 764/11, NVwZ 2011, 1191, juris Rn. 11; B.v 17.2.2017, 2 BvR

bleiben. Ansonsten führt das zu kaum nachvollziehbaren Unwägbarkeiten, in welchem Fall die gesetzlich bestimmte Höherwertigkeit eines Dienstpostens bei der Bewertung der dienstlichen Beurteilungen zu berücksichtigen sein soll und in welchem Fall nicht. Soweit das Bundesverfassungsgericht allerdings der Ansicht ist, dass bei einer Konkurrenz zwischen einem Bewerber im Amt R 3 mit Amtszulage und einem Bewerber im Amt R 4 der Grundsatz der Höherwertigkeit der Leistung im höheren Statusamt nicht gelte, wenn das höhere Amt auf der größeren Zahl von Richterstellen an diesem Gericht beruht[1008], ist das nicht überzeugend. Denn entgegen der Auffassung des Bundesverfassungsgerichts sind mit der Zahl der Richterstellen erhöhte Anforderungen und damit ein höherer Grad an Verantwortung verbunden, auch wenn beide Bewerber von der Grundfunktion Vizepräsidenten eines Gerichts sind. Durch die größere Richterzahl eines Gerichts steigt in der Praxis der Umfang der Verwaltungsaufgaben und der damit verbundenen Belastung. Der Besoldungsgesetzgeber hat daher die Einstufung der Ämter eines Vizepräsidenten nach der Richterzahl bemessen. Das darf nicht mit Blick auf den Einzelfall außer Acht gelassen werden.

Würde in diesem Fall eine Ausnahme von der grundsätzlichen Vergleichbarkeit zugelassen werden, würden auch die Grenzen des Grundsatzes unklar und letztlich konturlos. Damit würde auch die gesetzgeberische Wertung missachtet, die den unterschiedlichen Ämtern unterschiedliche Besoldungsgruppen zuweist. Das behindert die Rechtssicherheit im Auswahlverfahren: Wo kann der Grundsatz der Höherwertigkeit der Leistung im höheren Statusamt zur Anwendung kommen und bei welchen Konstellationen nicht? Daher ist die gesetzgeberische Bewertung bei der Einwertung der Stellen in ein statusmäßiges Amt auch für die Anwendung des Grundsatzes der Höherwertigkeit der Leistung in einem höherwertigen Amt grundsätzlich zu beachten.

Ausnahmen von dem Grundsatz, dass die im höherwertigen Amt erzielte Leistung höher einzustufen ist, können aber für die Fälle anerkannt werden, in denen die Bewerber nicht in einer Beförderungshierarchie zueinander stehen. Das ist insbesondere der Fall, wenn Beamte und Richter um eine Stelle konkurrieren. So sind die Beurteilungen des Vizepräsidenten eines Finanzgerichts – bewertet mit Besoldungsgruppe R 3 mit Amtszulage – und die eines Vizepräsidenten eines Landesamtes – bewertet mit B 4 –

1558/16, NVwZ 2017, 1133, juris Rn. 21; BayVGH, B.v. 24.4.2017, 3 CE 17.434, RiA 2017, 230, juris Rn. 35.

1008 BVerfG, B.v. 20.3.2007, 2 BvR 2470/06, DVBl 2007, 563, juris Rn. 19.

nicht in dem Sinn zu vergleichen, dass die Beurteilung im Amt B 4 bei gleichem Gesamturteil zwangsläufig als höherwertig gegenüber dem Amt R 3 mit Amtszulage gesehen werden kann. Denn beide Ämter stehen in einer unterschiedlichen Ämterhierarchie. Die Beurteilung von unabhängigen Richtern unterscheidet sich auch wesentlichen von derjenigen von weisungsgebundenen Beamten[1009]. Diese Ausnahme hat eine klare Kontur und lässt sich im Gegensatz zur oben gerade dargestellten Konstellation gut gegenüber dem Regelfall abgrenzen. Soweit Kathke[1010] dagegen einwendet, dass ab der Besoldungsgruppe A 16 bzw. R 1 mit Amtszulage die Ämter nicht mehr regelmäßig zu durchlaufen seien, weshalb die Hierarchie innerhalb einer Behörde als Bestimmung der Beförderungshierarchie dienen solle, übersieht er die im von ihm erörterten konkreten Fall unterschiedliche Behördenstruktur von Behörden und Gerichten sowie die entsprechende Bewertung der Ämter eines Vizepräsidenten des Finanzgerichts wie des Vizepräsidenten eines Landesamtes.

Diese Darstellungen gelten nur für die relativ schematische Bewertung von dienstlichen Beurteilungen im Gesamtergebnis zueinander. Klarzustellen ist, dass es dem Dienstherrn aber unbenommen ist, die nicht in einer Beförderungshierarchie zueinander erarbeiteten und aufgrund unterschiedlicher Maßstäbe beruhenden Beurteilungen wertend in Beziehung zueinander zu setzen und auf dieser Grundlage im Einzelfall zu vergleichen[1011].

c) Vergleichbarkeit der Beurteilungszeiträume

Um eine rechtlich tragfähige Basis für einen Vergleich zwischen Bewerbern bilden zu können, müssen die einem Leistungsvergleich zugrunde liegenden dienstlichen Beurteilungen vom Beurteilungszeitraum her ver-

---

1009 BayVGH, B.v. 24.4.2017, 3 CE 17.434, RiA 2017, 230, juris Rn. 47 f.; SächsOVG, B.v. 6.5.2013, 2 B 322/13, DÖD 2013, 294, juris Rn. 21 f. – Konkurrenz zwischen R 2 und B 2; OVG NW, B.v. 21.11.2005, 1 B 1202/05, ZBR 2006, 200, juris Rn. 10 ff. – Konkurrenz zwischen Beamten und Richter; HessVGH, B.v. 14.7.2016, 1 B 1419716, NVwZ 2016, 1424, juris Rn. 13 ff. – Konkurrenz zwischen R 3 und B 3; vgl. auch Lorse, ZBR 2016, 361/366 f.

1010 Kathke, RiA 2017, 213/213.

1011 BayVGH, B.v. 28.5.2015, 3 CE 15.727, juris Rn. 40 – Vergleich A 16 und R 2; B.v. 29.11.2012, 3 CE 12.2225, juris Rn. 32 – Vergleich B 3 und R 4; BVerfG, B.v. 4.7.2018, 2 BvR 1207/18, NVwZ-RR 2018, 833, juris Rn. 11 f. – Vergleich zwischen R 5 und B 9.

gleichbar sein. Das bedingt nicht zwangsläufig (annähernd) gleiche Stichtage[1012]. Ausschlaggebend ist die Vergleichbarkeit der dienstlichen Beurteilungen. Einschränkungen der größtmöglichen Vergleichbarkeit dürfen nur aus zwingenden Gründen hingenommen werden[1013]. Wenn – wie nahezu durchgängig praktiziert – die Beurteilungssysteme periodische dienstliche Beurteilungen vorsehen und für bestimmte Konstellationen ergänzend dazu Anlassbeurteilungen, so kommt es zwangsläufig zu unterschiedlichen Stichtagen und unterschiedlichen Beurteilungszeiträumen miteinander konkurrierender Beamter[1014]. Entscheidend ist, dass ein Qualifikationsvergleich ohne ins Gewicht fallende Benachteiligung eines Bewerbers hinsichtlich der Bestenauslese erfolgen kann[1015].

Fehlt bei einem Bewerber eine aktuelle dienstliche Beurteilung, so ist es sachgerecht, als zeitlichen Anknüpfungspunkt für eine entsprechend zu erstellende Anlassbeurteilung den Beginn des Beurteilungszeitraums der für die anderen Konkurrenten vorliegenden Regelbeurteilungen zu wählen. Entscheidend ist, dass gerade hinsichtlich der in jüngerer Zeit erbrachten Leistungen eine Vergleichsgrundlage zwischen den Bewerbern besteht[1016]. Der Dienstherr hat sich bei unterschiedlichen Zeiträumen dienstlicher Beurteilungen daran zu orientieren, welcher Mindestzeitraum dort als untere Grenze für eine beurteilungsfähige Grundlage angesehen wird. Er kann auch ältere dienstliche Beurteilungen als Ausgangspunkt für einen Leistungsvergleich anhand dienstlicher Beurteilungen heranziehen[1017].

Soweit die Rechtsprechung dem Dienstherrn hierbei einen Spielraum zubilligt und es bei einer Willkürkontrolle belässt, ist dem zuzustimmen. Denn hierbei handelt es sich darum, in Sonderfällen vergleichbare Beurteilungszeiträume zu erlangen. Damit geht es im Kern um die Ausübung der Beurteilungsermächtigung, für die dem Dienstherrn ein Beurteilungsspielraum zuerkannt ist[1018].

1012 Vgl. OVG NW, B.v. 22.9.2011, 6 A 1284/11, juris Rn. 20 f.; ThürOVG, B.v. 16.8.2012, 2 EO 868/11, NVwZ-RR 2013, 230, juris Rn. 39.

1013 BayVGH, B.v. 14.8.2015, 3 CE 15.993, juris Rn. 28; BVerwG, U.v. 26.9.2012, 2 A 2/10, NVwZ-RR 2013, 54, juris Rn. 11.

1014 BayVGH, B.v. 2.9.2020, 6 CE 20.1351, juris Rn. 12; ThürOVG, B.v. 28.11.2017, 3 EO 524/17, juris Rn. 9 ff.; OVG RhPf, B.v. 2.7.2014, 10 B 10320/14, NVwZ-RR 2014, 809, juris Rn. 11.

1015 BayVGH, B.v. 2.9.2020, 6 CE 20.1351, juris Rn. 12; BVerfG, B.v. 9.8.2016, 2 BvR 1287/16, NVwZ 2017, 46, juris Rn. 60 ff.

1016 BayVGH, B.v. 2.9.2020, 6 CE 20.1351, juris Rn. 12; B.v. 14.8.2015, 3 CE 15.993, juris Rn. 28.

1017 ThürOVG, B.v. 28.11.2017, 3 EO 524/17, juris Rn. 11 ff.

1018 Siehe E II 4.

d) Vergleichbarkeit der Beurteilungssysteme

Schwierig ist es, wenn Beurteilungen miteinander verglichen werden müssen, die in unterschiedlichen Beurteilungssystemen erstellt wurden und andere Endprädikate haben. Hier muss der Dienstherr in der Auswahlentscheidung im Rahmen seines Beurteilungsspielraumes die Stellenwerte der einzelnen Beurteilungsprädikate innerhalb des jeweiligen Beurteilungssystems feststellen und zueinander in Beziehung setzen. So muss beispielsweise anhand der Notenskala ermittelt werden, ob ein vergebenes Endprädikat eher dem unteren, dem mittleren, dem oberen oder dem höchsten Leistungsniveau zuzuordnen ist[1019]. Anhand dieser Feststellungen muss dann der wertende Vergleich erfolgen[1020]. Ergeben sich Anhaltspunkte dafür, dass in einem Beurteilungssystem besonders häufig Bewertungen am oberen Ende der Bewertungsskala vergeben werden, ist es geboten, eine Übersicht der Beurteilungsergebnisse („Beurteilungsspiegel") anzufordern, um so den Stellenwert des erzielten Prädikats bewerten zu können[1021]. Das stellt die Personalverwaltung zwar vor eine anspruchsvolle Aufgabe. Andererseits muss sich die Rechtsprechung bei der Kontrolle bewusst sein, dass der Verwaltung hier ein Beurteilungsspielraum eingeräumt ist, der nur eingeschränkt gerichtlich überprüft werden darf.

e) Konkurrenz mit Angestellten

Da der Begriff des öffentlichen Amtes in Art. 33 Abs. 2 GG weit zu verstehen ist, fallen darunter auch Stellen, die sowohl von Beamten wie auch Tarifbeschäftigten (Angestellten) besetzt werden können. Daher folgt sowohl für Beamte wie auch Angestellte aus Art. 33 Abs. 2 GG ein grund-

---

1019 Vgl. etwa NdsOVG, B.v. 28.1.2020, 5 ME 166/19, RiA 2020, 125/128; Schöbener, BayVBl 2001, 321/330.

1020 So etwa die Ermittlung des Stellenwertes eines Bewertung „A1" in einem siebenstufigen Prädikatssystem der dienstlichen Beurteilungen des Bundesministeriums für Justiz und Verbraucherschutz und dessen Bedeutung im Verhältnis zum sechsstufigen Prädikatssystem für die dienstlichen Beurteilungen im Bundespatentgericht, VG München, B.v. 18.5.2020, M 5 E 20.468, juris Rn. 45 f.; BayVGH, B.v. 2.9.2020, 6 CE 20.1351, juris Rn. 32 f.

1021 so Lorse, ZBR 2016, 361/363.

rechtsgleiches Recht auf eine fehlerfreie Auswahl der Bewerbung[1022]. Daher sind die Grundsätze für die Auswahl von Bewerbern um eine Stelle, die im Beamtenverhältnis stehen, entsprechend heranzuziehen. Bestehen Arbeitszeugnisse, muss festgestellt werden, ob dieses von Zweck und Inhalt her mit einer dienstlichen Beurteilung nach den beamtenrechtlichen Regelungen vergleichbar ist[1023]. Das mag für den privatrechtlichen Bereich des öffentlichen Dienstes bei qualifizierten Arbeitszeugnissen der Fall sein[1024]. Das muss jedoch im Einzelfall festgestellt werden[1025]. Bestehen keine mit einer dienstlichen Beurteilung im beamtenrechtlichen Sinn vergleichbaren Arbeitszeugnisse, so darf der Dienstherr auf sonstige Vergleichsmethoden abstellen, insbesondere wissenschaftlich fundierte Auswahlverfahren[1026]. Das sind schwierige Auswahlerwägungen, die mit einer entsprechenden Mühewaltung verbunden sein müssen. Allerdings sind solche Auswahlentscheidungen eher die Ausnahme, weshalb der damit verbundene Aufwand im Einzelfall den Verwaltungen zumutbar ist.

6. Fazit

Das von der Rechtsprechung ausgeformte Prüfungsschema beugt der Ämterpatronage durch ein transparentes, allen Bewerbern die gleichen Chancen eröffnendes und nachprüfbares Verfahren vor.

Es bietet sich an, durch Vorgaben in Richtlinien den Personalverwaltungen die Prüfschritte für das Auswahlverfahren entsprechend vorzugeben.

1022 BayVGH, B.v. 24.3.2017, 3 CE 16.290, juris Rn. 17; BVerwG, B.v. 24.3.2016, 27.4.2010, 1 WB 39/09, BVerwGE 136, 388, juris Rn. 28 m.w.N.; Lorse, ZBR 2016, 361/362; von Roetteken, ZBR 2015, 154/156; Carl, ZBR 2003, 343/346.

1023 BayVGH, B.v. 18.11.2015, 6 CE 15.2260, juris Rn. 13; OVG SH, B.v. 27.1.2016, 2 MB 20/15, juris Rn. 25 – keine Vergleichbarkeit für Arbeitszeugnisse aus Anlass des Ausscheidens.

1024 BayVGH, B.v. 8.2.2018, 3 CE 17.2304, RiA 2018, 131, juris Rn. 11; ThürOVG, B.v. 9.10.2017, 2 EO 113/17, IÖD 2018, 2, juris Rn. 12; OVG NW, B.v. 13.5.2004, 1 B 300/04, NVwZ-RR 2004, 771, juris Rn. 11 ff.; Carl, ZBR 2003, 343/346.

1025 Ein arbeitsrechtliches Zwischenzeugnis kann mit einer beamtenrechtlichen Beurteilung nicht verglichen werden, Zimmerling, RiA 2002, 165/175.

1026 BayVGH, B.v. 8.2.2018, 3 CE 17.2304, RiA 2018, 131, juris Rn. 11; BVerfG, B.v. 12.7.2005, 1 BvR 972/04, 1 BvR 1858/04, NJW-RR 2005, 1433, juris Rn. 33; OVG NW, B.v. 13.5.2004, 1 B 300/04, NVwZ-RR 2004, 771, juris Rn. 15 ff.; Zimmerling, RiA 2002, 165/175.

Damit lassen sich Fehlerquellen vermeiden. Außerdem kann so eine einheitliche und transparente Entscheidungspraxis herbeigeführt werden.

Eine am Leistungsprinzip und den dieses ausformenden Richtlinien praktizierte klare und konzentrierte Begründung erleichtert die gerichtliche Kontrolle.

F. Forensische Determinanten

Auch die Gestaltung des gerichtlichen Verfahrens hat Einfluss auf die Gewährung effektiven Rechtsschutzes.

Hierbei stehen die Rahmenbedingungen, die Frage der rechtsmissbräuchlichen Inanspruchnahme von gerichtlichem Rechtsschutz, die Gewährung rechtlichen Gehörs und die Frage der Kausalität von möglichen Fehlern für die Auswahlentscheidung im Zentrum der Überlegungen.

I. Rahmenbedingungen – Akteneinsicht

1. Allgemeine Rahmenbedingungen

Zur Gewährung effektiven Rechtsschutzes gehört eine hinreichende Ausstattung des Gerichts an Sach- und Personalressourcen. Das ist ein Allgemeinplatz. Andererseits ist in der Praxis zu erleben, dass immer wieder freie Richterstellen nicht zeitnah besetzt werden. Allein dadurch kann es in einer Kammer zu zeitlichen Rückständen kommen, die Verfahrensverzögerungen verursachen.

Kein Richter hat Gefallen daran, wenn sich ein Verfahren hinzieht und die Restantenliste seines Referats unübersichtlich lang wird. Andererseits ist es schwierig, eine bestimmte Rechtsmaterie mit besonderem Vorrang zu behandeln. Eine „Selbstverpflichtung" zur bevorzugten Behandlung von beamtenrechtlichen Besetzungsstreitigkeiten[1027] ist problematisch. Auch wenn dabei auf den Aspekt der Funktionsfähigkeit der Verwaltung durch die während eines beamtenrechtlichen Konkurrentenstreits mögliche längere Vakanz einer Stelle hingewiesen wird, so muss andererseits betont werden, dass Fälle aus anderen Rechtsgebieten ebenso gravierende Auswirkungen für die Betroffenen haben können.

1027 Schenke, NVwZ 2011, 321/327; Battis, DVBl 2013, 673/676.

2. Akteneinsicht

Von Dienstherrnseite kann das gerichtliche Verfahren organisatorisch erleichtert werden, wenn die einschlägigen Akten alsbald geordnet, geheftet und nummeriert dem Gericht vorgelegt werden. Dabei sollte auch darauf geachtet werden, dass die Heftung so erfolgt, dass eine Akteneinsicht durch Verfahrensbeteiligte leicht möglich ist. Eigentlich ist das eine Selbstverständlichkeit[1028]. Das gilt entsprechend auch für eine zeitnahe Stellungnahme zu den Argumenten der Antragstellerpartei[1029].

Eine erhebliche Zeitverzögerung für die Arbeit der Verwaltungsgerichte in der Praxis entsteht durch den Versand der Besetzungsakte zur Inanspruchnahme von Akteneinsicht durch die Antragstellerpartei, eventuell auch durch die Beigeladenenpartei. Liegen die Akten dem Gericht nicht vor, kann es die zur Überprüfung gestellte Auswahlentscheidung nicht sachgerecht kontrollieren. Das ist ärgerlich, da sich die Laufzeit des Verfahrens verlängert, obwohl das Gericht darauf keinen Einfluss hat[1030].

Eine Straffung der Akteneinsicht kann dadurch erreicht werden, dass bereits die Personalbehörde Akteneinsicht gewährt, wenn der unterlegene Bewerber ankündigt, einen Antrag auf Gewährung vorläufigen Rechtsschutzes zu stellen. Da das Gericht örtlich zuständig ist, in dessen Bezirk sich der Dienstort des Antragstellers befindet (§ 52 Nr. 4 Satz 1 VwGO), kann es sein, dass sich die Personalstelle des Dienstherrn an einem davon weit entfernten Ort befindet, ebenso der Kanzleisitz des Prozessbevollmächtigten der Beteiligten[1031].

1028 So werden in der Praxis dem Gericht mitunter „Beurteilungshefte“ vorgelegt, in dem sich sämtliche Beurteilungen für die beteiligten Beamten befinden – das aus einem Aktendeckel und einer Ansammlung loser Blätter besteht. Die Gefahr eines Dokumentenverlustes dieser sensiblen Schriftstücke beim Versand oder der Akteneinsicht wird dadurch erheblich erhöht.

1029 Ebenso wird die Selbstverständlichkeit, dass Schriftsätze an das Gericht in der für die Zuleitung an die übrigen Beteiligten erforderlichen Anzahl vorgelegt werden, in der Regel nicht beachtet. Das führt gerade für die Serviceeinrichtungen des Gerichts dazu, dass ein beachtlicher Teil deren Tätigkeit aus Kopieren besteht.

1030 Die Anlage eines Aktendoppels durch das Gericht, damit es während des Aktenversands am Fall weiter arbeiten kann, überfordert die personellen Möglichkeiten des Gerichts. Diese Arbeitskopie müsste auch alsbald wieder vernichtet werden. In Einzelfällen kann das aber ein sinnvoller Weg sein, um eine Entscheidung zu beschleunigen.

1031 So wurden etwa in einem Fall, für den das Verwaltungsgericht München örtlich zuständig war, die Akten von der in Berlin ansässigen Personalbehörde

Für die Frage, ob ein unterlegener Bewerber die Entscheidung des Dienstherrn hinnehmen soll oder ob Anhaltspunkte für einen Verstoß gegen den Anspruch auf faire und chancengleiche Behandlung seiner Bewerbung bestehen und er daher gerichtlichen Eilrechtsschutz in Anspruch nehmen will, reicht nach der Rechtsprechung des Bundesverfassungsgerichts zwar grundsätzlich die Kenntnis des Auswahlvermerks aus[1032].

Davon zu unterscheiden ist aber die Einsicht in die dem Auswahlvorgang zugrunde liegende/n Behördenakte/n, die dem Gericht vorzulegen sind (§ 99 Abs. 1 Satz 1 VwGO). Der Antragstellerpartei im beamtenrechtlichen Konkurrentenstreit steht ein Recht auf Einsicht in seine Personalakten sowie die weiteren Akten zu, die für die Auswahlentscheidung wesentlich sind. Dazu gehören auch die Beurteilungen der anderen Bewerber. Denn ansonsten kann sich der unterlegene Konkurrent kein Bild über die der Auswahlentscheidung zugrunde liegenden Umstände verschaffen[1033]. Dazu gehört auch, dass sich der Akteneinsichtsberechtigte Kopien fertigen darf. Gerade bei Auswahlverfahren müssen die der Entscheidung zugrunde liegenden Umstände intensiv geprüft werden können. Es ist daher erforderlich, dass allen Beteiligten die Unterlagen in einer aussagekräftigen Form – und damit in vollem Wortlaut – zur Verfügung stehen. Damit wird auch in verfahrensrechtlicher Hinsicht eine gleiche Ausgangslage der Beteiligten („Waffengleichheit“[1034]) gewährleistet. Bloße Notizen oder handschriftliche Abschriften begründen nicht die gleiche Authentizität

---

zum Gericht nach München versandt. Da die Personalbehörde sich geweigert hatte, zuvor Einsicht in den Auswahlvorgang zu gewähren, mussten die Akten an den Sitz der Kanzlei des Bevollmächtigten der Antragstellerpartei in Berlin zur Gewährung von Akteneinsicht wiederum in die Bundeshauptstadt versandt werden. Anschließend beantragte der Bevollmächtigte der Beigeladenenpartei Akteneinsicht, sodass die Akten an dessen Kanzleisitz (in eine andere Stadt) erneut zu versenden waren. Allein der Zeitbedarf dieser beiden Akteneinsichten betrug mit den Postlaufzeiten fast zwei Monate.

1032 BVerfG, B.v. 25.11.2015, 2 BvR 1461/15, NJW 2016, 309, juris Rn. 14; B.v. 9.7.2007, 2 BvR 206/07, NVwZ 2007, 1148, juris Rn. 21.

1033 BVerwG, U.v. 4.8.1975, VI C 30.72, BVerwGE 49, 89, juris Rn. 30 ff.; HessVGH, B.v. 7.10.1993, 1 TJ 1705/93, NVwZ 1993, 398, juris Rn. 11 f.; Schübel-Pfister in: Eyermann, § 99 Rn. 15; Wittkowski, NVwZ 1995, 345/346; Schnellenbach, ZBR 1997, 169/179; Schmid, E, S. 85 ff. – die dort geforderte Beteiligung des Datenschutzbeauftragten im Bewerbungsverfahren zur Festlegung, welche Daten für das Bewerbungsverfahren relevant sind und welche nicht, verkompliziert das Verfahren und ist daher abzulehnen.

1034 so auch: Schmidt, D II 1 a, S. 75; Schnellenbach, ZBR 1997, 169/179; enger: Wittkowski, NVwZ 1995, 345/346 – der die Möglichkeit zur Herstellung von Kopien nur Rechtsanwälten einräumen will.

wie Kopien. Zur Vermeidung von Missbrauch kann die Personalbehörde darauf hinweisen, dass von den Beteiligten gefertigte Kopien nach Abschluss des Verfahrens zu vernichten sind[1035].

Eine erhebliche zeitliche Beschleunigung kann erreicht werden, wenn die Personalbehörde dem am selben Ort ansässigen Bevollmächtigten der Antragstellerpartei vor Versand Einsicht in die dem Gericht vorzulegenden Behördenakten gewährt. Sind die Akten nicht umfangreich, so könnte eine Kopie der Besetzungsakte gefertigt und an den um Akteneinsicht nachsuchenden Beteiligten versandt werden[1036]. Eine technische Abhilfe könnte darin bestehen, den Behördenvorgang – der üblicherweise in Papierform geführt wird – einzuscannen und das elektronische Dokument zur Akteneinsicht an die Beteiligten zu versenden[1037].

3. Fazit

Eine erhebliche Verfahrensbeschleunigung des gerichtlichen Verfahrens kann erzielt werden, wenn die einschlägigen Besetzungsakten dem Gericht so schnell wie möglich vorgelegt werden. Um Verzögerungen durch den Versand der Akten zum Zweck der Akteneinsicht durch die Beteiligten zu vermeiden, sollte entweder zu einem möglichst frühen Zeitpunkt den Beteiligten Akteneinsicht durch die Personalverwaltung gewährt werden oder eine Kopie der Behördenakte gefertigt und den Beteiligten auf diese Weise Akteneinsicht gewährt werden.

II. Rechtliches Gehör

Das gerichtliche Verfahren muss einerseits so gestaltet werden, dass die Anforderungen an die Gewährung rechtlichen Gehörs (Art. 103 Abs. 1

1035 Wittkowski, NVwZ 1995, 345/346 – der eine anwaltliche Versicherung fordert.

1036 Unter Hinweis darauf, dass diese Akten nur zum Zweck des anhängigen Verfahrens verwendet werden dürfen.

1037 Das gelingt in Asylverfahren – einem typischen Massenverfahren – erstaunlich problemlos: Die Behördenakten des Bundesamtes für Migration und Flüchtlinge werden elektronisch geführt, Papierdokumente werden eingescannt. Bei einem Akteneinsichtsgesuch wird die dem Gericht übersandte elektronische Akte auf eine CD kopiert und dem Prozessbevollmächtigten – mit einem separat mitgeteilten Passwort gesichert – übersandt.

GG) beachtet werden[1038]. Andererseits ist darauf zu achten, dass im beamtenrechtlichen Konkurrentenstreitverfahren der Charakter des Verfahrens des vorläufigen Rechtsschutzes als Eilverfahren gewahrt bleibt. Nur so kann dem Erfordernis der Gewährung zeitnahen und effektiven Rechtsschutzes Genüge getan werden.

1. Gestaltung des Verfahrens durch Fristsetzung

Vor einer Entscheidung im Verfahren einer einstweiligen Anordnung (§ 123 VwGO) sind der Antragsgegner und der notwendig beigeladene (§ 65 Abs. 2 VwGO) ausgewählte Konkurrent anzuhören[1039]. Allerdings ist es häufig so, dass der Dienstherr (Antragsgegner) seine Auswahlgründe im Hinblick auf das Antragsvorbringen ergänzt. Denn auf die in der Antragsbegründung vorgetragenen Argumente musste bei der Auswahlentscheidung in aller Regel noch nicht eingegangen werden, da sie zu diesem Zeitpunkt noch nicht im Raum standen. Werden hierbei neue Tatsachen angegeben, auf die das Gericht seine Entscheidung stützt, muss den übrigen Beteiligten Gelegenheit zu rechtlichem Gehör gegeben werden[1040]. Das gilt auch für wesentliche neue rechtliche Gesichtspunkte, die in der Antragsschrift erstmals eingeführt werden, mit der die übrigen Beteiligten nicht rechnen mussten und auf die das Gericht seine Entscheidung stützt[1041]. Der Ausnahmefall, dass der Schutz gewichtiger Interessen eine sofortige gerichtliche Entscheidung ohne Gewährung rechtlichen Gehörs erfordert[1042], ist bei der beamtenrechtlichen Konkurrentenstreitigkeit jedenfalls hinsichtlich der das Verfahren abschließenden Entscheidung nicht gegeben. Da im Verfahren des vorläufigen Rechtsschutzes eine eingehende tatsächliche und rechtliche Prüfung des Bewerbungsverfahrenanspruchs

---

1038 BVerfG, B.v. 3.11.1983, 2 BvR 348/83, BVerfGE 65, 227, juris Rn. 19 f.; Schoch, Vorläufiger Rechtsschutz, § 30 C I, S. 1023 f.

1039 Happ in: Eyermann, § 123 Rn. 55a.

1040 W.-R. Schenke in: Kopp/Schenke, § 108 Rn. 19c; Kraft in: Eyermann, § 108 Rn. 77, 109.

1041 W.-R. Schenke in: Kopp/Schenke, § 108 Rn. 19c, 20, § 123 Rn. 1; Kraft in: Eyermann, § 108 Rn. 109; Unger in: Gärditz, § 108 Rn. 48 ff., § 123 Rn. 135.

1042 BVerfG, B.v. 3.11.1983, 2 BvR 348/83, BVerfGE 65, 227, juris Rn. 20; B.v. 11.10.1978, 2 BvR 1055/76, BVerfGE 49, 329, juris Rn. 40; VGH BW, B.v. 1.3.1999, 13 S 819/98, NVwZ-RR 1999, 696, juris Rn. 1 – wobei das rechtliche Gehör nachzuholen ist; W.-R. Schenke in: Kopp/Schenke, § 123 Rn. 1; Wollenschläger in: Gärditz, § 123 Rn. 135; Happ in: Eyermann, § 123 Rn. 55a.

zu erfolgen hat, bei der derselbe Prüfungsmaßstab wie im Hauptsacheverfahren anzulegen ist[1043], muss den Beteiligten auch damit korrespondierend die Möglichkeit gegeben werden, sich zu den maßgeblichen tatsächlichen wie rechtlichen Gesichtspunkten äußern zu können.

Einer drohenden Vereitelung des Rechtsschutzes des unterlegenen Bewerbers durch Schaffung vollendeter Tatsachen kann durch eine Zwischenverfügung begegnet werden, die nicht der Anhörung des Dienstherrn bedarf[1044]. Diese stellt aber keine abschließende Sachentscheidung dar, sondern sichert nur den status quo während des Laufs des gerichtlichen Eilverfahrens[1045].

Allerdings besteht dabei die Gefahr eines sich ausweitenden „Hin- und Her“ gegenseitiger Schriftsätze. Das kann das gerichtliche Verfahren in die Länge ziehen. Um dem Charakter des Verfahrens des vorläufigen Rechtsschutzes zu entsprechen, das unter einem Beschleunigungsgebot steht, sollte das Gericht die Möglichkeit nutzen, die Äußerungsmöglichkeit mit einer Frist hierfür zu verbinden. Diese Befugnis zur allgemeinen Verfahrensgestaltung kommt dem Gericht im Rahmen der Möglichkeit prozessleitender Verfügungen zu. Hier ist mit Blick darauf, dass es sich um ein Verfahren des vorläufigen Rechtsschutzes handelt, darauf zu achten, dass angemessen kurze Stellungnahmefristen gesetzt werden und auch bei der gerichtlichen Organisation und Übermittlung von Schriftstücken[1046] auf eine möglichst beschleunigte Bearbeitung geachtet wird.

Darüber hinaus besteht für das Gericht die weitere Möglichkeit des § 87b Abs. 2 VwGO[1047]: Das Gericht kann auch im Rahmen des Verfahrens des vorläufigen Rechtsschutzes nach § 123 VwGO einen Beteiligten unter Fristsetzung zur Vorlage von Tatsachen, Beweismitteln (§ 87b Abs. 2 Nr. 1 VwGO) oder Urkunden, beweglichen Sachen sowie elektronischen Dokumenten (§ 87b Abs. 2 Nr. 2 VwGO) verpflichten. Werden diese nicht

---

1043 BVerwG, U.v. 21.8.2003, 2 C 14/02, BVerwGE 118, 370, juris Rn. 16; BVerfG, B.v. 24.9.2002, 2 BvR 857/02, NVwZ 2003, 200, juris 10.

1044 Happ in: Eyermann, § 123 Rn. 55a; Scheffer, NVwZ 2004, 1081/1082 f.; siehe auch F VII.

1045 SächsOVG, B.v. 17.12.2003, 3 BS 399/03, NVwZ 2004, 1134; juris Rn. 5; Scheffer, NVwZ 2004, 1081.

1046 Wollenschläger in: Gärditz, § 123 Rn. 136; BVerfG, B.v. 3.8.2011, 2 BvR 1739/10, BVerfGK 8, 122, juris Rn. 29; B.v. 18.6.2007, 2 BvR 2395/06, juris Rn. 17 – „in einer der Dringlichkeit der Sache entsprechenden Weise zu behandeln“.

1047 vgl. weitergehend zum Begriff der prozessleitenden Verfügungen: Happ in: Eyermann, § 146 Rn. 9.

genügend entschuldigt verspätet vorgebracht und würde deren Zulassung die Erledigung des Rechtsstreits verzögern, kann das Gericht die nicht fristgemäß beigebrachten Erklärungen und Beweismittel zurückweisen. Zwar mag der Anwendungsbereich dieser Norm im Verfahren des vorläufigen Rechtsschutzes eher gering sein[1048]. Jedoch ist es gerade mit Blick darauf, dass die Prüfungsintensität im beamtenrechtlichen Konkurrenteneilverfahren nicht hinter der des Hauptsacheverfahrens zurückbleiben darf, durchaus nahe liegend, dass von einem Beteiligten bestimmte Tatsachen anzugeben sind. Das gilt gerade mit Blick darauf, dass sich ein nicht zum Zuge gekommener Bewerber für seinen Rechtsschutzantrag auf Umstände stützt, die in dessen Sphäre liegen.

Insbesondere wenn dieser Beteiligte auf eine informelle Aufforderung des Gerichts hierzu nicht reagiert, ist es sinnvoll, auf das Instrument des § 87b VwGO zurückzugreifen. Da die Norm des § 87b VwGO eine Ausnahmevorschrift darstellt, die eng auszulegen ist[1049], dürfte deren Anwendungsbereich gerade im Konkurrenteneilverfahren eher gering sein. Denn gerade im Verfahren nach § 123 VwGO gewinnt die Darlegungspflicht der Beteiligten eine besondere Bedeutung[1050].

Insgesamt kann das Gericht durch eine straffe Verfahrensgestaltung die Dauer des Verfahrens des vorläufigen Rechtsschutzes erheblich beeinflussen. Das Gericht ist auf die Mitwirkung der Beteiligten angewiesen. Das gilt insbesondere für den Antragsgegner, der zu Einzelpunkten der Auswahlentscheidung, die vom Antragsteller angegriffen werden, entsprechend entgegnen muss, um die Auswahlentscheidung weiter rechtfertigen zu können. Allerdings kann einer möglichst raschen Entscheidung der Umstand entgegenstehen, dass die Prüfungsintensität nicht hinter der eines Hauptsacheverfahrens zurückbleiben darf. Das bedingt eine erhebliche Begründungstiefe, die sich auch regelmäßig im Umfang der Entscheidungen niederschlägt. Die Anfertigung einer langen Entscheidung nimmt einen entsprechenden Zeitraum in Anspruch.

1048 Die Anwendbarkeit des § 87b VwGO im Verfahren des vorläufigen Rechtsschutzes ist umstritten, wird aber überwiegend bejaht. Für die Anwendbarkeit zu Recht: Schübel-Pfister in: Eyermann, § 87b Rn. 2; W.-R. Schenke in: Kopp/Schenke, § 87b Rn. 2; Jacob in: Gärditz, § 87b Rn. 9; Fertig in: Beck OK VwGO, § 87b Rn. 1; a.A. Riese in: Schoch/Schneider, § 87b Rn. 18.

1049 Schübel-Pfister in: Eyermann, § 87b Rn. 3; Jacob in: Gärditz, § 87b Rn. 4.

1050 Fertig in Beck OK VwGO, § 87b Rn. 1; siehe auch F III.

2. Beschwerdeverfahren

Nach § 146 Abs. 4 Satz 6 VwGO darf das Beschwerdegericht nur die innerhalb eines Monats nach Bekanntgabe der erstinstanzlichen Entscheidung (§ 146 Abs. 4 Satz 2 VwGO) vorgetragenen Gründe prüfen[1051][1052]. Im Beschwerdeverfahren dürfen auch neue, im bisherigen Verfahren noch nicht erörterte oder bislang nicht vorgetragene Tatsachen eingeführt werden[1053]. Den übrigen Beteiligten ist hierzu rechtliches Gehör zu gewähren. Damit wird in zeitlicher Hinsicht eine erhebliche Verfahrensstraffung erreicht.

3. Fazit

Auch wenn das beamtenrechtliche Konkurrentenstreitverfahren im Rahmen der Gewährung vorläufigen Rechtsschutzes in der Prüfungsintensität nicht hinter einem Hauptsacheverfahren zurückbleiben darf, hat das Gericht bei der Verfahrensgestaltung dem grundsätzlichen Charakter eines Eilverfahrens Rechnung zu tragen.

III. Glaubhaftmachung und Amtsermittlung

In § 123 Abs. 3 VwGO ist geregelt, dass für den Erlass einstweiliger Anordnungen u.a. § 920 Abs. 2 ZPO entsprechend anzuwenden ist. Dort ist bestimmt, dass der Antragsteller den Anordnungsanspruch und den Anordnungsgrund glaubhaft machen muss. Allerdings gehört auch die Amtsermittlungspflicht (§ 86 VwGO) zu den wesentlichen Strukturprinzipien des Verwaltungsprozesses. Demgegenüber herrscht im Verfahren nach der Zivilprozessordnung der Beibringungsgrundsatz[1054].

Die dem Gericht obliegende Pflicht zur Ermittlung des entscheidungserheblichen Sachverhalts von Amts wegen gilt auch im Verfahren des

---

1051 Happ in: Eyermann, § 146 Rn. 26; hiergegen bestehen auch keine verfassungsrechtlichen Bedenken: BVerfG, B.v. 14.8.2003, 1 BvQ 30/03, NJW 2003, 3689, juris Rn. 5.

1052 Gegen eine Bindung bei offensichtlicher Rechtswidrigkeit der erstinstanziellen Entscheidung oder auch nachträglichen eingetretene Umstände: Jeromin in: Gärditz, § 146 Rn. 37; Happ in: Eyermann, § 146 Rn. 27 ff.

1053 VGH BW, B.v. 2.11.2011, 9 S 2217/11, VBlBW 2012, 147, juris Rn. 4; Happ in: Eyermann, § 146 Rn. 29 ff.

1054 Wimmer in: Gärditz, § 86 Rn. 5.

vorläufigen Rechtsschutzes[1055]. Allerdings besteht über § 123 Abs. 3 VwGO i.V.m. § 920 Abs. 2 ZPO eine Mitwirkungspflicht des Antragstellers[1056]. Dadurch wird die Aufklärungspflicht des Gerichts „modifiziert“[1057]. Der um die Gewährung vorläufigen Rechtsschutz Suchende muss das Gericht von der überwiegenden Wahrscheinlichkeit des behaupteten Anspruchs überzeugen und hierzu geeignete Beweismittel vorlegen[1058]. Er muss die Umstände in das gerichtliche Verfahren einführen, die in seiner Sphäre liegen. Für diese Tatsachen tritt die Aufklärungspflicht des Gerichts zurück[1059]. Das gilt insbesondere für Umstände, die sich nicht ohne weitere Argumentation aus den Behördenakten ergeben. Insoweit besteht eine „Pflichtenverteilung“ zwischen Gericht und Beteiligten, wonach derjenige die Tatsachen in das Verfahren des vorläufigen Rechtsschutzes einzuführen hat, über die er die „Herrschaft“ hat[1060]. Das entspricht auch dem Charakter des Verfahrens des vorläufigen Rechtsschutzes: Die Beteiligten haben aus Gründen der Eilbedürftigkeit des Verfahrens die Tatsachen glaubhaft zu machen, die in ihre Sphäre fallen. Die Sachaufklärungspflicht des Gerichts greift ein, wenn die Mitwirkungslast der Beteiligten endet[1061].

Gleichwohl bleibt das Gericht berechtigt, den Sachverhalt von sich aus aufzuklären, wenn das im Rahmen des Verfahrens des vorläufigen Rechtsschutzes möglich ist. Insbesondere gilt das für Umstände, die sich aus den Behördenakten ergeben[1062]. Mängel des Auswahlverfahrens, die sich ohne weiteren Anstoß aus den Akten ergeben – in diesem Sinne offensichtlich sind –, darf und muss das Gericht von sich aus überprüfen.

1055 Dombert in: Finkelnburg/Dombert/Külpmann, Vorläufiger Rechtsschutz im Verwaltungsstreitverfahren, Rn. 319.

1056 Dombert in: Finkelnburg/Dombert/Külpmann, Vorläufiger Rechtsschutz im Verwaltungsstreitverfahren, Rn. 320.

1057 VGH BW, B.v. 2.11.2011, 9 S 2217/11, VBlBW 2012, 147, juris Rn. 3; Wimmer in: Gärditz, § 86 Rn. 41.

1058 BayVGH, B.v. 15.3.2001, 10 ZE 01.320, NVwZ-RR 2001, 477, juris Rn. 5.

1059 OVG LSA, B.v. 11.12.2001, 2 M 442/00, juris Rn. 14.

1060 OVG LSA, B.v. 29.10.1997, B 2 S 723/97, NVwZ-RR 1998, 694, juris Rn. 13; Dombert in: Finkelnburg/Dombert/Külpmann, Vorläufiger Rechtsschutz im Verwaltungsstreitverfahren, Rn. 321.

1061 Dombert in: Finkelnburg/Dombert/Külpmann, Vorläufiger Rechtsschutz im Verwaltungsstreitverfahren, Rn. 323; zur Mitwirkungspflicht der Beteiligten im Verwaltungsprozess (§ 86 Abs. 1 Satz 1 Halbsatz 2 VwGO): Wimmer in: Gärditz, § 86 Rn. 45 ff.; W.-R. Schenke in: Kopp/Schenke, § 86 Rn. 11 f.

1062 VGH BW, B.v. 2.11.2011, 9 S 2217/11, VBlBW 2012, 147, juris Rn. 3.

Der Amtsermittlungsgrundsatz tritt nach Auffassung des Bundesverfassungsgerichts[1063] dann zurück, wenn eine Überprüfung ohne weitere Tatsachenermittlung aufgrund der Eilbedürftigkeit der Sache nicht möglich ist. Zeitlich in einem solchen Maß zugespitzte Situationen sind aber bei einem beamtenrechtlichen Konkurrentenstreitverfahren nicht gegeben. Bei der Besetzung einer Stelle besteht ein zeitlicher Spielraum, der eine Sachverhaltsaufklärung ermöglicht. Hinzu kommt der Gedanke, dass die Prüfungsintensität im Verfahren des vorläufigen Rechtsschutzes bei beamtenrechtlichen Konkurrentenstreitigkeiten nicht hinter der im Hauptsacheverfahren zurückbleiben darf. Zur Vermeidung des Schaffens vollendeter Tatsachen besteht die Möglichkeit, eine Sicherungsanordnung zu erlassen, die während des Laufs des gerichtlichen Eilverfahrens eine Veränderung verbietet[1064].

1. Antragsteller

Die Pflicht zur Mitwirkung bei der Ermittlung des entscheidungserheblichen Sachverhalts trifft im beamtenrechtlichen Konkurrentenstreitverfahren im Verfahren des vorläufigen Rechtsschutzes in erster Linie den Antragsteller. Er hat schlüssig vorzutragen und hierzu die entsprechenden Tatsachen glaubhaft zu machen, dass bei der Besetzung des strittigen Dienstpostens sein Bewerbungsverfahrensanspruch verletzt wurde. Vom Antragsteller als unterlegenem Bewerber ist daher zu verlangen, dass er konkret darlegt, aus welchen Gründen sein Bewerbungsverfahrensanspruch verletzt sein soll[1065]. Für den Vortrag der Rechtsgründe ist ein detaillierter, schlüssiger und nachvollziehbarer Vortrag zu fordern. Allein das Vorbringen, dass Bedenken oder Zweifel an der Rechtmäßigkeit einer entscheidungserheblichen Norm (insbesondere einer Richtlinie) bestehen, reicht nicht aus. Es muss konkret dargelegt werden, aus welchen Gründen der Antragsteller dieser Ansicht ist. Das rechtfertigt sich aus der Prüfungsintensität des einstweiligen Rechtsschutzes im beamtenrechtlichen

---

1063 BVerfG, B.v. 31.3.2004 – 1 BvR 356/04 – NVwZ 2004, 1112, juris Rn. 24.

1064 SächsOVG, B.v. 17.12.2003, 3 BS 399/03, NVwZ 2004, 1134; juris Rn. 5; Scheffer, NVwZ 2004, 1081; siehe auch F VII.

1065 BayVGH, B.v. 17.3.2015, 3 CE 14.2503, juris Rn. 29; B.v. 28.2.2014, 3 CE 14.32, juris Rn. 26 unter Hinweis auf BVerfG, B.v. 29.7.2003, 2 BvR 311/03, NVwZ 2004, 95, juris Rn. 16; ähnlich: OVG NW, B.v. 5.6.2012, 1 B 368/12, juris Rn. 8 – hinsichtlich der Argumentation zu angeblichen Rechtsfehlern der dienstlichen Beurteilungen.

Konkurrentenstreitverfahren. Wenn die Prüfungsintensität nicht hinter der eines Hauptsacheverfahrens zurückbleiben darf[1066], dann muss spiegelbildlich vom Antragsteller verlangt werden, dass er das Gericht durch seinen Vortrag in die Lage versetzt, diesem Überprüfungsauftrag auch nachkommen zu können. Dazu gehört ein entsprechend substantiierter und schlüssiger Vortrag – auch im Eilverfahren.

Tatsachen, die den geltend gemachten Anspruch begründen, müssen vom Antragsteller glaubhaft gemacht werden. Das geht zu Recht so weit, dass bei Tatsachen, die in die Sphäre eines Beteiligten fallen, dessen Mitwirkung besondere Bedeutung beizumessen ist[1067]. Das kann zu einer Ablehnung der beantragten einstweiligen Anordnung führen, wenn der Antragsteller diese nicht glaubhaft macht[1068]. Denn ansonsten würde die gesetzliche Wertung verkannt, die dem Antragsteller über die entsprechende Anwendung der Regelung der Glaubhaftmachung im Verfahren des vorläufigen Rechtsschutzes im Verwaltungsprozess (§ 123 Abs. 3 VwGO i.V.m. § 920 Abs. 2 ZPO) eine Mitwirkungspflicht auferlegt. Jedoch wird das Gericht zuvor aus Gründen der Verhältnismäßigkeit den Antragsteller zu einer Ergänzung seines Vortrags unter evtl. Glaubhaftmachung auffordern müssen (u.U. formal unter Fristsetzung § 87 Abs. 1 Satz 2 Nr. 2 VwGO).

Den unterlegenen Bewerber trifft grundsätzlich die Beweislast für die Fehlerhaftigkeit einer Auswahlentscheidung als anspruchsbegründende Voraussetzungen[1069].

2. Antragsgegner

Auch den Antragsgegner trifft eine Mitwirkungsverpflichtung. Das betrifft die Umstände, die in dessen Sphäre fallen. Umstände, die den geltend

---

1066 BVerwG, U.v. 21.8.2003, 2 C 14/02, BVerwGE 118, 370, juris Rn. 16; BVerfG, B.v. 24.9.2002, 2 BvR 857/02, NVwZ 2003, 200, juris 10.

1067 Insbesondere ist das bei Rechtmäßigkeitsrügen hinsichtlich der dienstlichen Beurteilungen von Bedeutung, siehe E II 2.

1068 VerfGH Berlin, B.v. 29.8.2003, 133/03, 133A/03, juris Rn. 21.

1069 BVerwG, U.v. 21.8.2003, 2 C 14/02, BVerwGE 118, 370, juris Rn. 27.

gemachten Anspruch widerlegen[1070][1071] und die im alleinigen Organisationsbereich des Antragsgegners liegen, muss dieser seinerseits glaubhaft machen.

Das gewinnt bei der Kontrolle eines beamtenrechtlichen Auswahlverfahrens eine besondere Bedeutung. Denn es ist in der Rechtsprechung anerkannt, dass die Beschaffung und die Erhaltung der für die Auswahlentscheidung erforderlichen Grundlagen ausschließlich im Verantwortungs- und Verfügungsbereich der zuständigen Behörde des Dienstherrn liegen[1072]. Grundsätzlich haben sich die Beteiligten umfassend zu einem Verfahren zugrunde liegenden Tatsachen zu äußern[1073]. Allerdings trifft den Dienstherrn als Antragsgegner die Darlegungs- und Beibringungslast für die gegen den geltend gemachten Anspruch sprechende Umstände. Das setzt ein, wenn entsprechende Gründe von Antragstellerseite substantiiert und schlüssig vorgetragen werden, mit denen dieser Beteiligte sich gegen die Rechtmäßigkeit der Auswahlentscheidung wendet. Tritt der Antragsgegner dem Vorbringen der Antragstellerseite nicht entgegen, darf das Gericht diese Tatsache als unstreitig ansehen[1074]. Entsprechendes gilt, wenn das Gericht den Antragsgegner zu einer entsprechenden Mitwirkung auffordert.

Grundsätzlich besteht die Mitwirkungspflicht des Antragsgegners zunächst in der Weise, dass er die einschlägigen Behördenakte vorlegt (§ 99 VwGO). Das ermöglicht dem Gericht in der Regel eine rechtliche Überprüfung. Soweit weitere Umstände offen sind, muss der Antragsgegner seine Auswahlentscheidung durch weitere Angaben ergänzen. Das gilt insbesondere für die Plausibilisierung von dienstlichen Beurteilungen oder Ausübung von Beurteilungsspielräumen. Das setzt aber voraus, dass der Dienstherr durch ein entsprechendes substantiiertes Vorbringen der Antragstellerpartei Veranlassung hat, diesem Vortrag ebenso substantiiert und schlüssig entgegenzutreten. Ebenso gilt das, wenn das Gericht den Antragsgegner zu einer Ergänzung seines Vortrags auffordert.

1070 Das gilt ebenso für anspruchsvernichtende oder anspruchshemmende Tatsachen: Dombert in: Finkelnburg/Dombert/Külpmann, Vorläufiger Rechtsschutz im Verwaltungsstreitverfahren, Rn. 322.

1071 Für den Sonderfall der Aufrechnung mit einer umstrittenen Gegenforderung vgl. HessVGH, B.v. 28.1.1994, 3 TG 2026/93, NJW 1995, 1109, juris Rn. 28.

1072 BVerfG, B.v. 9.8.2016, 2 BvR 1287/16, NVwZ 2017, 46, juris Rn. 85 f. m.w.N.; BVerwG, U.v. 21.8.2003, 2 C 14/02, BVerwGE 118, 370, juris Rn. 28.

1073 VG Hamburg, B.v. 18.5.2001, 3 VG 1075/2001, DRiZ 2001, 270, juris Rn. 27.

1074 VG Hamburg, B.v. 18.5.2001, 3 VG 1075/2001, DRiZ 2001, 270, juris Rn. 27.

Der Dienstherr trägt die Beweislast für die Grundlagen einer ordnungsgemäßen Auswahlentscheidung. Denn die Beschaffung und die Erhaltung der für die Auswahlentscheidung erforderlichen Grundlagen liegt ausschließlich in dem Verantwortungs- und Verfügungsbereich der zuständigen Behörde[1075].

3. Beigeladener

Den Beigeladenen trifft in einem Konkurrrentenstreit keine Pflicht zum Vortrag von Tatsachen. Einzige Ausnahme kann sein, dass ihm als Beteiligten des Verfahrens nach § 87 Abs. 1 Satz 2 Nr. 2 VwGO durch das Gericht aufgegeben wird, sich zu Umständen zu äußern, die in dessen Sphäre liegen. Das können etwa Qualifikationen oder nähere Angaben zu Art und Umfang von beruflichen Tätigkeiten sein, wenn diesen Umständen etwa im Rahmen eines konstitutiven oder deskriptiven Anforderungsprofils nachzugehen ist. Macht der Beigeladene von sich aus verfahrensförderliche Angaben, so sollten bei Abweisung des Antrags auch dessen außergerichtliche Kosten der unterlegenen Partei über § 162 Abs. 3 VwGO auferlegt werden. Denn dann hat der Beigeladene das Verfahren wesentlich gefördert, weshalb es der Billigkeit entspricht, dessen außergerichtliche Kosten[1076] dem Unterlegenen ebenfalls aufzuerlegen[1077].

4. Keine weitergehenden Präklusionsvorschriften sinnvoll

Eine sehr strikte Konzentration der Sachverhaltsermittlung[1078] könnte darin liegen, dass eine materielle Präklusion im beamtenrechtlichen Konkurrentenstreit eingeführt wird. Diese könnte der Vorschrift des § 146 Abs. 4 VwGO nachgebildet werden. Nach dieser Regelung für die Beschwerde gegen einen Beschluss des Verwaltungsgerichts im Verfahren des vorläufigen Rechtsschutzes (§§ 80, 80a und 123 VwGO) ist dieses Rechtsmittel innerhalb eines Monats nach Bekanntgabe der Entscheidung des Verwal-

---

1075 BVerwG, U.v. 21.8.2003 – 2 C 14/02 – BVerwGE 118, 370, juris Rn. 28.

1076 Das macht nur Sinn, wenn dem Beigeladenen auch erstattungsfähige außergerichtliche Kosten entstanden sind, also wenn der Beigeladene anwaltlich vertreten ist; vgl. für eine solche Konstellation VG München, B.v. 8.10.2019, M 5 E 19.2141, juris Rn. 47.

1077 Schübel-Pfister in: Eyermann, § 162 Rn. 41.

1078 W.-R. Schenke in: Kopp/Schenke, § 87b Rn. 1.

tungsgerichts zu begründen. So könnte § 123 Abs. 3 VwGO um folgenden Satz 2 ergänzt werden: „Bei Konkurrentenstreitverfahren um die Besetzung öffentlicher Ämter ist der Antrag innerhalb eines Monats nach Antragstellung gegenüber dem Verwaltungsgericht zu begründen; § 146 Abs. 4 Sätze 2 bis 4 und 6 VwGO gelten entsprechend".

Für eine Verfahrensstraffung auch in erster Instanz durch eine Pflicht zu einer konzentrierten Geltendmachung der Gründe, die aus Sicht des unterlegenen Bewerbers die Rechtswidrigkeit der Auswahlentscheidung belegen, wäre eine Regelung über die materielle Präklusion erforderlich. Denn nur durch eine solche Bestimmung könnte der Ausschluss der Geltendmachung nicht rechtzeitig durch den Antragsteller dargelegter Umstände geregelt werden[1079]. Eine formelle Präklusion kann keine Konzentration des gerichtlichen Verfahrens bewirken. Denn eine formelle Präklusion schließt nur den Anspruch auf Erörterung und Entscheidung über Einwendungen im Verwaltungsverfahren aus, hat aber keine Auswirkung auf ein gerichtliches Verfahren[1080].

Der Gedanke einer Einführung einer materiellen Präklusion bei beamtenrechtlichen Konkurrenteneilverfahren ist aber abzulehnen. Denn diese Möglichkeit ist eine relativ weitgehende Beschränkung der Geltendmachung der Rechte eines Betroffenen. Geht der Blick auf die Fälle, in denen eine materielle Präklusion geregelt ist[1081], betrifft das in der Regel die Genehmigung komplexer Vorhaben und Pläne. Die Konstellation des beamtenrechtlichen Konkurrentenschutzes unterscheidet sich davon grundsätzlich. Denn bei der Konkurrentenklage wird nur die Verletzung des Bewerbungsverfahrensanspruchs des unterlegenen Bewerbers geprüft und nicht wie bei komplexen Genehmigungsverfahren eine Vielzahl rechtlicher Beziehungen zu einer Vielzahl Betroffener. Damit fehlt es bereits an der erforderlichen sachlichen Rechtfertigung einer materiellen Präklusion, die in der erforderlichen Konzentration des vom Gericht zu prüfenden Vorbringens liegt[1082]. Das gilt auch für die Situation im Disziplinarverfahren[1083]: Dort ist zur Verfahrensbeschleunigung eine Präklusion für nicht fristgemäß gerügte Mängel des Disziplinarverfahrens oder der Klageschrift

---

1079 Happ in: Eyermann, § 42 Rn. 125; Jacob in: Gärditz, § 87b Rn. 6; W.-R. Schenke in: Kopp/Schenke, § 87b Rn. 4; Riese in: Schoch/Schneider, § 87b Rn. 8.

1080 Happ in: Eyermann, § 42 Rn. 125, 130; Jacob in: Gärditz, § 87b Rn. 6.

1081 § 5 UmwRG, § 6 Satz 2 UmwRG (Klagebegründungsfrist), § 7 Abs. 3 Satz 1 UmwRG, § 64 Abs. 2 BNatschG, § 41 Abs. 2 Satz 2 FlurbG, § 5 Abs. 1 Satz 2 GenTAnhV.

1082 BVerfG, B.v. 8.7.1982, 2 BvR 1187/80, BVerfGE 61, 82, juris Rn. 91.

1083 vgl. § 55 Abs. 2 BDG (Bund); Art. 53 Abs. 2 BayDG (Freistaat Bayern).

festgelegt, wenn ansonsten das Disziplinarverfahren verzögert würde und der Beamte über die Folgen der Fristversäumung belehrt wurde. Diese Sonderregelung dient der gesetzlich angeordneten beschleunigten Durchführung[1084] von Disziplinarverfahren[1085].

Den – soweit ersichtlich – einzigen Fall, in dem eine Präklusion im Verfahren des vorläufigen Rechtsschutzes geregelt ist, stellt § 36 Abs. 4 Satz 3 AsylG für eine Entscheidung hinsichtlich der Abschiebungsandrohung bei unzulässigen oder unbegründeten Asylanträgen[1086] dar. Diese Vorschrift trägt dem Grundsatz der absoluten Beschleunigung der Rechtsstreitigkeiten im Asylrecht Rechnung[1087]. Das gilt auch für die Präklusiondvorschrift in § 74 Abs. 2 AsylG für das Klageverfahren[1088]. Die rechtliche Konstellation im Verfahren des vorläufigen Rechtsschutzes beamtenrechtlichen Konkurrentenstreitverfahren unterscheidet sich von den dargestellten Rechtsbereichen ganz erheblich. Die gesetzliche Normierung von spezifischen Präklusionsvorschriften ist daher nicht sinnvoll. Denn in der Regel muss das Gericht darlegen, dass das verspätete Vorbringen zu einer Verzögerung des Rechtsstreits geführt hätte[1089]. Das belastet das Gericht und verkompliziert die Entscheidung. Auch aus diesem Grund ist eine spezielle Präklusionsvorschrift für beamtenrechtliche Konkurrentenstreitverfahren nicht sinnvoll.

Hinzu kommt, dass es sich um ein Verfahren des vorläufigen Rechtsschutzes handelt. Die Pflicht zur Glaubhaftmachung der anspruchsbegründenden Umstände durch den Antragsteller (§ 123 Abs. 3 VwGO i.V.m. § 920 Abs. 2 ZPO) reicht aus, um die Antragstellerseite zu einer konzentrierten Angabe des maßgeblichen Sachverhalts anzuhalten. Der Antragsteller muss auch damit rechnen, dass das Gericht nach Eingang der Stellungnahme des Antragsgegners und gegebenenfalls des Beigeladenen ohne weiteres entscheidet. Daher ergibt sich für den unterlegenen Bewer-

1084 vgl. § 4 BDG (Bund); Art 4 BayDG (Bayern).

1085 Gansen in: Gansen: DiszR, § 55 BDG Rn. 22 f.; Conrad in: Bayerisches Disziplinarrecht, Art. 53 BayDG Rn. 12.

1086 Danach kann das Gericht ein Vorbringen, das wegen verspätetem Vorbringen im Verwaltungsverfahren unberücksichtigt geblieben ist, sowie Tatsachen und Umstände, die der Ausländer im Verwaltungsverfahren nicht angegeben hat, unberücksichtigt lassen, wenn andernfalls die Entscheidung verzögert wurde.

1087 Bergmann in: Bergmann/Dienelt, Ausländerrecht, § 36 AsylG Rn. 26.

1088 Bergmann in: Bergmann/Dienelt, Ausländerrecht, § 74 AsylG Rn. 2.

1089 Auch die sehr strikt lautende Vorschrift des § 36 As. 4 Satz 3 AsylG ist insoweit verfassungskonform einschränkend auszulegen: Funke-Kaiser in: GK AsylG, § 36 Rn. 61 ff.

ber als Antragsteller von der Grundkonstellation des Konkurrentenstreitverfahrens im Rahmen des vorläufigen Rechtsschutzes, bereits im Antragsschriftsatz die wesentlichen Umstände und Argumente anzugeben, die eine Verletzung des Bewerbungsverfahrensanspruchs begründen sollen.

5. Fazit

Im beamtenrechtlichen Konkurrentenstreitverfahren im Rahmen des § 123 VwGO kommt den Beteiligten eine Mitwirkungspflicht zu: Die Antragstellerpartei hat schlüssig vorzutragen und die Tatsachen glaubhaft zu machen, dass bei der Besetzung des strittigen Dienstpostens deren Bewerbungsverfahrensanspruch verletzt wurde. Insbesondere Umstände, die in der Sphäre der Antragstellerpartei liegen, müssen plausibel und schlüssig vorgetragen werden. Die Antragsgegnerpartei hat bei entsprechender Argumentation der Antragstellerpartei einen plausiblen und schlüssigen Gegenvortrag anzubringen, um dem Gericht eine Rechtskontrolle zu ermöglichen. Weitergehende Präklusionsvorschriften sind hierbei nicht sinnvoll.

IV. Verwirkung

Die gerichtliche Geltendmachung des Bewerbungsverfahrensanspruchs kann verwirkt werden. Denn es handelt sich beim Bewerbungsverfahrensanspruch als grundrechtsgleiches Recht eines Bewerbers um ein subjektives öffentliches Recht, das der Verwirkung unterfällt, die auch im öffentlichen Dienstrecht anwendbar ist[1090]. Hierbei sind zwei Konstellationen zu unterscheiden: Der „Normalfall", dass dem unterlegenen Bewerber eine Negativmitteilung übersandt wird, sowie der Fall, dass keine Negativmitteilung an den nicht erfolgreichen Bewerber erfolgt.

Verwirkung tritt dann ein, wenn ein Recht längere Zeit nicht mehr ausgeübt wurde und besondere Umstände vorliegen, die die verspätete Geltendmachung im Hinblick auf das beim Verpflichteten (oder auch Dritten) daraus erwachsene Vertrauen als Verstoß gegen Treu und Glauben erscheinen lassen. Es bedarf also des Verstreichens eines längeren Zeitraums – „Zeitmoment" – sowie, dass der Berechtigte unter Verhältnissen untätig geblieben ist, unter denen vernünftigerweise etwas zur Wah-

---

1090 OVG NW, B.v. 8.1.2020, 1 B 112/19, NWVBl 2020, 240, juris Rn. 30; BVerwG, U.v. 30.8.2018, 2 C 10/17, BVerwGE 163, 36, juris Rn. 19 m.w.N.

rung (oder Durchsetzung) des Rechts unternommen wird – „Umstandsmoment“. Maßgeblich ist eine Gesamtbewertung aller zeitlichen und sonstigen Umstände im konkreten Fall[1091].

1. Normalfall: Negativmitteilung erfolgt

Ist dem unterlegenen Beamten die zu seinen Ungunsten ergangene Auswahlentscheidung in Form der Negativmitteilung bekannt gegeben, muss er hiergegen wie dargestellt innerhalb von zwei Wochen nach Bekanntgabe mit einem Antrag auf Gewährung vorläufigen Rechtsschutzes reagieren, um die Ernennung des ausgewählten Bewerbers zu verhindern. Erfolgt das nicht fristgemäß, so ist das Auswahlverfahren beendet. Gegen die darauf erfolgende Ernennung des ausgewählten Kandidaten kann sich der unterlegene Kandidat nicht mehr wehren. Denn angesichts des Interesses an einer zeitnahen Klärung der Rechtmäßigkeit des Auswahlverfahrens ist eine Frist von zwei Wochen einerseits angemessen und andererseits erforderlich, damit alsbald Klarheit darüber besteht, ob nach der Auswahlentscheidung die statusrechtliche Ernennung des ausgewählten Kandidaten erfolgen darf[1092]. Die Rechtsprechung geht davon aus, dass sich das Besetzungsverfahren aufgrund der endgültigen Übertragung des zu besetzenden Amtes durch Ernennung erledigt hat[1093]. Eine Verwirkung liegt hier nicht vor, da nicht der Fall vorliegt, dass ein Recht längere Zeit nicht mehr ausgeübt wurde und besondere Umstände die die verspätete Geltendmachung im Hinblick auf das beim Verpflichteten (oder auch Dritten) daraus erwachsenen Vertrauens als Verstoß gegen Treu und Glau-

---

1091 BVerwG, B.v. 15.1.2020, 2 B 38/19, IÖD 2020, 103, juris Rn. 12 zur Verwirkung des Bewerbungsverfahrensanspruchs; siehe für die Grundsätze der Verwirkung auch E II 3 zur Verwirkung der gerichtlichen Kontrolle von dienstlichen Beurteilungen.

1092 Siehe B IV 2; OVG NW, B.v. 24.11.2015, 1 B 884/15, IÖD 2016, 5, juris Rn. 21; BVerwG, U.v. 4.11.2010, 2 C 16/09, BVerwGE 138, 102, juris Rn. 34; Schnellenbach, Konkurrenzen im öffentlichen Dienst, Anhang 6 Rn. 20 m.w.N.; Tegethoff, ZBR 2004, 341/346 f.

1093 OVG NW, B.v. 31.1.2005, 1 B 1450/05, IÖD 2006, 50, juris Rn. 26 f.; BVerwG, U.v. 4.11.2010, 2 C 16/09, BVerwGE 138, 102, juris Rn. 27, 33; U.v. 21.8.2003, 2 C 14/02, BVerwGE 118, 370, juris Rn. 16; U.v. 25.8.1988, 2 C 62.85, BVerwGE 80, 127, juris Rn. 22 m.w.N.

ben[1094] erscheinen lassen[1095]. Das Verstreichen der Zwei-Wochen-Frist für die Geltendmachung von Eilrechtsschutz für den unterlegenen Bewerber allein begründet beim Dienstherrn kein Vertrauen, dass auch nach Ablauf der Frist keine Geltendmachung seiner Rechte mehr erfolgen wird. Hierfür müssten etwa entsprechende Verlautbarungen des unterlegenen Konkurrenten hinzukommen[1096]. Die endgültige Übertragung des umstrittenen Amtes stellt allerdings ein erledigendes Ereignis hinsichtlich des Besetzungsverfahrens dar, da das endgültig übertragene Amt dem Beamten aufgrund des Grundsatzes der Ämterstabilität nicht wieder entzogen werden darf. Andererseits folgt daraus, dass auch nach Ablauf der Zweiwochenfrist ein Eilantrag nach § 123 VwGO im Konkurrentenstreit zulässig ist, wenn bis zum Eingang des Antrags keine Ernennung des ausgewählten Beamten erfolgt ist[1097].

Andererseits muss sowohl für den Dienstherrn wie auch den ausgewählten Beamten absehbar sein, dass die Geltendmachung des Bewerbungsverfahrensanspruchs im Wege eines Eilantrags nach § 123 VwGO in überschaubarer Zeit verwirkt werden kann. Denn es muss in den Blick genommen werden, dass es sich grundsätzlich um die Geltendmachung eines Rechts im Rahmen eines Eilverfahrens handelt[1098]. Das öffentliche Interesse an der baldigen Wiederbesetzung von Planstellen hat ein erhebliches Gewicht. Wenn ein im Auswahlverfahren nicht erfolgreicher Bewerber die Negativmitteilung erhält, muss er nach ständiger Rechtsprechung damit rechnen, dass der ausgewählte Bewerber nach einer Frist von zwei Wochen ernannt wird. Der Antragsteller hat daher hinreichend Anlass, innerhalb dieser Frist von zwei Wochen einen Antrag auf Gewährung von vorläufigem Rechtsschutz zu stellen. Lässt er das Doppelte dieses Zeitraums verstreichen, so muss er im Regelfall davon ausgehen, dass inzwischen die Ernennung erfolgt ist. Daher ist es gerechtfertigt, jedenfalls nach Verstreichen eines Monats nach Mitteilung der Negativmitteilung das Recht

---

1094 Es müssen ein „Zeitmoment" und ein „Umstandsmoment" zusammenkommen: BVerwG, U.v. 30.8.2018, 2 C 10/17, BVerwGE 163, 36, juris Rn. 21 f.

1095 BVerwG, U.v. 30.8.2018, 2 C 10/17, BVerwGE 163, 36, juris Rn. 21 f.; OVG NW, B.v. 8.1.2020, 1 B 112/19, NWVBl 2020, 240, juris Rn. 14 f.

1096 VG Halle/Saale, B.v. 8.7.2014, 5 B 29/14, juris Rn. 5 f.

1097 OVG NW, B.v. 24.11.2015, 1 B 884/15, IÖD 2016, 5, juris Rn. 16.

1098 HessVGH, B.v. 4.8.1993, 1 TG 1460/93, NVwZ 1994, 398, juris Rn. 6: „summarisches Hauptsacheverfahren".

auf Geltendmachung des Bewerbungsverfahrensanspruchs im Wege des vorläufigen Rechtsschutzes als verwirkt anzusehen[1099].

Der Ansicht[1100], die einen deutlich längeren Zeitraum für eine Verwirkung annimmt, ist nicht zu folgen. Denn sowohl der Dienstherr wie auch der ausgewählte Beamte benötigen bei beamtenrechtlichen Besetzungen relativ rasch Gewissheit, ob ein nicht ausgewählter Beamter die Überprüfung einer Auswahlentscheidung anstrebt oder nicht. Wenn dem nicht zum Zuge gekommenen Bewerber schon die Besetzungsentscheidung durch Bekanntgabe der Negativmitteilung ausdrücklich zugeleitet wird, dann trifft ihn auch die Pflicht zu einer entsprechenden zeitnahen Geltendmachung seiner Rechte in Form einer gesteigerten Mitwirkungspflicht. Die Monatsfrist, die das Bundesverwaltungsgericht für die Verwirkung im Fall eines Abbruchs des Auswahlverfahrens statuiert hat[1101], ist auch im Rahmen eines Besetzungsverfahrens anzuwenden. Denn ein Bedürfnis nach alsbaldiger Rechtssicherheit, ob der nicht ausgewählte Bewerber gegen die Auswahlentscheidung vorgehen will oder nicht, besteht auch hier. Dagegen kann nicht angeführt werden, dass es die Behörde in der Hand hat, den ausgewählten Bewerber nach Ablauf einer Frist von zwei Wochen nach Zugang der Negativmitteilung zu ernennen[1102]. Denn hier geht es um die Perspektive des nicht ausgewählten Bewerbers. Wenn diesem der für ihn negative Ausgang des Besetzungsverfahrens förmlich bekannt gegeben ist, hat er grundsätzlich innerhalb einer Frist von zwei Wochen einen Antrag auf Gewährung von vorläufigem Rechtsschutz zu stellen. Hat der unterlegene Konkurrent keinen entsprechenden Antrag

1099 so HessVGH, B.v. 4.8.1993, 1 TG 1460/93, NVwZ 1994, 398, juris Rn. 9 – Antrag nach § 123 VwGO erst sechs Monate nach Negativmitteilung; NdsOVG, B.v. 5.2.2015, 5 ME 211/14, DÖD 2015, 189, juris, Rn. 10 ff. – Eilantrag mehr als vier Monate nach Bundesrichterwahl; Wittkowski, NVwZ 1995, 345/347 – deutlich früher als sechs Monate.

1100 OVG NRW, B.v. 5.12.2012, 6 B 1156/12, juris, Rn. 5 – keine Verwirkung bei Eilantrag vier Monate nach Konkurrentenmitteilung; OVG Sachsen-Anhalt, B.v. 15.9.2014, 1 M 76/14, juris, Rn. 10 ff. – keine Verwirkung bei Eilantrag sieben bis acht Wochen nach Konkurrentenmitteilung; VG Ansbach, B.v. 21.12.2010, AN 1 E 10.02481, juris, Rn. 34 – keine Verwirkung bei Eilantrag sieben Wochen nach Konkurrentenmitteilung; B.v. 25.4.2007, AN 1 E 07.00836, juris, Rn. 47 – keine Verwirkung bei Eilantrag über sieben Monate nach Konkurrentenmitteilung; Wollenschläger, 2. Teil C VII 2c cc, S. 318 sechs Monate; Kuhla in: BeckOK VwGO, § 123 Rn. 95i – keine Verwirkung nach Ablauf der Wartefrist bis zu einem Jahr nach Ernennung.

1101 BVerwG, U.v. 3.12.2014, 2 A 3/13, BVerwGE 151, 14, juris Rn. 22 ff.

1102 so aber: OVG NW, 24.11.2015, B.v. 1 B 884/15, IÖD 2016, 5 juris Rn. 21 ff.

gestellt, so sind seine Ansprüche aus Art. 33 Abs. 2 GG, Art. 19 Abs. 4 GG erfüllt[1103]. Einer gesonderten Belehrung über diese Frist bedarf es nicht. Damit korrespondierend und als kongruente Entsprechung ist es gerechtfertigt, nach der doppelten Frist von zwei Wochen den Anspruch auf gerichtliche Geltendmachung des Bewerbungsverfahrensanspruchs als verwirkt anzusehen[1104]. Zögert der erfolglose Bewerber mit seinem Eilantrag mehr als zwei Wochen nach Bekanntgabe der Negativmitteilung, so riskiert er, dass nach Ablauf dieser Frist der ausgewählte Beamte ernannt wird. Erfolgt das durch den Dienstherrn nicht, so sind andererseits auch keine Gründe ersichtlich, warum der Bewerbungsverfahrensanspruch früher als nach einem Monat verwirkt werden sollte[1105].

Beim Abbruch eines Auswahlverfahrens benötigen die am Verfahren Beteiligten alsbald Klarheit über die Pflicht des Dienstherrn darüber, ob das abgebrochene Besetzungsverfahren fortgesetzt werden muss oder ein neues Verfahren eingeleitet werden kann. Daher hat das Bundesverwaltungsgericht zu Recht eine Monatsfrist festgelegt, innerhalb derer ein erfolgloser Konkurrent einen Antrag nach § 123 VwGO einreichen muss, mit dem er die Fortsetzung des vom Dienstherrn abgebrochenen Verfahrens geltend machen will. Nach Ablauf der Monatsfrist ist das Recht auf Geltendmachung der Überprüfung des Abbruchs verwirkt[1106][1107].

1103 vgl. zum Ganzen zusammenfassend: BVerwG, U.v. 4.11.2010, 2 C 16/09, BVerwGE 138, 102, juris Rn. 33 f.

1104 anders: BVerwG, B.v. 15.1.2020, 2 B 38/19, IÖD 2020, 103, juris Rn. 12 – wegen der Einzelfallbeurteilung der Verwirkung sei es nicht möglich hier eine zeitlich feste Grenze festzulegen.

1105 OVG NW, B.v. 8.1.2020, 1 B 112/19, NWVBl 2020, 240, juris Rn. 37 ff.

1106 BVerwG, U.v. 3.12.2014, 2 A 3/13, BVerwGE 151, 14, juris Rn. 22 ff.

1107 Soweit etwa in der zivilgerichtlichen Rechtsprechung davon ausgegangen wird, dass zwei Monate nach Kenntnis der Rechtsbeeinträchtigung keine Dringlichkeit für den Erlass einer einstweiligen Anordnung mehr angenommen werden könne (OLG Stuttgart, B.v. 11.8.2010, 4 U 106/10, NZBau 2010, 639, juris Rn. 21), kann das auf die besondere Konstellation des beamtenrechtlichen Konkurrentenstreitverfahrens nicht übertragen werden. Denn zum einen liegt im Konkurrentenstreit das gewichtigte öffentliche Interesse der baldigen Wiederbesetzung von offenen Stellen vor, ebenso auch das private Interesse des ausgewählten Konkurrenten an Rechtssicherheit hinsichtlich seiner Auswahl. Zum anderen kann – jedenfalls nach Bekanntgabe einer Negativmitteilung – nach Ernennung des ausgewählten Bewerbers kein Hauptsacheverfahren folgen, da dem (bis auf den Sonderfall der Rechtsschutzvereitelung) der Grundsatz der Ämterstabilität entgegensteht.

2. Keine Negativmitteilung ergangen

Eine besondere Konstellation liegt vor, wenn dem unterlegenen Konkurrenten die Inanspruchnahme von Rechtsschutz vor der Ernennung des ausgewählten Bewerbers vereitelt worden ist. Dann steht ihm ausnahmsweise die rechtliche Möglichkeit offen, die Ernennung des ausgewählten Bewerbers anzufechten[1108]. Dieses Recht, das die Geltendmachung des Bewerbungsverfahrensanspruchs darstellt, kann verwirkt werden. Wenn das „Zeitmoment“ und das „Umstandsmoment“ vorliegen, dann kann sich der Rechtsinhaber nicht mehr auf die Geltendmachung dieses Rechts berufen[1109].

Wenn einem unterlegenen Konkurrenten zwar nicht die Auswahlentscheidung, aber die Ernennung des ausgewählten Bewerbers im Fall der Rechtsschutzvereitelung ausdrücklich bekanntgegeben wird, muss er sich spätestens binnen eines Jahres gegen die erfolgte Ernennung des Konkurrenten wehren. Denn die rechtsvereitelnde Ernennung des Konkurrenten ist ein Verwaltungsakt, der in das Recht des erfolglosen Bewerbers eingreift[1110]. Da diese positive Kenntnis von dieser Ernennung regelmäßig nicht mit einer Rechtsbehelfsbelehrung versehen ist, läuft die Jahresfrist des § 58 Abs. 2 VwGO für eine Klage ab Kenntnis der Ernennung.

Das hat auch zu gelten, wenn einem Konkurrenten sich regelmäßig jährlich wiederholende Beförderungen bekannt sind und sich daher dem Unterlegenen aufdrängen muss, dass der ausgewählte Bewerber inzwischen befördert worden sein muss. Auch hier hat mit Blick auf die Regelung des § 58 Abs. 2 VwGO zu gelten, dass nach Ablauf eines Jahres seit Kenntnis der Beförderung bzw. deren Kennenmüssens die Berufung auf das Anfechtungsrecht verwirkt ist[1111].

Dieser Entscheidung ist zuzustimmen. Hier treffen mehrere Gesichtspunkte aufeinander: Die Ämterstabilität des beförderten Beamten, der auf die Rechtssicherheit (Art. 20 Abs. 3 GG) der erfolgten Ernennung vertraut, das Recht auf effektive Geltendmachung des Bewerbungsverfahrensanspruchs eines Bewerbers (Art. 19 Abs. 4 i.V.m. 33 Abs. 2 GG), andererseits die Funktionsfähigkeit der öffentlichen Verwaltung (Art. 33 Abs. 2 GG,

---

1108 BVerwG, U.v. 4.10.2010, 2 C 16.09, BVerwGE 138, 102, juris Rn. 36 ff.; siehe auch C III 2.

1109 BVerwG, U.v. 30.8.2018, 2 C 10/17, BVerwGE 163, 36, juris Rn. 15 ff.

1110 BVerwG, U.v. 4.11.2010, 2 C 16/09, BVerwGE 138, 102, juris Rn. 28: Die Ernennung greift in die Rechte aller Bewerber aus Art. 33 Abs. 2 GG ein.

1111 BVerwG, U.v. 30.8.2018, 2 C 10/17, BVerwGE 163, 36, juris Rn. 27 ff.; so auch Kuhla in: BeckOK VwGO, § 123 Rn. 95i.

Art. 83 ff. GG). Die Interessen des beförderten Beamten wie des Dienstherrn sprechen dafür, baldmöglichst Klarheit darüber zu erlangen, dass die Ernennung rechtsbeständig ist. Das Interesse des bei der Stellenbesetzung nicht zum Zuge gekommenen und hiervon nicht informierten Beamten spricht dafür, sein Recht effektiv (Art. 19 Abs. 4 GG) und aufgrund der nicht erfolgten Information auch über einen längeren Zeitraum geltend machen zu können. Für diese Konfliktlage bietet sich an, auf § 58 Abs. 2 VwGO abzustellen. Zwar gilt die gesetzliche Regelung der Jahresfrist als Ausschlussfrist bei unterbliebener oder nicht ordnungsgemäßer Rechtsbehelfsbelehrung nur bei einer formell ordnungsgemäßen Bekanntgabe[1112]. Die Jahresfrist kann aber als frühester Anhalt für einen längeren Zeitraum der Nichtgeltendmachung eines Rechts im Rahmen der Verwirkung herangezogen werden[1113]. Im beamtenrechtlichen Konkurrentenstreit begründen die dargestellten Interessen des ernannten Beamten wie des Dienstherrn auch ein besonderes Gewicht, nach einer hinreichend langen, aber absehbaren Frist davon auszugehen zu können, dass der Bewerbungsverfahrensanspruch des übergangenen Beamten nicht mehr geltend gemacht werden kann. Es ist daher gerechtfertigt, den frühesten im Gesetz genannten Anknüpfungspunkt für die Annahme einer Verwirkung des Bewerbungsverfahrensanspruchs beim beamtenrechtlichen Konkurrentenstreit heranzuziehen; das ist die Frist des § 58 Abs. 2 VwGO. Das wird auch durch den Gedanken unterstrichen, dass bei dem rechtsprechungskonformen Grundmodell des Rechtsschutzes gegen eine beamtenrechtliche Auswahlentscheidung vom unterlegenen Bewerber ein Antrag auf Gewährung vorläufigen Rechtsschutzes nach § 123 VwGO binnen zwei Wochen nach Bekanntgabe der Auswahlentscheidung gestellt werden muss[1114]. Der Ansatz, dass die Jahresfrist der Herbeiführung der Rechtssicherheit dienen soll[1115], indem eine entsprechende – verfassungsrechtlich unbedenkliche – Ausschlussfrist in § 58 Abs. 2 VwGO statuiert ist[1116], gewinnt hier besonderes Gewicht. Demgegenüber bedarf die Rechtsposition des nicht ausgewählten Beamten keiner weiteren Ausformung auch mit Blick auf die Vereitelung der Inanspruchnahme von effektivem Rechtsschutz, um die Ernennung des Ausgewählten zu verhindern. Bereits die Durchbrechung

---

1112 Hoppe in: Eyermann, VwGO, § 58 Rn. 29; W.-R. Schenke in: Kopp/Schenke, § 58 Rn. 17.

1113 Krausnick in: Gärditz, § 58 Rn. 41.

1114 BVerwG, U.v. 30.8.2018, 2 C 10/17, BVerwGE 163, 36, juris Rn. 31; siehe auch B IV 2.

1115 Hoppe in: Eyermann, VwGO, § 58 Rn. 28.

1116 BVerwG, U.v. 10.11.1966, II C 99.64, NJW 1967, 591.

der Ämterstabilität in diesen Fällen verleiht der Position des nicht ausgewählten Bewerbers hinreichende Bedeutung[1117].

Bei der Frage, ab wann der Beginn der Jahresfrist anzunehmen ist, muss dem Umstand Rechnung getragen werden, dass der nicht ausgewählte Bewerber vom Dienstherrn nicht über die Beförderungsentscheidung informiert wurde. Wenn dem Unterlegenen angesonnen wird, innerhalb eines Jahres Rechtsmittel gegen die Ernennung eines (oder mehrerer) Konkurrenten zu erheben, die ohne die (an sich rechtmäßig) zu erfolgende Mitteilung gegenüber dem unterlegenen Bewerber verfügt sind, so muss der nicht ernannte Beamte bei stichtagsmäßig sich wiederholenden Beförderungen davon ausgehen, dass ab diesem Zeitpunkt die Jahresfrist anläuft[1118]. Der Beamte kann nicht davon ausgehen, dass regelmäßig sich wiederholende Beförderungsstichtage und der konkrete Ernennungszeitpunkt auseinanderfallen. Auch wenn dem unterlegenen Bewerber eine Akteneinsicht möglich ist, so muss beim Anlauf der Frist dem Umstand Rechnung getragen werden, dass der Dienstherr es unterlassen hat, den Beamten über die bevorstehende Ernennung zu informieren – wozu die Personalverwaltung verpflichtet ist[1119][1120].

Anders ist das zu beurteilen, wenn die Stellen so prominent sind, dass über die entsprechenden Auswahlentscheidungen in den Medien berichtet wird, etwa bei der Besetzung von Stellen an obersten Bundesgerichten. Wenn dem unterlegenen Bewerber die Auswahlentscheidung zwar nicht durch den Dienstherrn bekannt gegeben wird, jedoch in den Medien hierüber berichtet wird, so ist die Statuierung der Jahresfrist nicht angebracht. Denn der nicht ausgewählte Bewerber hatte aufgrund der allgemeinen Berichterstattung über diese Entscheidung hinreichend Anlass, alsbald nach dieser allgemeinen Information gerichtlichen Rechtsschutz in Anspruch zu nehmen. In einem solchen Fall ist – wie bei der Bekanntgabe der Negativmitteilung[1121] – eine Frist von einem Monat anzusetzen, nach de-

1117 BVerwG, U.v. 30.8.2018, 2 C 10/17, BVerwGE 163, 36, juris Rn. 34; insgesamt zustimmend: Stuttmann, NVwZ 2018, 1870/1872.

1118 ThürOVG, U.v. 28.6.2016, 2 KO 31/16, juris Rn. 61.

1119 B IV 1.

1120 Der Zeitpunkt der Auswahlentscheidung (OVG NW, U.v. 27.4.2016, 1 A 1923/14, juris Rn. 96 – die Entscheidung ist allerdings zu einem Schadensersatzanspruch ergangen) ist erst recht nicht der geeignete Anknüpfungspunkt für den Beginn der Jahresfrist, da dieser dem unterlegenen Bewerber noch weniger ersichtlich ist: BVerwG, U.v. 30.8.2018, 2 C 10/17, BVerwGE 163, 36, juris Rn. 32.

1121 siehe F IV 1.

ren Ablauf die Inanspruchnahme des Bewerbungsverfahrensanspruchs als verwirkt anzusehen ist. Diese kann aber erst nach der letzten Berichterstattung in den Medien über die Auswahlentscheidung anlaufen[1122]. Denn der nicht zum Zuge gekommene Bewerber hat die Informationen darüber, wer ausgewählt wurde. Zwar fehlt dieser allgemeinen Berichterstattung die ganz konkrete Anstoßwirkung einer Negativmitteilung, doch wurde von der für ihn negativen Auswahlentscheidung allgemein berichtet. Es ist daher gerechtfertigt, durch eine Frist von einem Monat dem Interesse des Antragstellers an einer längeren Geltendmachung Rechnung zu tragen, andererseits aber dem Dienstherrn und dem ausgewählten Bewerber eine rechtssichere Position einzuräumen. Denn nach einer allgemeinen Berichterstattung muss der Dienstherr davon ausgehen können, dass diese auch nicht ausgewählte Bewerber erreicht.

3. Fazit

Hat der unterlegene Bewerber eine Negativmitteilung erhalten, so ist nach Verstreichen eines Monats nach Mitteilung der Negativmitteilung das Recht auf Geltendmachung des Bewerbungsverfahrensanspruchs im Wege des vorläufigen Rechtsschutzes als verwirkt anzusehen.

Ist keine Negativmitteilung ergangen, so ist ein Jahr nach der Ernennung des ausgewählten Konkurrenten die gerichtliche Geltendmachung des Bewerbungsverfahrensanspruchs verwirkt.

V. Rechtsmissbrauch

Auch die Geltendmachung des Bewerbungsverfahrensanspruchs im beamtenrechtlichen Konkurrentenstreitverfahren kann rechtsmissbräuchlich erfolgen.

Rechtsmissbrauch fällt allgemein unter den Verstoß gegen Treu und Glauben[1123]. Im beamtenrechtlichen Konkurrentenstreitverfahren kann

---

1122 vgl. VG Hannover, B.v. 16.12.2014, 2 B 11933/14, juris Rn. 22 f., das keine konkrete Frist setzt, von einer Verwirkung aber vier Monate nach der allgemeinen Berichterstattung über die Auswahlentscheidung (Richterwahl an einem obersten Bundesgericht) ausgeht.

1123 Happ in: Eyermann, § 42 Rn. 133; Gärditz in: Gärditz, § 42 Rn. 106; W.-R. Schenke in: Kopp/Schenke, vor § 40 Rn. 52.

eine rechtsmissbräuchliche Inanspruchnahme von gerichtlichem (Eil-) Rechtsschutz dann vorliegen, wenn es dem Antragsteller nicht um die Wahrnehmung seiner eigenen Rechte, sondern vielmehr um die bloße Verhinderung der Stellenbesetzung geht[1124]. Die Annahme eines Rechtsmissbrauchs als Unterfall des Verstoßes gegen Treu und Glauben muss sich aber eindeutig und zweifelsfrei aus den Umständen ergeben.

Das ist aber der Fall, wenn der Antragsteller darlegt, dass es ihm nicht um die Auswahl des Bewerbers im konkreten Fall geht, sondern darum, eine stattgebende gerichtliche Entscheidung als Anstoß für eine politische Diskussion zur Änderung des Auswahlverfahrens zu nutzen[1125]. Denn Rechtsschutz ist immer Individualrechtsschutz. Legt der Antragsteller dar, dass es ihm nicht um den Erfolg bei der Besetzung der Stelle geht, sondern letztlich um andere, politische Absichten, werden damit verfahrensfremde Zwecke verfolgt. Dafür kann es aber kein anzuerkennendes Bedürfnis für die Inanspruchnahme gerichtlichen Rechtsschutzes geben.

Das ist andererseits dann nicht der Fall, wenn zunächst ein unterlegener Bewerber um vorläufigen Rechtsschutz im Konkurrentenstreitverfahren nachsucht, diesen Antrag zurücknimmt und darauf ein weiterer unterlegener Bewerber auch nach Ablauf der Zwei-Wochen-Frist einen weiteren Antrag auf vorläufigen Rechtsschutz stellt[1126]. Verwirkung kann nicht vorliegen, da der Ablauf der Zwei-Wochen-Frist allein keinen Vertrauenstatbestand für den Dienstherrn schafft, dass sich nach deren Ablauf kein (weiterer) unterlegener Bewerber gegen die Auswahlentscheidung gerichtlich wendet[1127]. Allein aus der zeitlichen Abfolge, dass hintereinander zwei Bewerber um Rechtsschutz gegen eine Auswahlentscheidung nachsuchen, kann kein Rechtsmissbrauch abgeleitet werden. Denn es bleibt jedem nicht ausgewählten Bewerber unbenommen, gegen die Besetzungsentscheidung gerichtlich vorzugehen. Das kann auch nach Ablauf der Zwei-Wochen-Frist erfolgen, allerdings verbunden mit dem Risiko, dass der ausgewählte Bewerber inzwischen vom Dienstherrn ernannt wurde. Etwas anderes kann nur dann vorliegen, wenn sich aufgrund der dem Gericht bekannten Umstände ergibt, dass durch die zeitlich gestaffelte

---

1124 OVG LSA, B.v. 15.9.2014, 1 M 76/14, ZBR 2014, 431 Ls., juris Rn. 14.

1125 so die Konstellation bei VG Hannover, B.v. 16.12.2014, 2 B 11933/14, juris Rn. 22 f.; NdsOVG, B.v. 5.2.2015, 5 ME 211/14, DÖD 2015, 189, juris Rn. 14 – allerdings im Hinblick auf Verwirkung argumentierend.

1126 so die Konstellation, die den Entscheidungen des VG Halle/Saale, B.v. 8.7.2014, 5 B 29/14, juris Rn. 5 f. und OVG LSA, B.v. 15.9.2014, 1 M 76/14, ZBR 2014, 431 Ls., juris Rn. 14 zugrunde lag.

1127 VG Halle/Saale, B.v. 8.7.2014, 5 B 29/14, juris Rn. 5 f.; siehe auch F IV.

Inanspruchnahme von Rechtsschutz die Besetzung der umstrittenen Stelle verhindert oder verzögert werden soll, ohne dass tatsächlich die Auswahlentscheidung zu seinen Gunsten und damit die eigene Ernennung anzustreben. Entsprechende eindeutige Verlautbarungen werden sich aber selten feststellen lassen.

Generell muss die Annahme von Rechtsmissbrauch zurückhaltend angenommen werden. Die Verärgerung über den eigenen Misserfolg bei einer Stellenbesetzung begründet keinen Rechtmissbrauch. Zwar mag die ausdrückliche Angabe in einem Antragsschriftsatz, dass der Antragsteller davon ausgehe, dass er die umstrittene Stelle niemals erhalten werde, weil er sich gegen die Auswahlentscheidung wende, auf eine rechtsmissbräuchliche Inanspruchnahme von Rechtsschutz hindeuten. Die Formulierung für sich genommen zeigt, dass der Antragsteller seinen Antrag von vornherein für aussichtslos hält. Dann allerdings stellt sich die Frage, warum das Rechtsschutzverfahren überhaupt eingeleitet wird. Ohne weitere Ausführungen zur Sache könnte im Einzelfall Rechtsmissbrauch angenommen werden. Denn wenn der Antragsteller von vornherein davon ausgeht, die Stelle niemals zu erhalten, so erweist sich der Antrag nur als Ausdruck, dass die Ernennung des ausgewählten Bewerbers verhindert oder jedenfalls verzögert werden soll. Wird im Eilantragsschriftsatz im Weiteren jedoch substantiiert begründet, warum aus Sicht des Antragstellers eine Verletzung des Bewerbungsverfahrensanspruchs vorliegen soll, dann relativiert der Antragsteller seine Äußerung. Denn daraus wird der Wille deutlich, dass die umstrittene Stelle tatsächlich angestrebt wird[1128].

Fazit

Rechtsmissbrauch setzt voraus, dass ein Rechtsschutzverfahren nicht zur Überprüfung der Rechtmäßigkeit einer Auswahlentscheidung, sondern zu verfahrensfremden Zwecken eingeleitet wurde. Rechtsmissbrauch ist sehr zurückhaltend anzunehmen. Den Verlautbarungen der Antragstellerpartei muss ausdrücklich und unmissverständlich zu entnehmen sein, dass das gerichtliche Verfahren aus verfahrensfremden Zwecken anhängig gemacht wurde.

1128 So VG München, B.v. 28.7.2020, M 5 E 20.2704, juris Rn. 16.

VI. Kausalität

Der Antragsteller kann bei einer Verletzung seines Bewerbungsverfahrensanspruchs verlangen, dass das Auswahlverfahren wiederholt wird, wenn seine Auswahl in einem neuen Besetzungsverfahren möglich erscheint[1129].

1. Ausnahmecharakter der fehlenden Kausalität

Damit wird – anders gewendet – aber statuiert, dass die Wiederholung einer Auswahlentscheidung ausscheidet, wenn die Auswahl in einem neuen Verfahren nicht möglich ist. Bei der Feststellung, wann eine solche Konstellation vorliegt, muss der Blick darauf gerichtet werden, dass die Auswahlentscheidung dem Dienstherrn einen Beurteilungsspielraum wie auch einen Ermessensspielraum eröffnet. Die Gerichte haben diesem Spielraum Rechnung zu tragen. Wenn der Verwaltung ein solcher Spielraum eröffnet ist, sollten sich die Gerichte bei der Rechtskontrolle dieses Spielraums auch zurückhalten und sich nur auf die Prüfung von Rechtsfehlern beschränken. Daher ist eine geforderte Verschärfung des Maßstabs für einen Erfolg eines Antrags auf Gewährung vorläufigen Rechtsschutzes in dem Sinn, dass eine gewisse Erfolgswahrscheinlichkeit nötig wäre[1130], abzulehnen. Zum einen wäre der Maßstab der „gewissen Erfolgswahrscheinlichkeit" nur sehr schwer zu bestimmen und abzugrenzen. Zum anderen würden die Gerichte Gefahr laufen, zu sehr in den Beurteilungs- und Ermessensspielraum bei der Auswahlentscheidung einzugreifen. Hilfreicher in der Praxis ist die Festlegung, dass eine Bewerbung eines Antragstellers auch in einem neuen Auswahlverfahren keinen Erfolg hätte.

Für die Frage, wann die Auswahl eines Bewerbers in einem neuen Verfahren auszuschließen ist, muss daher der Spielraum der Verwaltung – quasi spiegelbildlich – ebenfalls beachtet werden. Eine solche Annahme darf daher nur getroffen werden, wenn die Auswahl des unterlegenen Bewerbers auch bei einer Rechtswidrigkeit der vom Dienstherrn angestellten und dokumentierten Auswahlerwägungen in jedem Fall ausgeschlossen ist. Der von der Rechtsprechung hierfür geforderte Überzeugungsgrad, dass eine Auswahl des unterlegenen Bewerbers mit an Sicherheit gren-

1129 BVerfG, B.v. 24.9.2002, 2 BvR 857/02, NVwZ 2003, 200, juris Rn. 13 f.; BVerwG, B.v. 21.12.2016, 2 VR 1.16, BVerwGE 157, 168, juris Rn. 43 m.w.N.
1130 So Wiegand, B V 5 Rn. 116.

zender Wahrscheinlichkeit auszuschließen sein muss[1131], ist die negative Entsprechung der Erwägung, dass ein Konkurrenteneilantrag bereits dann Erfolg hat, wenn dessen Auswahl in einem neuen Besetzungsverfahren möglich erscheint.

Insoweit begibt sich ein Gericht auf eine „Gratwanderung“: Das Gericht stellt selbst Erwägungen zu den Erfolgschancen eines Bewerbers bei der Wiederholung des Auswahlverfahrens an. Das kommt ihm im Prinzip nicht zu. Denn das Verwaltungsgericht nimmt grundsätzlich nur eine Rechtskontrolle der Auswahlerwägungen vor. Andererseits ist aber zu konstatieren, dass die Anordnung des Gerichts, dass das Auswahlverfahren zu wiederholen ist, zur Sicherung der Rechtsposition des Antragstellers nicht erforderlich ist, wenn dessen Erfolg von vornherein auszuschließen ist. Bei der Betrachtung des Konkurrenzverhältnisses zwischen dem Antragsteller und dem ausgewählten Bewerber muss die Auswahl des Antragstellers von vornherein aus Rechtsgründen auszuschließen sein. Wie sich im Fall einer positiven Entscheidung bei einer „Ermessenreduzierung auf Null“ aus Rechtsgründen nur eine mögliche Entscheidung als rechtmäßig darstellt[1132] muss im Fall der Unmöglichkeit der Auswahl des Antragstellers dessen Erfolg aus Rechtsgründen zwingend auszuschließen sein. Das Gericht darf keine Erwägungen dazu anstellen, mit welcher Wahrscheinlichkeit das Auswahlverfahren ausgegangen wäre, wenn der Dienstherr seinen Auswahlspielraum in rechtlich nicht zu beanstandender Weise ausgeübt hätte. Denn das Gericht ist ausschließlich zur Kontrolle berufen und darf keine Erwägungen dazu anstellen, wie das Verfahren unter Beachtung der rechtlichen Vorgaben ausgehen würde[1133]. Es ist nicht Aufgabe des Gerichts, den leistungsfähigsten Kandidaten zu ermitteln. Das kommt ausschließlich dem Dienstherrn unter Ausübung des nur ihm zukommenden Auswahlspielraums zu.

Die Feststellung, dass ein unterlegener Bewerber auch bei fehlerfreier Wiederholung des Auswahlverfahrens nicht zum Zuge kommen würde, ist daher auf enge Ausnahmefälle zu beschränken, bei denen kein Zweifel daran bestehen darf, dass der Antragsteller nicht zum Zuge kommen wird. Die Rechtsprechung nimmt hierfür den Grad der an Sicherheit grenzen-

1131 OVG NW, B.v. 10.3.2009, 1 B 1518/08, juris Rn. 56; BayVGH, B.v. 1.12.2015, 3 CE 15.1947, juris Rn. 40.
1132 vgl. hierzu nur Rennert in Eyermann, § 114 Rn. 32.
1133 BayVGH, B.v. 1.12.2015, 3 CE 15.1947, juris Rn. 39.

den Wahrscheinlichkeit an[1134]. Dieser Rechtsprechung ist zuzustimmen. Denn sie beachtet den Ausnahmecharakter dieses Ansatzes, der nur zum Tragen kommen kann, wenn die Auswahl zugunsten des Antragstellers rechtlich auszuschließen ist. Dieser sehr strenge Maßstab wird dem Kausalitätsgesichtspunkt gerecht. Denn es muss ausgeschlossen werden können, dass der Antragsteller in einem neuen Auswahlverfahren ausgewählt werden könnte. Es geht um die Gewissheit, dass der Antragsteller gegenüber dem ausgewählten Bewerber keine Auswahlchance hat[1135].

Mit Blick auf die Bedeutung des Bewerbungsverfahrensanspruchs (Art. 33 Abs. 2 GG) als grundrechtsgleiches Recht ist diese Argumentation nur tragfähig, wenn ein ganz markanter Leistungsunterschied zwischen diesen Konkurrenten besteht. Dieser Gedanke führt zu einer erheblichen Prüfungsverkürzung durch das Gericht. Eine solche Einschränkung ist nur dann zulässig, wenn von vornherein zu ersehen ist, dass der ausgewählte Bewerber gegenüber dem Antragsteller einen ganz erheblichen (Leistungs-)Vorsprung aufweist, der auch in einem erneuten Auswahlverfahren nicht einzuholen ist.

2. Fallgruppen

a) Fehlen der zwingenden Voraussetzungen für die zu besetzende Stelle

Das kann einmal der Fall sein, wenn der unterlegene Bewerber die zwingenden Voraussetzungen für die zu besetzende Stelle nicht erfüllt. Das können gesetzliche[1136] oder durch die Verwaltung in Rechtsnormen aufgestellte laufbahnrechtliche Zugangsvoraussetzungen für ein Amt sein. Das ist auch dann der Fall, wenn der Antragsteller ein rechtmäßig aufgestelltes konstitutives Anforderungsprofil nicht erfüllt[1137]. Das ist auch dann der Fall, wenn sich herausstellt, dass der Bewerber die gesundheitlichen Voraussetzungen für den angestrebten Posten nicht erfüllt[1138].

1134 OVG NW, B.v. 10.3.2009, 1 B 1518/08, juris Rn. 56; BayVGH, B.v. 1.12.2015, 3 CE 15.1947, juris Rn. 40.

1135 Kühling, NVwZ 2004, 656/661.

1136 Vgl. etwa § 5 Abs. 1 DRiG für die Befähigung zum Richteramt.

1137 so: OVG NW, B.v. 10.3.2009, 1 B 1518/08, juris Rn. 56.

1138 so: OVG NW, B.v. 23.10.2019, 6 B 720/19, NVwZ-RR 2020, 407, juris Rn. 17 ff; B.v. 12.4.2017, 6 A 794/16, juris Rn. 13 ff.; VG München, B.v. 23.11.2020, M 5 E 20.1848, juris Rn. 26 ff.; B.v. 20.8.2020, M 5 E 19.6298 , juris Rn. 10 ff.

b) Keine Relevanz eines fehlerhaften Auswahlverfahrens

Ein fehlerhaftes Auswahlverfahren führt nur dann zur Aufhebung einer Auswahlentscheidung, wenn eine Auswahl des Antragstellers bei einer erneuten Auswahlentscheidung ernstlich möglich erscheint[1139]. Das bedeutet, dass selbst bei einer Fehlerhaftigkeit des Auswahlverfahrens der Antrag des nicht ausgewählten Beamten keinen Erfolg hat, wenn sich von vornherein ergibt, dass ein Leistungsvergleich nicht zugunsten dieses Bewerbers ausfallen kann.

Zunächst ist bei Verfahrensmängeln § 46 VwVfG in den Blick zu nehmen. Nach dieser Vorschrift kann die Aufhebung eines unter Verletzung von Verfahrensvorschriften[1140] zustande gekommenen Verwaltungsaktes dann nicht beansprucht werden, wenn offensichtlich ist, dass die Verletzung die Entscheidung nicht beeinflusst hat. Diese Vorschrift kommt auch bei Verwaltungsakten zur Anwendung, bei denen der Behörde ein Ermessen oder ein Beurteilungsspielraum eingeräumt ist[1141]. Selbst wenn der Auswahlentscheidung in Form der „Negativmitteilung“ keine Verwaltungsaktsqualität beigemessen wird, so wird der Rechtsgedanke des § 46 VwVfG auf andere Handlungsformen der Verwaltung angewendet[1142]. Denn es wäre sinnwidrig, einen Verwaltungsakt aufzuheben, wenn zweifelsfrei festgestellt werden kann, dass in einem neuen Verwaltungsverfahren dasselbe Ergebnis zu treffen wäre. So ist das Unterbleiben der gesetzlich angeordneten Beteiligung eines Gremiums vor der Auswahlentscheidung (Personalrat, Gleichstellungsbeauftragte, Schwerbehindertenvertretung) dann rechtlich nicht beachtlich, wenn die Verletzung des Beteiligungsrechts das Ergebnis nicht beeinflusst hat. Es muss anhand des zu unterstellenden hypothetisch rechtmäßigen Verhaltens der Personalbehörde festgestellt werden, dass die Entscheidung ebenso getroffen worden wäre. Das muss offensichtlich sein in dem Sinn, dass dies anhand der Akten klar erkennbar sein muss. Es muss auszuschließen sein, dass die konkrete Möglichkeit besteht, dass ohne den Verfahrensfehler eine andere Besetzungsentscheidung getroffen worden wäre[1143]. Insbesondere kann eine fehlende

---

1139 BVerwG, B.v. 21.12.2016, 2 VR 1.16, BVerwGE 157, 168 - juris Rn. 43 m.w.N.; BVerfG, B.v.4.2.2016, 2 BvR 2223/15, NVwZ 2016, 764, juris Rn. 86; BayVGH, B.v. 8.1.2018, 3 CE 17.2188, juris Rn. 1 f.

1140 Die auch nicht nach § 45 VwVfG geheilt wurden.

1141 Sachs in: Stelkens/Bonk/Sachs, § 46 Rn. 73, 77.

1142 Sachs in: Stelkens/Bonk/Sachs, § 45 Rn. 1; § 46 Rn. 3, 17.

1143 OVG NW, B.v. 24.10.2019, 1 B 1051/19, NVwZ-RR 2020, 456 (Ls.), juris Rn. 99 ff.; OVG Berlin-Brandenburg, B.v. 2.7.2018, 4 S 3.18, NZA-RR 2018,

Kausalität dann angenommen werden, wenn zwischen dem ausgewählten Bewerber und dem Antragsteller hinsichtlich der Differenzierung nach der dienstlichen Leistungsfähigkeit ein solcher Abstand besteht, dass auch bei einem ordnungsgemäßen Verfahren dieselbe Entscheidung getroffen worden wäre[1144].

Ein Fall der fehlenden Kausalität liegt auch dann vor, wenn der Besetzungsvermerk an formellen Mängeln leidet oder neue wesentliche Umstände, die im ursprünglichen Vermerk nicht enthalten waren, im gerichtlichen Verfahren nachgeschoben werden[1145]. Ergibt sich insbesondere anhand rechtlich nicht zu beanstandender dienstlicher Beurteilungen ein Leistungsbild, dass der Antragsteller einen deutlichen Leistungsabstand zum ausgewählten Beamten hat, ist ein Fehler im Auswahlverfahren nicht kausal[1146]. Der Antrag ist daher nicht erfolgreich, da bei einer erneuten Auswahl ein Vergleich nach dem Leistungsprinzip von vornherein ergibt, dass der nicht zum Zuge gekommene Bewerber keine Chance auf seine Auswahl hat.

c) Keine Relevanz eines materiellen Mangels

Der Gesichtspunkt der fehlenden Kausalität gewinnt auch bei materiellen Mängeln Bedeutung. Das greift etwa dann, wenn im Besetzungsvermerk auf das Ergebnis eines Auswahlgesprächs abgestellt wird, das aufgrund des Leistungsvergleichs der dienstlichen Beurteilungen gar nicht erforderlich gewesen wäre. Wenn sich aufgrund der Beurteilungslage ein deutlicher Vorsprung des ausgewählten Beamten ergibt, kann sich das fehlerhafte Abstellen auf das Auswahlgespräch nicht beim Leistungsvergleich auswirken. Denn das Ergebnis des nicht erforderlichen Auswahlgesprächs kann sich

677, juris Rn. 6; BVerwG, U.v. 9.5.2019, 2 C 1.18, ZBR 2020, 35, juris Rn. 72; B.v. 20.10.2010, 2 B 39/10, juris Rn. 6.

1144 NdsOVG, B.v. 14.4.2003, 2 ME 129/03, NVwZ-RR 2004, 434, juris Rn. 18; VG München, B.v.28.7.2020, M 5 E 20.2704, juris Rn. 31.

1145 Siehe E IV 2 – Das Nachschieben von Gründen zu einem Auswahlvermerk wird dort als sachnäher erörtert.

1146 BayVGH, B.v. 25.1.2016, 3 CE 15.2012, juris Rn. 31 – 4 Punkte Abstand in einem System von 16 Punkten bei unzulässigem Nachschieben von Gründen; SächsOVG, B.v. 17.8.2006, 1 BS 138/06, NVwZ 2007, 847, juris Rn. 7 f. – fehlende Begründung einer Auswahlentscheidung.

auf den durch die Beurteilungen schon hinreichend belegten Leistungsvorsprung des ausgewählten Bewerbers nicht auswirken[1147].

Das kann aber auch der Fall sein, wenn bei der Leistungsauswahl der an dritter Stelle stehende Beamte die Auswahlentscheidung angreift und sich beide vor ihm stehenden Bewerber in einem höheren Statusamt befinden und deren Leistung höher einzuschätzen ist[1148].

Besondere Bedeutung erlangt der Gesichtspunkt, wenn eine Auswahl des unterlegenen Bewerbers auszuschließen ist, da ein ganz erheblicher Leistungsunterschied zwischen dem ausgewählten Bewerber und dem Antragsteller vorliegt[1149]. Allerdings muss gerade bei einem Vergleich dienstlicher Beurteilungen durch das Gericht Zurückhaltung geübt werden. Es ist für die Erwägung, dass mit an Sicherheit grenzender Wahrscheinlichkeit die Auswahl des unterlegenen Bewerbers in einem neuen Verfahren auszuschließen ist, gerade nicht ausreichend, dass der ausgewählte Bewerber als leistungsstärker bewertet wurde. Der Leistungsunterschied muss so deutlich sein, dass unter keinen denkbaren Gesichtspunkten die Auswahl zugunsten des Antragstellers möglich und der Leistungsabstand der dienstlichen Beurteilungen auch kompensierbar erscheint. Das wurde etwa bei einem Abstand der Endergebnisse der dienstlichen Beurteilungen von vier Punkten (in einem Beurteilungssystem von 16 Punkten) zwischen ausgewähltem und unterlegenem Bewerber bejaht[1150].

Ergibt sich ein insbesondere anhand rechtlich nicht zu beanstandender dienstlicher Beurteilungen das Leistungsbild, dass der Antragsteller einen deutlichen Leistungsabstand zum ausgewählten Beamten hat, ist ein Fehler im Auswahlverfahren nicht kausal[1151]. Der Antrag ist daher nicht erfolgreich, da bei einer erneuten Auswahl ein Vergleich nach dem Leistungsprinzip von vornherein ergibt, dass der nicht zum Zuge gekommene Bewerber keine Chance auf seine Auswahl hat.

1147 BayVGH, B.v. 16.9.2011, 3 CE 11.11332, juris Rn. 43 f.

1148 VG München, B.v. 16.7.2019, M 5 E 19.229, juris Rn. 28.

1149 Baden, PersV 2019, 133/139 – mit dieser Argumentation „machten es sich die Gerichte bisweilen einfach".

1150 BayVGH, B.v. 25.1.2016, 3 CE 15.2020, juris Rn. 35; ebenso: BVerfG, B.v. 4.2.2016, 2 BvR 2223/15, ZBR 2016, 312, juris Rn. 86 – zwei volle Notenstufen; BayVGH, B.v. 2.9.2020, 6 CE 20.1351, juris Rn. 35 ff. – zwei volle Notenstufen bzw. vier Zwischennoten; HessVGH, B.v. 14.6.2018, 1 B 2345/17, NVwZ-RR 2017, 753, juris Rn. 44.

1151 BayVGH, B.v. 25.1.2016, 3 CE 15.2012, juris Rn. 31 – 4 Punkte Abstand in einem System von 16 Punkten bei unzulässigem Nachschieben von Gründen; SächsOVG, B.v. 17.8.2006, 1 BS 138/06, NVwZ 2007, 847, juris Rn. 7 f. – fehlende Begründung einer Auswahlentscheidung.

Mitunter wurde das auch schon bei einem Abstand von zwei Punkten (bei insgesamt 16 Punkten) so gesehen[1152]. Diese Ansicht ist aber abzulehnen: Ein Abstand von zwei Punkten bei einem Beurteilungssystem von insgesamt 16 Punkten mag zwar deutlich sein, reicht aber für die Annahme nicht aus, dass der Antragsteller ein „chancenloser" Bewerber sein könnte. Es mag zwar eher selten sein, dass bei einer Neuerstellung einer Beurteilung diese um zwei Punkte besser ausfällt oder bei der Anwendung weiterer Auswahlmethoden ein solcher Rückstand kompensiert oder überholt werden kann. Mit an Sicherheit grenzender Wahrscheinlichkeit ist das aber nicht auszuschließen. Zwei Punkte bei einer Gesamtskala von 16 Punkten sind ein zu geringer Leistungsunterschied, um von vornherein eine Auswahlmöglichkeit des unterlegenen Konkurrenten in einem neuen (rechtmäßigen) Verfahren auszuschließen[1153].

Die bloße Erwägung, dass es nicht der Erfahrung entspricht, dass ein Bewerber bei der gerichtlich angeordneten Neuerstellung der für die Auswahl maßgeblichen Beurteilung das selbe oder ein geringfügig besseres Ergebnis erhalten werde, greift über den Rahmen hinaus, den das Gericht für die Annahme einer mit an Sicherheit grenzenden Wahrscheinlichkeit der Unmöglichkeit einer günstigen Auswahlentscheidung anwenden darf. Solche „Erfahrungswerte" sind Wahrscheinlichkeitserwägungen, die dem Gericht nicht zukommen. Wenn die Bedeutung der dienstlichen Beurteilungen als primäre Instrumente des Leistungsvergleichs so herausgehoben ist, dann muss andererseits für den Fall, dass sich die dienstliche Beurteilung als rechtswidrig herausstellt und neu zu erstellen ist, das Auswahlverfahren unter Zugrundelegung der neuen Beurteilung wiederholt werden. Auch wenn vielleicht nahe liegen mag, dass das Ergebnis des neuen Verfahrens gleich (oder nur geringfügig besser) ausfallen werde, so darf das nicht dazu führen, dass vorschnell der Gedanke angewendet wird, dass die Auswahl des unterlegenen Bewerbers unmöglich ist. Denn diese Erwägungen werden dem zu Recht anzulegenden strengen Maßstab nicht gerecht, dass eine Auswahl des unterlegenen Beamten in einem neuen Verfahren mit an Sicherheit grenzender Wahrscheinlichkeit auszuschließen ist[1154].

1152 BayVGH, B.v. 18.9.2020, 3 CE 20.1849, juris Rn. 11; B.v. 18.4.2018, 3 CE 18.618, IÖD 2018, 134, juris Rn. 2; B.v. 8.1.2018, 3 CE 17.2188, juris Rn. 2.

1153 So auch: BayVGH, B.v. 1.12.2015, 3 CE 15.1947, juris Rn. 40.

1154 OVG NW, B.v. 10.3.2009, 1 B 1518/08, juris Rn. 56; BayVGH, B.v. 1.12.2015, 3 CE 15.1947, juris Rn. 40.

3. Möglichkeit für geringeren Prüfaufwand bei „chancenlosem“ Bewerber

Nur bei einem ganz deutlichen Leistungsabstand darf auch dann, wenn die Bewertung einzelner Beurteilungskriterien rechtlich fragwürdig ist und daher weggedacht würden, darauf zurückgegriffen werden, dass in dieser Konstellation mit an Sicherheit grenzender Wahrscheinlichkeit auszuschließen ist, dass der unterlegene Bewerber ausgewählt würde[1155]. Gerade bei einem ganz erheblichen Unterschied im Leistungsbild darf und sollte dieser Gedanke, dass die Auswahl des unterlegenen Beamten in einem neuen Verfahren auszuschließen ist, aber auch fruchtbar gemacht werden. In der Praxis ist zu beobachten, dass in einem Auswahlverfahren unterlegene Bewerber ein Konkurrentenstreitverfahren anstrengen, die sich im Leistungsbild ganz erheblich schlechter als der ausgewählte Beamte darstellen. Ist die Leistungsdifferenz so groß, dass eine Auswahl des unterlegenen Beamten mit an Sicherheit grenzender Wahrscheinlichkeit auszuschließen ist, so ist es mit Blick auf die Gewährung effektiven Rechtsschutzes wie auch des grundsätzlich eilbedürftigen Charakters des Verfahrens des vorläufigen Rechtsschutzes sinnvoll und geboten, von vornherein darauf hinzuweisen, dass der Antragsteller aufgrund eines ganz erheblichen Leistungsunterschieds chancenlos ist.

Dem Sinn und Zweck des Individualrechtsschutzes[1156] wird nicht Rechnung getragen, wenn eine intensive und (zeit)aufwändige Prüfung des Auswahlverfahrens vorgenommen wird, wenn (mit an Sicherheit grenzender Wahrscheinlichkeit) feststeht, dass der unterlegene Bewerber keine (Rechts)Chance auf Auswahl im Vergleich zum ausgewählten Bewerber hat. Der ausgewählte Beamte wie auch der Dienstherr haben ein Interesse an einer raschen Entscheidung über ein offensichtlich aussichtsloses Rechtsschutzbegehren. Auch der unterlegene Beamte erhält damit alsbald Klarheit darüber, dass er jedenfalls in dem Konkurrenzverhältnis zum ausgewählten Kandidaten rechtlich chancenlos ist. Eine „Stellenblockade“ durch einen aussichtslosen Bewerber kann so verhindert werden.

Wie bereits dargestellt sind an die offensichtliche Chancenlosigkeit eines Bewerbers aber strenge Anforderungen zu stellen. Das kommt insbesondere beim Fehlen eines konstitutiven Anforderungsprofils wie auch bei einem ganz erheblichen, offensichtlichen Leistungsunterschied in Betracht.

1155 BVerfG, B.v. 4.2.2016, 2 BvR 2223/15, ZBR 2016, 312, juris Rn. 86 – zwei ganze Notenstufen.

1156 Happ in: Eyermann, § 42 Rn. 72, 81.

4. Fazit

Besteht zwischen dem Antragsteller und dem ausgewählten Bewerber ein ganz erheblicher (Leistungs-)Unterschied, kann darauf abgestellt werden, dass auch ein neues Auswahlverfahren nicht dazu führen kann, dass der unterlegene Bewerber zum Zuge kommen könnte. Bereits mit dieser Erwägung kann ein Konkurrenteneilantrag abgelehnt werden. Das ist aber nur zulässig, wenn der Leistungsabstand zwischen den Konkurrenten so deutlich ist, dass eine Auswahl des unterlegenen Bewerbers mit an Sicherheit grenzender Wahrscheinlichkeit auszuschließen ist.

VII. Zwischenverfügung

1. Erforderlichkeit einer Zwischenverfügung oder Zwischenregelung

Das Gericht muss sicherstellen, dass während des Laufs des gerichtlichen Verfahrens auf Gewährung vorläufigen Rechtsschutzes keine vollendeten Tatsachen durch den Dienstherrn getroffen werden. Denn insbesondere durch Aushändigung einer Ernennungsurkunde erledigt sich der Rechtsstreit um die Auswahlentscheidung[1157]. Nur im Fall der Vereitelung von Rechtsschutz kann die Rechtmäßigkeit der Besetzung – ausnahmsweise – durch Anfechtung der Ernennung (auch nach Aushändigung der Ernennungsurkunde) rechtlich überprüft werden[1158].

In der Praxis bittet das Gericht den Dienstherrn um Zusicherung (§ 38 VwVfG), die Stelle bis zum rechtskräftigen Abschluss des gerichtlichen Eilverfahrens nicht mit dem ausgewählten Beamten zu besetzen bzw. diesen nicht zu ernennen. Wird eine solche Zusicherung nicht gegeben[1159], so muss das Gericht verhindern, dass der Dienstherr vollendete Tatsachen schafft. Das folgt aus dem Gebot der Gewährung effektiven Rechtsschutzes nach Art. 19 Abs. 4 GG[1160]. Dem wird durch eine Zwischenverfügung

1157 BVerwG, U.v. 25.8.1988, 2 C 65/85, BVerwGE 80, 127, juris Rn. 22; ebenso: BVerwG, U.v. 9.3.1989, 2 C 4/87, ZBR 1990, 79, juris Rn. 18 f.

1158 BVerwG, U.v. 4.11.2010, 2 C 16/09, BVerwGE 138, 102, juris Rn. 29 ff.

1159 Das gilt erst recht, wenn der Dienstherr eine Pflicht zum Unterlassen vollendeter Tatsachen bestreitet.

1160 Dombert in: Finkelnburg/Dombert/Külpmann, Vorläufiger Rechtsschutz im Verwaltungsstreitverfahren, Rn. 296 f.

Rechnung getragen[1161]. Sie hat den Inhalt, dass dem Antragsgegner aufgegeben wird, es bis zum rechtskräftigen Abschluss des verwaltungsgerichtlichen Eilverfahrens zu unterlassen, die strittige Stelle mit dem ausgewählten Bewerber zu besetzen (bei Dienstpostenkonkurrenz) oder eine auf den umstrittenen Dienstposten bezogene Ernennungsurkunde auszuhändigen (bei Statuskonkurrenz)[1162]. Erfolgt eine solche Zusicherung, so ist eine Zwischenverfügung nicht erforderlich[1163][1164].

2. Gerichtliches Ermessen beim Erlass einer Zwischenverfügung

a) Allgemeine Situation beim Erlass einer Zwischenverfügung

Ein Schiebebeschluss wird vom Gericht erlassen, um irreparable oder schwer wieder zu beseitigende Folgen (die Schaffung vollendeter Tatsachen) bzw. den Eintritt drohender schwerer und unabwendbarer Nachteile während des Laufs des gerichtlichen Verfahrens – also bis das Gericht

---

1161 oder auch „Schiebebeschluss", „Hängebeschluss": Happ in: Eyermann, VwGO, § 123 Rn. 60; Schoch in: Schoch/Schneider, § 123 Rn. 357; weitergehend: Zimmerling, RiA 2002, 165/169 Schiebebeschluss als Regelfall.

1162 Siehe hierzu etwa: VG München, B.v. 21.3.2013, M 5 E 13.1172, juris; Guckelberger, NVwZ 2011, 275/276; Dombert in: Finkelnburg/Dombert/Külpmann, Rn. 297.

1163 Dann ist ein Schiebebeschluss unzulässig, da kein Bedürfnis für dessen Erlass besteht, vgl. Schoch in Schoch/Schneider, § 80 Rn. 359; Burghardt, Kapitel 4 III, S. 208.

1164 Der über eine Zwischenverfügung hinausgreifende Gedanke, vorbeugenden Rechtsschutz in der Weise in Anspruch nehmen zu können, dass vor dem Ergebnis des Stellenbesetzungsverfahrens der Dienstherr verpflichtet wird, hierüber unter Beachtung der Rechtsauffassung des Gerichts zu entscheiden (so: OVG RhPf, B.v. 27.11.1987, 2 B 28/87, RiA 1988 109/110), ist abzulehnen. Die Personalverwaltung ist grundsätzlich verpflichtet, den nicht berücksichtigten Bewerbern eine Negativmitteilung zu erteilen. Die Konzeption der Rechtsprechung sichert den Bewerbungsverfahrensanspruch des abgelehnten Konkurrenten hinreichend ab (so Baßlsperger in: Weiß/Niedermaier/Summer/Zängl, Beamtenrecht in Bayern, § 54 BeamtStG Rn. 220; Zängl in: GKÖD L § 9 BBG Rn. 148 f.). Für vorbeugenden vorläufigen Rechtsschutz mit dem Ziel, den ausgewählten Bewerber nicht zu ernennen bzw. ihm den umstrittenen Posten zu übertragen, kann allenfalls dann ein rechtlich anzuerkennendes Bedürfnis bestehen, wenn der Dienstherr beweiskräftig und unmissverständlich verlautbart, dass er den nicht zum Zuge gekommenen Bewerbern die Möglichkeit der Geltendmachung vorläufigen Rechtsschutzes zur Sicherung ihres Bewerbungsverfahrensanspruches verhindern wird oder in ständiger Praxis so verfährt.

die Rechtmäßigkeit der zur Überprüfung gestellten Maßnahme überprüfen konnte – zu verhindern. Die Befugnis zu dessen Erlass folgt aus dem Gebot der Gewährung effektiven Rechtsschutzes[1165]. Sie kann auf Antrag eines Beteiligten oder von Amts wegen ergehen. Ob eine solche Zwischenverfügung erforderlich ist, ist im Weg der Interessenabwägung zu ermitteln[1166].

Maßgeblich gegenüber zu stellen sind die Interessen, die für die Aufrechterhaltung des status quo sprechen mit denen, die für eine Umsetzung der streitgegenständlichen Maßnahme sprechen. Drohen irreparable Zustände oder schwere und unabwendbare Nachteile, so kann das Gericht eine Zwischenverfügung erlassen. Weiter wird gefordert, dass das Rechtsschutzbegehren nicht von vornherein offensichtlich aussichtlos oder rechtsmissbräuchlich ist[1167].

b) Besondere Situation für den Erlass einer Zwischenverfügung im beamtenrechtlichen Konkurrentenstreit

Dem Gericht kommt bei der Frage, ob es eine Zwischenverfügung zur Sicherung der Rechtsposition eines Beteiligten erlässt, ein Ermessen zu. Ein ganz besonderes Gewicht erhält die Rechtsposition des unterlegenen Bewerbers im beamtenrechtlichen Stellenbesetzungsverfahren. Denn mit der Ernennung des ausgewählten Konkurrenten ist die Auswahlentscheidung (bei einer Statuskonkurrenz) grundsätzlich erledigt[1168]. Auch die tatsächliche Übertragung der Aufgaben des strittigen Dienstpostens auf den ausgewählten Bewerber verschafft diesem einen Bewährungsvorsprung, der zu

---

1165 Guckelberger, NVwZ 2001, 275/276.

1166 VGH BW, B.v. 26.9.2017, 2 S 1916/17, NVwZ-RR 2017, 951, juris Rn. 6; SächsOVG, B.v. 17.12.2003, 3 BS 399/03, NVwZ 2004, 1134, juris Rn. 10; BVerwG, B.v. 20.8.2012, 7 VR 7/12, juris Rn. 2; OVG NW, B.v. 10.12.2014, 1 B 1251/14, IÖD 2015, 30, juris Rn. 12; BVerfG, B.v. 11.10.2013, 1 BvR 2616/13, NVwZ 2014, 363, juris Rn. 7; Happ in: Eyermann, § 123 Rn. 60; W.-R. Schenke in: Kopp/Schenke, § 123 Rn. 29; Schoch in: Schoch/Schneider, § 80 Rn. 359 f.; Wollenschläger in: Gärditz, § 123 Rn. 158; Guckelberger, NVwZ 2001, 275/277 f.

1167 VGH BW, B.v. 26.9.2017, 2 S 1916/17, NVwZ-RR 2017, 951, juris Rn. 6; BVerfG, B.v. 11.10.2013, 1 BvR 2616/13, NVwZ 2014, 363, juris Rn. 7; Wollenschläger in: Gärditz, § 123 Rn. 158; Guckelberger, NVwZ 2001, 275/277.

1168 BVerwG, U.v. 4.11.2010, 2 C 16/09, BVerwGE 138, 102, juris Rn. 27, 33; U.v. 21.8.2003, 2 C 14/02, BVerwGE 118, 370, juris Rn. 16; U.v. 25.8.1988, 2 C 62.85, BVerwGE 80, 127, juris Rn. 22 m.w.N.; siehe hierzu auch B III 2 b.

dessen Besserstellung im Vergleich mit den im Verfahren unterlegenen Bewerbern führt[1169]. Auch die Zusicherung, den auf diese Weise gewonnenen Bewährungsvorsprung auszublenden, führt nicht weiter. Gegen dieses Modell bestehen rechtlich durchgreifende Bedenken und es ist – selbst wenn diese Bedenken nicht geteilt werden – nur auf wenige Konstellationen anwendbar[1170].

Aus der dargestellten Konstellation im beamtenrechtlichen Konkurrentenstreit im Rahmen eines Antrags auf Gewährung vorläufigen Rechtsschutzes folgt, dass dem Interesse des antragstellenden Bewerbers an der Beibehaltung des status quo – dem Unterlassen einer Beförderung des Ausgewählten oder Übertragung der Aufgaben der streitbefangenen Stelle auf diesen – ein sehr hohes Gewicht beizumessen ist.

Durch die Beförderung des ausgewählten Konkurrenten werden irreparable Tatsachen geschaffen. Aufgrund des Grundsatzes der Ämterstabilität kann die Ernennung des ausgewählten Konkurrenten nicht mehr rückgängig gemacht werden. Der Antrag auf Gewährung vorläufigen Rechtsschutzes erledigt sich, da dem Rechtsschutzziel des Verfahrens auf Gewährung vorläufigen Rechtsschutzes nicht mehr entsprochen werden kann. Wurde die Inanspruchnahme vorläufigen Rechtsschutzes durch den Dienstherrn vereitelt, so kann die Ernennung des ausgewählten Bewerbers angefochten werden. Die Überprüfung der Rechtmäßigkeit der Auswahlentscheidung verlagert sich in das Hauptsacheverfahren[1171].

Bei der Übertragung der Aufgaben des strittigen Amtes auf den ausgewählten Bewerber erhält dieser einen Vorteil gegenüber dem Antragsteller durch den auf der Stelle gewonnenen Bewährungsvorsprung. Auch das sind grundsätzlich irreparable Folgen für den nicht ausgewählten Bewerber[1172]. Denn bei einer erneuten Auswahlentscheidung ist der Bewährungsvorsprung grundsätzlich zu berücksichtigen und kann ausschlaggebende Bedeutung für die Auswahl gewinnen.

1169 BVerwG, B.v. 25.10.2011, 2 VR 4.11, NVwZ-RR 2012, 241, juris Rn. 11 f.: „Nur der erfolgreich Erprobte hat die Chance auf Beförderung"; OVG Berlin-Brandenburg, B.v. 14.4.2014, OVG 7 S 19.14, NVwZ-RR 2014, 655, juris Rn. 4; siehe hierzu auch B II 2, C III 3 d aa.

1170 Siehe hierzu D III 5.

1171 BVerwG, U.v. 4.11.2010, 2 C 16/09, BVerwGE 138, 102, juris Rn. 29 ff.; U.v. 25.8.1988, 2 C 65/85, BVerwGE 80, 127, juris Rn. 22; ebenso: BVerwG, U.v. 9.3.1989, 2 C 4/87, ZBR 1990, 79, juris Rn. 18 f.; siehe C I, III 2, 3.

1172 Das Modell des „Ausblendens des Bewährungsvorsprungs" – BVerwG, U.v. 10.5.2016, 2 VR 2/15, BVerwGE 155, 152, juris – ist nur auf wenige Konstellationen anwendbar und ist abzulehnen, siehe D III 5.

Für das Interesse des Antragstellers spricht auch die grundsätzliche Verpflichtung des Dienstherrn zur Gewährleistung effektiven Rechtsschutzes. Eine Verpflichtung zur Verhinderung der Schaffung vollendeter Tatsachen im beamtenrechtlichen Konkurrentenstreit durch den Dienstherrn folgt bereits unmittelbar aus Art. 19 Abs. 4 GG[1173]. Denn der Dienstherr ist als Teil der vollziehenden Gewalt an Recht und Gesetz gebunden (Art. 20 Abs. 3 GG) und daher verpflichtet, das Gebot effektiven Rechtsschutzes zu beachten.

Gegen eine Zwischenverfügung zugunsten des rechtsschutzsuchenden Beamten kann angeführt werden, dass dieses Interesse nicht schutzwürdig ist. Das kann einmal der Fall sein, wenn sich der geltend gemachte Rechtsschutz als rechtsmissbräuchlich darstellt[1174]. Denn eine rechtsmissbräuchliche Inanspruchnahme von Rechtsschutz bedingt keine schutzwürdige Position.

Die Position des Rechtsschutzsuchenden verdient auch dann keine Absicherung während einer eingehenden rechtlichen Kontrolle der Auswahlentscheidung, wenn die Inanspruchnahme von Rechtsschutz von vornherein offensichtlich aussichtlos ist[1175]. Eine entsprechende Beurteilung wird im beamtenrechtlichen Konkurrentenstreitverfahren nur in ganz wenigen Ausnahmefällen möglich sein. Denn eine Zwischenverfügung ergeht in der Regel in einer sehr frühen Phase des Verfahrens, wenn die Behördenakten noch nicht vorgelegt sind, die dem Gericht in erster Linie als Erkenntnisgrundlage dienen. Die geltend gemachte Rechtsposition muss so aussichtslos sein, dass sie einem Rechtsmissbrauch nahe kommt. Als Beispiel mag etwa der Fall dienen, dass sich ein Antragsteller um die Stelle eines Vorsitzenden Richters bewirbt, ohne die Befähigung zum Richteramt (§ 5 Abs. 1 DRiG) zu besitzen.

1173 OVG Saarland, B.v. 29.5.2012, 1 B 161/12, NVwZ-RR 2012, 692, juris Rn. 10; SächOVG, B.v. 17.12.2003, 3 BS 399/03, NVwZ 2004, 1134, juris Rn. 10; Scheffer, NVwZ 2004, 1081/1082; W.-R. Schenke in: Kopp/Schenke, § 123 Rn. 29; Burghardt, Kapitel 4 III, S. 206.

1174 VGH BW, B.v. 26.9.2017, 2 S 1916/17, NVwZ-RR 2017, 951, juris Rn. 6; BVerfG, B.v. 11.10.2013, 1 BvR 2616/13, NVwZ 2014, 363, juris Rn. 7; Wollenschläger in: Gärditz, § 123 Rn. 158.

1175 OVG NW, B.v. 4.12.2007, 6 B 1808/07, juris Rn. 6; SächsOVG, B.v. 27.7.2006, 3 BS 151/06, BDVR-Rundschreiben 2006, 158, juris Rn. 2; OVG Saarland, B.v. 15.12.1992, 1 W 36/92, NVwZ-RR 1993, 391,juris Rn. 3; VGH BW, B.v. 26.9.2017, 2 S 1916/17, NVwZ-RR 2017, 951, juris Rn. 6; BVerfG, B.v. 11.10.2013, 1 BvR 2616/13, NVwZ 2014, 363, juris Rn. 7; B.v. 4.6.1987, 1 BvR 620/87, NJW 1987, 2219, juris Rn. 4; Wollenschläger in: Gärditz, § 123 Rn. 158; Guckelberger, NVwZ 2001, 275/277.

Gegen eine Zwischenregelung im beamtenrechtlichen Konkurrentenstreitverfahren können auch Belange der Funktionsfähigkeit der Verwaltung (Art. 83 ff. GG) angeführt werden. Denn dieser Aspekt ist ebenso wie das Leistungsprinzip (Art. 33 Abs. 2 GG) ein Verfassungsgut[1176]. Andere hochrangige Rechtsgüter können im konkreten Fall das Interesse des Einzelnen an einem effektiven Rechtsschutz zurückdrängen, um unaufschiebbare Maßnahmen im Interesse des allgemeinen Wohls rechtzeitig in die Wege zu leiten[1177]. Dabei ist aber zu berücksichtigen, dass die Funktionsfähigkeit der Verwaltung als „Interesse des allgemeinen Wohls" nicht bereits durch eine unter Umständen mehrere Monate dauernde Vakanz beeinträchtigt wird. Denn grundsätzlich sind die Dienstposten in Behörden – auch Leitungsfunktionen, denen ein Stellvertreter zur Seite gestellt ist – so ausgestaltet, dass der Verhinderungsvertreter die Aufgaben der Stelle für eine gewisse Zeit – insbesondere für den Fall auch einer längeren Erkrankung – mit erfüllen kann. Es muss hinzukommen, dass es sich um eine Stelle handelt, die aufgrund der Aufgabenfülle und -dichte ohne Unterbrechung durch einen Beamten ausgefüllt werden müssen, wobei auch eine kontinuierliche Wahrnehmung durch eine konkrete Person zwingend erforderlich ist. Das muss im Einzelfall substantiiert und nachvollziehbar (evtl. durch Geschäftsverteilungspläne) geltend gemacht werden[1178].

Dabei ist zu berücksichtigen, dass die Verwaltungsgerichte dazu berufen sind, die Rechtmäßigkeit des Verwaltungshandelns zu kontrollieren. Wenn ein drohendes rechtswidriges Verwaltungshandeln zu endgültigen bzw. irreparablen Ergebnissen führt, hat das Verwaltungsgericht diese zu unterbinden. Für die Situation des beamtenrechtlichen Konkurrentenstreitverfahrens im Verfahren des vorläufigen Rechtsschutzes bedeutet das, dass das Verwaltungsgericht eine konkret drohende Ernennung des ausgewählten Bewerbers unter Vereitelung des gebotenen Eilrechtsschutzes[1179] nicht hinnehmen darf. Es darf eine solche – verfassungswidrige, da effektiven Rechtsschutz vereitelnde – Vorgehensweise nicht dadurch fördern, dass es eine Zwischenverfügung ablehnt, wenn eine solche Ernennung droht. Das ist etwa der Fall, wenn der Dienstherr entsprechende Verlautbarungen abgegeben hat oder in vergleichbaren Fällen in der Vergangenheit

---

1176 BVerwG, U.v. 9.5.2019, 2 C 1/18, ZBR 2020, 35, juris Rn. 44.

1177 BVerfG, B.v. 11.2.1982, 2 BvR 77/82, NVwZ 1982, 241; Guckelberger, NVwZ 2001, 275/278.

1178 So die Konstellation bei OVG NW, B.v. 10.12.2014, 1 B 1251/14, IÖD 2015, 30, juris Rn. 23 f.; ebenso: HessVGH, B.v. 28.4.2017, 1 B 947/17, NVwZ 2017, 1144, juris Rn. 12 f.

1179 Vgl. nur BVerwG, U.v. 4.11.2010, 2 C 16/09, BVerwGE 138, 102, juris Rn. 31 ff.

eine rechtsschutzvereitelnde Ernennung vorgenommen hat. Das Verhalten des Dienstherrn[1180], eine rechtsschutzvereitelnde Ernennung[1181] vorzunehmen oder auch eine Zwischenverfügung oder sogar eine einstweilige Anordnung[1182] zu missachten, ist lediglich dem Risiko unterstellt, dass die Folgen für den unter Umständen zu Unrecht ernannten Bewerber nach der Aufhebung dessen Ernennung möglichst auszugleichen sind[1183][1184]. Das muss strikt von der Funktion des Verwaltungsgerichts getrennt werden, das ein solches Verhalten grundsätzlich nicht unterstützen darf.

Aufgrund der großen Bedeutung des effektiven Rechtsschutzes (Art. 19 Abs. 4 GG) im beamtenrechtlichen Konkurrentenstreitverfahren durch Gewährung vorläufigen Rechtsschutzes kann die Funktionsfähigkeit der Verwaltung (Art. 83 ff. GG) nur dann gegen eine Zwischenverfügung sprechen, wenn es sich um zugespitzte Situationen bei herausgehobenen Positionen handelt[1185]. Selbst bei dieser Problematik darf das Verwaltungsgericht eine Zwischenverfügung nur unterlassen, wenn es um die Aufgabenwahrnehmung durch den ausgewählten Beamten geht[1186]. Dieser gewinnt einen Erfahrungsvorsprung, was zu einem Nachteil auf Seiten des Antragstellers führt. Dabei hat das Gericht auch die Verfahrensdauer im Blick zu behalten. Insbesondere wenn die Aufgabenwahrnehmung länger als sechs Monate dauert – was zu einem beurteilungsrelevanten Erfahrungsvorsprung führen kann[1187] – muss das Verwaltungsgericht überprüfen, ob die Zwischenverfügung noch aufrecht erhalten werden kann.

1180 Siehe hierzu D VII 3, 4.

1181 Wenn sich der Dienstherr durch eine rechtsschutzvereitelnde Ernennung verfassungswidrig verhält, so wird der Rechtsschutz des nicht ausgewählten Beamten ausnahmsweise in das Hauptsacheverfahren verlagert, in dem die Ernennung des ausgewählten Bewerbers überprüft wird. Der Dienstherr trägt das Risiko, das mit einer solchen Überprüfung im nachgängigen Rechtsschutz verbunden ist.

1182 So die Konstellation bei BVerwG, U.v. 21.8.2003, 2 C 14.02, BVerwGE 118, 370, juris Rn. 1 ff.

1183 BVerwG, U.v. 4.11.2010, 2 C 16/09, BVerwGE 138, 102, juris Rn. 60.

1184 Im Übrigen führt das rechtswidrige Verhalten für den Dienstherrn zu keinen Sanktionen.

1185 Siehe D VII 4 a.

1186 OVG NW, B.v. 10.12.2014, 1 B 1251/14, IÖD 2015, 30, juris Rn. 18 f..

1187 OVG NW, B.v. 10.12.2014, 1 B 1251/14, IÖD 2015, 30, juris Rn. 18 f.; BVerwG, B.v. 9.4.2014, 1 WDS VR 23.13, juris Rn. 24; ThürOVG, B.v. 19.5.2014, 2 EO 313/13, juris Rn. 7.

3. Fazit

Gerade im beamtenrechtlichen Konkurrentenstreit im Rahmen des vorläufigen Rechtsschutzes muss darauf geachtet werden, dass das Schaffen vollendeter Tatsachen durch den Dienstherrn zu verhindern ist. Ist zu besorgen, dass der Dienstherr den ausgewählten Bewerber ernennen und damit vorläufigen Rechtsschutz vereiteln will, hat das Gericht eine Zwischenverfügung zu erlassen.

VIII. Tenorierung bei Erfolg des Antrags

Die Tenorierung in Verfahren des vorläufigen Rechtsschutzes im beamtenrechtlichen Konkurrentenstreitverfahren bei für den Antragsteller erfolgreichem Ausgang ist uneinheitlich[1188]. Inhaltlich geht es darum, den Bewerbungsverfahrensanspruch zu sichern[1189].

1. Bezugspunkte für eine Tenorierung

Das setzt zum einen voraus, dass die Besetzung des umstrittenen Dienstpostens verhindert wird. Der rechtlich unspezifische Begriff der „Besetzung" umfasst alle Formen der Wahrnehmung des umstrittenen Amtes. Das gilt sowohl für die Ernennung in das mit dem Amt verbundene statusrechtliche Amt (bei Statuskonkurrenz) wie auch für die Aufgabenwahrnehmung, mit der dem ausgewählten Bewerber (bei Dienstpostenkonkurrenz) ein Bewährungsvorsprung erwächst[1190][1191].

Weiterer Bezugspunkt für den Sicherungsaspekt ist die Konzentration auf den ausgewählten Bewerber. Im Konkurrentenstreitverfahren wird nur das Konkurrenzverhältnis des Antragstellers zum ausgewählten Bewerber rechtlich geprüft[1192]. Nur diesem soll das streitbefangene Amt übertragen

---

1188 Burghardt, Kapitel 4 I b, S. 162 ff.; Weckmann, Kapitel , I c aa 1, S. 118 f.; Laubinger, ZBR 2010, 289/298 f.

1189 Happ in: Eyermann, § 123 Rn. 21.

1190 Kühling, NVwZ 2004, 565/659.

1191 Zum neuen Konstrukt des Bundesverwaltungsgerichts der Übertragung der Aufgaben des umstrittenen Dienstpostens auf den ausgewählten Bewerber unter „Ausblendung" des auf dem Posten gewonnenen Bewährungsvorsprungs siehe D III.

1192 Siehe B IV 2 e.

werden. Daher muss diese Maßnahme unterbunden werden. Die Reichweite der Auswahlentscheidung und damit der Bewerbungsverfahrensanspruch sind mit einer vorübergehenden Dienstpostenübertragung auf einen außerhalb der Konkurrenz stehenden Beamten nicht betroffen[1193].

Schwieriger ist zu beurteilen, welche zeitliche Reichweite eine einstweilige Anordnung haben muss, um den Bewerbungsverfahrensanspruch effektiv sichern zu können. Bei einem rechtswidrigen Auswahlverfahren muss der Anspruch des unterlegenen Konkurrenten gesichert werden, damit bis zum Ergebnis eines neuen Auswahlverfahrens vollendete Tatsachen geschaffen werden[1194]. Eine weitergehende Sicherung ist nicht erforderlich. Wenn der Dienstherr eine weitere Auswahlentscheidung vornimmt, so muss der Unterlegene im ersten Auswahlverfahren (Antragsteller) entscheiden, ob er dieses Ergebnis hinnimmt[1195] oder ob er ein erneutes Verfahren nach § 123 VwGO mit dem Ziel der Gewährung vorläufigen Rechtsschutzes einleitet. Das ist aber Gegenstand dieses weiteren Verfahrens.

2. Tenorierungsbeispiele

Daher sind Tenorierungen

> *„bis zur bestandskräftigen Entscheidung[1196] über die Bewerbung des Antragstellers“[1197]*

1193 Entschließt sich der Dienstherr, den umstrittenen Dienstposten in Abkehr vom Besetzungsverfahren dauerhaft mit einem außerhalb der Konkurrenz stehenden Versetzungs-/Umsetzungsbewerber zu besetzen, so stellt das einen Abbruch des Auswahlverfahrens dar. Denn das begonnene Besetzungsverfahren wird nicht abgeschlossen. Siehe hierzu D IV.

1194 Dombert in: Finkelnburg/Dombert/Külpmann, Rn. 172.

1195 Dann kann der Dienstherr zwei Wochen nach Bekanntgabe der Auswahlentscheidung den dann ausgewählten Bewerber ernennen.

1196 Ebenso: *„bis zum Abschluss des Hauptsacheverfahrens“*, vgl. BVerwG, B.v. 20.6.2013, 2 VR 1.13, BVerwGE 147, 20; BayVGH, B.v. 1.9.2008, 15 CE 08.2049, juris; weitere Nachweise bei Burghardt, Fn. 598; siehe auch Laubinger, ZBR 2010, 289/299.

1197 BayVGH, B.v. 5.8.2014, 3 CE 14.771, juris; NdsOVG, B.v. 21.12.2016, 5 ME 151/16; SächsOVG, B.v. 4.8.2011, 2 B 34/11, DÖD 2011, 267, juris; weitere Nachweise bei Burghardt, Fn. 607; ebenso: Schnellenbach, Konkurrenzen im öffentlichen Dienst, Kapitel 6 Rn. 10 ff.

oder

„zwei Wochen nach Bekanntgabe der Entscheidung über eine neue Auswahlentscheidung“[1198]

zu vermeiden. Denn diese Formulierungen führen dazu, dass die Sicherung über den Bewerbungsverfahrensanspruch des ersten Verfahrens in ein zweites Auswahlverfahren hinausgreift. Das ist nicht Sinn und Zweck der Sicherungsanordnung hinsichtlich eines ersten rechtswidrigen Auswahlverfahrens. Mit der Formulierung

„bis zur bestandkräftigen Entscheidung über die Bewerbung des Antragstellers“

ist verbunden, dass auch bei einer Wiederholung des Auswahlverfahrens der Dienstherr durch diesen Tenor verpflichtet wäre, die Stelle so lange nicht zu besetzen, bis ein Rechtsbehelfsverfahren in der Hauptsache abschließend durchgeführt wäre[1199]. Das kann unter Umständen Jahre dauern und geht über das Sicherungsbedürfnis im Rahmen einer einstweiligen Anordnung hinaus[1200]. Das Sicherungsbedürfnis der einstweiligen Anordnung geht dahin, dass bis zu einer erneuten Besetzungsentscheidung eine Stellenbesetzung (im Sinn einer Ernennung bei Statuskonkurrenz, aber auch einer Aufgabenübertragung bei Dienstpostenkonkurrenz) unterbunden wird. Außerdem kann ein neues Auswahlverfahren dazu führen, dass gegen dessen Ergebnis ein Antrag auf vorläufigen Rechtsschutz keinen Erfolg hat. Der Tenor „bis zu einer bestandskräftigen Entscheidung über die Bewerbung des Antragstellers“ hinsichtlich des früheren rechtlich beanstandeten Auswahlverfahrens geht weit über das Sicherungsbedürfnis hinaus. Das Element der bestandskräftigen Entscheidung über die

---

1198 HessVGH, B.v. 21.11.2017, 1 B 1522/17, juris; VG Berlin, 22.12.2017, 28 L 614.17, juris; VG Frankfurt/Main, B.v. 27.12.2010, 9 L 1975/10.F., juris; B.v. 29.7.2008, 9 L 181/08. F., juris; VGH BW, B.v. 13.11.2014, 4 S 1641/14, VBlBW 2015, 423, juris; weitere Nachweise bei Burghardt, Fn. 606; siehe auch Laubinger, ZBR 2010, 289/299.

1199 so aber Schnellenbach, Konkurrenzen im öffentlichen Dienst, Kapitel 6 Rn. 12, der allerdings die Entscheidung über den „Anordnungsantrag“ und die „Verpflichtungs- oder Bescheidungsklage“ gleichsetzt; nur zur Vermeidung einer Beförderung des ausgewählten Konkurrenten: Conrad in: Weiß/Niedermaier/Summer/Zängl, Beamtenrecht, Art. 16 LlbG Rn. 14.

1200 so auch Burghardt, Kapitel 4, I., 3., bb, S. 181 ff.

Bewerbung verknüpft ein Merkmal dessen endgültiger Wirksamkeit[1201] mit einem Ergebnis des vorläufigen Rechtsschutzverfahrens. Das ist inkongruent und könnte dazu führen, dass die Stelle aufgrund des rechtskräftigen Ausspruchs im Verfahren nach § 123 VwGO[1202], dass die Stelle „bis zu einer bestandskräftigen Entscheidung über die Bewerbung des Antragstellers“ hinsichtlich des ersten rechtsfehlerbehafteten Verfahrens nicht besetzt werden darf, selbst wenn ein zweites Auswahlverfahren rechtlich nicht beanstandet wird, da über die Bewerbung in der Hauptsache nicht bestandskräftig entschieden worden ist. Der rechtskräftige Beschluss hinsichtlich der ersten Auswahlentscheidung müsste dann analog § 80 Abs. 7 VwGO[1203] durch das Gericht im Beschluss hinsichtlich des zweiten Auswahlverfahrens[1204] geändert werden. Denn das neue rechtlich beanstandungsfreie Auswahlverfahren stellt einen veränderten Umstand zu der Sachlage dar, die dem ersten Beschluss zugrunde lag. Hinzu kommt der Umstand, dass sich der Dienstherr dazu entscheiden könnte, das Auswahlverfahren abzubrechen[1205]. In dieser Konstellation ginge die Verpflichtung,

> *„die Stelle bis zur bestandskräftigen Entscheidung über die Bewerbung des Antragstellers nicht mit dem Beigeladenen zu besetzen“* oder *„bis zwei Wochen nach Bekanntgabe der Entscheidung über eine neue Auswahlentscheidung“*

ins Leere. Denn es erfolgt keine neue Besetzungsentscheidung.

Der Bewerbungsverfahrensanspruch des Antragstellers[1206] ist auf ein konkretes Auswahlverfahren bezogen. Entschließt sich der Dienstherr zum Abbruch dieses Besetzungsverfahrens, so kann der nicht ausgewählte Be-

---

1201 Rennert in: Eyermann, § 121 Rn. 18; Sachs in: Stelkens/Bonk/Sachs, VwVfG, § 43 Rn. 7, 20 ff. – bei der vorliegenden Problematik geht es um die formelle Bestandskraft.

1202 Beschlüsse nach § 123 VwGO können in formelle wie materielle Rechtskraft erwachsen, vgl. Happ in: Eyermann, § 123 Rn. 75.

1203 Zur Änderung einer rechtskräftigen einstweiligen Anordnung bei veränderten Umständen über einen Antrag nach § 80 Abs. 7 VwGO analog: Happ in: Eyermann, § 123 Rn. 77 ff.

1204 Das müsste auch durch ein für das zweite Besetzungsverfahren anderes örtlich zuständiges Verwaltungsgericht – u.U. aufgrund einer zwischenzeitlich erfolgten Versetzung des Antragstellers – erfolgen (§ 52 Nr, 4 VwGO), da dieses dann Gericht der Hauptsache ist, vgl. Happ in: Eyermann, § 123 Rn. 79.

1205 Siehe hierzu D IV.

1206 BVerwG, U.v. 4.11.2010, 2 C 16/09, BVerwGE 138, 102, juris Rn. 21; U.v. 30.6.2011, 2 C 19/10, BVerwGE 140, 83, juris Rn. 14; BVerfG, B.v. 28.11.2011, 2

werber mit einem Antrag nach § 123 VwGO zu dessen Fortsetzung verpflichten[1207]. Wird ein solcher Antrag nicht fristgemäß gestellt oder bleibt er erfolglos, so ist der Bewerbungsverfahrensanspruch für dieses Auswahlverfahren erloschen.

Auch die Variante, dass dem Dienstherrn untersagt wird

> *„die Stelle bis zum Abschluss des Hauptsacheverfahrens[1208] bzw. bestandskräftigen Entscheidung über den Widerspruch des Antragstellers[1209][1210] mit dem Beigeladenen zu besetzen"*

geht über die Sicherung des Bewerbungsverfahrensanspruchs im Verfahren des vorläufigen Rechtsschutzes hinaus. Denn der Dienstherr ist nicht verpflichtet, mit einer erneuten Auswahlentscheidung zuzuwarten, bis über einen Rechtsbehelf in der Hauptsache entschieden ist, falls der Antrag auf vorläufigen Rechtsschutz hinsichtlich des ersten Auswahlverfahrens vor dem Verwaltungsgericht Erfolg hatte. Die Personalverwaltung kann trotz eines gegebenenfalls noch anhängigen Hauptsacheverfahrens oder Widerspruchsverfahrens eine neue Auswahlentscheidung treffen, gegen die sich der dann möglicherweise wieder unterlegene Antragsteller erneut wenden kann. Den Kern des Bewerbungsverfahrensanspruchs macht die leistungsgerechte Entscheidung über eine Bewerbung aus und nicht der bestandskräftige Abschluss eines erfolgreichen Hauptsacheverfahrens[1211] hinsichtlich einer rechtswidrigen Auswahlentscheidung. Eine Verknüpfung der Sicherung eines Bewerbungsverfahrensanspruchs mit

---

BvR 1181/11, NVwZ 2012, 366, juris Rn. 21; Lindner, ZBR 2012, 181, Jarass in: Jarass/Pieroth, Art. 33 Rn. 9 ff.

1207 Siehe C III 3 b bb.

1208 BVerwG, B.v. 20.6.2013, 2 VR 1.13, BVerwGE 147, 20, Tenor nach der Entscheidung im Volltext auf der Homepage des BVerwG; B.v. 9.11.2020, 1 WDS VR 11/20 , juris mit Tenorierung im Soldatenrecht: „bis zu einer Entscheidung des BVerwG über den Antrag auf gerichtliche Entscheidung" (als Rechtsbehelf in der Hauptsache nach § 21 WBO); OVG MV, B.v. 2.9.2009, 2 M 97/09, juris; weitere Nachweise bei Burghardt, Fn. 598.

1209 OVG MV, B.v. 9.10.2003, 2 M 105/03, juris.

1210 BVerwG, B.v. 21.12.2016, 2 VR 1.16, BVerwGE 157, 168, Tenor nach der Entscheidung im Volltext auf der Homepage des BVerwG mit der Variante, „wird bis einen Monat nach Zustellung eines Bescheids über den Widerspruch gegen die Auswahlentscheidung".

1211 Diese kann sich auch bei einer objektiven Erledigung der früheren Auswahlentscheidung durch deren Aufhebung und eine neue Auswahlentscheidung u.U. in die Länge ziehen: Der Kläger kann der Erledigung nicht zustimmen oder auf eine Fortsetzungsfeststellungsklage umstellen (vgl. Schübel-Pfister in: Eyermann, § 113 Rn. 86), der Beklagte kann die Zustimmung zur Hauptsacheerle-

dem (rechtskräftigen) Abschluss des Hauptsacheverfahrens über die rechtswidrige Auswahlentscheidung geht daher am Sicherungszweck des vorläufigen Rechtsschutzes vorbei[1212].

Auch die Formulierung,

> *„dem Antragsgegner wird untersagt, bis zum Abschluss eines erneut durchzuführenden Auswahlverfahrens den Beigeladenen [in das umstrittene] Amt zu ernennen und die [umstrittene] Planstelle der Besoldungsgruppe einzuweisen“*[1213]

ist zu vermeiden, da sie hinsichtlich des Begriffs „Abschluss des Auswahlverfahrens“ unscharf ist. Es ist unklar, ob damit der bestandskräftige Abschluss des Auswahlverfahrens gemeint ist (dann gilt das hierzu oben Ausgeführte) oder die Bekanntgabe der Auswahlentscheidung. Der Antragsteller bedarf nur der Sicherung bis zur Bekanntgabe des Ergebnisses eines neuen Auswahlverfahrens.

3. Vorzugswürdige Tenorierung

Daher ist der Inhalt einer einstweiligen Anordnung am sinnvollsten, dass dem Antragsgegner untersagt wird,

> *„den umstrittenen Dienstposten bis zu einer erneuten Auswahlentscheidung unter Beachtung der Rechtsauffassung des Gerichts nicht mit dem Beigeladenen zu besetzen*[1214] *oder eine auf dieses Amt bezogene Ernennungsurkunde auszuhändigen*[1215]*.“*

---

digungserklärung verweigern und auf einen Erledigungsstreit umstellen (vgl. hierzu Schübel-Pfister in: Eyermann, § 113 Rn. 142).

1212 R. P. Schenke in: Kopp/Schenke, § 42 Rn. 50, § 123 Rn. 5: Ein Abwarten bis zur rechtskräftigen Entscheidung in der Hauptsache sei weder dem Dienstherrn noch dem ausgewählten Bewerber zumutbar.

1213 VG Wiesbaden, B.v. 10.7.2019, 3 L 5523/17, juris.

1214 OVG NW, B.v. 13.10.2009, 6 B 1232/09, RiA 2010, 90, juris; B.v. 6.5.2008, 1 B 1786/07, juris Rn. 4 ff. mit Begründung; BayVGH, B.v. 18.4.2012, 7 CE 12.166, BayVBl 2012, 599, juris; B.v. 11.8.2010, 7 CE 10.1160, BayVBl 2011, 602, juris; VG Ansbach, B.v. 24.4.2019, An 2 E 19.164, juris; VG Schleswig, B.v. 18.12.2017, 12 B 22/17, juris; Lindner, ZBR 2012, 181/184 Fn. 20; weitere Nachweise bei Burghardt, Fn. 605; siehe auch Laubinger, ZBR 2010, 289/298 f.; Günther, ZBR 1990, 284/294.

1215 Für den Fall einer Statuskonkurrenz, insbesondere eines funktionsgebundenen Amtes.

Denn diese Formulierung sichert den Bewerbungsverfahrensanspruch, der von einem ersten, rechtswidrigen Auswahlverfahren umfasst wird. Durch den Begriff der „Besetzung" sind alle Formen der Übertragung wie auch die Wahrnehmung der Aufgaben und mit der Stelle verbundenen Befugnisse umfasst. Durch die Untersagung der auf dieses Amt bezogenen Ernennung wird eine rechtsschutzvereitelnde Ernennung untersagt. Sollte der Dienstherr auf das für den Antragsteller erfolgreiche verwaltungsgerichtliche Eilverfahren hin kein neues Auswahlverfahren sondern ein Hauptsacheverfahren hinsichtlich des ersten Auswahlverfahrens durchführen[1216], so genügt diese Tenorierung auch bei einer solchen Verfahrensvariante. Denn es wird kein weiteres Auswahlverfahren durchgeführt, der zeitliche Umfang der ausgesprochenen Sicherung gilt weiter. Auch bei einem denkbaren Abbruch des Auswahlverfahrens ist der Antragsteller hinreichend geschützt. Denn es erfolgt keine erneute Auswahlentscheidung. Der Antragsteller kann sich gegen den Abbruch des Auswahlverfahrens mit einem Antrag nach § 123 VwGO wenden. Die Reichweite des „ins-Leere-Gehens" dieser Tenorierung ist gegenüber anderen Varianten am geringsten und daher vorzugswürdig.

Wird schließlich ein weiteres Auswahlverfahren nach einem erfolgreichen Verfahren des vorläufigen Rechtsschutzes durchgeführt, so hat der Antragsteller das erreicht, was er auch im Hauptsacheverfahren erreichen könnte. Es ist nicht erforderlich, eine weitere Sicherung anzuordnen. Die Entscheidung, gegen eine erneute Auswahlentscheidung vorzugehen, ist von der Sicherung des Bewerbungsverfahrensanspruchs hinsichtlich des ersten – rechtswidrigen – Auswahlverfahrens getrennt zu sehen. Der Hinweis auf die Beachtung der Rechtsauffassung des Gerichts korreliert mit dem Beurteilungs- und Ermessensspielraum des Dienstherrn bei der Auswahlentscheidung und bildet die Formulierung entsprechend § 113 Abs. 5 Satz 2 VwGO in der Hauptsache nach[1217].

1216 Siehe Fn. 107.

1217 Die Variante, dass nur die Auswahl des Antragstellers die einzig denkbare rechtmäßige Alternative ist, mag theoretisch möglich, aber in der Praxis aufgrund der weiten Beurteilungs- und Ermessensspielräume eher selten sein. Ist die Antragstellerpartei davon überzeugt, dass eine solche Konstellation vorliegt, so kann ein entsprechender Antrag lauten: *„den umstrittenen Dienstposten bis zu einer Auswahlentscheidung zugunsten des Antragstellers nicht mit dem Beigeladenen zu besetzen."*

4. Fazit

Mit Blick auf das zu sichernde Rechtsschutzziel – den Bewerbungsverfahrensanspruch im Rahmen einer erneuten Auswahlentscheidung zu gewährleisten – ist folgende Tenorierung im Fall einer Stattgabe vorzunehmen:

> „*Dem Antragsgegner wird untersagt, den umstrittenen Dienstposten bis zu einer erneuten Auswahlentscheidung unter Beachtung der Rechtsauffassung des Gerichts nicht mit dem Beigeladenen zu besetzen oder eine auf dieses Amt bezogene Ernennungsurkunde auszuhändigen*“.

Zusammenfassung der Ergebnisse

Die Rechtsprechung sieht zur Gewährung effektiven Rechtsschutzes bei der Vergabe höherwertiger Ämter einen Antrag nach § 123 VwGO gerichtet auf vorläufiges Unterlassen der Ernennung oder Übertragung der Aufgaben des umstrittenen Dienstpostens als geeignete Form des Rechtsschutzes an. Erhebliche Teile der Literatur kritisieren diese Verlagerung in den vorläufigen Rechtsschutz und plädieren für eine Aufgabe des Grundsatzes der Ämterstabilität. Am Grundsatz der Ämterstabilität ist ebenso festzuhalten wie an der Rechtsschutzgewährung nach § 123 VwGO. Die als Anknüpfungspunkt maßgebliche „Negativmitteilung" an den/die unterlegene/n Bewerber stellt einen Verwaltungsakt dar, der aber nicht in deren Rechte eingreift. Daher ist nicht Rechtsschutz nach § 80 VwGO zu gewähren. Das Verfahren nach § 123 VwGO hat sich bewährt und ermöglicht in der Praxis eine effektive Überprüfung der Auswahlentscheidung.

Dem Dienstherrn stehen zahlreiche Möglichkeiten zur Verfügung, während eines Konkurrentenstreits um einen Dienstposten diesen durch einen oder mehrere andere Beamte wahrnehmen zu lassen. Dabei sollten diese Beamten / dieser Beamte außerhalb des Konkurrentenkreises um die Stelle stehen. Ansonsten kann es zu einer Besserstellung eines Bewerbers durch Erlangung eines Bewährungsvorsprungs kommen, die sich negativ auf die Rechtsposition der übrigen Bewerber auswirken kann. Das ist zu unterbinden.

Die Übertragung der Aufgaben des umstrittenen Dienstpostens auf den ausgewählten Bewerber unter Ausblendung eines dabei gewonnenen Bewährungsvorsprungs ist systemwidrig und führt zu unnötigen Verkomplizierungen.

Der Abbruch eines Besetzungsverfahrens eignet sich nicht zur Beschleunigung eines Besetzungsvorgangs. Denn es wird ein neues Besetzungsverfahren in Gang gesetzt. Auch die Möglichkeit, den Abbruch mit einem Antrag auf Gewährung vorläufigen Rechtsschutzes anzugreifen, kann zu einer weiteren Verzögerung führen.

Der Dienstherr sollte in jedem Fall versuchen, mit dem Antragsteller eines beamtenrechtlichen Konkurrentenstreitverfahrens Lösungen für eine gütliche Einigung zu finden. Diese sind häufig schneller zu erreichen und wirken befriedender als streitige gerichtliche Entscheidungen.

Eine vom Leistungsprinzip losgelöste Stellenbesetzung durch Umsetzung oder Versetzung (oder eine solche vorbereitende Abordnung) kann die missliche Situation der Blockade einer Besetzungsentscheidung vermeiden. Denn hier ist Rechtsschutz grundsätzlich im Hauptsacheverfahren zu gewähren.

Eine rechtsvereitelnde Ernennung kann ein Ausweg aus der Situation einer Stellenblockade sein. Das ist aber auf ganz enge Konstellationen zu beschränken, in denen aufgrund der besonderen Bedeutung der Stelle, insbesondere für die innere oder äußere Sicherheit, eine ständige Aufgabenwahrnehmung durch eine kontinuierlich agierende Person erforderlich ist oder alle Stellen einer Behördenleitung umstritten sind und auch hier eine kontinuierliche Aufgabenwahrnehmung notwendig ist. Auch bei einer offensichtlich unzulässigen oder unbegründeten Inanspruchnahme von Eilrechtsschutz kann nach einer entsprechenden erstinstanzlichen Entscheidung eine weiteren Eilrechtsschutz vereitelnde Ernennung vorgenommen werden. Der Dienstherr muss die Gründe für sein Vorgehen aber schriftlich festhalten, um Missbrauch vorzubeugen.

Bei einer Beförderung nach Ranglisten geht es dem Bewerber nur um den Erhalt einer Stelle von mehreren zu besetzenden Stellen. Entsprechend ist ein Anordnungsgrund nur für eine – die an letzter Position stehende – zu vergebende Stelle anzuerkennen. Dem Dienstherrn steht auch die Möglichkeit offen, eine vor Abschluss des aktuellen Auswahlverfahrens verfügbare und in das Auswahlverfahren einbezogene Stelle freizuhalten.

Ein konstitutives Anforderungsprofil lenkt die Bewerberauswahl durch die „Filterwirkung" des vor einem Leistungsvergleich stehenden Ausscheidens von Bewerbern, die das konstitutive Anforderungsprofil nicht erfüllen, ganz erheblich. Andererseits muss zu Recht eine strikte Prüfung der Erforderlichkeit eines solchen zwingenden Anforderungsprofils erfolgen, um einer Ämterpatronage vorzubeugen. Dieser Aufwand kann erheblich reduziert und die Transparenz deutlich erhöht werden, wenn der Dienstherr für spezifische Dienstposten in Richtlinien zwingend zu erfüllende Voraussetzungen benennt. Die Abgrenzung zwischen konstitutivem und deskriptivem Anforderungsprofil kann in der Praxis zu Auslegungsschwierigkeiten führen. Daher sollten Anforderungsprofile bereits im Ausschreibungstext so formuliert werden, dass bereits aus diesem Text klar hervorgeht, ob es sich um ein konstitutives (zwingendes oder bindendes) Anforderungsprofil handelt oder um ein deskriptives (beschreibendes) Anforderungsprofil.

Auch wenn es eine erhebliche Ausdehnung des gerichtlichen Prüfprogramms darstellt, ist die Inzidentkontrolle dienstlicher Beurteilungen für die Gewährung effektiven Rechtsschutzes im beamtenrechtlichen Konkurrentenstreitverfahren notwendig. Allerdings ist von der Antragstellerpartei zu fordern, dass angebliche Beurteilungsmängel konkret und schlüssig vorgetragen werden, um eine gerichtliche Prüfpflicht auszulösen. Bei der gerichtlichen Kontrolle vereinfachen und strukturieren Beurteilungsrichtlinien das Prüfprogramm. Anlassbeurteilungen besitzen gegenüber periodischen dienstlichen Beurteilungen Ausnahmecharakter. Die Anlässe für deren Erstellung sind zurückhaltend zu bestimmen.

Weitere Auswahlmethoden können neben den dienstlichen Beurteilungen sinnvoll sein. Sie müssen aber den dienstlichen Beurteilungen Vorrang lassen und dürfen nur ergänzend eingesetzt werden. Für die Gerichte bedeuten diese weiteren Auswahlverfahren keine Vereinfachung. Denn auf entsprechende Rüge sind auch die besonderen Auswahlmethoden auf Rechtsfehler zu prüfen. Entsprechend gilt es im Einzelfall zu klären, ob die wissenschaftlich fundierten Auswahlmethoden zu Recht eingesetzt wurden und dabei der Vorrang der dienstlichen Beurteilungen beachtet wurde.

Das von der Rechtsprechung ausgeformte Prüfungsschema beugt der Ämterpatronage durch ein transparentes, allen Bewerbern die gleichen Chancen eröffnendes und nachprüfbares Verfahren vor. Es bietet sich an, durch Vorgaben in Richtlinien den Personalverwaltungen die Prüfschritte für das Auswahlverfahren entsprechend vorzugeben. Damit lassen sich Fehlerquellen vermeiden. Außerdem kann so eine einheitliche und transparente Entscheidungspraxis herbeigeführt werden. Eine am Leistungsprinzip und den dieses ausformenden Richtlinien praktizierte klare und konzentrierte Begründung erleichtert die gerichtliche Kontrolle.

Eine erhebliche Verfahrensbeschleunigung des gerichtlichen Verfahrens kann erzielt werden, wenn die einschlägigen Besetzungsakten dem Gericht so schnell wie möglich vorgelegt werden. Um Verzögerungen durch den Versand der Akten zum Zweck der Akteneinsicht durch die Beteiligten zu vermeiden, sollte entweder zu einem möglichst frühen Zeitpunkt den Beteiligten Akteneinsicht durch die Personalverwaltung gewährt werden oder eine Kopie der Behördenakte gefertigt und den Beteiligten auf diese Weise Akteneinsicht gewährt werden.

Auch wenn das beamtenrechtliche Konkurrentenstreitverfahren im Rahmen der Gewährung vorläufigen Rechtsschutzes in der Prüfungsintensität nicht hinter einem Hauptsacheverfahren zurückbleiben darf, hat das Gericht bei der Verfahrensgestaltung dem grundsätzlichen Charakter eines Eilverfahrens Rechnung zu tragen.

Im beamtenrechtlichen Konkurrentenstreitverfahren im Rahmen des § 123 VwGO kommt den Beteiligten eine Mitwirkungspflicht zu: Die Antragstellerpartei hat schlüssig vorzutragen und die Tatsachen glaubhaft zu machen, dass bei der Besetzung des strittigen Dienstpostens deren Bewerbungsverfahrensanspruch verletzt wurde. Insbesondere Umstände, die in der Sphäre der Antragstellerpartei liegen, müssen plausibel und schlüssig vorgetragen werden. Die Antragsgegnerpartei hat bei entsprechender Argumentation der Antragstellerpartei einen plausiblen und schlüssigen Gegenvortrag anzubringen, um dem Gericht eine Rechtskontrolle zu ermöglichen. Weitergehende Präklusionsvorschriften sind hierbei nicht sinnvoll.

Hat der unterlegene Bewerber eine Negativmitteilung erhalten, so ist nach Verstreichen eines Monats nach Mitteilung der Negativmitteilung das Recht auf Geltendmachung des Bewerbungsverfahrensanspruchs im Wege des vorläufigen Rechtsschutzes als verwirkt anzusehen. Ist keine Negativmitteilung ergangen, so ist ein Jahr nach der Ernennung des ausgewählten Konkurrenten die gerichtliche Geltendmachung des Bewerbungsverfahrensanspruchs verwirkt.

Rechtsmissbrauch setzt voraus, dass ein Rechtsschutzverfahren nicht zur Überprüfung der Rechtmäßigkeit einer Auswahlentscheidung, sondern zu verfahrensfremden Zwecken eingeleitet wurde. Rechtsmissbrauch ist sehr zurückhaltend anzunehmen. Den Verlautbarungen der Antragstellerpartei muss ausdrücklich und unmissverständlich zu entnehmen sein, dass das gerichtliche Verfahren aus verfahrensfremden Zwecken anhängig gemacht wurde.

Besteht zwischen dem Antragsteller und dem ausgewählten Bewerber ein ganz erheblicher (Leistungs-)Unterschied, kann darauf abgestellt werden, dass auch ein neues Auswahlverfahren nicht dazu führen kann, dass der unterlegene Bewerber zum Zuge kommen könnte. Bereits mit dieser Erwägung kann ein Konkurrenteneilantrag abgelehnt werden. Das ist aber nur zulässig, wenn der Leistungsabstand zwischen den Konkurrenten so deutlich ist, dass eine Auswahl des unterlegenen Bewerbers mit an Sicherheit grenzender Wahrscheinlichkeit auszuschließen ist.

Gerade im beamtenrechtlichen Konkurrentenstreit im Rahmen des vorläufigen Rechtsschutzes muss darauf geachtet werden, dass das Schaffen vollendeter Tatsachen durch den Dienstherrn zu verhindern ist. Ist zu besorgen, dass der Dienstherr den ausgewählten Bewerber ernennen und damit vorläufigen Rechtsschutz vereiteln will, hat das Gericht eine Zwischenverfügung zu erlassen.

Mit Blick auf das zu sichernde Rechtsschutzziel – den Bewerbungsverfahrensanspruch im Rahmen einer erneuten Auswahlentscheidung zu gewährleisten – ist folgende Tenorierung im Fall einer Stattgabe vorzunehmen:

> *„Dem Antragsgegner wird untersagt, den umstrittenen Dienstposten bis zu einer erneuten Auswahlentscheidung unter Beachtung der Rechtsauffassung des Gerichts nicht mit dem Beigeladenen zu besetzen oder eine auf dieses Amt bezogene Ernennungsurkunde auszuhändigen"*.

Literaturverzeichnis

Baden, Eberhard, Tendenzen der aktuellen Rechtsprechung 2018 zum Beamtenrecht, PersV 2019, 133 ff.

Baden, Eberhard, Tendenzen der aktuellen Rechtsprechung 2019 zum Beamtenrecht, PersV 2020, 164 ff.

Bader, Johann / Funke-Kaiser, Michael / Stuhlfauth, Thomas / von Albedyll, Jörg, Verwaltungsgerichtsordnung, 7. Auflage 2018 (zitiert Bearbeiter in: Bader/Funke-Kaiser/Stuhlfauth/von Albedyll)

Bamberger, Christian, Totgesagte leben länger: Kein Ende der Sonderdogmatik im Beamtenrecht, ZBR 2019, 192 ff.

Bamberger, Christian, Subsidiarität des verwaltungsgerichtlichen Hauptsacheverfahrens?, NVwZ – Extra 18a/2017, 1 ff.

Baßlsperger, Maximilian, Verwaltungsakt und vorprozessualer Rechtsschutz im Beamtenrecht, ZBR 2005, 192 ff.

Baßlsperger, Maximilian, Zur Evaluation des bayerischen Leistungslaufbahngesetzes, ZBR 2012, 397 ff.

Baßlsperger, Maximilian, Personalauswahlinstrumente, ZBR 2014, 73 ff.

Baßlsperger, Maximilian, Topfwirtschaft: Leistungsprinzip versus Praktikabiliät, ZBR 2016, 109 ff.

Battis, Ulrich, Die Entwicklung des Beamtenrechts im Jahre 2005, NJW 2006, 817 ff.

Battis, Ulrich, Neukonzeption des beamtenrechtlichen Konkurrentenstreits, DVBl 2013, 673 ff.

Battis, Ulrich / Grigoleit, Klaus Joachim / Hebeler, Timo, Bundesbeamtengesetz, 5. Auflage 2017 (zitiert Bearbeiter in: Battis, BBG)

Battis, Ulrich / Grigoleit, Klaus Joachim / Hebeler, Timo, Entwicklung des Beamtenrechts in den Jahren 2010 – 2015, NVwZ 2016, 194 ff.

Battis, Ulrich / Grigoleit, Klaus Joachim / Hebeler, Timo, Entwicklung des Beamtenrechts in den Jahren 2016 und 2017, NVwZ 2018, 207 ff.

Battis, Ulrich / Grigoleit, Klaus Joachim / Hebeler, Timo, Entwicklung des Beamtenrechts in den Jahren 2018 und 2019, NVwZ 2020, 283 ff.

Bergmann, Jan / Paehlke-Gärtner, Cornelia, Zur Dogmatik des Konkurrentenstreits, NVwZ 2018, 110

Bergmann, Jan / Dienelt, Klaus, Ausländerrecht, 13. Auflage 2020 (zitiert Bearbeiter in: Bergmann/Dienelt, AuslR)

Böhm, Monika, Die gerichtliche Kontrolle von Verwaltungsentscheidungen in Deutschland, DÖV 2000, 990 ff.

Bracher, Christian-Dietrich, Vorläufiger Rechtsschutz um Beförderungsplanstellen und Beförderungsdienstposten, ZBR 1989, 139 ff.

Bracher, Christian-Dietrich: Abbau des einstweiligen Rechtsschutzes im Konkurrentenstreit um Funktionsämter, DVBl 2016, 1236 ff.

Bracher, Christian-Dietrich, Zur Ausrichtung der Auswahlentscheidung für Beförderungsdienstposten auf das Amt im statusrechtlichen Sinne, DVBl 2018, 65 ff.

Brandt, Jürgen / Domgörgen, Ulf (Herausgeber), Handbuch Verwaltungsverfahren und Verwaltungsprozess, 4. Auflage 2018 (zitiert Bearbeiter in: Handbuch Verwaltungsverfahren und Verwaltungsprozess)

Brinktrine, Ralf / Voitl, Alexander, Beamtenrecht Bayern, 2020 (zitiert Bearbeiter in: Brinktrine/Voitl, BayBG)

Brinktrine, Ralf / Voitl, Alexander, BeckOK Beamtenrecht Bayern, Stand: 1.1.2021 (zitiert Bearbeiter in: BeckOK Beamtenrecht Bayern)

Brinktrine, Ralf / Schollendorf, Kai (Herausgeber), BeckOK Beamtenrecht Bund, Stand: 1.1.2021 (zitiert Bearbeiter in: BeckOK Beamtenrecht Bund)

Burghardt, Katja, Verwaltungsprozessuale Defizite der Rechtsschutzpraxis im Beamtenkonkurrentenstreit, 2020 (zitert Burghardt)

Burghardt, Katja, Droht dem Bundesverwaltungsgericht ein Bedeutungsverlust durch die Verlagerung des verwaltungsgerichtlichen Eilrechtsschutzes in das Eilverfahren? DVBl 2018, 417 ff.

Carl, Sebastian, Dienstpostenausschreibung und Bewerberauswahl im öffentlichen Dienst, ZBR 2003, 343 ff.

Conrad, Michael, Bayerisches Disziplinarrecht, Stand: August 2020 (zitiert Conrad in: Bayerisches Disziplinarrecht)

Dreier, Horst (Herausgeber), Grundgesetz, 3. Auflage 2018 (zitiert Bearbeiter in: Dreier)

Eck, Angelika, Die Bestenauswahl gem. Art. 33 Abs. 2 GG, RiA 2012, 16 ff.

Eckstein, Christoph, Die Konkurrentenklage, ZBR 2016, 217 ff.

Epping, Volker / Hillgruber, Christian (Herausgeber), BeckOK Grundgesetz, Stand: 15.2.2021 (zitiert Bearbeiter in: Beck OK Grundgesetz)

Eyermann, Erich / Fröhler, Ludwig (Herausgeber), Verwaltungsgerichtsordnung, 15. Auflage 2019 (zitiert Bearbeiter in: Eyermann)

Fehling, Michael / Kastner, Berthold / Störmer, Rainer (Herausgeber), Verwaltungsrecht: VwVfG – VwGO – Nebengesetze, 5. Auflage 2021 (zitiert Bearbeiter in: Fehling/Kastner/Störmer, VwGO)

Finkelnburg, Klaus / Dombert Matthias / Külpmann, Christoph, Vorläufiger Rechtsschutz im Verwaltungsstreitverfahren, 7. Auflage 2017 (zitiert Bearbeiter in: Finkelnburg/Dolbert/Külpmann, Vorläufiger Rechtsschutz im Verwaltungsstreitverfahren)

Finkelnburg, Klaus / Jank, Klaus Peter, Vorläufiger Rechtsschutz im Verwaltungsstreitverfahren, 4. Auflage 1998 (zitiert Finkelnburg/Jank)

Franke, Ingeborg / Weiß, Hans-Dietrich (Herausgeber), Gesamtkommentar Öffentliches Dienstrecht – GKÖD, Stand: Januar 2020 (zitiert Bearbeiter in: GKÖD)

Fritz, Roland / Vormeier, Jürgen, Gemeinschaftskommentar zum Asylgesetz, Stand: März 2021 (zitiert Bearbeiter in: GK AsylG)

Froese, Judith / Kempny, Simon / Schiffbauer, Björn, Verfassungsgerichtliches Verwerfungsmonopol und effektiver Rechtsschutz – Zugleich eine Anmerkung zum Beschluss 2 L 2866/16 des VG Düsseldorf vom 5.9.2016, DÖV 2017, 261 ff.

Füßer, Klaus, Kupierter Rechtsschutz und Nichtigkeit als Folge doloser Rechtsschutzvereitelung, DÖV 1997, 816 ff.

Gansen, Franz Werner, Disziplinarrecht in Bund und Ländern, Stand: April 2021 (zitiert Gansen DiszR)

Gärditz, Klaus Ferdinand (Herausgeber), Verwaltungsgerichtsordnung, 2. Auflage 2018 (zitiert Bearbeiter in: Gärditz)

Geiger, Harald, Die Konkurrentenklage im Verwaltungsprozessrecht, BayVBl 2010, 519 ff.

Günther, Hellmuth, Konkurrentenstreit um Beförderungsdienstposten, DÖD 1984, 161 ff.

Günther, Hellmuth, Einstweiliger Rechtsschutz im Vorfeld der Beförderung, NVwZ 1986, 697 ff.

Günther, Hellmuth, Konkurrentenstreit und kein Ende? – Bestandaufnahme zur Maßnahme Beförderung – , ZBR 1990, 284 ff.

Günther, Hellmuth, Etwaiger Bewährungsvorsprung des rechtswidrig ausgewählten Beförderungsbewerbers als „Anordnungsgrund"?, DÖD 2006, 6 ff.

Günther, Hellmuth, Scheinbare Ausnahmen von der Ämterstabilität. Zur neueren Konkurrentenrechtsprechung des BVerwG, ZBR 2007, 195 ff.

Günther, Hellmuth, Dienspostenkonkurrenz – Fallgruppen und vorläufiger Rechtsschutz –, RiA 2010, 237 ff.

Günther, Hellmuth, Neue Balance von Leistungsprinzip, Statusamtsstabilität und Bewerberrechtssschutz, RiA 2011, 49 ff.

Günther, Hellmuth, Dienstliche Beurteilungen und weitere Instrumente bei der Beförderungsauswahl, RiA 2014, 101 ff.

Guckelberger, Annette, Zulässigkeit und Anfechtbarkeit verwaltungsgerichtlicher Hängebeschlüsse, NVwZ 2001, 275 ff.

Hartung, Andreas, Dienstrechtlicher Konkurrentenschutz – Version 2.0?, RiA 2017, 49 ff.

Haus, Klaus–Ludwig / Krumm, Carsten / Quarch, Matthias (Herausgeber), Gesamtes Verkehrsrecht, 2. Auflage 2017 (zitiert Bearbeiter in: NK-GVR)

Herrmann, Klaus, Neue Risiken bei vorzeitiger Ernennung im beamtenrechtlichen Konkurrentenstreit, NJW 2011, 653 ff.

Herrmann, Klaus: Neue Ansätze bei der Dienstpostenkonkurrenz – und warum sie nicht funktionieren, NVwZ 2017, 105

Hiebel, Matthias / Kathke, Leonhard (Herausgeber), Dienstrecht in Bayern, Stand: Februar 2021 (zitiert Bearbeiter in: Hiebel/Kathke)

Hoof, Karsten, Die Freihaltung bzw. Schaffung sog. dritter, streitunbefangener Stellen im beamtenrechtlichen Konkurrentenstreit, ZBR 2007, 156 ff.

Hüllmantel, Wilhelm / Eck, Angelika / Hoffmeyer, Falk / Luber, Michael / Weißgerber, Arnd, Leistungslaufbahngesetz, 2011 (zitiert Bearbeiter in: Hüllmantel / Eck / Hoffmeyer / Luber / Weißgerber, LlbG)

Jarass, Hans D. / Pieroth, Bodo (Herausgeber), Grundgesetz für die Bundesrepublik Deutschland, 16. Auflage 2020 (zitiert Bearbeiter in: Jarass/Pieroth)

Kahl, Wolfgang / Waldhoff, Christian / Walter, Christian (Herausgeber), Bonner Kommentar zum Grundgesetz, Stand: November 2020 (zitiert Bearbeiter in: Bonner Kommentar)

Kämmerling, Guido, Kommunale Eigenheiten bei der Auswahl- und Beförderungspraxis in Nordrhein-Westfalen, ZBR 2016, 224 ff.

Kathke, Leonhard, Dienstliche Beurteilung versus wissenschaftlich fundierte Auswahlverfahren, RiA 2013, 193 ff.

Kathke, Leonhard, Das bayerische Leistungslaufbahngesetz, RiA 2011, 56 ff.

Kathke, Leonhard, Konkurrenz von Beamtem und Richter um FG-Präsidentenamt, RiA 2017, 213 ff.

Kenntner, Markus, Rechtsstruktur und Gestaltung von Konkurrentenstreitigkeiten um die Vergabe öffentlicher Ämter, ZBR 2016, 181 ff.

Kenntner, Markus, Denkverbot für Bundesrichter? – Zur Blockade von Stellen und Denkansätzen, RiA 2017, 149 ff.

Kopp, Ferdinand / Schenke, Wolf-Rüdiger, Verwaltungsgerichtsordnung, 26. Auflage 2020 (zitiert Bearbeiter in: Kopp/Schenke)

Kuhla, Wolfgang / Hüttenbrink, Jost (Herausgeber), Der Verwaltungsprozess, 3. Auflage 2002 (zitiert Bearbeiter in: Kuhla/Hüttenbrink)

Kuhla, Wolfgang, Der Bezugspunkt der Auswahl gemäß Art. 33 Abs. 2 GG, Festschrift für Christian Kirchberg zum 70. Geburtstag, 2017, S. 477 ff. (zitiert Kuhla, FS Kirchberg)

Kühling, Jürgen, Vereinfachte Glaubhaftmachung im einstweiligen Rechtsschutz konkurrierender Beamter, NVwZ 2004, 656 ff.

Kühnbach, Lena, Anmerkung zu VGH Baden-Württemberg, Beschluss vom 13.10.2011, 4 S 2597/11, ZBR 2012, 95 ff.

Laffert, Lisa von, Der Bewährungsvorsprung, ZBR 2012, 76 ff.

Laubinger, Hans-Werner, Die Konkurrentenklage im öffentlichen Dienst – eine unendliche Geschichte (Teil 1) ZBR 2010, 289 ff.

Laubinger, Hans-Werner, Die Konkurrentenklage im öffentlichen Dienst – eine unendliche Geschichte (Teil 2) ZBR 2010, 332 ff.

Lemhöfer, Bernt, Rechtsschutz im Beförderungsstreit: Systematik und Praxistauglichkeit, ZBR 2003, 1 44.

Lindner, Josef Franz, Beförderungen in personalintensiven Verwaltungen, RiA 2012, 10 ff.

Lindner, Josef Franz, Der beamtenrechtliche Bewerbungsanspruch, ZBR 2012, 181 ff.

Lindner, Josef Franz, Darf der Dienstherr im beamtenrechtlichen Konkurrentenstreit die Gründe für die Auswahlentscheidung erstmals vor Gericht vortragen?, NVwZ 2013, 547 ff.

Lorse, Jürgen, Leistungsbezogene Bestenauslese am Maßstab des Statusamtes oder des Anforderungsprofils?, ZBR 2014, 289 ff.

Lorse, Jürgen, Rechtsfragen statusübergreifender Auswahlverfahren im öffentlichen Dienst, ZBR 2016, 361 ff.

Lorse, Jürgen: Die vorläufige Vergabe des Funktionsamtes an ausgewählte Bewerber im Rahmen eines Konkurrentenstreitverfahrens – Ausweg oder Irrweg der Rechtsprechung?, ZBR 2017, 11

Lorse, Jürgen, Die bayerische Dienstrechtsreform zum 1. Januar 2011 – eine Zwischenbilanz, BayVBl 2020, 325 ff.

Lübbe-Wolff, Gertrude, Das Prinzip der praktischen Konkordanz, Festschrift für Christian Kirchberg zum 70. Geburtstag, 2017, S. 143 ff. (zitiert Lübbe-Wolff, FS Kirchberg)

Mangoldt, Hermann von / Klein, Friedrich / Starck, Christian (Herausgeber), Kommentar zum Grundgesetz, 7. Auflage 2018 (zitiert von Bearbeiter in: von Mangoldt/Klein/Starck)

Martens, Jens, Wettbewerb bei Beförderungen, ZBR 1992, 129 ff.

Maunz, Theodor / Dürig, Günter / Herzog, Roman / Scholz, Rupert / Herdegen, Matthias / Klein, Hans H. (Herausgeber), Grundgesetz, Stand: August 2020 (zitiert Bearbeiter in: Maunz/Dürig)

Münch, Ingo von / Kunig, Philip (Herausgeber), Grundgesetz, 7. Auflage 2021 (zitiert Bearbeiter in: von Münch/Kunig)

Munding, Christoph-David, Die beamtenrechtliche Konkurrentenklage im Wandel der Rechtsprechung von BVerwG und BVerfG, DVBl 2011, 1512 ff.

Mutius, Albert von, Konkurrentenklage im Beamtenrecht ?, VerwArch 69 (1978), S. 103 ff.

Niehues, Norbert / Fischer, Edgar / Jeremias, Christoph, Prüfungsrecht, 7. Auflage 2018 (zitiert Bearbeiter in: Niehues/Fischer/Jeremias)

Özfirat-Skubinn, Sirin, Rechtswidrige Beamtenernennungen, bei denen der Rechtsschutz eines Mitbewerbers vereitelt wird – Wege zur Kompensation, 2011

Palandt, Bürgerliches Gesetzbuch mit Nebengesetzen, 79. Auflage 2020 (zitiert Bearbeiter in: Palandt)

Peters, Cornelia / Lösch, Bettina / Grunewald, Beate, Paradigmenwechsel im Laufbahnrecht des Bundes, ZBR 2009, 1 ff.

Plog, Ernst / Wiedow, Alexander (Herausgeber), Bundesbeamtengesetz, Stand: März 2021 (zitiert Bearbeiter in: Plog/Wiedow)

Posser, Herbert / Wolff, Heinrich Amadeus (Herausgeber), BeckOK VwGO, Stand: 1.1.2021 (zitiert Bearbeiter in: BeckOK VwGO)

Quaas, Michael / Zuck, Rüdiger / Funke-Kaiser, Michael (Herausgeber), Prozesse in Verwaltungssachen, 3. Auflage 2018 (zitiert Bearbeiter in: Quaas/Zuck/Funke-Kaiser)

Redeker, Konrad / von Oertzen, Hans-Joachim (Herausgeber), Verwaltungsgerichtsordnung, 16. Auflage 2014 (zitiert Bearbeiter in: Redeker/von Oertzen)

Reich, Andreas, Beamtenstatusgesetz, 3. Auflage 2018 (zitiert: Reich, BeamtStG)

Rennert, Klaus, Konkurrentenklagen bei begrenztem Kontingent, DVBl 2009, 1333 ff.

Riecker, Albert, Können Gerichte das „Leistungsprinzip“ durchsetzen? – Bemerkungen zu einer bedenklichen Fehleinschätzung, ZBR 1997, 180 ff.

Rieger, Reinhard; Das Dilemma des „Bewährungsvorsprungs“, ZBR 2017, 187

Roetteken, Torsten von, Konkurrenzschutz im Beamtenrecht nach dem Urteil des BVerwG vom 4.11.2011 – 2 C 16.09, ZBR 2011, 73 ff.

Roetteken, Torsten von, Auswahlentscheidungen nach dem Ende der Topfwirtschaft, ZBR 2012, 25 ff.

Roetteken, Torsten von, Konkretisierung des Prinzips der Bestenauslese in der neueren Rechtsprechung, ZBR 2012, 230 ff.

Roetteken, Torsten von, Der Begriff des öffentlichen Amtes und seine Bedeutung für das Auswahlverfahren, ZBR 2015, 154 ff.

Roetteken, Torsten von, Art. 33 Abs. 2 gewährt nur die Zugangsgleichheit für den Eintritt in den öffentlichen Dienst ?, ZBR 2017, 145 ff.

Roetteken, Torsten von, Einordnung der Beteiligung von Personalräten, Schwerbehindertenvertretungen und Gleichstellungsbeauftragten in das Dienstrecht, ZBR 2021, 16 ff.

Roetteken, Torsten von / Rothländer, Christian, (Herausgeber), Beamtenstatusgesetz, Stand: 1. Juni 2020 (zitiert Bearbeiter in: von Roetteken/Rothländer)

Ronellenfitsch, Der vorläufige Rechtsschutz im beamtenrechtlichen Konkurrentenstreit, VerwArch 82 (1991), 121 ff.

Sachs, Michael (Herausgeber), Grundgesetz, 9. Auflage 2021 (zitiert Bearbeiter in: Sachs)

Scheffer, Zum Zwischenbeschluss im beamtenrechtlichen Konkurrentenverfahren, NVwZ 2004, 1081 ff.

Schenke, Wolf-Rüdiger, Neues und Altes zur beamtenrechtlichen Konkurrentenklage, Festschrift für Schnapp zum 70. Geburtstag, 2008, S. 655 ff. (zitiert Schenke, FS Schnapp)

Schenke, Wolf-Rüdiger, Neuestes zur Konkurrentenklage, NVwZ 2011, 321 ff.

Schenke, Wolf-Rüdiger, Rechtsschutz bei Auswahlentscheidungen – Konkurrentenklage, DVBl 2015, 137 ff.

Schoch, Friedrich, Vorläufiger Rechtsschutz und Risikoverteilung im Verwaltungsrecht, 1988 (zitiert Schoch, Vorläufiger Rechtsschutz)

Schoch, Friedrich / Schneider, Jens-Peter (Herausgeber), Kommentar zur Verwaltungsgerichtsordnung, Stand: Juli 2020 (zitiert Bearbeiter in: Schoch/Schneider)

Schlottbohm, Jan, Der Rechtsstaat blockiert sich selbst, ZBR 2015, 368 ff.

Schmiemann, Klaus, Anforderungsprofil versus Bestenauslese – Grenzen gerichtlicher Prüfung –, Festschrift Hans-Joachim Driehaus zu 65. Geburtstag, 2005, S. 388 ff. (zitiert Schmiemann in: FS Driehaus)

Schmid, Susanne, Die beamtenrechtliche Konkurrentenklage und Datenschutz, Hamburg, 2015 (zitiert Schmid)

Schmidt-Bleibtreu, Bruno / Klein, Franz (Herausgeber), Kommentar zum Grundgesetz, 14. Auflage 2018 (zitiert Bearbeiter in: Schmidt-Bleibtreu/Klein)

Schmidt-Preuß, Matthias, Kollidierende Privatinteressen im Verwaltungsrecht, 1992 (zitiert Schmidt-Preuß)

Schmid-Preuß, Matthias, Gegenwart und Zukunft des Verfahrensrechts, NVwZ 2005, 489 ff.

Schnellenbach, Helmut, Konkurrenzen im öffentlichen Dienst, 2. Auflage 2018 (zitiert Schnellenbach, Konkurrenzen im öffentlichen Dienst)

Schnellenbach, Helmut / Bodanowitz, Jan, Beamtenrecht in der Praxis, 10. Auflage 2020 (zitiert Bearbeiter in: Schnellenbach/Bodanowitz, Beamtenrecht)

Schnellenbach, Helmut / Bodanowitz, Jan, Die dienstliche Beurteilung der Beamten und der Richter, Stand: Oktober 2020 (zitiert Bearbeiter in: Schnellenbach/Bodanowitz, Dienstliche Beurteilung)

Schnellenbach, Helmut, Personalpolitik in der Justiz, NJW 1989, 2227 ff.

Schnellenbach, Helmut, Konkurrentenschutz bei Stellenbesetzung im öffentlichen Dienst, DÖD 1990, 153 ff.

Schnellenbach, Helmut, Zum vorläufigen Rechtsschutz bei der Einstellungs- und Beförderungsamts-Konkurrenz, NVwZ 1990, 637 ff.

Schnellenbach, Helmut, Konkurrenzen um Beförderungsämter – geklärte und ungeklärte Fragen, ZBR 1997, 169 ff.

Schnellenbach, Helmut, Anmerkung zum Urteil des Bundesverwaltungsgerichts vom 13.9.2001 – 2 C 39.00, ZBR 2002, 180 ff.

Schöbener, Burkhard, Verwaltungsgerichtlicher Rechtsschutz in beamtenrechtllichen Konkurrenzsituationen, BayVBl 2001, 321 ff.

Schönrock, Sabrina, Rechtsqualität von Auswahlentscheidungen im Stellenbesetzungsverfahren, ZBR 2013, 26 ff.

Schütz, Erwin / Maiwald, Joachim (Herausgeber), Beamtenrecht des Bundes und der Länder, Stand: 1.3.2021 (zitiert Bearbeiter in: Schütz/Maiwald)

Schwegmann, Bruno / Summer, Rudolf (Herausgeber), Besoldungsrecht des Bundes und der Länder, Stand: Januar 2021 (zitiert Bearbeiter in: Bearbeiter in: Schwegmann/Summer)

Seegmüller, Robert, Konkurrentenstreit ohne Ende?, DRiZ 2019, 218 ff.

Siegmund-Schultze, Gerhard, Zur Konkurrentenklage im Beamtenrecht aus Sicht der Verwaltungspraxis, VerwArch 73 (1982), 137 ff.

Sodan, Helge / Ziekow, Jan (Herausgeber), Verwaltungsgerichtsordnung, 2. Auflage 2018 (zitiert Bearbeiter in: Sodan/Ziekow)

Solte, Ernst–Lüder, Zur Konkurrentenklage im Beamtenrecht, NJW 1980, 1027 ff.

Steiner, Udo, Der dienstrechtliche Konkurrentenstreit im Fokus des Bundesverfassungsgerichts, BayVBl 2017, 505 ff.

Stelkens, Paul / Bonk, Heinz Joachim / Sachs, Michael (Herausgeber), VwVfG, 9. Auflage 2018 (zitiert Bearbeiter in: Stelkens/Bonk/Sachs)

Stuttmann, Martin, Anmerkung zu HessVGH, B.v. 28.4.2017, 1 B 947/17, in: NVwZ 2017, 1146 f.

Stuttmann, Martin, Anmerkung zu BVerwG, U.v. 30.8.2018, 2 C 10/17, in: NVwZ 2018, 1870 ff.

Tegethoff, Carsten, Zulässigkeit und Erforderlichkeit der beamtenrechtlichen Konkurrentenklage, ZBR 2004, 341

Thal, Daniel, Das Dogma rechtsschutzverkürzender Ämterstabilität, 2016

Wagner, Erwin, Die Beförderung in der aktuellen Rechtsprechung, unter besonderer Berücksichtigung der sächsischen Verwaltungsgerichte, ZBR 2007, 249 ff.

Weckmann, Moritz, Die Rolle staatlicher Auswahlentscheideungen im Rechtsschutzsystem der „Konkurrentenverdrängungsklage", 2019

Weckmann, Moritz, Die beamtenrechtliche Auswahlentscheidung – ein Verwaltungsakt?!, ZBR 2020, 118 ff.

Weiß, Hans–Dietrich, Beamtenrechtliche „Konkurrentenklage" – Zum Stand der Rechtsprechung des Bundesverwaltungsgerichts, ZBR 1989, 273 ff.

Weiß, Hans / Niedermaier, Franz / Summer, Rudolf /Zängl, Siegfried (Herausgeber), Beamtenrecht in Bayern, Stand: Januar 2021 (zitiert Bearbeiter in: Weiß/ Niedermaier/Summer/Zängl, Beamtenrecht)

Weisel, Klaus, „Ausschärfung" dienstlicher Beurteilungen im Rahmen der Stellenbesetzung, DÖD 2012, 193 ff.

Wernsmann, Rainer, Die beamtenrechtliche Konkurrentenklage – zum Ausgleich von Ämterstabilität und effektivem Rechtsschutz, DVBl 2005, 276 ff.

Wiegand, Bernhard, Beamtenrechtlicher Konkurrentenstreit, 2017 (zitiert Wiegand)

Wieland, Frank / Seulen, Anna, Durchbrechung der Ämterstabilität bei Rechtsschutzvereitelung – Konsequenzen aus der Entscheidung des BVerwG, Urt. V. 4.11.2010 – 2 C 16.09, DÖD 2011, 69 ff.

Wieland, Frank / Tiedge, Andreas, Die „Freihalteerklärung" im Konkurrentenstreitverfahren, DÖD 2011, 221 ff.

Wittkowski, Bernd, Die Konkurrentenklage im Beamtenrecht, NJW 1993, 817 ff.

Wittkowski, Bernd, Ansätze zur Lösung praktischer Probleme bei beamtenrechtlichen Konkurrentenanträgen, NVwZ 1995, 345 ff.

Wörz, Roland, Konkurrentenklage bei „Dienstpostenkonkurrenz", ZBR 1988, 16 ff.

Wolff, Heinrich Amadeus, Die Aktualität der dienstlichen Beurteilung, ZBR 2016, 7 ff.

Wollenschläger, Ferdinand, Verteilungsverfahren – Die staatliche Verteilung knapper Güter: verfassungs- und unionsrechtlicher Rahmen, Verfahren im Fachrecht, bereichsspezifische verwaltungsrechtliche Typen- und Systembildung, 2010 (zitiert: Wollenschläger)

Wysk, Peter (Herausgeber), Verwaltungsgerichtsordnung, 3. Auflage 2020 (zitiert Bearbeiter in: Wysk)

Zander, Carsten, Übersicht über den Stand der Einschränkungen des Widerspruchsverfahrens in den Ländern, BDVR-Rundschreiben 2011, 26 ff.

Zeiler, Horst, Bestenauslese nach Art. 33 Abs. 2 GG und Anforderungsprofil – ein unlösbarer Zwiespalt?, ZBR 2010, 191 ff.

Zimmerling, Wolfgang, Konkurrenz zwischen Angestellten und Beamten im Beförderungsgeschehen, RiA 2002, 165 ff.